D1664700

st w Steinbeis-Edition

STEINBEIS-HOCHSCHULE
BERLIN

Sebastian Windhaus

Kommunale Einwohnerbindung

Stellenwert und Einflussgrößen

Impressum

© 2014 Steinbeis-Edition

Alle Rechte der Verbreitung, auch durch Film, Funk und Fernsehen, fotomechanische Wiedergabe, Tonträger jeder Art, auszugsweisen Nachdruck oder Einspeicherung und Rückgewinnung in Datenverarbeitungsanlagen aller Art, sind vorbehalten.

Sebastian Windhaus
Kommunale Einwohnerbindung | Stellenwert und Einflussgrößen

1. Auflage, 2014 | Steinbeis-Edition, Stuttgart
ISBN 978-3-95663-020-0
Zugl. Steinbeis-Hochschule Berlin, Dissertation 2014

Satz: Steinbeis-Edition
Druck: e.kurz + co druck und medientechnik GmbH, Stuttgart

Steinbeis ist weltweit im unternehmerischen Wissens- und Technologietransfer aktiv. Zum Steinbeis-Verbund gehören derzeit rund 1.000 Unternehmen. Das Dienstleistungsportfolio der fachlich spezialisierten Steinbeis-Unternehmen im Verbund umfasst Forschung und Entwicklung, Beratung und Expertisen sowie Aus- und Weiterbildung für alle Technologie- und Managementfelder. Ihren Sitz haben die Steinbeis-Unternehmen überwiegend an Forschungseinrichtungen, insbesondere Hochschulen, die originäre Wissensquellen für Steinbeis darstellen. Rund 6.000 Experten tragen zum praxisnahen Transfer zwischen Wissenschaft und Wirtschaft bei. Dach des Steinbeis-Verbundes ist die 1971 ins Leben gerufene Steinbeis-Stiftung, die ihren Sitz in Stuttgart hat.

172906-2014-11 | www.steinbeis-edition.de

Geleitwort

Die Analyse nicht kommerzieller wettbewerblicher Austauschbeziehungen hat in der Marketingforschung eine lange Tradition. Auch die Untersuchung der Transaktionsbeziehungen zwischen Kommunen und ihren Austauschpartnern wird seit mehreren Dekaden im Kontext des Stadtmarketing thematisiert. Kennzeichnend für das Stadtmarkting ist eine Vielzahl relevanter Transaktionspartner, deren Wichtigkeit je nach verfolgter Zielsetzung und Wettbewerbsintensität interkommunal sowie im Zeitablauf intrakommunal variiert.

Wird die Relevanz der Transaktionspartner betrachtet, kann in den vergangenen Jahren eine gestiegene Bedeutung der Einwohner ausgemacht werden. Einwohner als konstitutives Element einer Kommune werden in Folge demografischer Veränderungen zu einer vermehrt knappen Ressource. Darüber hinaus nimmt der Wert des einzelnen Einwohners, etwa im Hinblick auf die Bedeutung bürgerschaftlichen Engagements, zu. Resultat dieser Entwicklungen ist eine Intensivierung des Einwohnerwettbewerbs zwischen den Kommunen, die eine vertiefte Auseinandersetzung mit dem Gewinnen und Binden von Einwohnern begründet.

Während in Theorie und Praxis häufig eine Fokussierung auf das Gewinnen von Einwohnen zu beobachten ist, untersucht die Arbeit von Sebastian Windhaus – nicht zuletzt angesichts der vielfältigen Bindungschancen, die sich Wohnorten bieten – den Stellenwert der Einwohnerbindung im Rahmen interkommunaler Migrationsentscheidungen sowie deren Einflussgrößen.

Der Verfasser unternimmt mit der vorliegenden Dissertationsschrift eine umfassende Konzeptualisierung und empirische Analyse der Wirkung und Einflussgrößen der Einwohnerbindung. Hierzu entwickelt er zunächst ein theoretisches Erklärungs- und Wirkungsmodell, das sowohl die Beeinflussung der Migrationsentscheidung durch die Bindung als auch die Einflussgrößen der Bindung umfasst. Eine erste Konfrontation des entwickelten Modells mit der Realität erfolgt im zweiten Prozessschritt. Mittels einer qualitativen Fokusgruppenanalyse wird das Erklärungs- und Wirkungsmodell kritisch reflektiert und plausibilisiert sowie um weitere relevante Aspekte erweitert. Im Besonderen gelingt es mit der qualitativen Untersuchung emotionale Aspekte und sozial komplexe Bedingungskonstellationen im Kontext der Einwohnerbindung zu durchdringen. Um weitere Einsichten zur Gültigkeit und zur Reichweite der gewonnenen Aussagen der qualitativen Untersuchung zu gewinnen, wird in einem nächsten Schritt das hergeleitete Modell mittels einer großzahligen Erhebung empirisch quantitativ überprüft und somit die Erkenntnisse zur kommunalen Einwohnerbindung ausgebaut.

Alles in allem leistet die vorliegende Dissertation einen beachtenswerten Beitrag zur Erschließung der Einwohnerbindung und bietet erhebliche Erkenntnisfortschritte, die sowohl auf den interdisziplinären Zugang als auch die breite empirische Fundierung zurückzuführen sind. Hervorzuheben ist in diesem Zusammenhang die gezielte und systematische Verbindung komplementärer qualitativer und quantitativer empirischer Forschungsansätze. Zudem fußt die empirische Analyse auf einer umfassenden Aufbereitung und Darstellung der wissenschaftlichen Literatur zum Erkenntnisgegenstand. Diese Vorgehensweise stellt eine adäquate Basis zur Generierung der Ergebnisse und abschließenden Ableitung von Implikationen für Forschung und Praxis dar. Im Kern zeigt sich, dass die Einwohnerbindung für interkommunale Migrationen erhebliche Verhaltensrelevanz besitzt. Darüber hinaus werden wesentliche Determinanten der Einwohnerbindung unter Berücksichtigung der Bindungszustände Verbundenheit und Gebundenheit bestimmt. Im Anschluss an eine umfassende Reflexion der Limitationen der Untersuchung und des Transferpotenzials der Erkenntnisse werden angesichts der hohen Verhaltensrelevanz der Einwohnerbindung Implikationen für die kommunale Praxis zur Steigerung der Einwohnerbindung abgeleitet. Zudem bestimmt der Verfasser zahlreiche relevante Ansatzpunkte für weiterführende Forschungsarbeiten sowohl für die Bindungsforschung im Allgemeinen als auch die Erforschung der Einwohnerbindung im Besonderen.

Somit wendet sich das Werk einerseits an kommunal Verantwortliche, die eine Intensivierung der Einwohnerbindung anstreben, andererseits an Wissenschaftler, welche die Bindung insbesondere von Einwohnern an Wohnorte erforschen. Angesichts der innovativen Themenstellung und der herausragenden methodischen Qualität wünsche ich der Arbeit eine weite Verbreitung in einschlägigen wissenschaftlichen Kreisen und eine breite Rezeption in der Praxis des Stadtmarketing.

Das der Dissertation zugrunde liegende Forschungsprojekt wurde in Kooperation mit der Deutschen Post AG durchgeführt. Ich möchte mich an dieser Stelle bei allen am Projekt beteiligten Personen für ihr Interesse an diesem Forschungsvorhaben und ihre Unterstützung bedanken. Dies umfasst auch ausdrücklich die Teilnehmer der qualitativen und quantitativen Befragung.

Berlin, im Jahr 2014
Univ.-Prof. Dr. Dr. Helmut Schneider

Vorwort

Die vorliegende Arbeit ist während meiner Tätigkeit als wissenschaftlicher Mitarbeiter am SVI-Stiftungslehrstuhl für Marketing und Dialogmarketing entstanden und wurde im Jahr 2014 von der Steinbeis-Hochschule Berlin als Dissertationsschrift angenommen. Für die im Laufe der Ausarbeitung gewährte Unterstützung meines beruflichen und privaten Umfeldes möchte ich mich ganz herzlich bedanken.

Dank gebührt in erster Linie meinem akademischen Lehrer und Doktorvater Herrn Prof. Dr. Dr. Helmut Schneider für die stete Unterstützung bei der Betreuung dieser Arbeit. Seine kritischen Fragen sowie konstruktiven Anmerkungen haben entscheidend zum Gelingen der Arbeit beigetragen. Auch für die vertrauensvolle und intensive Zusammenarbeit am Lehrstuhl über das Promotionsvorhaben hinaus, die meine Arbeits- und Denkweise maßgeblich geprägt hat, bin ich dankbar. Ebenfalls herzlich bedanke ich mich bei Prof. Dr. Norbert F. Schneider für die freundliche Übernahme des Zweitgutachtens. Mein Dank gilt ferner meinen ehemaligen Lehrstuhl-Kollegen für die vielfältige fachliche Unterstützung und Aufmunterung im Laufe der Erstellung meiner Dissertation. Vor allem intensive Dialoge mit kompetenten Partnern haben nicht nur einen deutlichen Mehrwert für diese Arbeit generiert, sondern auch erheblich zum Spaß während ihrer Erstellung beigetragen. Vor diesem Hintergrund gilt ein großes Dankeschön Frederik Ferié, Marc Güntermann, Meik Neuhaus, Anja Quednau und Claudia Seiler. Darüber hinaus gilt mein Dank der Deutschen Post AG für die Unterstützung im Rahmen der empirischen Erhebung sowie den Teilnehmern der Studien.

Schließlich gebührt meiner Familie mein größter Dank. Für ihre unschätzbare Hilfe danke ich meiner Freundin Julia. Ihre liebevolle Unterstützung sowie ihr Verständnis und ihre Geduld halfen mir entscheidend, die zahlreichen Herausforderungen der Dissertation zu meistern. Meinen Eltern und meiner Schwester danke ich von Herzen, dass sie mich auf meinem bisherigen Lebensweg vorbehaltlos unterstützt, gefördert und gefordert haben, wodurch sie mir die Basis für meine persönliche und berufliche Entwicklung ermöglichten. Durch ihren steten Rückhalt, ihren Zuspruch und ihre Liebe haben sie im wesentlichen Maße zum Gelingen der Arbeit beigetragen. Ihnen ist diese Arbeit gewidmet.

Ingolstadt, im Jahr 2014
Dr. Sebastian Windhaus

Inhaltsverzeichnis

Abbildungsverzeichnis

Tabellenverzeichnis

A   Kommunale Einwohnerbindung in Praxis und Theorie

1   Einwohnerbindung im Kontext interkommunalen Einwohnerwettbewerbs

1.1   Verschärfung des interkommunalen Wettbewerbs um Einwohner

Im Jahr 2011 haben in Deutschland 3,7 Mio. Einwohner[1] ihren Wohnort in eine andere Stadt oder Gemeinde verlegt (vgl. Statistisches Bundesamt 2013a, S. 11). Hingegen sind 78,1 Mio. Einwohner ihrem Wohnort treu geblieben.[2] Eine Wanderung, die mit einer Verlegung des Lebensmittelpunkts verbunden ist, hat erhebliche Konsequenzen für die betroffenen Kommunen. Die millionenfach in Deutschland vorkommende interkommunale Einwohnermigration hat vor dem Hintergrund dreier spezifischer Entwicklungslinien, die zu einer Verschärfung des Wettbewerbs um Einwohner führen, für das kommunale Umfeld an Relevanz gewonnen.

Erstens sind essenzielle Veränderungen der Bevölkerungsgröße und -struktur zu beobachten. Die Gesamtbevölkerung Deutschlands wird in den nächsten Dekaden stetig sinken und bezüglich ihrer Zusammensetzung kann eine zunehmende Alterung konstatiert werden. Zweitens lassen gesellschaftliche Entwicklungen eine zunehmende interkommunale Wanderungsbereitschaft der Einwohner erwarten. Zentral sind in diesem Zusammenhang steigende Flexibilitätsanforderungen und abnehmende traditionelle Bindungskräfte an den Wohnort. Drittens gewinnen Einwohner als kommunale Ressource an Relevanz, da ihre Bedeutung für eine nachhaltige kommunale Entwicklung zunimmt. Diese drei Entwicklungslinien werden nachfolgend weiter beleuchtet.

Zur ersten Entwicklungslinie kann festgehalten werden, dass viele Städte und Gemeinden mit einer schrumpfenden Bevölkerung konfrontiert sind. Die deutsche

---

1   Zur besseren Lesbarkeit wird in dieser Publikation auf die gleichzeitige Verwendung männlicher und weiblicher grammatischer Formen verzichtet. Sämtliche grammatischen Personenbezeichnungen beziehen sich demnach immer auf alle biologischen Geschlechter.
2   Die tatsächliche Zahl (nicht) wohnorttreuer Einwohner im Jahr 2011 dürfte aufgrund nicht ausgeschlossener Mehrfachzählungen mehrerer Wanderungen einer Person innerhalb eines Jahrs leicht oberhalb (unterhalb) der ausgewiesenen Werte liegen.

Bevölkerung wird in den kommenden 20 Jahren voraussichtlich jährlich um 0,25 Prozent zurückgehen und im Jahr 2050 mit 69,4 bis 73,6 Mio. eine Größe erreichen, die in etwa dem Stand in den 1960er Jahren entspricht (vgl. Statistisches Bundesamt 2009). Die prognostizierte Abnahme der deutschen Bevölkerung von 2012 bis 2050 schwankt in einem Korridor zwischen 11,1 und 6,9 Mio. Einwohnern respektive 13,8 und 8,6 Prozent (eigene Berechnungen auf Basis Statistisches Bundesamt 2009).

Für den gesamten Entwicklungsprozess ist nicht nur eine Abnahme, sondern auch eine veränderte Struktur und regionale Verteilung der Bevölkerung charakteristisch.[3] Neben einer Abnahme der deutschen Bevölkerung wird auch eine ansteigende Alterung erwartet. Bis zum Jahr 2050 wird sich der Anteil der über 64-Jährigen voraussichtlich von gegenwärtig ca. 20,6 Prozent auf über 31,8 Prozent erhöhen und das Medianalter von derzeit 46 Jahren auf über 52 Jahre zunehmen (vgl. Statistisches Bundesamt 2009, Statistisches Bundesamt 2013f). Die erwartete Schrumpfung und Alterung der deutschen Bevölkerung resultiert demografisch vor allem aus dem lang anhaltenden geringen Geburtenniveau seit Anfang der 1970er Jahre, der bestehenden Altersstruktur mit stark besetzten Altersgruppen der 40- bis 55-Jährigen, der zunehmenden ferneren Lebenserwartung Älterer und den niedrigen Außenwanderungssalden (vgl. Dorbritz / Schneider 2013, S. 142).

Von der Veränderung des Bevölkerungsstands und der Bevölkerungsstruktur sind die deutschen Städte und Gemeinden im unterschiedlichen Maße betroffen. Angesichts der derzeitigen heterogenen Einwohnerstruktur ist eine unterschiedliche Entwicklung für die Kommunen zu erwarten. Die spezifischen Entwicklungen in einzelnen Kommunen werden zudem durch ungleiche Migrationssalden mit dem Ausland und vor allem durch interkommunale Binnenmigration geprägt. Als wesentliche Veränderungen durch Binnenmigration auf Ebene der Bundesländer sei exemplarisch auf die hohen Wanderungssalden von Ost- nach Westdeutschland seit der Wiedervereinigung verwiesen. In den zwei Dekaden seit dem Fall der Mauer erfuhren die ostdeutschen Bundesländer einen Nettowanderungsverlust von mehr als 1,7 Mio. Einwohnern (vgl. Wolff 2010, S. 1).

Als Folge der beschriebenen Prozesse kann eine heterogene Veränderung der Population im Raum erwartet werden (vgl. Abb. 1). Auf kommunaler Ebene zeigt sich, dass nicht alle Städte und Gemeinden im gleichen Maße betroffen sind. Allerdings

---

3   Die Bevölkerungsentwicklung wird wesentlich durch Fertilität, Mortalität, Migration und Familienentwicklung geprägt (vgl. Schneider, N. F. 2012, S. 2).

ist ein Großteil – vor allem Kommunen aus strukturschwachen Regionen (vgl. Ott 2008, S. 11) – mit einer sinkenden und zugleich alternden Bevölkerung konfrontiert. Während exemplarisch im Zeitraum 2009 bis 2030 in Sögel (Emsland) ein Bevölkerungswachstum von 12 Prozent zu erwarten ist, wird für Strasburg (Uckermark) ein Bevölkerungsrückgang von gut 27 Prozent prognostiziert (vgl. Bertelsmann Stiftung 2013). Ebenso verhält sich die Altersverteilung regional sehr unterschiedlich. Für die beispielhaft herangezogenen Kommunen liegt das Medianalter im Jahr 2030 bei knapp 49 Jahren (Sögel) bzw. 59 Jahren (Strasburg) (vgl. Bertelsmann Stiftung 2013).

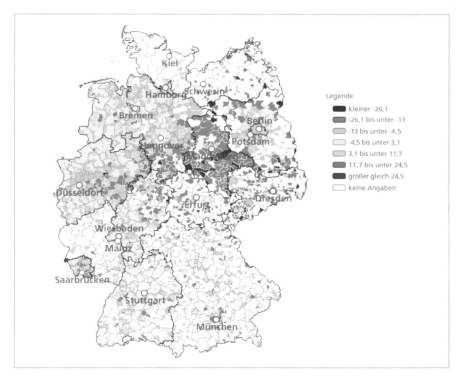

Abb. 1: Relative Bevölkerungsentwicklung in kreisfreien Städten und Gemeinden im Zeitraum 2009–2030.
Quelle: Bertelsmann Stiftung 2013.

Wenngleich zwischen den Wohnorten prinzipiell schon immer Wettbewerb um Einwohner bestand, resultiert aus der zukünftigen Reduzierung und Alterung der Gesamtbevölkerung Deutschlands eine deutliche Wettbewerbsintensivierung (vgl. hier und im Folgenden Schneider 2013, S. 22). Für die Städte und Gemeinden wird eine heterogene, zum Teil existenzbedrohende Entwicklung des Bevölkerungsstands und der Altersverteilung prognostiziert. Vor dieser Kulisse sind bereits heute in einigen Kommunen Indikatoren zu beobachten, die offenbaren, dass eine zur Aufrechterhaltung kommunaler Infrastruktur notwendige Mindesteinwohnerzahl unterschritten ist (vgl. Milbradt 2007, S. 78).

Als zweite zentrale Entwicklungslinie lassen diverse gesellschaftliche Veränderungen eine generelle Zunahme interkommunaler Wanderungsbereitschaft erwarten. Einerseits sind zunehmende Flexibilitätsanforderungen bei der Wohnortwahl auszumachen. Viele Berufsfelder setzen Wohnortwechsel im Zusammenhang mit Ausbildung oder Arbeit voraus. Mit einer höheren Intensität beruflicher Wechsel (vgl. Behringer 2002) geht daher eine Zunahme berufsbedingter Migrationen einher. Eine zukünftig höhere Flexibilität bei der Wahl des Wohnorts ist allerdings nicht nur aus beruflichen Gründen zu erwarten, sondern kann bei vielen Einwohnern auch bezüglich des Privatlebens angenommen werden. Die stetige Zunahme der kommunikativen Vernetzung der Gesellschaft mithilfe technischer Hilfsmittel auch über große räumliche Entfernungen (vgl. van Eimeren / Frees 2012, S. 363) lässt vermuten, dass zukünftig häufiger private Beziehungen zu Mitmenschen geknüpft werden, die an einem entfernten Ort leben. Wollen Menschen, die sich auf diese Weise kennengelernt haben, trotz zunehmender Möglichkeiten technischer Vernetzung räumlich zusammenleben, ist eine Wanderung obligatorisch. Angesichts dieser Entwicklungen kann eine Zunahme sowohl beruflicher als auch privater Flexibilitätsanforderungen prognostiziert werden.

Anderseits weisen Indikatoren auf einen allgemeinen Trend der Abnahme traditioneller Bindungskräfte an Städte und Gemeinden im Rahmen einer fortschreitenden gesellschaftlichen Individualisierung hin, z. B. in Bezug auf Verwandte oder den Arbeitsplatz (vgl. Bühlmann 2013, S. 329; Bundesamt für Bauwesen und Raumordnung 2008). Neben zunehmenden Flexibilitätsanforderungen sind somit tendenziell schwächer wirkende exogene Bindungsfaktoren auszumachen, sodass bilanzierend eine verstärkte Wanderungsbereitschaft erwartet werden kann.

Drittens kann als weitere zentrale Entwicklungslinie konstatiert werden, dass parallel zu den beschriebenen Entwicklungen der Verknappung und zunehmenden Wanderungsbereitschaft der Einwohner die einzelnen Einwohner für die Städte und Gemeinden bedeutsamer werden. Die Relevanz von Einwohnern als konstitutives Element für Kommunen ist evident, denn sie sind unverzichtbar, um die vielfältigen und komplexen Zielsetzungen der Kommune zu erreichen. Wenngleich Einwohner folglich schon immer einen existenziellen Beitrag zur Zielfunktion von Städten und Gemeinden leisten, sollen ihre Relevanz und ihre im Zeitablauf wachsende Bedeutung anhand zweier ausgewählter Aspekte beleuchtet werden. Analog zum Vorgehen von Schneider werden erstens die fiskalische Relevanz von Einwohnern und zweitens die Bedeutsamkeit bürgerschaftlichen Engagements illustriert (vgl. hier und im Folgenden Schneider 2013, S. 18 ff.).

Die fiskalische Relevanz der Einwohner kann mittels der Einkommenssteuer verdeutlicht werden. Entsprechend des Wohnortprinzips wird die Verteilung des kommunalen Anteils der Einkommenssteuer maßgeblich durch den Wohnort des Einkommenssteuerpflichtigen beeinflusst (vgl. Bundesministerium für Finanzen 2012, S. 9 ff.). Wird das Volumen der steuerlichen Einnahmen der Kommunen betrachtet, ist die Einkommenssteuer neben der Gewerbesteuer zentrale Steuerquelle. Zwischen den Jahren 2000 und 2012 machte der kommunale Einkommenssteueranteil durchschnittlich 37,1 Prozent der Steuereinnahmen der Städte und Kommunen aus und war damit nur geringfügig und statistisch insignifikant niedriger als der Anteil der Einkünfte aus der Gewerbesteuer[4] in Höhe von 41,8 Prozent (eigene Berechnungen auf Basis Statistisches Bundesamt 2013b). Im selben Zeitraum war die Einkommenssteuer einer bei Weitem geringeren Streuung als die Gewerbesteuer unterworfen. Die mittlere absolute Abweichung des Einkommenssteueranteils betrug 10,3 Prozent und war damit weniger als halb so hoch wie die der Gewerbesteuer in Höhe von 21,4 Prozent (eigene Berechnungen auf Basis Statistisches Bundesamt 2013b). Die kommunalen Einkünfte aus der Einkommenssteuer waren demnach deutlich stabiler als die aus der Gewerbesteuer. Im Hinblick auf den relativen Anteil an den Gesamtsteuereinnahmen und die Stabilität steuerlicher Einnahmen zeigt sich, dass der Einkommenssteueranteil die wichtigste kommunale Steuerquelle ist. Vor dem Hintergrund der maßgeblichen Distribution der Einkommenssteuer anhand des Wohnortprinzips der Steuerpflichtigen wird die Bedeutung der Anzahl einkommenssteuerpflichtiger Einwohner für die fiskalischen Rahmenbedingungen der Städte und Gemeinden deutlich.

Zudem werden Einwohner für Städte und Gemeinden wertvoller. Nicht zuletzt angesichts restriktiver finanzieller Rahmenbedingungen (vgl. Spars / Jacob / Müller 2010, S. 12; Zipfel 2010, S. 13 f.) sind Städte und Gemeinden verstärkt auf bürgerschaftliches Engagement ihrer Einwohner angewiesen. Neben seiner normativen Bedeu-

---

4   Als Gewerbesteuereinkünfte werden hier die Gewerbesteuern abzüglich der Gewerbesteuerumlagen ausgewiesen.

tung, die bspw. im Konzept der Bürgerkommune betont wird (vgl. Bogumil / Holtkamp / Schwarz 2003, S. 22), ist bürgerschaftliches Engagement aus ökonomischer
Perspektive von Bedeutung. Die Ressource Einwohner besitzt einen erheblichen ökonomischen Wert. Schneider ermittelt auf Basis der Angaben des Freiwilligensurveys
und unter Annahme eines durchschnittlichen Engagements von 16 Stunden pro Woche im Wert von 10 Euro pro Stunde für das Jahr 2009 einen Gesamtwert des freiwilligen Engagements in Höhe von 62,6 Mrd. Euro, der näherungsweise den kommunalen Gesamtsteuereinnahmen (ohne sonstige Gemeindesteuern) des Jahres 2009
in Höhe von 67,5 Mrd. Euro entspricht (vgl. Schneider 2013, S. 20 f.). Angesichts
der zunehmenden Streichung freiwilliger kommunaler Leistungen und substitutiver
Beiträge der Einwohner kann erwartet werden, dass bürgerschaftliches Engagement
aus ökonomischer Perspektive an Relevanz gewinnen wird. Die Ausführungen zur
fiskalischen Brisanz und zum Stellenwert bürgerschaftlichen Engagements illustrieren die enorme und weiter zunehmende Bedeutsamkeit von Einwohnern für deren
Wohnorte.

Als Konsequenz der drei beschriebenen Entwicklungslinien verschärft sich der Wettbewerb um Einwohner (vgl. Diehl / Deffner / Stieß 2009, S. 5) zwischen den Kommunen – und da Einwohner knapper, wohnortmobiler und wertvoller werden, nimmt
der Handlungszwang der Wohnorte im Wettbewerb um ihre Ansiedlung und Bindung zu.

Die Steigerung der Wettbewerbsintensität wird auch zunehmend von kommunalen
Entscheidungsträgern wahrgenommen. Exemplarisch manifestiert sie sich in Angaben von 522 kommunalen Entscheidungsträgern im Rahmen einer deutschlandwei-
ten Befragung. Für knapp die Hälfte der Befragten sind Einwohner in Relation zum
Wettbewerb um Unternehmensansiedlung, Touristen oder Einkaufskraft das relevan-
teste Wettbewerbsobjekt und in den kommenden zwei Jahren wird von fast drei Vier-
tel der Befragten eine Zunahme der Wettbewerbsintensität erwartet (vgl. Windhaus
2011). Resümierend kann also ein zunehmend eskalierender Einwohnerwettbewerb
zwischen den Städten und Gemeinden konstatiert werden.

1.2 Relevanz der Einwohnerbindung im interkommunalen Wettbewerb um Einwohner

Angesichts des verschärften Einwohnerwettbewerbs gewinnen für die kommunale Praxis Attraktion und Bindung von Einwohnern an Bedeutung.[5] In der Praxis ist zu beobachten, dass häufig eine Konzentration auf die Attraktion neuer Anwohner erfolgt (vgl. Mönnich 2005, S. 33). Überträgt man bisherige Erkenntnisse der Marketingwissenschaft (vgl. bspw. Backhaus 1997, S. 22) auf diese Situation, zeigt sich, dass es im Rahmen einer Priorisierung häufig effizienter zu sein scheint, sich um die Bindung der Einwohner als um deren Gewinnung zu bemühen. So weisen Studien nach, dass Investitionen zur erfolgreichen Gewinnung eines Neukunden die Investitionen zur Bindung eines vorhandenen Kunden um ein Vielfaches übersteigen (vgl. bspw. Bhote 1996; Shoemaker / Lewis 1999).

Der besondere Stellenwert der Einwohnerbindung[6] im Rahmen des Einwohnerwettbewerbs lässt sich nicht nur mittels Analogien und entsprechender empirischer Erkenntnisse, sondern auch theoretisch begründen. Es kann angenommen werden, dass Wohnortentscheidungen anhand einer individuellen Abwägung von Vor- und Nachteilen von Wohnortalternativen getroffen werden und diejenige Alternative gewählt wird, welche den größten Nutzen stiftet. Ob kommunale Rahmenbedingungen dabei als nutzenstiftend und gegenüber Bedingungen anderer Alternativen als überlegen bewertet werden, kann eine Kommune nur sehr eingeschränkt beeinflussen, da sie kaum Einfluss auf die Rahmenbedingungen (z. B. Arbeitsbedingungen, private Beziehungen) in anderen konkurrierenden Kommunen nehmen kann. Vor dem Hintergrund der Fülle grundsätzlicher Wohnortalternativen und dem enormen Spektrum grundsätzlich relevanter Rahmenbedingungen, da der Wohnort mit einer Vielzahl bedeutsamer Lebensparameter zusammenhängt, gestaltet sich die Gewinnung von Einwohnern schwierig.

Dagegen wirken die Nutzenkomponenten, die aus der Bindung an den gegenwärtigen Wohnort resultieren, exklusiv auf dessen Nutzeneinschätzung. Jedes Kalkül eines potenziellen Wohnortwechslers wird durch diese Nutzenkomponenten beeinflusst.

---

5   Im Zusammenhang mit den beschriebenen Entwicklungen sind auch alternative Mobilitätsformen wie Pendeln bzw. multilokales Wohnen zu beobachten. Da diese nicht mit einer dauerhaften bzw. wesentlichen räumlichen Verlagerung des Lebensmittelpunkts einhergehen, sind sie nicht Gegenstand dieser Betrachtung. Gleichwohl ist anzumerken, dass Pendeln und residenzielle Multilokalität Auswirkungen auf Qualität und Quantität der Transaktionen zwischen Einwohner und Wohnort(en) haben. Allerdings entfallen die Transaktionsbeiträge der Einwohner entgegen der grundsätzlichen Situation bei einer Abwanderung nicht gänzlich.

6   Die Begriffe Einwohnerbindung und kommunale Einwohnerbindung werden im Folgenden synonym verwendet.

So ist evident, dass sich Verbundenheit und Identifizierung mit dem Wohnort auf Migrationsentscheidungen auswirken. In einer positiven Identifikation mit einem Wohnort manifestiert sich eine spezielle Beziehung zum Ort, die diesem Vorteile bei der Abwägung verschiedener Wohnortalternativen verschafft. Da der aktuelle Wohnort den Lebensraum der Einwohner bildet, bieten sich Wohnorten prinzipiell bessere Möglichkeiten, aktuelle Einwohner zu binden als potenzielle neue Einwohner zu gewinnen. Vor Ort bestehen vielfache Kontaktflächen, was mit vielfältigen Kontaktformen, intensiven Beeinflussungschancen und einer gestaltbaren Beziehungsqualität einhergeht (vgl. Bogumil / Holtkamp 2006, S. 9).

Schließlich zeichnet sich der Wettbewerb um Einwohner durch das Spezifikum aus, dass alle potenziell zu gewinnenden Einwohner bereits einen Wohnort haben. Mit anderen Worten wird das gesamte Marktpotenzial von sich anbietenden Wohnorten ausgeschöpft. Neue Einwohner können somit nur von anderen konkurrierenden Wohnorten gewonnen werden (vgl. Meffert / Burmann / Kirchgeorg 2012, S. 55). Folglich ist auch im Kontext der Einwohnergewinnung die Einwohnerbindung relevant, da zur Gewinnung eines Einwohners sein Bindungsnutzen an einen anderen Wohnort zu übertreffen ist.

Im Wettbewerbsumfeld der Städte und Gemeinden ist das Thema Einwohnerbindung deshalb von großer Relevanz, dessen ungeachtet bisher nur wenige und vor allem kaum empirisch gesicherte Erkenntnisse zur Einwohnerbindung auf kommunaler Ebene vorliegen. Auf konzeptioneller Ebene mangelt es speziell an einer Analyse der wesentlichen Einflussgrößen und Wirkungszusammenhänge. Vor diesem Hintergrund können der kommunalen Praxis nur eingeschränkt Handlungsempfehlungen zur Förderung der Einwohnerbindung gegeben werden. Zusammenfassend formuliert ist unklar, welche Bedeutsamkeit der Einwohnerbindung im Rahmen interkommunaler Migrationsentscheidungen zukommt und wie ihre Intensität beeinflusst werden kann. Infolgedessen richtet vorliegende Arbeit den Fokus auf kommunale Einwohnerbindung und analysiert deren Wirkung und Einflussgrößen.

Ausgehend von der Diskrepanz zwischen dem Stellenwert des Themas und sowohl theoretischer als auch empirischer Durchdringung der Einwohnerbindung werden im weiteren Verlauf von Teil A zunächst der Stand der Forschung und die Konzeption der Untersuchung präsentiert. Hierzu wird anfangs eine Systematisierung (Kapitel A 2.1) und Diskussion empirischer Erkenntnisse (Kapitel A 2.2) relevanter wissenschaftlicher Forschungsbeiträge vorgenommen und darauf aufbauend der Forschungsstand resümiert (Kapitel A 2.3). Daran schließen sich die Erörterung der Zielsetzung und Forschungsfragen (Kapitel A 3.1) und der wissenschaftstheoretischen Positionierung (Kapitel A 3.2) der Arbeit sowie die Strukturierung des weiteren Vorgehens an (Kapitel A 3.3).

2 Stand der Forschung

2.1 Systematisierung wissenschaftlicher Beiträge zur Einwohnerbindung

Angesichts des Stellenwerts des Themas Einwohnerbindung verwundert es nicht, dass sich verschiedene wissenschaftliche Disziplinen mit Facetten der Einwohnerbindung auseinandersetzen. Vor allem im Rahmen der durch Multidisziplinarität gekennzeichneten Migrationsforschung sind bereits vielfältige Erkenntnisse zur Einwohnerbindung generiert worden. Intensiv werden Bindungen an räumlich-physische Gegebenheiten auch in der Umweltpsychologie analysiert. Neben den genannten Disziplinen, welche die Bindung an Räume und Orte fokussieren, sind Wechselentscheidungen respektive Bindungen vorwiegend von Kunden im Rahmen der Marketingforschung untersucht worden.

Der Forschungsstand dieser drei Disziplinen mit Bezug zur Einwohnerbindung wird nachfolgend diskutiert (vgl. Tab. 1). Da Migrationsforschung und Umweltpsychologie Bindungen an Räume betrachten, liefern diese Disziplinen vergleichsweise spezifische Erkenntnisse zu Einwohnerbindung, während Ansätze der Marketingforschung allgemeinere Erkenntnisse zu Bindungen erarbeiten.

Wegen der abweichenden Fokussierungen und unterschiedlichen begrifflichen Erfassungen von (Einwohner-)Bindung in den diversen Wissenschaftsgebieten erfolgt in den nachfolgenden Kapiteln zunächst eine Erörterung der Disziplinen. Daran anschließend werden wesentliche Befunde präsentiert, die einen engen Bezug zur Einwohnerbindung an den Wohnort aufweisen. Dabei wird keine erschöpfende Darstellung des Forschungsstands zum Bindungsgeschehen angestrebt, vielmehr konzentriert sich die Erörterung primär auf empirische Erkenntnisse zur Relevanz der Bindung im Rahmen interkommunalen Migrationsverhaltens und zu Einflussgrößen kommunaler Bindung. Vorwiegend werden dabei aktuelle Befunde zur Einwohnerbindung innerhalb Deutschlands zusammengetragen. Da der Fokus dieser Arbeit auf der kommunalen Einwohnerbindung liegt, finden Ergebnisse zu kleinräumigen Wanderungen, die nicht mit einer wesentlichen Verschiebung des räumlichen Lebensmittelpunkts einhergehen, sowie zu internationaler Migration lediglich eingeschränkt Berücksichtigung.

Kapitel	Strukturierung		
	Fokussierung und Begriffsverständnis	Relevanz	Einflussgrößen
A 2.2.1	Perspektive der Migrationsforschung	Relevanz der Einwohnerbindung im Rahmen interkommunaler Migrationen	Einflussgrößen der Einwohnerbindung
A 2.2.2	Perspektive der Umweltpsychologie	Relevanz der Einwohnerbindung im Rahmen interkommunaler Migrationen	Einflussgrößen der Einwohnerbindung
A 2.2.3	Perspektive der Marketingforschung	Relevanz der Bindung von Transaktionspartnern bzw. der Bindungszustände	Einflussgrößen der Bindung von Transaktionspartnern

Tab. 1:   Strukturierung der Diskussion relevanter Forschungsbeiträge.

2.2   Diskussion relevanter Forschungsbeiträge

2.2.1   Perspektive der Migrationsforschung

Die zur Migrationsforschung verfügbare Literatur ist außerordentlich umfangreich (vgl. Geis 2005, S. 14; Kalter 2000, S. 438). Angesichts der Komplexität und hohen gesellschaftspolitischen Relevanz des Themas Migration finden sich Forschungsbeiträge in verschiedenen Wissenschaftsdisziplinen wie der Soziologie, der Ökonomie, der Demografie, der Geografie, der Politologie, der Anthropologie und der Rechts- und Geschichtswissenschaften (vgl. Kalter 2000, S. 438; Treibel 2011, S. 17 f.; Wolff 2010, S. 10 ff.).[7]

Individuelle Wanderungsentscheidungen werden dabei in erster Linie nutzentheoretisch erklärt (vgl. hier und im Folgenden Schneider / Limmer / Ruckdeschel 2002b, S. 34). Danach wandert ein Individuum, wenn der subjektiv erwartete Nutzen der Wanderung den Nutzen des Bleibens übersteigt (vgl. White / Lindstrom 2005, S. 322). Charakteristisch für die verschiedenen Ansätze der Migrationsforschung ist, dass sie sowohl Wanderung als auch Bindung im Sinne einer unterlassenden Wande-

---

7   Zahlreiche Überblicksarbeiten dokumentieren die Fülle der Beiträge zur Migrationsforschung: Boyle / Halfacree / Robinson 1998; Brettell et al. 2008; Clark 1986; De Jong / Fawcett 1981; Greenwood 1975; Hammar et al. 1997; Han 2010; Kalter 2000; Kalter 2003; Massey et al. 1993; Massey et al. 1998; Molho 1986; Oswald 2007; Shaw 1975; Shields / Shields 1989; Speare / Goldstein / Frey 1975; White / Lindstrom 2005.

rung aus einer behavioristischen Perspektive verstehen.[8] Einwohnerbindung wird als Nicht-Wandern eines Einwohners aufgefasst.

Relevanz der Einwohnerbindung im Rahmen interkommunaler Migrationen aus Perspektive der Migrationsforschung

Im Kontext der Migrationsforschung wird Nicht-Wandern als mögliches Ergebnis einer Wanderungsentscheidung aufgefasst. Gleichwohl berücksichtigt die Migrationsforschung, dass Wanderungsentscheidungen aus bestimmten Gründen nicht wie geplant umgesetzt werden können (vgl. bspw. Kalter 1997 und ausführlich Kapitel B 2). So wird ein gewisses Ausmaß an Trägheit, Wanderungsentscheidungen zu treffen, in Erklärungsansätzen modelliert und beachtet, dass Promotoren und Barrieren die Realisierung von Entscheidungen forcieren und hemmen können. Schließlich finden in der Migrationsforschung neben dem singulären Wechsel oder Beibehalten des Wohnorts andere alternative permanente Mobilitätsformen, wie regelmäßiges oder unregelmäßiges Pendeln, intensive Berücksichtigung (vgl. bspw. Kalter 1994; Pfaff 2012; Schneider / Limmer / Ruckdeschel 2002b; Limmer / Schneider 2008). Vor diesem Hintergrund rückt die Beantwortung der Frage, welche Determinanten Migrationsentscheidungen beeinflussen und vor allem eine wohnortspezifische Wirkung aufweisen, in den Vordergrund, um Implikationen zur Steigerung der Einwohnerbindung ableiten zu können.

Einflussgrößen der Einwohnerbindung aus Perspektive der Migrationsforschung

Für gewöhnlich werden Wohnortentscheidungen von einer Vielzahl von Gegebenheiten beeinflusst (vgl. Jordan 1996, S. 104).

Als stabiler empirischer Befund der Migrationsforschung zeigt sich, dass residenzielle Wanderungen durch eine ausgeprägte Altersselektivität gekennzeichnet sind (vgl. White / Lindstrom 2005, S. 334). Die höchste Mobilitätsrate wird von jungen Erwachsenen im dritten Lebensjahrzehnt erreicht. Im weiteren Lebensverlauf nimmt die Mobilität kontinuierlich ab; ein leichter Anstieg der Mobilitätsraten ist bei Personen, die am Ende des Arbeitslebens stehen, zu beobachten. Dieses altersspezifische Wanderungsverhalten wurde für innerdeutsche Binnenwanderung in verschiedenen Untersuchungen nachgewiesen (vgl. Geis 2005, S. 126 ff.; Mai 2004; Mai / Roloff / Micheel 2007, S. 219 ff.; Niefert 2003, S. 118 f., 133 ff.; Wagner 1989, S. 70). Unter Bezugnahme auf arbeitsbedingte Mobilität zeigen Schneider et al. für Deutschland, dass junge Erwachsene im Alter von 25 bis 34 Jahren häufiger Erfahrungen

---

8   Zu den Grundsätzen des Behaviorismus vgl. bspw. Gerrig / Zimbardo 2008, S. 193.

mit Wohnortwechseln in den vergangenen drei Jahren gemacht haben als ältere Personen (vgl. Schneider et al. 2008b, S. 123 f.). Außerdem legen die Autoren dar, dass die Bereitschaft, in eine andere Region zu ziehen, in der Gruppe der nicht mobilen Personen mit zunehmendem Alter geringer ausgeprägt ist. Während 41 Prozent der 25- bis 34-Jährigen bereit sind, in eine andere Region zu ziehen, sinkt dieser Anteil in der Gruppe der 45- bis 54-Jährigen auf 24 Prozent (vgl. hier und im Folgenden Schneider et al. 2008b, S. 121). Zu vermuten ist jedoch, dass die Altersselektivität bei Wanderungen im Wesentlichen nicht auf das Alter selbst, sondern auf Ereignisse im Lebensverlauf wie den Erwerb von Wohneigentum oder Änderungen des familiären Status zurückzuführen ist. Werden entsprechende Merkmale in Analysen berücksichtigt, reduziert sich der Alterseffekt meistens beträchtlich (vgl. Mulder 1993, S. 138; Sandefur / Scott 1981).

Wird der Blick auf die Wirkung von Wohneigentum gerichtet, kann festgehalten werden, dass Eigentümer selbstgenutzten Wohneigentums seltener den Wohnort wechseln als Mieter (vgl. Clark / Drever 2000; Kalter 1994, S. 474; Landale / Guest 1985; Rossi 1980; White / Lindstrom 2005, S. 337). Diesen Befund bestätigt Pfaff auf Basis von Daten des Sozio-oekonomischen Panels[9] der Jahre 2000 bis 2009 für innerdeutsche Fernwanderungen Erwerbstätiger über 50 km (vgl. Pfaff 2012, S. 469 f.). Ebenfalls arbeitet Geis heraus, dass mit Immobilienbesitz eine reduzierte interregionale Migrationsneigung einhergeht (vgl. Geis 2005, S. 136 f.). Auf Grundlage einer europaweiten Studie belegen Bonnet und Collet, dass die Verbundenheit mit dem Wohnort und dem Zuhause bei Wohneigentümern signifikant höher ist als bei Mietern (vgl. Bonnet / Collet 2010, S. 247).

Bei Betrachtung des Familienstatus sind verschiedene Einflüsse auf das Migrationsverhalten zu konstatieren. Daten des Sozio-oekonomischen Panels der Jahre 2000 bis 2009 belegen, dass verheiratete Erwerbstätige eine geringere innerdeutsche Migrationsneigung als Nicht-Verheiratete haben (vgl. hier und im Folgenden Pfaff 2012, S. 468). Dieser Zusammenhang bestätigt sich auch für Personen mit vollerwerbstätigem Partner. Im Allgemeinen wird eine geringere Mobilität in Partnerschaft Lebender im Vergleich zu Alleinlebenden ausgemacht und darauf zurückgeführt, dass lokale Bindungen mehrerer Personen auf Migrationsentscheidungen einwirken (vgl. bspw.

---

9   Beim Sozio-oekonomischen Panel handelt es sich um eine Längsschnittstudie privater Haushalte, die für sich Repräsentativität in Anspruch nimmt (vgl. bspw. Niefert 2003, S. 99). Sie wird vom Deutschen Institut für Wirtschaftsforschung für die Bundesrepublik Deutschland durchgeführt und erfasst vielfältige Informationen auf Personen- und Haushaltsebene. Aktuell enthält die Stichprobe Daten für das gesamte Bundesgebiet von ca. 22 500 Personen aus rund 13 000 Haushalten.

Clark / Drever 2000; Niefert 2003, S. 136; Speare / Goldstein / Frey 1975, S.129 f.; Sandefur / Scott 1981, S. 364). Zudem wurde beobachtet, dass mit ihrem Partner in einem gemeinsamen Haushalt lebende Personen eine geringere Wanderungsbereitschaft als Alleinlebende aufweisen (vgl. Geis 2005, S. 132; Kalter 1997, S. 117 ff.; Kley 2009, S. 135 f.).

Neben Partnern haben auch im Haushalt lebende Kinder Einfluss auf das Migrationsverhalten. Vor allem wenn Schulkinder im Haushalt leben, wird eine geringere Wanderungswahrscheinlichkeit ausgemacht (vgl. Landale / Guest 1985, S. 214; Pfaff 2012, S. 468 f.; Speare / Goldstein / Frey 1975; Wagner 1989, S. 150 ff.). Kley weist überdies nach, dass ein negativer Effekt von Kindern im Haushalt auf die Wahrscheinlichkeit, sich Gedanken über einen Wegzug aus dem Wohnort zu machen, ausgeht (vgl. Kley 2009, S. 138). Zudem zeigen empirische Befunde, dass mit zunehmender Kinderzahl interregionale Migrationspotenziale abnehmen (vgl. Geis 2005, S. 133).

Priester und Haug betonen, dass eher Änderungen des Partnerschafts- bzw. Elternschaftsstatus für Migrationsverhalten bedeutsam sind als der Status selbst (vgl. Priester / Haug 1995). Die Wahrscheinlichkeit einer Migration nimmt mit entsprechenden Änderungen kurzfristig zu und verringert sich im Laufe der Zeit, in der ein Status besteht. In diesem Kontext stellen Fischer und Malberg auf Basis eines Datensatzes der gesamten schwedischen Bevölkerung fest, dass sowohl Eheschließungen als auch Scheidungen die Wahrscheinlichkeit einer interregionalen Wanderung im selben Jahr steigern (vgl. Fischer / Malmberg 2001). Von der Geburt eines Kindes können die Autoren jedoch keinen Effekt auf das interregionale Migrationsverhalten ausmachen.

In Bezug auf das Einkommen zeigen Daten des Sozio-oekonomischen Panels (2000 bis 2009), dass Erwerbstätige, die über ein hohes bedarfsgewichtetes Äquivalenzeinkommen[10] verfügen, stärker zu einer innerdeutschen Fernwanderung neigen als Personen mit niedrigem Einkommen (vgl. hier und im Folgenden Pfaff 2012, S. 468 f.). Zwischen mittleren und niedrigen Einkommensgruppen unterscheidet sich die Neigung zur Fernwanderung nicht signifikant. Bei diesen Gruppen trägt das Einkommen analog zu den Ergebnissen anderer Untersuchungen (Kley 2009, S. 224; Landale / Guest 1985, S. 215; Wagner 1989, S. 121) nicht zur Erklärung der Migrationsneigung

---

10 Das bedarfsgewichtete Äquivalenzeinkommen wurde bestimmt, indem das Haushaltsnettoeinkommen inklusive Transferleistungen durch die Quadratwurzel der Haushaltsgröße (Zahl der Haushaltsmitglieder) dividiert wurde (vgl. Pfaff 2012, S. 466). Damit wird das Haushaltsnettoeinkommen anhand der im Haushalt lebenden Personen relativiert und die Einkommen unterschiedlich großer Haushalte vergleichbar gemacht.

bei.[11] Wenngleich die durchschnittlichen Einkommen von Arbeitslosen niedriger als die von Erwerbstätigen ausfallen, wurde übereinstimmend in verschiedenen Untersuchungen eine steigende Migrationsneigung im Falle individueller Arbeitslosigkeit identifiziert (vgl. Geis 2005, S. 140 ff.; Herzog, Jr. / Schlottmann / Boehm 1993; Niefert 2003, S. 134 ff.).

Außerdem liegen Befunde zur Wirkung des Bildungsniveaus auf das Migrationsverhalten vor. Personen mit höherem Bildungsniveau sind tendenziell über größere Distanzen mobiler als weniger Gebildete (vgl. Fassmann / Meusburger 1997, S. 184 f.; Meusburger 2008, S. 33; Mulder 1993, S. 154; Wagner 1989, S. 90). Effekte des Bildungsniveaus auf das Migrationsverhalten bestätigen sich in jüngeren bundesdeutschen Untersuchungen. So zeigen Schneider et al., dass Personen mit Abitur oder Hochschulabschluss in der Gruppe arbeitsbedingter Wohnortwechsler überrepräsentiert sind (vgl. Schneider et al. 2008b, S. 125 f.). Zudem haben nach Auswertungen des Sozio-oekonomischen Panels (2000 bis 2009) berufstätige Akademiker eine höhere Wanderungsneigung als Erwerbstätige mit niedrigerem Bildungsniveau (vgl. Pfaff 2012, S. 468 f.).

Neben den diskutierten Determinanten haben auch psychische Dispositionen Einfluss auf das Migrationsverhalten. Während eine hohe psychische Verbundenheit mit dem Wohnort einen Wegzug aus demselben zu erschweren scheint, werden Wanderungen durch einschlägige Migrationserfahrungen erleichtert. Im Kontext der Verbundenheit mit dem Wohnort zeigen Bonnet und Collet auf Basis einer europaweiten Studie, dass der Anteil von Personen, die sich mit ihrem Wohnort stark verbunden fühlen, bei arbeitsbedingten Wohnortwechslern erheblich geringer ist (17 Prozent) als bei Personen, die bisher ihren Wohnort nicht arbeitsbedingt gewechselt haben (56 Prozent) (vgl. Bonnet / Collet 2010, S. 241). Zudem identifiziert Kley einen negativen Effekt der Ortsverbundenheit auf die Wahrscheinlichkeit, Wegzugsgedanken und -pläne zu haben (vgl. Kley 2009, S. 126). Ihre Ergebnisse basieren auf Befragungen von Einwohnern jeweils einer ost- und westdeutschen Großstadt, die eine ähnliche räumliche Struktur und Einwohnerzahl aufweisen. Einen signifikanten Effekt der Verbundenheit auf die Umsetzung von Wohnortwechseln kann Kley nicht nachweisen (vgl. Kley 2009, S. 146). Kley ermittelt ferner positive Wirkungen von

---

11 Im Gegensatz hierzu sieht Geis anhand eines empirischen Vergleichs unterschiedlicher Klassen monatlichen Haushaltsnettoeinkommens – ohne diese anhand der Haushaltsgröße zu relativieren – die Hypothese bestätigt, dass mit zunehmenden Einkommen interregionale Migrationspotenziale sinken (vgl. Geis 2005, S. 144 ff.). Das widersprüchliche Ergebnis von Geis kann in der fehlenden Relativierung des Haushaltseinkommens anhand der Haushaltsgröße oder der unterlassenen Überprüfung der statistischen Signifikanz der Unterschiede hinsichtlich der Migrationspotenziale zwischen den Einkommensklassen begründet sein.

Migrationserfahrungen auf die Wahrscheinlichkeit, einen Wohnortwechsel zu planen und zu realisieren (vgl. Kley 2009, S. 126, 146).

Diverse Studien untersuchten außerdem die Wirkung regionalspezifischer Indikatoren, wie bspw. der Anteil Zugezogener, das durchschnittliche Einkommens- und Beschäftigungsniveau oder die Leerstandsraten von Wohnungen, auf das individuelle Migrationsverhalten (vgl. Bühlmann 2010; Fischer et al. 2000; Geis 2005, S. 105 ff.; Niefert 2003; S. 92; Speare / Goldstein / Frey 1975). Regionalspezifische Indikatoren tragen kaum zur Erklärung interregionalen Wanderungsverhaltens bei, wenn individuelle Personen- bzw. Haushaltsmerkmale in die Analysen einbezogen werden (vgl. Bühlmann 2010, S. 215 f.; Fischer et al. 2000, S. 25 f.; Niefert 2003, S. 139). Entsprechende Effekte sind also vernachlässigbar.

2.2.2 Perspektive der Umweltpsychologie

Erkenntnisse zur Einwohnerbindung finden sich neben der Migrationsforschung auch in umweltpsychologischen Forschungen zur Bindung an räumlich-physische Gegebenheiten. Die Umweltpsychologie fokussiert dabei vor allem emotionale Bindungen an Orte. In der englischsprachigen Literatur wird dieses Phänomen vorwiegend unter der Bezeichnung *place attachment* erfasst (vgl. Hidalgo / Hernandez 2001, S. 274), jedoch nutzen einige Autoren auch die Begriffe *sence of place* (Buttimer 1980; Hay 1998), *place identity* (Proshansky 1978), *sence of community* (Sarason 1974) und *community attachment* (Kasarda / Janowitz 1974).

Aus Perspektive der Umweltpsychologie kann Ortsbindung definiert werden als „a positive affective bond between an individual and a specific place, the main characteristic of which is the tendency of the individual to maintain closeness to such a place" (Hidalgo / Hernandez 2001, S. 274).

Das Konzept basiert auf der theoretischen Annahme, dass Orte zum Symbol persönlicher respektive sozialer Identität für Individuen werden können, da Personen Orte als Bedeutungsträger zur Regulation sozialer Interaktionen und zur Entwicklung persönlicher Identität nutzen können (vgl. Ebert 2004, S. 80; Thomas 2009, S. 59). Entsprechend der sozialen Identitätstheorie (vgl. Tajfel 1981; Tajfel / Turner 1986) leistet Ortsbindung als lokale, kollektive Identität einen Beitrag zum individuellen Selbstkonzept (vgl. Kley 2009, S. 59).

Ortsbindungen bilden sich dabei in Bezug auf spezifische Orte aus (vgl. Kleine / Baker 2004, S. 17), die mit sozialen und kulturellen Aspekten verknüpft sind (vgl. Kley 2009, S. 59). Sie besitzen keinen statischen Charakter, sondern können während des Lebens mit einer Vielzahl an Orten entwickeln (vgl. Habermas 1996, S. 154 ff.; Rubinstein / Parmelee 1992, S. 143). Angesichts des starken gefühlsmäßigen Bands zwischen Personen und räumlich-physischen Gegebenheiten (vgl. Gebhardt et al. 1995, S. 37) resultiert Trauer häufig in Form von Heimweh, wenn der Zugang zu entsprechenden Orten versperrt wird (vgl. Fried 1963; Greverus 1979; Watt / Badger 2009).

In der Forschung wurden bisher Bindungen sowohl an verschiedene Maßstabskategorien von Wohnsitzen (vgl. für einen Überblick Griffiths 2005, S. 211 f.; Lewicka 2011, S. 211 f.) als auch an Orte, an denen Individuen nicht dauerhaft verbleiben, analysiert.[12]

Im Hinblick auf die in dieser Arbeit im Fokus stehende Bindung an Wohnsitze variiert die Extensität des Bezugsobjekts. Das Spektrum raumbezogener Bezugsobjekte reicht dabei vom Zuhause, über Nachbarschaften, Kommunen, Regionen und Staaten bis zu Kontinenten (vgl. Hidalgo / Hernandez 2001, S. 274; Lewicka 2011, S. 211 f.). Da Städte und Gemeinden aufgrund ihrer Einmaligkeit und Spezifität i. d. R. gut wahrnehmbar und identifizierbar sind, bilden sich raumbezogene Bindungen an den kommunalen Wohnort im besonderen Maße aus (vgl. Lalli 1989, S. 22; Tuan 1975, S. 156 f.; Weichhart 1990, S. 79). Mühler und Opp werten auf Deutschland bezogene Studien zur regionalen und überregionalen Identifikation aus und untermauern diese Einschätzung, indem sie herausarbeiten, dass die Identifikation mit der Stadt bzw. der Gemeinde verglichen mit der Identifikation mit anderen räumlichen Bezugsobjekten am stärksten ausgeprägt ist (vgl. Mühler / Opp 2004, S. 56 ff.). Vor diesem Hintergrund ist speziell die Einwohnerbindung an Wohnorte von Relevanz und hat in der umweltpsychologischen Forschung zur Ortsbindung vermehrt Berücksichtigung erfahren (vgl. Lewicka 2011, S. 211).

Mit der Definition der Ortsbindung geht in der umweltpsychologischen Forschung ein spezifisches Begriffsverständnis von Einwohnerbindung einher. Während in der Migrationsforschung Einwohnerbindung vor allem anhand des Verhaltens festgemacht wird, wird eine psychologische Perspektive eingenommen und vorwiegend auf

---

12 In diesem Kontext finden sich Beiträge zur Bindung an Ferienhäuser (vgl. Beckley 2003) und Zweitwohnungen (vgl. Gustafson 2006; McHugh / Mings 1996; Stedman 2006; Van Patten / Williams 2008) sowie Erholungsgebiete im Freien, wie Landschaften (vgl. Fishwick / Vining 1992; Kaltenborn / Bjerke 2002), Wälder (vgl. Smaldone 2006), Berge (vgl. Kyle et al. 2003), Wildnis- (vgl. Williams et al. 1992), Seen- (vgl. Jorgensen / Stedman 2001; Jorgensen / Stedman 2006) und Flussgebiete (vgl. Davenport / Anderson 2005).

den Wohnort bezogene Emotionen und Einstellungen zur Konzeptualisierung der Einwohnerbindung herangezogen. Vor dem Hintergrund des in erster Linie emotionalen Begriffsverständnisses der Einwohnerbindung hat die Umweltpsychologie spezifische Ergebnisse zu Wirkung und Einflussfaktoren der Einwohnerbindung generiert, die nachfolgend diskutiert werden.

Relevanz der Einwohnerbindung im Rahmen interkommunaler Migrationen aus Perspektive der Umweltpsychologie

Es ist evident, dass Wohnortwechsel mit individuell unterschiedlich hohen Belastungen verbunden sind, die umso intensiver ausfallen, je stärker die emotionale Bindung an den Wohnort ausgeprägt ist. Zur Erklärung der Wirkung einer emotionalen Bindung an den Wohnort auf Migrationsentscheidungen kann Hirschmans Ansatz zur Loyalität gegenüber Organisationen herangezogen werden (vgl. Hirschman 1970). Hirschman hat sich grundlegend mit Reaktionen auf Unzufriedenheit aufgrund von Leistungsverschlechterungen von Organisationen und den Bedingungen zur Wahl der Reaktion auseinandergesetzt.[13] Er diskutiert primär zwei relevante Reaktionen auf eine Leistungsverschlechterung: erstens das Verlassen der Organisation; zweitens eine Form des Widerspruchs innerhalb der Organisation mit dem Ziel, den Zustand der Leistungsverschlechterung zu ändern.[14] Zentral für die Selektion der Reaktion ist die Loyalität, die Hirschman als „attachment to an organization" (Hirschman 1970, S. 77) respektive „affection for the organization" (Hirschman 1970, S. 78) erläutert und die damit weitgehend der Definition emotionaler Bindung entspricht. Es ist zu erwarten, dass, je stärker die emotionale Bindung ist, desto größer sind die Kosten des Verlassens bzw. Wechselns der Organisation. Daher argumentiert Hirschman, dass die Wahrscheinlichkeit einer Abwanderung umso geringer ist, je stärker die emotionale Bindung ist. Überträgt man seinen Ansatz, kann angenommen werden, dass Personen, die eine starke emotionale Bindung an ihren Wohnort haben, seltener ihren Wohnort wechseln als Personen, die nur in einem geringeren Maße eine emotionale Wohnortbindung aufweisen.

Die Vermutung, dass emotionale Einwohnerbindung zu einer geringeren Wahrscheinlichkeit führt, den Wohnort zu wechseln, konnte in mehreren Studien empirisch untermauert werden (vgl. Lewicka 2011, S. 219). Fried (2000) und Hay (1998) zeigen,

---

13 Da hier die Effekte emotionaler Einwohnerbindung behandelt werden, beschränkt sich die Darstellung auf Elemente der Theorie Hirschmans, die diese Wirkungen thematisieren, und es wird auf eine umfassende Erörterung seiner Theorie unter Verweis auf die Diskussion bei Mühler und Opp (vgl. Mühler / Opp 2006, S. 292) sowie Stewart (vgl. Stewart 1998) verzichtet.

14 Neben den beiden genannten Reaktionen erwähnt Hirschman noch die Option Inaktivität, ohne sie intensiv zu behandeln (vgl. Hirschman 1970, S. 31).

dass Personen mit starker emotionaler Bindung zu geringerer Bereitschaft neigen, den Wohnort zu wechseln. Auch die bereits im Rahmen der Migrationsforschung dargestellten Ergebnisse Kleys zur Wirkung der Ortverbundenheit auf die Wahrscheinlichkeit, Wegzugsgedanken aus zwei deutschen Großstädten zu haben und entsprechende Pläne zu schmieden (vgl. Kley 2009, S. 126), stützten den Zusammenhang von emotionaler Einwohnerbindung und Migrationsverhalten.

Ferner wird die Existenz der dargestellten Wirkung noch durch Ergebnisse einer Studie von Mühler und Opp bekräftigt (Mühler / Opp 2004; Mühler / Opp 2006). Die Autoren untersuchen Wirkungen regionaler und überregionaler Identifikationen anhand einer umfangreichen Stichprobe für ein städtisches und ein ländliches sächsisches Siedlungsgebiet. Erfasst werden die Identifikation mit unterschiedlich ausgedehnten Bezugsobjekten – Wohnort, Sachsen, Ostdeutschland, Deutschland und Europa – sowie die Absicht, aus dem Wohnort wegzuziehen. Entsprechend der sozialen Identitätstheorie (vgl. Tajfel 1981; Tajfel / Turner 1986) kann ein enger Zusammenhang von Identifikation mit einem Ort und emotionaler Bindung an den Wohnort angenommen werden. Vor diesem Hintergrund haben die Befunde zur Wirkung der Identifikation mit einem räumlichen Bezugsobjekt Relevanz für die Wirkung der emotionalen Einwohnerbindung auf Migrationsentscheidungen. Die Autoren weisen für die beiden untersuchten Siedlungsgebiete nach, dass die Identifikation mit Sachsen die Umzugsabsicht signifikant beeinflusst, jedoch nur in einem geringen Maße zu deren Erklärung beiträgt (vgl. Mühler / Opp 2004, S. 284). Je stärker die Identifikation mit Sachsen ist, desto weniger beabsichtigen die Befragten, den Wohnort zu wechseln. Leider liegen nach Kenntnis des Verfassers keine veröffentlichten Befunde zur Wirkung der Identifikation mit dem Wohnort auf die Umzugsabsicht vor.

Einflussgrößen der Einwohnerbindung aus Perspektive der Umweltpsychologie
Zu Einflussgrößen emotionaler Bindung an Wohnstätten finden sich vor allem internationale Befunde. In den entsprechenden Beiträgen variiert die Extensität des Bezugsobjekts. Häufig werden neben Einwohnerbindungen an Kommunen auch Bindungen an Nachbarschaften analysiert. Weil Nachbarschaften Teil des kommunalen Wohnorts sind, kann erwartet werden, dass eine nachbarschaftliche Bindung für eine Bindung an den Wohnort über kleinräumige Wanderungen hinaus von Relevanz ist. Daher finden Erkenntnisse im Kontext nachbarschaftlicher emotionaler Bindungen in nachfolgender Erörterung der Determinanten emotionaler Einwohnerbindung Berücksichtigung. Die bestehenden Erkenntnisse können grob in die Kategorien Effekte soziodemografischer Eigenschaften, Wirkungen sozialer Umweltmerkmale und

Effekte physisch-räumlicher Umweltmerkmale geordnet werden (vgl. hier und im Folgenden Lewicka 2011, S. 216 ff.).

Mit Blick auf die Effekte soziodemografischer Eigenschaften ermittelt eine Vielzahl empirischer Studien einen Zusammenhang zwischen emotionaler Ortsbindung und Wohndauer. Mit zunehmender Wohndauer nimmt die emotionale Bindung zu (vgl. bspw. Bonaiuto et al. 1999, S. 344; Drinkmann 1992; Fleury-Bahi / Félonneau / Marchand 2008, S. 675; Gustafson 2009; Hay 1998; Kasarda / Janowitz 1974; Lewicka 2010). Lalli und Reuber belegen eine Korrelation zwischen emotionaler Ortsbindung und Wohndauer anhand Untersuchungen der Städte Heidelberg und Köln für den deutschen Kontext (vgl. Lalli 1992, S. 295 f.; Reuber 1993, S. 76). Ebenso zeigt sich in der Untersuchung von Esser, dass die Wohndauer zur statistischen Erklärung der emotionalen Bindung an die Stadt Duisburg beiträgt (vgl. Esser 1987, S. 116). Darüber hinaus konnte dieser Zusammenhang von Thomas, Fuhrer und Quaiser-Pohl im Rahmen einer Untersuchung nachbarschaftlicher emotionaler Bindungen an ein ostdeutsches Städtequartier bestätigt werden (vgl. Thomas / Fuhrer / Quaiser-Pohl 2006, S. 22 f.).

Allerdings wird in einigen Studien kein signifikanter Zusammenhang zwischen emotionaler Ortsbindung und Wohndauer festgestellt (vgl. Bolan 1997; Bühlmann 2010, S. 217 f.; Cuba / Hummon 1993; S. 122; Brown / Brown / Perkins 2004, S. 266; Elder, Jr. / King / Conger 1996; Scannell / Gifford 2010; Stokols / Shumaker 1982, S. 165). Als Ursache kann vermutet werden, dass die emotionale Bindung nicht auf die Wohndauer selbst, sondern auf Assoziationserlebnisse zwischen Wohnort und Individuum während der Dauer des Wohnens an einem Ort zurückzuführen ist. Die Wohndauer misst zwar die Assoziationsdauer (vgl. Esser 1987, S. 114), jedoch nicht Begebenheiten, die eine Assoziation mit dem Wohnort begründen, wenngleich davon auszugehen ist, dass die Zahl entsprechender Ereignisse mit fortschreitender Wohndauer zunimmt. Würden entsprechende Ereignisse in Analysen einbezogen, trüge die Wohndauer vermutlich wenig zur Erklärung der emotionalen Bindung bei.

Neben den Befunden zur Wohndauer konnte empirisch belegt werden, dass die emotionale Ortsbindung bei älteren Personen stärker ausgeprägt ist (vgl. bspw. Bonaiuto et al. 1999, S. 341 ff.; Hidalgo / Hernandez 2001, S. 278; Fuhrer / Kaiser 1992, S. 108; Reuber 1993, S. 70 ff.) und Eigentümer selbstgenutzten Wohneigentums eine höhere emotionale Bindung als Mieter aufweisen (vgl. Bolan 1997; Brown / Brown / Perkins 2004; S. 266; Drinkmann 1992; Fuhrer / Kaiser 1992, S. 108; Lalli 1992, S. 299).

Im Hinblick auf den sozioökonomischen Status und das Bildungsniveau finden sich weniger eindeutige Befunde: Teilweise werden positive Zusammenhänge zur emotionalen Ortsbindung ausgemacht, jedoch zum Teil auch negative oder fehlende Korrelationen identifiziert (vgl. Lewicka 2011, S. 216).

Im Kontext von Wirkungen sozialer Umweltmerkmale wird sehr häufig das Ausmaß sozialer Beziehungen als Einflussfaktor emotionaler Ortsbindung analysiert (vgl. Lewicka 2011, S. 217). Der intensiven Untersuchung des Zusammenhangs liegt der Leitgedanke zugrunde, dass die soziale Bedeutung von Wohnorten für ihre Bewohner ursächlich für die emotionale Bindung ist (vgl. Thomas 2009, S. 52). Einige Studien belegen konsistent, dass mit steigendem Ausmaß sozialer Beziehungen der Grad der emotionalen Ortsbindung steigt (vgl. Bonaiuto et al. 1999, S. 344; Drinkmann 1992; Kasarda / Janowitz 1974; Lewicka 2010; Mesch / Manor 1998; Moser / Ratiu / Fleury-Bahi 2002; Reuber 1993, S. 88 ff.; Weiss 1993). Thomas, Fuhrer und Quaiser-Pohl können diesen Zusammenhang im Kontext der emotionalen Bindung an ein ostdeutsches Städtequartier belegen (vgl. Thomas / Fuhrer / Quaiser-Pohl 2006).

Neben der Wirkung sozialer Beziehungen auf emotionale Ortsbindung wurde ferner ein positiver Effekt der am Wohnort wahrgenommenen Sicherheit identifiziert (vgl. Brown / Brown / Perkins 2004, S. 266; Thomas / Fuhrer / Quaiser-Pohl 2006, S. 23; Lewicka 2010), der allerdings primär die emotionale Bindung an die Nachbarschaft beeinflusst und weniger Relevanz für andere räumlich-physische Bindungsobjekte aufweist (vgl. Brown / Brown / Perkins 2004, S. 266).

Wenngleich in der Mehrzahl umweltpsychologischer Untersuchungen soziale Faktoren als überaus relevante Determinanten der Bindung an den Wohnsitz identifiziert werden, kommt physisch-räumlichen Umweltmerkmalen ebenfalls Bedeutung zu (vgl. hier und im Folgenden Lewicka 2011, S. 217; Mesch / Manor 1998). Mitunter erklären physisch-räumliche Umweltmerkmale gemeinsam einen größeren Varianzanteil der Ortsbindung als soziale Faktoren. Ihre hohe Relevanz ist auch auf indirekte, auf die emotionale Ortsbindung wirkende Effekte zurückzuführen, da materielle kommunale Kontextfaktoren soziale Beziehungen befördern respektive behindern können (vgl. Kim / Kaplan 2004; Gifford 2007). Von besonderer Relevanz sind physisch-räumliche Eigenschaften im Rahmen der Bindung an Kommunen, während soziale Faktoren primär die Bindung an das Zuhause und die Nachbarschaft begründen (vgl. Hidalgo / Hernandez 2001, S. 279; Scannell / Gifford 2010, S. 292 ff.). In der Forschung wurden diverse physisch-räumliche Einflussfaktoren der Ortsbindung empirisch identifiziert.

Fried fand auf Basis einer umfangreichen Befragung in 42 US-amerikanischen Kommunen heraus, dass Zugang zur Natur sowie die Bewertung der Qualität des Wohngebiets und kommunaler Serviceleistungen die emotionale Einwohnerbindung beeinflussen (vgl. Fried 1982). Eine Studie unter Bewohnern Roms verdeutlicht, dass sich die Beurteilungen öffentlicher Ruhezonen, der Gebäudeästhetik, der Parks und kultureller Angebote signifikant auf nachbarschaftliche emotionale Bindung auswirken (vgl. Bonaiuto et al. 1999, S. 344). Für den deutschen Kontext konnte der positive Effekt, der von der Beurteilung der Gebäudeästhetik und der Parks ausgeht, im Kontext eines ostdeutschen Städtequartier untermauert werden (vgl. Thomas / Fuhrer / Quaiser-Pohl 2006, S. 23).

Wie Félonneau zeigt, beurteilen darüber hinaus Personen, die eine stärkere emotionale Einwohnerbindung aufweisen, physisch-räumliche Kontextfaktoren als angenehmer und weniger störend (vgl. Félonneau 2004). Dies konnte Lalli im Rahmen einer deutschen Studie empirisch belegen, indem er zeigt, dass Befragte, die emotional stark mit Heidelberg verbunden sind, Einkaufsmöglichkeiten, Verkehrssituation, Umweltverschmutzung, medizinische und soziale Versorgung sowie Freizeit- und Bildungsangebote signifikant besser bewerten als Befragte mit schwacher emotionaler Bindung (vgl. Lalli 1992, S. 298; zu ähnlichen Ergebnissen für das Umland von Köln vgl. Weiss 1993).

2.2.3 Perspektive der Marketingforschung

Während Migrationsforschung und Umweltpsychologie Wechsel zwischen respektive Bindungen an räumlich-physische Objekte zum Analysegegenstand im Besonderen haben, sind Bindungen im Allgemeinen Erkenntnisgegenstand der Marketingforschung. Der Leitgedanke des Marketing als Katalysator von (wünschenswerten) Transaktionen im Wettbewerb und darauf aufbauenden komparativen Konkurrenzvorteilen (vgl. Backhaus / Schneider 2009) kann auf die Austauschbeziehungen zwischen Wohnorten und Einwohnern transferiert werden. Erkenntnisse des Marketing zu Bindungen an Bezugsobjekte sind für die Einwohnerbindung daher relevant. Wenngleich es seit Ende der 1960er Jahre zu einer zunehmenden Übertragung des Marketinggedankens auf nicht kommerzielle Austauschprozesse – sogenanntes „Broadening" (vgl. Kotler/Levy 1969) – gekommen ist, wurden in der bisherigen Marketingforschung in erster Linie Bindungen von Kunden analysiert. Vor diesem Hintergrund konzentriert sich die nachfolgende Diskussion auf relevante Forschungsbeiträge zur Kundenbindung.

Obwohl der Begriff Kundenbindung in Marketingwissenschaft und -praxis vielfach verwendet wird und übereinstimmend die Auffassung besteht, dass sich Kundenbindung auf eine nicht zufällige Folge von Transaktionen zwischen Anbieter und Nachfrager bezieht (vgl. Plinke 1989, S. 307; Rieker 1995, S. 11), besteht in der Literatur bisher keine einheitliche Begriffsbestimmung. Ausgewählte Definitionsansätze der Kundenbindung in Tabelle 2 illustrieren diverse enge und weite Auffassungen.

Quellenangabe	Definition von Kundenbindung
Meyer/Oevermann 1995, Sp. 1341.	„Die aktuelle Kundenbindung umfasst einerseits das bisherige Kauf- und Weiterempfehlungsverhalten und andererseits die zukünftigen Wiederkauf-, Zusatzkauf- (Cross-Selling-) und Weiterempfehlungs-Absichten (Goodwill) eines Kunden gegenüber einem Anbieter oder dessen Leistungen".
Diller 1996, S. 84.	„[...] System von Aktivitäten des Anbieters zur Verbesserung des Transaktionsgeschehens [...] auf der Grundlage positiver Einstellungen der Kunden und daraus resultierender Bereitschaft zu Folgekäufen".
Tomczak/Dittrich 1997, S. 13.	„Kundenbindung spiegelt die objektiven oder (vom Kunden) subjektiv wahrgenommenen Wechselbarrieren wider. Je größer diese Barrieren sind, desto höher ist die Kundenbindung".
Gerpott/Rams 2000, S. 741.	„Bei Kundenbindung (KB) geht es um die Aufrechterhaltung der Geschäftsbeziehung zwischen einem Anbieter und einem Kunden (a) durch Folgekäufe oder Vertragsverlängerungen des Kunden bei dem Anbieter innerhalb eines marktspezifisch festzulegenden Vergangenheitszeitraums [...] oder (b) durch die Absicht des Kunden zukünftig Folgekäufe bei dem Anbieter zu realisieren oder einen bestehenden Abnahmekontrakt nicht aufzukündigen".
Nieschlag/Dichtl/Hörschgen 2002, S. 1289.	„Gesamtheit aller Maßnahmen eines Unternehmens zur Gestaltung und Pflege der Geschäftsbeziehungen zwischen Anbieter und Nachfrager, die auf eine positive Einstellung der Kunden und die damit verbundene Bereitschaft zu Folgekäufen abzielen".

Quellenangabe	Definition von Kundenbindung
Weinberg/Terlutter 2005, S. 46.	„Aus Kundenperspektive kann Kundenbindung als ein psychisches Konstrukt der Verpflichtung und Verbundenheit oder Verpflichtung einer Person gegenüber einer anderen Person oder einem Unternehmen verstanden werden. Kundenbindung kann auch ein Zustand der Gebundenheit sein, wobei dieser Zustand immer mit psychischen Konsequenzen einhergeht".
Krafft 2007, S. 29.	„Als ‚Kundenbindung' wird im Wesentlichen die Aufrechterhaltung einer Geschäftsbeziehung bezeichnet, die durch eine nicht zufällige Folge von Markttransaktionen zwischen Lieferant und Kunde gekennzeichnet ist".
Homburg/Bruhn 2010, S. 8.	„Kundenbindung umfasst sämtliche Maßnahmen eines Unternehmens, die darauf abzielen, sowohl die Verhaltensabsichten als auch das tatsächliche Verhalten eines Kunden gegenüber einem Anbieter oder dessen Leistungen positiv zu gestalten, um die Beziehung zu diesem Kunden für die Zukunft zu stabilisieren bzw. auszuweiten".
Plinke/Söllner 2008, S. 79.	„Mit der Unterstellung des Wirksamwerdens einer ‚Kundenbindung' wird ein beobachtbares Phänomen des Kaufverhaltens – das Wiederkaufverhalten – auf eine Menge nicht beobachtbarer Gründe zurückgeführt. Eine Analyse der Kundenbindung ist deshalb gleichzusetzen mit einer Analyse der Ursachen nicht zufälliger Wiederholungskäufe".
Jaritz 2008, S. 31.	„Kundenbindung drückt sich in einer positiven Einstellung in Verbindung mit der Bereitschaft zu zukünftigen Transaktionen aus".
Martin 2009, S. 18.	„Kundenbindung liegt dann vor, wenn a) innerhalb eines bestimmten Zeitraums wiederholt nicht zufällige Transaktionen zwischen einem Kunden und einem Einzelhandelsunternehmen stattgefunden haben (faktisches Verhalten) und b) diese Austauschbeziehung in Zukunft stabilisiert bzw. ausgeweitet werden soll (Verhaltensabsicht)".

Tab. 2:   Definitionsansätze der Kundenbindung.
Quelle: in Anlehnung an Martin 2009, S. 16.

Die Definitionsansätze machen deutlich, dass Kundenbindung zum einen aus Anbieterperspektive verstanden werden kann, wobei durch Einsatz verschiedener Marketingaktivitäten die Intensität der Bindung eines Kunden gesteigert werden soll (vgl. Diller 1996, S. 84; Nieschlag/Dichtl/Hörschgen 2002, S. 1183; Homburg/Bruhn 2010, S. 8), um Anbieterwechsel zu verhindern und wiederholte Transaktionen mit dem Kunden zu fördern (vgl. Jeschke 1995, S. 218; Herrmann/Johnson 1999, S. 583).

Zum anderen kann eine nachfragerorientierte Sicht auf die Kundenbindung ein-genommen werden, die in erster Linie der Erklärung des Bindungszustands eines Kunden dient und daher in dieser Arbeit fokussiert wird.[15] Innerhalb der Nachfra-gerperspektive können behavioristische und neobehavioristische Definitionsansätze differenziert werden, die Verhaltens- bzw. ergänzend Intentions- respektive Einstel-lungskomponenten berücksichtigen.

Die behavioristische Auffassung der Kundenbindung, für die sich auch die Bezeich-nung Kundenbindung im engeren Sinn findet, ist durch die Erfassung ausschließlich beobachtbaren Verhaltens gekennzeichnet (vgl. Homburg / Becker / Henschel 2008, S. 110; Meffert 1992, S. 24 ff.). Behavioristische Ansätze sehen sich der Kritik ausge-setzt, dass die Untersuchung der Kundenbindung lediglich im Anschluss an ein Ver-halten des Kunden erfolgt und keine latenten, psychisch verankerten Frühindikatoren in die Analyse einbezogen werden können (vgl. hier und im Folgenden Nießing 2006, S. 19, 47 f.; Rams 2001, S. 31 ff.). Das aktuelle Verhalten gibt aber nur unzureichend Aufschluss über die zukünftige Intensität der Kundenbindung. Daher berücksichti-gen neobehavioristische Ansätze ergänzend Verhaltensabsichten der Kunden gegen-über einem Anbieter oder dessen Leistungen (vgl. Braunstein 2001, S. 11 ff. und die Definitionen in Tabelle 2, insbesondere Diller 1996, S. 84; Gerpott / Rams 2000, S. 741 Homburg / Bruhn 2010, S. 8; Martin 2009, S. 18; Meyer / Oevermann 1995, Sp. 1341; Nieschlag / Dichtl / Hörschgen 2002, S. 1289).

Zudem besitzen eindimensionale behavioristische Ansätze aufgrund unzureichen-der Ursachenforschung zur Bindung nur eingeschränkte Aussagekraft über Stabili-tät und Qualität der Kundenbindung (vgl. Giering 2000; S. 15; Dick / Basu 1994, S. 99; Mowen / Minor 1998, S. 530 ff.). Verhaltensweisen bzw. Verhaltensintentionen sind nicht ausschließlich auf eine intensive emotionale Bindung des Kunden an den Anbieter zurückzuführen. Einsichten, ob eine emotionale Verbundenheit mit oder faktische Gebundenheit an Anbieter vorliegt, können somit nicht gewonnen werden.

Vor diesem Hintergrund werden einer neobehavioristischen Perspektive folgend über-wiegend dem Verhalten vorgelagerte Verhaltensintentionen und psychische, latente Konstrukte, wie Einstellungen und Emotionen, bei Untersuchungen der Kundenbin-dung einbezogen (vgl. Dick / Basu 1994, S. 99; Mowen / Minor 1998, S. 530 ff. und die

---

15 Einige Autoren differenzieren drei Kundenbindungsperspektiven, namentlich eine anbieter-, eine kunden- und eine beziehungsorientierte Sichtweise (vgl. bspw. Diller 1996, S. 82 f.; Jaritz 2008, S. 29 f.). Der Argumentation von Braunstein folgend, kann das beziehungsorientierte Kundenbindungsverständnis unter dem nachfragerbezogenen subsumiert werden, weshalb eine entsprechende Dreiteilung nicht als zweckmäßig erachtet wird (vgl. hierzu ausführ-lich Braunstein 2001, S. 9 f. sowie die dort zitierte Literatur).

Definitionen in Tabelle 2, insbesondere Diller 1996, S. 84; Nieschlag / Dichtl / Hörschgen 2002, S. 1289; Plinke / Söllner 2008, S. 79; Weinberg / Terlutter 2005, S. 46;). Solche latenten Konstrukte werden als Prädiktoren eines Verhaltens aufgefasst. Sie eignen sich grundsätzlich umso besser für die Vorhersage einer Verhaltensweise, je präziser sie auf demselben Grad der Spezifität einer Verhaltensweise gemessen werden (vgl. Gerrig / Zimbardo 2008, S. 645). Werden neben Verhaltenskomponenten auch Intentionen und Einstellung in die Auffassung von Kundenbindung integriert (Kundenbindung im weiteren Sinne), lässt sich eine Typologisierung vornehmen und die zentralen Bindungszustände Gebundenheit und Verbundenheit können identifiziert werden (vgl. Abb. 2). Analoge Typologisierungsansätze finden sich in zahlreichen Beiträgen der Marketingliteratur (vgl. Bliemel / Eggert 1998, S. 39 ff.; Dick / Basu 1994, S. 101.; Diller 1996, S. 87 ff.; Jaritz 2008, S. 33; Nießing 2006, S. 19 f.; Plinke / Söllner 2008, S. 80; Rams 2001, S. 33).

		Verhalten / Verhaltensabsicht	
		hoch	niedrig
Einstellung	positiv	Verbundenheit	latente Bindung
	neutral / negativ	Gebundenheit	keine Bindung

Abb. 2: Gebundenheit und Verbundenheit als Zustände der Kundenbindung.
Quelle: eigene Darstellung in Anlehnung an Nießing 2006, S. 20.

Verbundenheit basiert auf einer positiven Einstellung eines Kunden gegenüber einer Transaktion und erzeugt i. d. R. eine freiwillige Kundenbindung (vgl. hier und im Folgenden Dick / Basu 1994, S. 99; Nießing 2006, S. 20 f.). In der Literatur wird dieses Phänomen auch unter dem Begriff Kundenloyalität erfasst (vgl. bspw. Lehr 2006, S. 66 f.). Kundenbindung und Kundenloyalität sollten nicht gleichgesetzt werden, da Bindung nicht zwingend nur auf positive Einstellungen zurückzuführen ist, sondern auch aufgrund von Abwanderungsbarrieren im Fall neutraler oder negativer Einstellungen bestehen kann (vgl. Eggert 1999, S. 29; Giering 2000, S. 14 ff.; Homburg / Bruhn 2010, S. 8; Rams 2001, S. 35 f.). Abwanderungsbarrieren können ökonomischer, technisch-funktionaler, organisatorischer, vertraglicher oder psychologischer Natur sein (vgl. Rams 2001, S. 39 und die dort zitierte Literatur) und führen dazu, dass Kunden im Hinblick auf ihre Entscheidungsfreiheit eingeschränkt sind. Kunden befinden sich in diesem Fall im Zustand der Gebundenheit, den sie für gewöhnlich negativ bewerten, weil ihre Handlungsoptionen eingeschränkt und sie vom Anbieter abhängig sind, an den sie gebunden sind (vgl. Bruhn 2013, S. 97; Patterson / Smith 2003, S. 107 ff.). Analog argumentieren Bliemel und Eggert, dass Kundenbindung ein Resultat „Nicht-Wechseln-Wollens" und „Nicht-Wechseln-Könnens" sein kann (vgl. Bliemel / Eggert 1998; S. 44).

Vor diesem Hintergrund ist es für Kommunen von Relevanz, zum einen die zentralen Einflussgrößen der vorgelagerten Bindungszustände Verbundenheit und Gebundenheit zu kennen und zum anderen die Wirkung der Bindungszustände für die Einwohnerbindung zu ermitteln. In der Forschung zur Kundenbindung sind bezüglich Wirkungseffekten von Kundenbindung bzw. der Bindungszustände und ihrer Determinanten vielfältige Erkenntnisse generiert worden. Erkenntnisse mit Transferpotenzial im Hinblick auf Einwohnerbindung werden im Folgenden erörtert.

Relevanz der Bindung von Transaktionspartnern bzw. der Bindungszustände
Die Relevanz der Kundenbindung betreffend bestehen Forschungserkenntnisse sowohl zu Wirkungseffekten, die von der Kundenbindung selbst ausgehen, als auch zum Einfluss der Bindungszustände auf die Kundenbindung. Zunächst wird der Erkenntnisstand zum Wirkungspotenzial, das aus der Bindung des Kunden resultieren kann, diskutiert. Zahlreiche theoretische und empirische Arbeiten untermauern entsprechende Wirkungseffekte (vgl. Blattberg / Deighton 1996, S. 136 ff.; Dick / Basu 1994, S. 107 f.; Diller 1995, S. 31 ff.; Garbarino / Johnson 1999, S. 78 ff.; Kalwani / Narayandas 1995, S. 8; Krüger-Strohmeyer 1997, S. 233 ff.; Peter 1999, S. 41 ff.; Reichheld / Sasser 1990, S. 105 ff.). Es können drei Zielbereiche potenzieller, nicht voneinander unabhängiger Wirkungseffekte differenziert werden: Sicherheit, Wachstum und Rentabilität (vgl. hier und im Folgenden Beutin 2008, S. 835; Diller 1995, S. 31 f.; Eggert 1999, S. 43; Peter 1999, S. 41 ff.). Diese Einteilung wird von Nießing (vgl. Nießing 2006) gestützt. In Tabelle 3 erfolgt eine Einordnung der Wirkungspotenziale, die Transferpotenzial für die Einwohnerbindung aufweisen, in die Zielsektoren.

	Sicherheit	Wachstum	Rentabilität
positive Wirkungspotenziale der Einwohnerbindung	**erhöhte Stabilität der Transaktionsbeziehung** ▪ verringerte Alternativensuche ▪ erhöhte Toleranz	**höheres Referenzpotenzial** ▪ erhöhte Weiterempfehlungsabsicht ▪ verstärkte Mund-zu-Mund-Kommunikation ▪ gestiegene Expertise und Glaubwürdigkeit	**Kosteneinsparungen** ▪ geringere Betreuungskosten ▪ geringere Beratungskosten
	verbesserte Informationsbasis ▪ erhöhte Interaktionsbereitschaft ▪ erhöhte Auskunftsbereitschaft ▪ erhöhte Beschwerdebereitschaft		

Tab. 3:   Wirkungspotenziale der Einwohnerbindung.
Quelle: in Anlehnung an Diller 1995, S. 32; Nießing 2006, S. 11.

Im Zusammenhang mit der Sicherheit der Transaktionsbeziehung kann Kundenbindung deren Stabilität steigern, indem die Motivation der Kunden, alternative Transaktionspartner zu suchen, verringert wird (vgl. Furse / Punj / Stewart 1984; Moore / Lehmann 1980; Narayandas 1998, S. 109 ff.). Ferner besteht das Potenzial, dass mit zunehmender Kundenbindung die Toleranz der Kunden gegenüber negativ bewerteten Leistungen aufgrund eines Strebens nach kognitiver Konsonanz steigt (vgl. Diller 1995, S. 34.). Schließlich trägt ein mit der Kundenbindung einhergehender intensivierter Informationsfluss aufgrund erhöhter Interaktionsbereitschaft im Allgemeinen sowie gesteigerter Auskunfts- und Beschwerdebereitschaft zur Sicherung der Transaktionsbeziehung bei (vgl. Eggert 1999, S. 46).

Neben Sicherheitsaspekten kann Kundenbindung auch das Wachstum eines Unternehmens befördern (vgl. Reichheld / Sasser 1991, S. 111 f.). Angesichts der in dieser Arbeit betrachteten Einwohnerbindung sind vorwiegend die aus dem Referenzpotenzial bestehender Austauschpartner – also aktueller Einwohner – resultierenden Wirkungen von Bedeutung, die zu einer Gewinnung von Neukunden respektive Neuansiedlung von Einwohnern führen können.[16] Eine expandierende Zahl von Transaktionspartnern einer Organisation kann Folge erhöhter Weiterempfehlungs-

---

16   Wirkungseffekte der Kundenbindung, die sich positiv auf eine erhöhte Kundenpenetration beziehen (vgl. Diller 1995, S. 39 ff.), werden vor dem Hintergrund der Fokussierung von Einwohnerbindungen nicht erörtert. Angemerkt sei jedoch, dass eine Erhöhung der Interaktionsbereitschaft von Einwohnern die Erreichung vielfältiger kommunaler Zielsetzungen fördern kann, bspw. durch freiwilliges Engagement von Einwohnern in der Kommune.

absichten und verstärkter positiver Mund-zu-Mund-Kommunikation verbundener Austauschpartner sein (vgl. Brown et al. 2005, S. 131 ff.; Chevalier / Mayzlin 2006, S. 349 ff.; Krüger-Strohmeyer 1997, S. 233 ff.; Reichheld 2003, S. 51 ff.; von Wangenheim / Bayón 2007, S. 243 ff.). Zudem belegen Eggert, Helm und Garnefeld, dass Kundenempfehlungen auch die Bindung des Empfehlenden selbst steigern (vgl. Eggert / Helm / Garnefeld 2007, S. 240 f.). Insofern trägt Weiterempfehlung auch zur Stabilisierung von Transaktionsbeziehungen bei und Kundenbindung sowie -gewinnung können als komplementäre Ziele von Maßnahmen zur Steigerung der Weiterempfehlung angesehen werden.

Die Wirkung entsprechender Weiterempfehlungs- und Kommunikationshandlungen auf potenzielle Transaktionspartner bzw. neue Einwohner wird zudem verstärkt, da diese bestehenden Austauschpartnern einer Organisation eine hohe Expertise und Glaubwürdigkeit zuschreiben (vgl. Diller 1995, S. 42). Angesichts dieser Einschätzung kommt dem Referenzpotenzial bestehender Austauschpartner im Rahmen der Einwohnergewinnung eine besondere Bedeutung zu, da Transaktionsbeziehungen zwischen Einwohnern und Kommunen aufgrund ihrer Komplexität im erheblichen Maße durch Vertrauens- und Erfahrungseigenschaften geprägt sind.[17]

Schließlich kann Kundenbindung zur Steigerung der Rentabilität beitragen, da von ihr einerseits das zuvor erörterte Potenzial zur Zunahme der Zahl von Transaktionspartnern einer Organisation ausgeht und andererseits Kosten gesenkt werden können. Im Hinblick auf die Einwohnerbindung ist dabei in erster Linie die Senkung von Transaktionskosten im Laufe der Geschäftsbeziehung (vgl. Eggert 1999, S. 45) von Relevanz. Die Erfahrungen von Transaktionspartnern nehmen mit zunehmender Interaktionszahl zu, sodass Beratungs- und Betreuungskosten tendenziell abnehmen (vgl. Diller 1995, S. 48 f.; Nießing 2006, S. 14).

Auch zum Einfluss der Bindungszustände auf die Kundenbindung liegen Forschungserkenntnisse vor. Eggert kommt auf Basis einer Befragung professioneller Einkäufer zu dem Ergebnis, dass die beiden Bindungszustände Verbundenheit und Gebundenheit Verhaltensabsichten der Kunden beeinflussen (vgl. hier und im Folgenden Eggert 1999, S. 154 f.). Befinden sich Kunden im Zustand der Verbundenheit, empfehlen sie ihren Lieferanten weiter, besitzen sie die Bereitschaft, die Transaktionsbeziehung zu intensivieren, mindern sie ihre Suche nach Alternativen und haben geringe Wechselabsichten.

---

17 Vgl. für eine ausführliche Diskussion der Bedeutung des Referenzpotenzials im kommerziellen Kontext bzw. speziell Verkehrdienstleistungsbereich Diller (Diller 1995, S. 42 f.) und Nießing (Nießing 2006, S. 13 f.).

Bei intensiver Gebundenheit sind dagegen tendenziell gegensätzliche Effekte auszumachen. Allerdings zeigt sich bezüglich des Zustands der Gebundenheit nur bei der Weiterempfehlung und der Alternativensuche eine signifikante Wirkung.

Auf Grundlage der Befragungsdaten von Bahnreisenden kann Nießing belegen, dass Kunden im Zustand der Verbundenheit eine erheblich stärkere Bindung an die Bahn besitzen als Kunden im Zustand der Gebundenheit (vgl. hier und im Folgenden Nießing 2006, S. 147 f., 183). Das Weiterempfehlungsverhalten wird weit überwiegend vom Ausmaß der Verbundenheit bestimmt. Ferner weisen gebundene Kunden eine geringere Neigung auf, Bahnleistungen zukünftig in Anspruch zu nehmen, als verbundene Kunden.

Einflussgrößen der Bindung von Transaktionspartnern

In der Literatur zur Kundenbindung finden sich zahlreiche Arbeiten, die sich den Determinanten der Kundenbindung widmen. Aufbauend auf der Literaturanalyse von Martin wird der empirische Forschungsstand diskutiert (vgl. hier und im Folgenden Martin 2009). Zu Beginn der wissenschaftlichen Auseinandersetzung wurde das Thema Kundenbindung als Teilaspekt im Kontext des Beziehungsmarketing berücksichtigt.

Eingedenk der impliziten Annahme, dass Kunden mit hoher Zufriedenheit auch loyal sind (vgl. Giering 2000, S. 2), stand dabei die Beachtung der Kundenzufriedenheit im Vordergrund (vgl. Homburg/Bruhn 2010, S. 3 f.; Nießing 2006, S. 23). In diesem Sinn fokussiert ein Großteil der Beiträge Kundenzufriedenheit als singuläre Einflussgröße der Kundenbindung. Tabelle 4 informiert zu Analyseschwerpunkten, empirischem Vorgehen und zentralen Ergebnissen wesentlicher Forschungsarbeiten mit einem entsprechenden Fokus. Es finden sich in chronologischer Reihenfolge branchenspezifische sowie brachenübergreifende Beiträge überwiegend im Kontext von Transaktionsbeziehungen zwischen Unternehmen und Privatpersonen (B2C) sowie im Zusammenhang mit Geschäftsbeziehungen ausschließlich zwischen Unternehmen (B2B). Zudem werden die Beiträge anhand der Konzeptualisierung der Kundenbindung – Kombination von Verhaltensabsicht und faktischem Verhalten bzw. ausschließliche Berücksichtigung von Verhaltensabsicht oder faktisches Verhalten – differenziert.

Die positive Wirkung von Kundenzufriedenheit auf Kundenbindung wurde bereits in einer der ersten Studien zur Kundenbindung von LaBarbera und Mazursky (vgl. LaBarbera / Mazursky 1983) im B2C-Bereich empirisch nachgewiesen. In einem Großteil nachfolgender empirischer Analysen wurde der positive Zusammenhang bestätigt. Für den deutschsprachigen Raum belegen diverse Studien die positive Wirkung von Kundenzufriedenheit auf Kundenbindung für den B2C- und B2B-Bereich (vgl. Bauer / Huber / Betz 1998; Burmann 1991; Giering 2000; Grund 1998; Herrmann / Johnson 1999; Korte 1995; Mayer 2009; Meyer / Dornach 1998; Vogel 2006; Zuba 1998) sowie im Kontext der Kommunikation zwischen Kommune und Bürgern (vgl. Schneider / Schlicht / Windhaus 2013). Eine Korrelation zwischen Kundenzufriedenheit und Kundenbindung wurde auch in mehreren branchenübergreifenden Analysen nachgewiesen (vgl. Anderson / Fornell / Lehmann 1994; Fornell 1992; Fornell et al. 1996; Meyer / Dornach 1998).

Autor(en)	Analyseschwerpunkt(e)	empirisches Vorgehen	zentrales Ergebnis
Kundenbindung (Verhaltensabsicht und faktisches Verhalten)			
LaBarbera/ Mazursky 1983	KZu und KB	Kunden von 24 Konsumgütern, Paneldaten, n = 87, Kausalanalyse, dynamische Betrachtung, B2C	KZu wirkt positiv auf Kaufabsicht; KZu wirkt positiv moderierend auf den Zusammenhang zw. vergangener Absicht und zukünftigem Verhalten (Wiederkaufabsicht und Wechselabsicht)
Burmann 1991	Funktionsverlauf des Zusammenhangs zw. KZu und KB ggü. Händler und Marke	Kunden von Automobilhändlern, n = 6000, Kausalanalyse, B2C	KZu wirkt positiv auf KB; Bedeutung der KZu-Dimensionen (Kauf-, Kundendienst-, Produktzufriedenheit) für die KB schwankt im Zeitverlauf; Funktionsverlauf zw. KB ggü. Marke und KZu ist konkav; Funktionsverlauf zw. KB ggü. Händler und KZu ist konvex
Mooradian/ Olver 1997	KZu, Verhaltensabsicht, WOM und Beschwerdeverhalten	Zufallsauswahl von Haushalten, n = 193, Kausalanalyse, B2C	KZu wirkt positiv auf Kaufabsicht und WOM und negativ auf Beschwerdeverhalten
Homburg/ Giering 2001*	KZu und KB, Konsumentencharakteristika als Moderatoren	Kunden von Automobilherstellern, n = 943, Multi-Gruppen-Kausalanalyse, B2C	Alter wirkt positiv moderierend, Einkommen und Variety Seeking negativ moderierend auf den Zusammenhang zw. KZu und KB
Wallace/ Giese/ Johnson 2004*	Mehrkanal-Vertriebsstrukturen, KZu und KB, Kundencharakteristika als Kontrollvariablen	Kunden von Einzelhandelsunternehmen für Outdoor-Sportgeräte, n = 580, Kausalanalyse	Mehrkanal-Vertriebsstrukturen-Strategie von Einzelhandelsunternehmen wirkt positiv auf KZu; KZu wirkt positiv auf KB
Vogel 2006	Nettonutzen, KZu und KB	Kunden eines Do-It-Yourself-Händlers, n = 5688, Kausalanalyse, B2C	funktionaler, marktbasierter und beziehungsorientierter Nettonutzen determinieren KZu; KZu wirkt positiv auf KB

Autor(en)	Analyseschwerpunkt(e)	empirisches Vorgehen	zentrales Ergebnis
Chandrashekaran et al. 2007	KZu und KB, Stärke der KZu als Moderator	Studie 2: Kunden eines Anbieters privater Dienstleistungen, n = 221, Regressionsanalyse, B2C	Studie 2: Stärke der KZu (geringe Unsicherheit) wirkt positiv moderierend auf den Zusammenhang zw. KZu und KB (Commitment und WOM-Absicht)
Kundenbindung (Verhaltensabsicht)			
Olver/Swan 1989	Input und Ergebnis der Käufer-Verkäufer-Beziehung, Fairness, Präferenz, KZu, Diskonfirmation und Kaufabsicht	Kunden von Automobilherstellern, n = 415, Kausalanalyse, B2C	Fairness wirkt stark positiv, Diskonfirmation schwach positiv auf KZu; KZu wirkt stark positiv auf Kaufabsicht
Bloemer/Lemmink 1992	KZu und KB ggü. Händler und Marke	Kunden eines Automobilherstellers, n = 416, Korrelations- und Regressionsanalyse, B2C	KZu mit Produkt und KB; Händler wirken positiv auf KB ggü. Marke; KZu mit dem Händler wirkt positiv auf KB ggü. Händler; KB ggü. Händler wirkt positiv moderierend auf den Zusammenhang zw. KZu und KB ggü. Marke
Fornell 1992	Abwanderungsbarrieren, KZu und KB, nationale KZu-Studie mit schwedischem KZu-Index (SCSI)	SCSI-Daten von Kunden von über 4250 Unternehmen aus über 30 Branchen, n = 25 000, Kausalanalyse, B2C	KZu wirkt positiv auf KB, Stärke des Effekts ist branchenabhängig bzw. in Branchen mit hohen Abwanderungsbarrieren geringer
Anderson/Sullivan 1993	KZu, Erwartungen, Leistungsqualität und Kaufabsicht	Kunden von 57 schwedischen Unternehmen verschiedener (Einzelhandels-)Branchen, n = 22 300, Regressionsanalyse	Leistungsqualität und übererfüllte Erwartungen wirken positiv auf KZu; KZu wirkt positiv auf Kaufabsicht
Rust/Zahorik 1993	KZu, KB und Marktanteil	Bankkunden, n = 100, Regressionsanalyse, Logit Modell, B2C	bestimmte Zufriedenheitsattribute wirken positiv auf KB; KZu wirkt positiv auf Marktanteil
Anderson/Fornell/Lehmann 1994	Determinanten der KZu, Profitabilität, nationale KZu-Studie mit schwedischem KZu-Index (SCSI)	SCSI-Daten von Kunden von über 77 Unternehmen, n > 1000, multiple Regressionsanalyse, B2C	Qualität wirkt positiv auf KZu; starker asymptotischer Zusammenhang zw. KZu und Profitabilität

Autor(en)	Analyseschwerpunkt(e)	empirisches Vorgehen	zentrales Ergebnis
Jones/Sasser 1995	Funktionsverlauf des Zusammenhangs zw. KZu und KB	Kunden von mehr als 30 Unternehmen aus fünf Branchen, Methodik: keine Angaben, B2B	Form des Funktionsverlaufs des Zusammenhangs zw. KZu und KB ist je nach Branche konkav oder konvex
Korte 1995	KZu mit Produkt und Händler, KB ggü. Händler und Marke	Kunden von Automobilherstellern, n = 2132, Kausalanalyse, dynamische Betrachtung, B2C	KZu mit Produkt wirkt positiv auf KN ggü. Marke; händlerbezogene KZu-Dimensionen wirken positiv auf KB ggü. Händler
Patterson/ Johnson/ Spreng 1996	KZu und Kaufabsicht	Kunden von Beratungsfirmen, n = 128, Kausalanalyse, B2B	KZu wirkt positiv auf Kaufabsicht
Auh/Johnson 1997	Funktionsverlauf des Zusammenhangs zw. KZu und KB, nationale KZu-Studie mit amerikanischem KZu-Index (ACSI)	ACSI-Daten von Kunden der Automobilindustrie über drei Jahre, n = 13 876, lineare und nicht-lineare Regressionsanalyse, B2C	Zusammenhang zw. KZu und KB ist nicht linear; konvexer Verlauf erklärt Zusammenhang zw. KZu und KB am besten
Bauer/Huber/ Betz 1998	KZu mit verschiedenen Attributen und KB ggü. Händler	Kunden von Automobilhändlern, n = 326, Kausalanalyse, B2C	KZu mit Kundendienst, Produkt und Kauf wirken positiv auf Kundendienst- und Kauf-KB; Kundendienst- und Kauf-KB wirken positiv auf Unternehmenserfolg
Grund 1998	KZu und KB, Mitarbeiterzufriedenheit und Mitarbeiterbindung	Studie 1: Bankkunden, n = 800; Studie 2: Bankmitarbeiter, n = 650, Kausalanalyse, B2C	Studie 1: KZu wirkt positiv auf KB; Studie 2: Mitarbeiterzufriedenheit wirkt positiv auf Mitarbeiterbindung
Meyer/ Dornach 1998	KZu und KB, nationale KZu-Studie: deutsches Kundenbarometer	Kunden von Unternehmen aus 35 Branchen, n = 33 019, Methodik: keine Angabe, B2C	KZu wirkt positiv auf KB (Wiederkaufabsicht, Cross-Buying-Absicht), Stärke des Effekts ist branchenabhängig
Mittal/Ross Jr./Baldasare 1998	KZu, Diskonfirmation, Wechselabsicht und Kaufabsicht	Studie 1: Patienten, n = 4517; Studien 2/3: Kunden von Automobilherstellern, n = 9359, n = 13 759, jeweils Regressionsanalyse, B2C	Studien 1/2/3: KZu wirkt negativ auf Wechselabsicht; negative Diskonfirmation übt stärkeren Effekt auf KZu und Kaufabsicht aus als positive Diskonfirmation

Autor(en)	Analyseschwerpunkt(e)	empirisches Vorgehen	zentrales Ergebnis
Zuba 1998	Determinanten der KZu, Zusammenhang zw. KZu und KB	Kunden von LEH, n = 327, Kausalanalyse	Qualität und Preis-Leistungs-Verhältnis wirken stark positiv, Erwartungen schwach negativ auf KZu; KZu wirkt stark positiv auf KB und stark negativ auf Beschwerdeverhalten
de Ruyter/ Bloemer 1999	KZu und KB im Dienstleistungsbereich	Teilnehmer von Volkshochschulkursen, n = 668, Regressionsanalyse, B2C	KZu wirkt positiv auf KB, positive Stimmung und Zielerfüllung der Kunden wirken positiv moderierend auf den Zusammenhang zw. KZu und KB
Bloemer/ de Ruyter 1999*	KZu und KB, positive Emotionen und Involvement als Moderatoren	Kunden von sechs Dienstleistungsanbietern, n = 924, moderierte Regressionsanalyse, B2C	positive Emotionen wirken positiv moderierend auf den Zusammenhang zw. KZu und KB; Involvement wirkt nicht moderierend auf den Zusammenhang zw. KZu und KB
Herrmann/ Johnson 1999	Funktionsverlauf des Zusammenhangs zw. KZu und KB, nationale Studie: amerikanisches Kundenbarometer	Kunden von Automobilherstellern, n = 13 876, Regressionsanalyse, B2C	S-förmiger Verlauf der Funktion zw. KZu und KB
Mittal/Kumar/ Tsiros 1999	KZu mit Produkt und Service, Kaufabsicht	Kunden von Automobilherstellern, n = 5206, Kausalanalyse, dynamische Betrachtung, B2C	heutige KZu als Mediator zw. vergangener KZu und aktueller Kaufabsicht
Rust et al. 1999	KZu, Diskonfirmation und Kaufabsicht	Studenten, n = 160, experimentelles Design, dynamische Betrachtung, B2C	KZu wirkt positiv auf Kaufabsicht; negative Diskonfirmation wirkt stärker auf KZu und Kaufabsicht als positive Diskonfirmation

Autor(en)	Analyseschwerpunkt(e)	empirisches Vorgehen	zentrales Ergebnis
Giering 2000*	Merkmale der Geschäftsbeziehung, der Kunden, der Produkte, der Anbieter, des Marktumfelds als (quasi-)moderierende Effekte des Zusammenhangs zw. KZu und KB	Studie 1: Studenten, n = 317; Studie 2: Einkaufsmanager, n = 981, Multi-Gruppen-Kausalanalyse, B2C, B2B	KZu wirkt positiv auf KB; Involvement, Variety Seeking, kognitiv-affektive Unsicherheitsreduktion und Produktbedeutung wirken positiv moderierend, Produktkomplexität, Verfügbarkeit von Alternativen und technische Dynamik negativ moderierend auf den Zusammenhang zw. KZu und KB
Homburg/ Giering/ Menon 2003*	(quasi-)moderierende Effekte des Zusammenhangs zw. KZu und KB	Einkaufsmanager der chemischen, elektronischen und mechanischen Industrie, n = 981, Multi-Gruppen-Kausalanalyse, B2B	Vertrauen, gegenseitiger Informationsaustausch, kooperative Zusammenarbeit, Flexibilität des Zulieferers und Dauer der Geschäftsbeziehung wirken negativ moderierend auf den Zusammenhang zw. KZu und KB (Wiederkauf- und Expansionsabsicht)
Festge 2006	KZu mit verschiedenen Attributen und KB im Investitionsgüterbereich	Kunden von Investitionsgütern in 12 Ländern, n = 172, B2B	KZu mit Mitarbeitern, KZu mit periodischen Kundenbesuchen und KZu mit Maschinen und Anlagen wirken positiv auf KB (Wiederkaufabsicht; WOM-Absicht; Absicht, langfristig Kunde zu bleiben)
Chandra- shekaran et al. 2007	KZu und KB, Stärke der KZu als Moderator	Studie 1: Kunden eines Anbieters von Unternehmensdienstleistungen, n = 25 489, Regressionsanalyse, B2B	Studie 1: Stärke der KZu (geringe Unsicherheit) wirkt positiv moderierend auf den Zusammenhang zw. KZu und KB (WOM-Absicht)
Schneider/ Schlicht/ Windhaus 2013	Fokussierung der Kommunikation: Einflussfaktoren der Kommunikationszufriedenheit; Wirkung Kommunikationszufriedenheit auf Bürgerbindung im kommunalen Bereich	Einwohner deutscher Kommunen, n = 613, Regressionsanalyse	eine bürgergerechte Kommunikationsausgestaltung wirkt positiv auf die Kommunikationszufriedenheit; Kommunikationszufriedenheit ist zentraler Treiber der Bürgerbindung

Autor(en)	Analyseschwerpunkt(e)	empirisches Vorgehen	zentrales Ergebnis
Kundenbindung (faktisches Verhalten)			
Müller/ Riesenbeck 1991	Funktionsverlauf des Zusammenhangs zw. KZu mit dem Service und KB ggü. Marke und Händler	Kunden (Haushalte) eines amerikanischen Gebrauchsguts von 550 Händlern, n = 83 000, nicht lineare Regressionsanalyse, B2C	KZu mit dem Service korreliert hoch positiv mit KB ggü. Händler und Marke; sattelförmiger Funktionsverlauf des Zusammenhangs zw. KZu und KB ggü. Händler und Marke
Oliva/ Oliver/ MacMillan 1992	Funktionsverlauf des Zusammenhangs zw. KZu, KB, Wechselkosten bei Dienstleistungen	Kunden von General Electric Supply, n = 89, GEMCAT (spezielles Schätzverfahren für Modelle der Katastrophentheorie), B2C	Funktionsverlauf des Zusammenhangs zw. KZu und KB tendenziell sattelförmig, variiert in Abhängigkeit der Wechselkosten für Kunden
Bloemer/ Kasper 1995*	manifeste und latente KZu und wahre KB (Verbundenheit) ggü. der Marke, Informationsverarbeitungskapazität als Moderator	Kunden von Haarshampoo und Leerkassetten, n = 838, moderierte Regressionsanalyse, B2C	manifeste KZu wirkt stärker positiv auf KB ggü. der Marke als latente KZu; Informationsverarbeitungskapazität wirkt positiv moderierend auf den Zusammenhang zw. KZu und KB
Hallowell 1996	KZu, KB und Gewinn	Bankkunden aus 59 Filialen, n = 12 000, Regressionsanalyse, B2C	KZu wirkt positiv auf Dauer der Geschäftsbeziehung und Cross Selling
Bolton 1998	KZu und Dauer der Geschäftsbeziehung	Kunden eines Telekommunikationsanbieters, n = 650, Hazard-Regressionsanalyse, B2C	KZu wirkt positiv auf Dauer der Geschäftsbeziehung
Mittal/ Kamakura 2001*	KZu, Wiederkaufabsicht und Wiederkaufverhalten, soziodemografische Merkmale der Kunden als Moderatoren; Funktionsverlauf des Zusammenhangs zw. KZu und Wiederkaufverhalten	Kunden von Automobilherstellern, n = 100 040, Regressionsmodell, Probit-Modell, B2C	KZu wirkt positiv auf Wiederkauf; Alter wirkt positiv, Bildungsniveau negativ moderierend auf den Zusammenhang zw. KZu und Wiederkauf; Frauen sind loyaler als Männer; Kunden mit Kindern sind weniger loyal als kinderlose Kunden; Verlauf zw. KZu und Wiederkaufabsicht ist konkav, zw. KZu und Wiederkauf konvex

Autor(en)	Analyseschwerpunkt(e)	empirisches Vorgehen	zentrales Ergebnis
Olsen 2002	wahrgenommene Qualität, Zusammenhang zw. KZu und KB	Kunden norwegischer LEH, n = 495, Kausalanalyse	wahrgenommene Qualität wirkt positiv auf KZu; KZu wirkt positiv auf KB
Seiders et al. 2005*	Moderatoren des Zusammenhangs zw. KZu und KB	Kunden einer Einzelhandelskette, n = 945, Regressionsanalyse	Involvement, Haushaltsnettoeinkommen, Bequemlichkeit und Wettbewerbsintensität wirken positiv moderierend auf den Zusammenhang zw. KZu und KB
Cooil et al. 2007*	KZu und Share of Wallet, Kundencharakteristika als Moderatoren	Bankkunden, Paneldaten, n = 4319, Finite-Mixture-Regressionsanalyse, Zeitreihe über fünf Jahre, B2C	KZu wirkt positiv auf Share of Wallet; Einkommen und Dauer der Geschäftsbeziehung wirken negativ moderierend auf den Zusammenhang zw. KZu und Share of Wallet
Mayer 2009	KZu und Nutzen der Markenbindung	Industrielle Nachfrager von Telekommunikationsgütern, n = 351, Mixes-Logit-Modell, B2B	KZu wirkt positiv auf Nutzen der Markenbindung

Mit * gekennzeichnete Studien berücksichtigen Kundencharakteristika in der Analyse
KB: Kundenbindung; KZu: Kundenzufriedenheit; WOM: Word of Mouth

Tab. 4: Empirische Arbeiten mit der Fokussierung auf Kundenzufriedenheit als singuläre Determinante der Kundenbindung. Vgl. auch die Übersicht bei Martin 2009, S. 36 ff., S. 64.

Bei Durchsicht der Studien zeigt sich, dass die Intensität des Einflusses der Kundenzufriedenheit auf die Kundenbindung zwischen Branchen stark variiert und oft lediglich gering ausfällt. In der Forschung wird der schwankende und moderate empirisch
bestimmte Einfluss der Kundenzufriedenheit auf Kundenbindung auf die Nichtline-
arität des Zusammenhangs zurückgeführt, da verschiedene andere Funktionsverläufe
nachgewiesen werden (vgl. Tab. 4; Martin 2009, S. 35). Vor diesem Hintergrund
sieht sich die Forschung der Forderung ausgesetzt, Faktoren, die jenseits der Kundenzufriedenheit die Kundenbindung bestimmen, zu ermitteln und ihre Wirkung
genauer zu analysieren (vgl. Bearden / Teel 1983, S. 27; Biong 1993, S. 35; Cronin,
Jr. / Taylor 1992, S. 65; Hennig-Thurau / Klee 1997, S. 742; Martin 2009, S. 35;
Mooradian / Olver 1997, S. 390).

Angesichts der Ergebnisse der Untersuchungen zur singulären Wirkung von Kundenzufriedenheit auf Kundenbindung kann erwartet werden, dass weitere Antezedensvariablen zur Erklärung der Kundenbindung beitragen (vgl. hier und im Folgenden
Martin 2009, S. 40 ff.). In der wissenschaftlichen Literatur besteht insofern Konsens,
dass weitere Einflussgrößen die Kundenbindung determinieren, als viele empirische
Analysen neben der Kundenzufriedenheit mehrere andere potenzielle Determinanten
berücksichtigen. Folgende Tabelle 5 stellt wesentliche Forschungsarbeiten aus diesem
Kreis vor.

Autor(en)	Analyseschwerpunkt(e)	empirisches Vorgehen	zentrales Ergebnis
Kundenbindung (Verhaltensabsicht und faktisches Verhalten)			
Berger/ Peter/ Herrmann 1997	Determinanten der KB in der Automobilbranche	Kunden eines Automobilherstellers, n = 943, Kausalanalyse, B2C	psychische Abwanderungsbarrieren wirken sehr stark positiv, soziale Abwanderungsbarrieren und KZu stark positiv, Variety Seeking stark negativ und Attraktivität des Konkurrenzangebots moderat negativ auf KB
Hupp 1998*	Involvement (Entscheidungsunsicherheit, emotionale Stimulierung, soziales Risiko, Stimulusbedeutung, Qualitätsunsicherheit, finanzielles Risiko) und KB ggü. Marken	Kunden verschiedener Konsumgüter, n = 798, Kausalanalyse, B2C	emotionale Stimulierung wirkt stark positiv auf KB; KB, Stimulusbedeutung und Entscheidungsunsicherheit wirken stark positiv auf Gewohnheitsverhalten
Freyland/ Herrmann/ Huber 1999*	Determinanten der KB im Versicherungsmarkt	Kunden eines Versicherungsdienstleisters, n = 500, Kausalanalyse, B2C	KZu wirkt stark positiv auf KB, psychische Abwanderungsbarrieren wirken stark negativ auf Attraktivität des Konkurrenzangebots; psychische Abwanderungsbarrieren wirken stark negativ auf Attraktivität des Konkurrenzangebots; Attraktivität des Konkurrenzangebots wirkt moderat negativ auf KB; Bequemlichkeit und Alter wirken stark positiv, Ausbildung und Interesse stark negativ auf KB
Peter 1999	Determinanten der KB in der Automobil- und Pharmabranche	Modell A: Kunden eines Automobilherstellers, n = 943; Modell B: gewerbliche Abnehmer eines Pharmagroßhändlers, n = 652, jeweils Kausalanalyse, B2C, B2B	Modell A: psychische und soziale Abwanderungsbarrieren und KZu wirken stark positiv, Variety Seeking stark negativ und Attraktivität des Konkurrenzangebots schwach negativ auf KB; Modell B: Ökonomische und soziale Abwanderungsbarrieren wirken stark positiv, KZu schwach positiv und Variety Seeking schwach negativ auf KB

Autor(en)	Analyseschwerpunkt(e)	empirisches Vorgehen	zentrales Ergebnis
Herrmann/ Huber/ Braunstein 2000	Determinanten der KB in der Versicherungsbranche	Kunden eines Versicherungsunternehmens, n = 504, Kausalanalyse, B2C	KZu wirkt stark positiv, relative Qualität und Abwanderungsbarrieren wirken schwach positiv auf KB-Verhaltensabsicht; KB-Verhaltensabsicht wirkt stark positiv auf tatsächliches KB-Verhalten; Handlungskontrolle wirkt moderat negativ auf tatsächliches KB-Verhalten
Krüger-Strohmeyer 1997	KZu und KB (Wiederabschlussabsicht, Einstellung ggü. dem Reisebüro, Wiederempfehlungsabsicht, Dauer der Kundenbeziehung) im Tourismussektor	Kunden eines Reisebüros, n = 780, Korrelationsanalyse, Varianzanalyse, B2C	KZu wirkt positiv auf Wiederabschlussabsicht; Einstellung zum Reisebüro und WOM-Absicht wirken negativ auf Informationssuche; mit zunehmender Kundenbeziehungsdauer sinkt die Beratungsdauer und steigt der Umsatz pro Kunde
Braunstein 2001	Determinanten der KB in der Filmtheaterbranche	Besucher von Multiplexkinos, n = 411, Kausalanalyse, B2C	wahrgenommene Verhaltenskontrolle und Gesamtzufriedenheit bzgl. Kauf wirken stark positiv, Gesamtzufriedenheit bzgl. Reaktion des sozialen Umfelds schwach positiv auf KB-Verhaltensabsicht; Bindungsvorsatz wirkt positiv auf tatsächliches KB-Verhalten
Too/ Souchon/ Thirkell 2001	wahrgenommenes Beziehungsmarketing, Determinanten der KB	Manager und Kunden von Bekleidungseinzelhandelsunternehmen, jeweils n = 34, Regressionsanalyse	Commitment und KB an die Einkaufsstätte; Vertrauen wirkt positiv auf Commitment; Commitment wirkt positiv auf KB
Bauer/Sauer/ Merx 2002	Kundenemanzipation, KZu und Markentreue	Internetnutzer, n = 298, Kausalanalyse, B2C	Kundenemanzipation wirkt stark positiv auf KZu und schwach positiv auf Markentreue

Autor(en)	Analyseschwerpunkt(e)	empirisches Vorgehen	zentrales Ergebnis
Bloemer/ Odekerken-Schröder 2002*	Determinanten der KZu und Determinanten der KB (WOM, Preissensibilität, Kaufabsicht, Beschwerdeverhalten)	Kunden eines europäischen Lebensmitteleinzelhändlers, n = 357, Kausalanalyse	Beziehungsneigung von Kunden, Image der Einkaufsstätte und positiver Eindruck wirken positiv auf KZu; KZu wirkt positiv auf Vertrauen; Vertrauen wirkt positiv auf Commitment; Commitment wirkt positiv auf KB
Bakay 2003	Determinanten der KB im deutschen Haushaltsstrommarkt	Haushaltsvorstände, n = 600, Kausalanalyse, B2C	KZu, Commitment und kognitive Motive wirken stark positiv auf KB; KB wirkt stark negativ auf Wechselbereitschaft
Giloth 2003	Determinanten der KB in Mitgliedschaftssystemen	Mitglieder einer Buchgemeinschaft, n = 531, Kausalanalyse, B2C	Commitment zur Mitgliedschaft und KZu wirken stark positiv, Convenience, ökonomische Abwanderungsbarrieren und Image des Mitgliedschaftssystems schwach positiv, Bindungsbelastung und Community wirken moderat negativ auf KB
Demiri 2004*	Determinanten der KB im Bankensektor	Bankkunden, n = 258, Kausalanalyse, B2C	Commitment wirkt moderat positiv auf soziale Abwanderungsbarrieren und KB; soziale Abwanderungsbarrieren, psychische Abwanderungsbarrieren und KZu wirken moderat positiv auf KB; KZu wirkt stark positiv auf Vertrauen; Vertrauen wirkt stark positiv auf Commitment und psychische Abwanderungsbarrieren; Variety Seeking wirkt moderat negativ auf Commitment; KB, KZu, Attraktivität der Alternativen wirken moderat negativ auf KZu

Autor(en)	Analyseschwerpunkt(e)	empirisches Vorgehen	zentrales Ergebnis
Floh 2004*	Psychografische und soziodemografische Kundenmerkmale und KB	Internetuser; Studie 1: Thema Internet, Online-Shopping/-Wetten, n = 111; Studie 2: Thema Online-Auktionen, n = 614; Studie 3: Thema Internet, Online-Shopping, E-Banking; jeweils Kausal- und Regressionsanalyse, B2C	Studien 2/3: KZu und Vertrauen wirken stark positiv auf KB; KZu wirkt stark positiv auf Vertrauen; Studie 2: Weibliche Kunden und höher gebildete Kunden weisen höhere KB auf; Studien 1/2/3: Innovativeness, Involvement wirken stark positiv auf KB und KZu; Qualität der Website wirkt stark positiv auf KB, KZu und Vertrauen
Chiou/ Droge 2006	Determinanten der KB	Kunden eines Kosmetikunternehmens, n = 300, B2C	Servicequalität wirkt positiv auf KZu und Vertrauen; Vertrauen wirkt positiv auf KZu und KB; KZu wirkt positiv auf KB und spezifische Investitionen; spezifische Investitionen wirken positiv und Expertise negativ auf KB
Nießing 2006	Determinanten der Bindungszustände	Bahnreisende; n = 2389 (Nachbefragung n = 271); Kausalanalyse; B2C	Preis, Pünktlichkeit, Convenience und Verfügbarkeit von Alternativen wirken stark positiv auf Verbundenheit bzw. Gebundenheit
Jaritz 2008	Determinanten affektiver und konativer KB	Panelhaushalte zur KB an den Hersteller verschiedener langfristiger Gebrauchsgüter; n = 859, Kausalanalyse; B2C	physische und psychologische Produktdifferenzierung wirkt positiv auf affektive und konative KB; KZu emotionales Involvement und das Ausmaß negativer Konsequenzen wirken positiv auf konative KB; Risikograd wirkt negativ auf konative KB
Woisetschläger/ Lentz 2008	Determinanten der KB im Kontext regionaler Tageszeitungen	Abonnenten, n = 388; Kausalanalyse, B2C	KZu wirkt positiv auf Weiterempfehlungsverhalten; KZu, soziale und ökonomische Abwanderungshemmnisse wirken positiv auf Kaufabsicht

Autor(en)	Analyseschwerpunkt(e)	empirisches Vorgehen	zentrales Ergebnis
Martin 2009	Einflussfaktoren der Kundenbindung auf Instrumental- und Determinantenebene	Endkunden von Einzelhandelsunternehmen der Haushalts- und Elektronikbranche bzw. der Möbel- und Einrichtungsbranche; n = 1239; Kausalanalyse; B2C	Instrumentalebene: Preiswürdigkeit, Auswahl, persönliche Beratung und Atmosphäre der Einkaufsstätte wirken positiv auf KB; Determinantenebene: kalkulatives und affektives Commitment, Zufriedenheit mit Konsum und Entscheidungsprozess sowie Vertrauen wirken positiv auf KB

Kundenbindung (Verhaltensabsicht)

Autor(en)	Analyseschwerpunkt(e)	empirisches Vorgehen	zentrales Ergebnis
Oliver 1980*	Determinanten und Konsequenzen von KZu, Einstellungen als Moderator	Teilnehmer und Nicht-Teilnehmer einer Grippeimpfung, n = 453, n = 86, Kausalanalyse, B2C	Diskonfirmation wirkt positiv auf Einstellungsänderung und Kaufabsicht; Einstellungen wirken positiv/negativ moderierend auf KZu und Kaufabsicht
Bauer/ Herrmann/ Huber 1994	Automobilmarke, -merkmale und Marken-treue beim bevorstehenden Automobil-kauf	Kunden von Automobilherstellern, n = 4506, Logit-Modell, B2C	Identifizierung von markentreuen Kunden und Kunden mit hoher Wechselneigung in Abhängigkeit einzelner Automobilmerkmale
Ganesan 1994	gegenseitige Abhängigkeit, Vertrauen und langfristige Orientierung der Geschäftsbeziehungen zw. industriellen Einkäufern und Verkäufern	industrielle Einkäufer, n = 124, industrielle Verkäufer, n = 52, Kausalanalyse, Regressionsanalyse, B2B	Vertrauen und Abhängigkeit von industriellen Einkäufern ggü. industriellen Verkäufern bzw. von industriellen Verkäufern ggü. industriellen Einkäufern wirken positiv auf die langfristige Orientierung der Geschäftsbeziehung
Morgan/Hunt 1994	Determinanten und Konsequenzen von Vertrauen und Commitment	Reifenhändler, n = 204, Kausalanalyse, B2B	Commitment wirkt positiv auf Vertrauen und negativ auf Wechselneigung

Autor(en)	Analyseschwerpunkt(e)	empirisches Vorgehen	zentrales Ergebnis
Fornell et al. 1996	Qualität, Wert der Geschäftsbeziehung, Kundenerwartungen, Beschwerdeverhalten, KZu und KB, nationale KZu-Studie mit amerikanischem KZu-Index (ACSI)	Kunden von über 200 Industriegüterunternehmen aus 40 Branchen, n > 50 000, Kausalanalyse, B2C	Qualität wirkt stark positiv auf KZu; KZu wirkt positiv auf KB und negativ auf Kundenbeschwerden; Kundenbeschwerden wirken auf KB; Stärke der Effekte ist branchenabhängig
Andreassen/ Lanseng 1997	Leistungen eines Versicherungsunternehmens, Unternehmensimage, KZu und KB	Kunden eines Versicherungsunternehmens, n = 1400, Kausalanalyse, B2C	Unternehmensleistungen wirken positiv auf KZu; Unternehmensimage wirkt positiv auf KZu und KB; KZu wirkt positiv auf KB
Bauer/Huber/ Bräutigam 1997*	Kundentypologie, KZu und KB ggü. Händler und Marke	Kunden eines Automobilherstellers, n = 615, Kausalanalyse, B2C	Kundentypologie wirkt schwach positiv auf KZu und KB ggü. Händler und Marke; KZu mit Produkt, Händler und Beschwerde wirkt positiv auf KB ggü. Händler und Marke
Lohmann 1997	Beziehungsqualität, empfundene Wechselkosten und KB	Kunden im Retail-Banking, n = 200, Kausalanalyse, B2C	Beziehungsqualität wirkt stark positiv, empfundene Wechselkosten schwach positiv auf KB
Oliver/Rust 1997	Vergnügen, KZu und KB	Studie 1: Besucher eines Tierparks, n = 90; Studie 2: Besucher eines Symphoniekonzerts, n = 104, jeweils Regressionsanalyse, B2C	Studie 1: KZu wirkt positiv auf Verhaltensabsicht (Absicht der Kunden wiederzukommen); Studie 2: KZu und Vergnügen wirken positiv auf Verhaltensabsicht
Garbarino/ Johnson 1999*	KZu, Commitment, Vertrauen und KB	Modell 1: beziehungsorientierte Kunden; Modell 2: transaktionsorientierte Kunden, Theaterbesucher, n = 401, jeweils Kausalanalyse, B2C	Modell 1: Commitment und Vertrauen wirken positiv auf Verhaltensabsicht (Absicht der Kunden wiederzukommen); Modell 2: KZu wirkt positiv auf Verhaltensabsicht

Autor(en)	Analyseschwerpunkt(e)	empirisches Vorgehen	zentrales Ergebnis
Gerpott/ Rams 2000	Determinanten der KZu und der KB im Mobilfunkmarkt	Kunden eines Mobilfunkanbieters, n = 684, Kausalanalyse, B2C	positives Wettbewerberimage wirkt moderat negativ auf KB (Wiederkaufabsicht, WOM-Absicht), gute Netzqualität wirkt stark positiv auf KZu, positive Preiswahrnehmung und persönlicher Nutzen wirken moderat positiv auf KZu und KB (Wechselabsicht); Rufnummernkonstanz wirkt schwach positiv auf KB; KZu wirkt stark positiv auf KB
Hennig-Thurau 2000*	fachliche Fähigkeiten der Kunden, Beziehungsqualität und KB	Kunden von Videorekordern, n = 187, Kunden von Reflexkameras, n = 106, Kausalanalyse, B2C	fachliche Fähigkeiten der Kunden wirken positiv auf Beziehungsqualität und KB
Odekerken-Schröder et al. 2001*	Total Quality, Commitment und Kaufabsicht, Moderatoren des Zusammenhangs zw. Total Quality und Commitment	Kunden verschiedener Einzelhandelsunternehmen in einem Einkaufszentrums, n = 287, Kausalanalyse, B2C	Total Quality (technische, funktionale, beziehungsbezogene Qualität) wirkt positiv auf affektives Commitment ggü. der Einkaufsstätte; Commitment wirkt positiv auf Kaufabsicht; Alter und Geschlecht moderieren den Zusammenhang zw. Total Quality und Commitment
Sirdeshmukh/ Singh/Sabol 2002	Vertrauenswürdigkeit, Vertrauen von Konsumenten ggü. dem Management und ggü. den Angestellten im Handel, Wert der Beziehung als Mediator	Studie 1: Kunden eines Bekleidungseinzelhandelsunternehmens, n = 264, Multi-Gruppen-Kausalanalyse	Vertrauen wirkt positiv auf KB; Wert der Beziehung (Nutzenerwartung abzüglich Kosten der Beziehungsaufrechterhaltung) moderiert den Zusammenhang zw. Vertrauen in Angestellte und KB
von Wangenheim/Bayón/ Weber 2002	Kommunikation, KZu, KB und WOM im Strommarkt	Neukunden von Stromanbietern, n = 367, Bestandskunden von Stromanbietern, n = 398, Tiefeninterviews, B2C	positive/negative WOM im Kundenstamm wirkt positiv/negativ auf KZu und KB

Autor(en)	Analyseschwerpunkt(e)	empirisches Vorgehen	zentrales Ergebnis
Maxham III / Netemeyer 2003	Erwartungen der Kunden und Verhalten der Mitarbeiter bei Beschwerden und KZu, WOM und Kaufabsicht	Kunden eines Online-Elektrohandels, n = 320, Servicemitarbeiter eines Online-Elektrohandels, n = 320, Regressionsanalyse, B2C	zuvorkommendes Verhalten der Servicemitarbeiter wirkt positiv auf Kundenerwartung bzgl. gerechter Behandlung; Kundenerwartung bzgl. gerechter Behandlung wirkt positiv auf KZu, WOM und Kaufabsicht
Sauer 2003*	Consumer Sophistication, KZu und KB	Kunden eines Automobilherstellers, n = 1389, Kausalanalyse, B2C	Consumer Sophistication wirkt schwach positiv auf KZu und KB; KZu wirkt stark positiv auf KB
Staack 2004	Determinanten und Konsequenzen der KB im eBusiness	Online-Broker, n = 4591, Kausalanalyse, B2C	psychische Abwanderungsbarrieren, KZu, Gebundenheit und gewohnheitsbezogene Abwanderungsbarrieren wirken positiv, aufwandsbezogene Wechselbarrieren negativ auf KB; KB wirkt positiv auf Ausbau der Geschäftsbeziehung, WOM und sinkende kundenindividuelle Kosten
Agustin / Singh 2005	Vertrauen, wahrgenommener Wert der Beziehung und KB	Kunden eines Bekleidungseinzelhandelsunternehmens, n = 325, Kausalanalyse	Vertrauen wirkt positiv auf KZu, Wert der Beziehung und KB; KZu wirkt positiv auf Wert der Beziehung; Wert der Beziehung und KZu wirken positiv auf KB
Fullerton 2005	Zusammenhang zw. KZu mit Unternehmen als Handelsmarke und KB	Kunden eines Bekleidungseinzelhandelsunternehmens, n = 216, Kausalanalyse	KZu mit einem Unternehmen wirkt positiv auf affektives und kalkulatives Commitment; affektives und kalkulatives Commitment wirken positiv auf Wiederkauf- und WOM-Absicht
Gustafsson / Johnson / Roos 2005	Determinanten der KB im Telekommunikationsmarkt	Kunden eines Telekommunikationsanbieters, n = 2715, Regressionsanalyse, B2C	KZu wirkt positiv, kalkulatives Commitment negativ auf KB (Wechselabsicht); Wechselverhalten in der Vergangenheit wirkt signifikant positiv/negativ auf KB

Autor(en)	Analyseschwerpunkt(e)	empirisches Vorgehen	zentrales Ergebnis
Koot 2005*	Einstellungskonstrukte (Commitment, Image, Vertrauen, Identifikation, Involvement, subjektive Wechselbarrieren) als Determinanten der KB im Retail-Banking	Studenten, n = 669, Kausalanalyse, B2C	Einstellung wirkt positiv auf KB; Kundentypologie wirkt positiv/negativ (quasi-)moderierend auf den Zusammenhang zw. Einstellung und KB; KB-Potenzial wirkt positiv moderierend auf den Zusammenhang zw. Einstellung und KB
Johnson/ Herrmann/ Huber 2006	Wert der Geschäftsbeziehung, Markenwert, affektives Commitment und KB	Kunden von Mobilfunkanbietern, n = 2990, dynamische Pfadanalyse, B2C	Wert der Geschäftsbeziehung wirkt zu Beginn des Beziehungslebenszyklus positiv auf KB, in der Reifephase direkt und indirekt positiv über affektives Commitment und Markenstärke auf KB
Lopez/ Redondo/ Olivan 2006	Merkmale der Geschäftsbeziehung und Wechselabsicht	Kunden von Telekommunikationsanbietern, Paneldaten, n = 272, Regressionsanalyse, B2C	Kunden mit langer Beziehung zum Anbieter, die Angebote intensiver nutzen und weitere Angebote in Anspruch nehmen, haben niedrigere Wechselabsicht
Kundenbindung (faktisches Verhalten)			
Wind 1970	organisationale, anbieterbezogene und nachfragerbezogene Determinanten und Beschaffungsloyalität	Bestellvorgänge eines Elektronikkonzerns, n = 1200, multiple Regressionsanalyse, Diskriminanzanalyse, B2B	organisationale Determinanten wirken am stärksten auf Beschaffungsloyalität; Preis und Einstellung wirken moderat auf Beschaffungsloyalität
Kasper 1988	Produktprobleme, Unzufriedenheit und KB ggü. Marken	Zufallsauswahl von Haushalten, n = 178, Häufigkeitsverteilungen, B2C	Produktprobleme und Unzufriedenheit wirken positiv auf Markenwechselverhalten
Sriram/ Mummalaneni 1990	Spezifische Investitionen, Anzahl der Alternativen, Dauer der Geschäftsbeziehung und KB ggü. dem Anbieter	Einkaufsmanager, n = 221, Führungskräfte, n = 56, multiple Regressionsanalyse, B2B	Anzahl der Alternativen wirkt stark positiv auf KB

Autor(en)	Analyseschwerpunkt(e)	empirisches Vorgehen	zentrales Ergebnis
Dodds/Monroe/Grewal 1991	Determinanten der Erwartungen von Konsumenten bzgl. Produktqualität und Produktwert, Kaufabsicht	Kunden von Taschenrechnern und Kopfhörern, n = 585, Regressionsanalyse, B2C	Preiswahrnehmung wirkt positiv auf Produktqualität, Produktwert und Kaufabsicht; Marke und Informationen über die Einkaufsstätte wirken positiv auf Produktqualität
Ping Jr. 1993	Konsequenzen von KZu und strukturellen Einschränkungen	Computerhändler, n = 222, Kausalanalyse, B2B	Wechselkosten wirken positiv auf KB; KZu wirkt nicht signifikant auf KB
Keaveney 1995	Determinanten der KB im Dienstleistungssektor	Kunden von 25 Dienstleistungsunternehmen, n = 516, Critical Incident Technique, B2C	hohes Preisniveau, Unbequemlichkeit, wesentliche Leistungsmängel, Wettbewerb, ethische Bedenken wirken negativ, gute Reaktion bei Mängeln wirkt positiv auf KB
Klee/Hennig 1996	KZu, Beziehungsqualität und KB	Kunden der Systemgastronomie, n = 309, Regressionsanalyse, B2C	KZu wirkt positiv auf Beziehungsqualität; Beziehungsqualität wirkt positiv auf KB
Dekimpe et al. 1997	KB ggü. Marken im Zeitverlauf	Kunden von 21 Produktkategorien, GfK-Foodscan-Paneldaten, n = 4000, stochastisches Modell (Colombo-Morrison Brand Switching Model), B2C	KB nimmt im Zeitablauf nicht (systematisch) ab; KB ist bei Marktführern stabiler als bei anderen Marktteilnehmern
Reynolds/Arnold 2000	KZu, KB ggü. dem Verkäufer und ggü. dem Unternehmen und deren Konsequenzen	Kunden eines Bekleidungseinzelhandelsunternehmens, n = 388, Kausalanalyse, B2C	KZu wirkt positiv auf KB ggü. dem Verkäufer und ggü. dem Unternehmen; KB ggü. dem Verkäufer wirkt positiv auf KB ggü. dem Unternehmen; KB ggü. dem Unternehmen wirken positiv auf Kaufanteil, WOM und Wechselwiderstand; Wechselwiderstand wirkt positiv auf Kaufanteil

Autor(en)	Analyseschwerpunkt(e)	empirisches Vorgehen	zentrales Ergebnis
Gierl/Helm/Stumpp 2002*	Markentreue und Kaufintervalle bei langlebigen Konsumgütern	Mitarbeiter verschiedener Firmen aus unterschiedlichen Branchen, Befragung zu PKW: n = 112, Befragung zu Alpin-Ski: n = 94, logistische Regressionsanalyse, B2C	Variety Seeking und Streben nach sozialer Anerkennung wirken positiv auf Markenwechsel [Wiederkaufverhalten] und kurze Kaufintervalle; markentreue Personen mit kurzer Nutzungsdauer haben größere KZu mit Marke und höhere soziale Anerkennung als Markenwechsler
Kenning 2002	KZu, Vertrauen, KB und Kaufabsicht	Kunden von Lebensmitteleinzelhändlern, n = 756, Kausalanalyse	Vertrauen wirkt stark positiv auf KZu; KZu wirkt moderat positiv auf KB; KB und Vertrauen wirken moderat positiv auf Kaufabsicht
Lemon/White/Winer 2002	Zukünftige Erwartungen bzgl. der Unternehmensleistung und KB	Studie 1: Kunden (Haushalte) eines interaktiven TV-Unterhaltungsservices, n = 191, Regressionsanalyse; Studie 2: Studenten, n = 160, experimentelles Design, B2C	Studien 1/2: zukünftige Erwartungen bzgl. der Unternehmensleistung wirken signifikant auf KB
Gierl/Bitz 2004*	Markenpersönlichkeit und KB ggü. der Marke	Kunden verschiedener Bekleidungsmarken, n = 150, Regressionsanalyse, B2C	Variety Seeking wirkt positiv auf KB ggü. der Marke, Kongruenz von Marken- und Personenimage wirkt positiv auf KB, Kongruenz wirkt negativ moderierend auf den Zusammenhang zw. Variety Seeking und KB

Mit * gekennzeichnete Studien berücksichtigen Kundencharakteristika in der Analyse
KB: Kundenbindung, KZu: Kundenzufriedenheit; WOM: Word of Mouth

Tab. 5: Empirische Arbeiten zu zentralen Determinanten der Kundenbindung. Vgl. auch die Übersicht bei Martin 2009, S. 43 ff., S. 65 f.

Unabhängig von der Konzeptualisierung der Kundenbindung treten folgende zentrale Ergebnisse in der Bestandsaufnahme zutage:

- Der Kundenzufriedenheit kommt auch bei der Berücksichtigung weiterer Einflussfaktoren eine hohe Relevanz zur Erklärung der Kundenbindung zu (vgl. bspw. Andreassen / Lanseng 1997; Bakay 2003; Braunstein 2001; Berger / Peter / Herrmann 1997; Floh 2004; Gerpott / Rams 2000; Peter 1999; Staack 2004).

- Neben Zufriedenheit wirken Commitment und Vertrauen auf Kundenbindung und erzeugen den Zustand der Verbundenheit (vgl. bspw. Agustin / Singh 2005; Bakay 2003; Chiou / Droge 2006; Floh 2004; Garbarino / Johnson 1999; Giloth 2003; Kenning 2002; Martin 2009; Morgan / Hunt 1994; Sirdeshmukh / Singh / Sabol 2002; Too / Souchon / Thirkell 2001).

- Psychische, soziale und rational-ökonomische Abwanderungsbarrieren wirken auf Kundenbindung und erzeugen den Zustand der Gebundenheit (vgl. Berger / Peter / Herrmann 1997; Demiri 2004; Freyland / Herrmann / Huber 1999; Ganesan 1994; Giloth 2003; Herrmann / Huber / Braunstein 2000; Nießing 2006; Peter 1999; Staack 2004; Woisetschläger / Lentz 2008). Bezüglich der Konzeptualisierung und Operationalisierung entsprechender Konstrukte besteht kein Konsens.

- Variety Seeking beeinflusst die Kundenbindung (vgl. Berger / Peter / Herrmann 1997; Gierl / Helm / Stumpp 2002; Gierl / Bitz 2004; Peter 1999).

- Die Beeinflussung der Antezedensvariablen der Kundenbindung wird als bedeutsam eingestuft. Allerdings werden dementsprechende Implikationen meist ausschließlich theoretisch begründet. Somit besteht ein Mangel an empirischen Untersuchungen, die instrumentelle Optionen zur Steigerung der Kundenbindung beleuchten.

2.3 Fazit zum Forschungsstand

Auf Basis der Diskussion relevanter Forschungsbeiträge aus Perspektive der Migrationsforschung, der Umweltpsychologie und der Marketingforschung fasst Tabelle 6 die Fokussierung und das jeweils zugrunde liegende Begriffsverständnis der Einwohner- bzw. Transaktionspartnerbindung sowie die erörterten empirischen Erkenntnisse zur Relevanz und zu wesentlichen Einflussgrößen der jeweiligen Bindung komprimiert zusammen.

	Perspektive der Migrationsforschung	Perspektive der Umweltpsychologie	Perspektive der Marketingforschung
Begriffsauffassung	behavioristische Sicht: * Bindung wird als Verhalten aufgefasst.	psychologische Sicht: * Bindung wird als Emotion und Einstellung aufgefasst.	behavioristische Sicht: * Bindung wird als Verhalten aufgefasst. Neobehavioristische Sicht: * Ergänzend werden Verhaltensintention, Einstellung und Emotion berücksichtigt sowie die Bindungszustände Verbundenheit und Gebundenheit differenziert.
Relevanz	Einwohnerbindung ist: * mögliches Resultat einer Migrationsentscheidung.	Emotionale Einwohnerbindung beeinflusst: * tatsächliche interkommunale Migration und * dieser vorgelagerte Intentionen und Neigungen.	Bindung von Transaktionspartnern dient: * der Absicherung der Transaktionsbeziehung, * dem Wachstum und * der Rentabilitätssteigerung.
Einflussfaktoren	Einflussfaktoren der Bindung sind: * Partnerschaft; Elternschaft (soziale Umweltmerkmale) * Wohneigentum; Erwerbstätigkeit; Bildungsniveau (soziodemografische Eigenschaften) * Ortsverbundenheit; Wanderungserfahrungen (psychische Dispositionen) * regionalspezifische Indikatoren sind vernachlässigbar	Einflussfaktoren der Bindung sind: * Intensität sozialer Beziehungen; wahrgenommene Sicherheit (soziale Umweltmerkmale) * Assoziationserlebnisse; Alter; Wohneigentum (soziodemografische Eigenschaften) * Gebäudeästhetik; Parkanlagen; Einkauf-, Verkehrs-, Sozial- und Freizeitinfrastruktur (physisch-räumliche Umweltmerkmale)	Verbundenheit und Gebundenheit determinieren die Bindungsintensität. Einflussfaktoren der Bindung sind: * Zufriedenheit; Vertrauen; Commitment (Verbundenheit) * psychische, soziale und rational-ökonomische Abwanderungsbarrieren (Gebundenheit) * Variety Seeking (psychische Dispositionen)

Tab. 6: Begriffsauffassung und Erkenntnisse zur Relevanz und zu Einflussfaktoren der Einwohnerbindung bzw. Bindung von Transaktionspartnern aus Perspektive verschiedener Wissenschaftsdisziplinen.

Die betrachteten wissenschaftlichen Disziplinen nehmen eine eigenständige Fokussierung der Einwohner- respektive Transaktionspartnerbindung vor und ihre Begriffsverständnisse variieren. Während Einwohnerbindung in der Migrationsforschung aus einer behavioristischen Perspektive und in der Umweltpsychologie aus einer psychologischen Sicht betrachtet wird, überwiegt in der Marketingforschung eine neobehavioristische Auffassung der Bindung von Transaktionspartnern, die Verhaltensweisen, Verhaltensintentionen und psychologische Konstrukte kombiniert berücksichtigt.

Sowohl Migrationsforschung als auch Umweltpsychologie haben die Bedeutsamkeit der Einwohnerbindung für Migrationen herausgearbeitet, Letztere dafür vielfältige empirische Belege im Kontext von tatsächlicher Wanderung sowie Wanderungsabsichten und -neigungen vorgelegt. Aus Sicht der Marketingforschung zeigt sich zusammenfassend, dass Bindung zu Absicherung der Transaktionsbeziehung, Wachstum und Rentabilitätssteigerung beiträgt. Im Kontext der Einwohnerbindung kommt vorwiegend der Stabilisierung der Transaktionsbeziehung Bedeutung zu. Bindung kann sich positiv auf das Aufrechterhalten einer Transaktionsbeziehung auswirken. Die Bindungsintensität wird vom Ausmaß der Verbundenheit und Gebundenheit determiniert, wobei sich empirisch gezeigt hat, dass Kunden im Zustand der Verbundenheit eine wesentlich stärkere Bindung aufweisen als im Zustand der Gebundenheit.

In der Forschung wurden zudem weitere Erkenntnisse über Einflussgrößen der jeweiligen Bindung gewonnen. Aus Sicht der Migrationsforschung kann insgesamt konstatiert werden, dass die Altersselektivität des Wanderungsverhaltens innerhalb Deutschlands stark ausgeprägt ist. Das Alter selbst trägt jedoch nur unzureichend zur Erklärung der Migrationsneigung bestimmter Altersgruppen bei. Vielmehr existieren Korrelationen zwischen Alter und Lebenslaufereignissen, die ursächlich für das Migrationsverhalten sind. In diesem Zusammenhang wurde die Selektivität innerdeutschen Wanderungsverhaltens in Abhängigkeit des Partnerschafts- und Elternschaftstatus durch die Forschung empirisch belegt (soziale Umweltmerkmale). Zudem konnte die Wirkung selbstgenutzten Wohneigentums sowie erwerbs- und bildungsbezogener Faktoren auf interkommunales Wanderungsverhalten empirisch nachgewiesen werden (soziodemografische Eigenschaften). Schließlich hat die bisherige Migrationsforschung Effekte von Ortsverbundenheit und Wanderungserfahrungen im Rahmen von Wohnortwechselentscheidungen (psychische Dispositionen) dargelegt sowie aufgezeigt, dass regionalspezifische Indikatoren einen vernachlässigbaren Beitrag zur Erklärung interregionalen Wanderungsverhaltens leisten.

Zusammenfassend kann im Hinblick auf die bestehenden umweltpsychologischen Erkenntnisse zur emotionalen Einwohnerbindung festgehalten werden, dass die Intensität der Bindung sowohl durch soziale Umweltmerkmale als auch soziodemografische Eigenschaften sowie physisch-räumliche Umweltmerkmale beeinflusst wird. Hinsichtlich sozialer Umweltmerkmale wurde empirisch nachgewiesen, dass mit zunehmender Intensität sozialer Beziehungen und wahrgenommener Sicherheit am Wohnort das Ausmaß emotionaler Ortsbindung steigt. Bei Betrachtung soziodemografischer Eigenschaften ist die Korrelation zwischen Wohndauer und emotionaler Ortsbindung hervorzuheben. Allerdings wird angenommen, dass die Wohndauer als solche nur im geringen Maße zur Erklärung der Ortsbindung beiträgt, sondern mit der Wohndauer zunehmende Assoziationserlebnisse ursächlich für eine stärkere emotionale Ortsbindung sind. Ferner wurden positive Effekte, die vom Lebensalter und selbstgenutztem Wohneigentum auf die emotionale Ortsbindung ausgehen, empirisch nachgewiesen. In Bezug auf den sozioökonomischen Status und das Bildungsniveau findet sich keine eindeutige empirische Befundlage. Schließlich finden sich empirische Belege zu physisch-räumlichen Determinanten emotionaler Ortsbindung. Von Bedeutung sind in diesem Zusammenhang u. a. Gebäudeästhetik und Parkanlagen sowie Standortmerkmale im Kontext der Einkaufs-, Verkehrs-, Sozial- und Freizeitinfrastruktur.

Zentrale Erkenntnis der Marketingforschung zu Einflussfaktoren der Transaktionspartnerbindung ist, dass eine Vielzahl von Determinanten zur empirischen Erklärung beiträgt. Über unterschiedliche Studien hinweg zeigt sich, dass Zufriedenheit, Vertrauen und Commitment das Ausmaß der Verbundenheit maßgeblich beeinflussen. Gebundenheit ist im Wesentlichen Folge psychischer, sozialer und rational-ökonomischer Abwanderungsbarrieren. Daneben belegen die empirischen Resultate die Relevanz des Variety Seeking im Rahmen der Erklärung der Bindung (psychische Dispositionen).

In der internationalen wie deutschen Forschung ist die Bindung von Einwohnern an Kommunen bis zum jetzigen Zeitpunkt im Gegensatz zum Umzug von Einwohnern wissenschaftlich randständiger untersucht worden. Gleichwohl bestehen Forschungserkenntnisse zur Einwohner- bzw. Transaktionspartnerbindung in den betrachteten Wissenschaftsdisziplinen. Jedoch kann der Forschungsstand als wenig integrativ bewertet werden (vgl. Hickey 2002, S. 72; Kleine / Baker 2004, S. 20). Diese Feststellung des Status quo mündet in der Forderung nach einer stärker interdisziplinären Erforschung der Einwohnerbindung (vgl. Griffiths 2005, S. 215; Hickey 2002, S. 74;); (Kleine / Baker 2004), S. 20.

Allerdings wird trotz verschiedener Fokussierungen und Begriffsauffassungen der betrachteten Wissenschaftsdisziplinen übereinstimmend die Relevanz der Bindung für Migrationen festgestellt. Darüber hinaus wird deutlich, dass zur Erklärung der Einwohnerbindung soziale und physisch-räumliche Umweltmerkmale, soziodemografische Eigenschaften sowie psychische Dispositionen beitragen. Limmer und Schneider stellen allerdings fest, dass weiterhin Unklarheit besteht, welche Bedeutsamkeit lokal gebundenen Ressourcen als Ursachen der Einwohnerbindung im Rahmen des Entscheidungsprozesses für oder gegen einen Wohnortwechsel zukommt (vgl. Limmer / Schneider 2008, S. 24).

Deutschland betreffend weisen die Migrationswissenschaften eine vergleichsweise breite Basis empirisch abgesicherter Erkenntnisse auf. So existieren systematische deutschlandweite empirische Analysen (bspw. Geis 2005; Kalter 1997; Schneider et al. 2008b), die sich mit der Einwohnerbindung auseinandersetzen. Allerdings liegt den migrationswissenschaftlichen Erkenntnissen überwiegend eine behavioristische Auffassung der Einwohnerbindung zugrunde, sodass eine Analyse der Einwohnerbindung lediglich im Anschluss an ein Verhalten erfolgt und latente, psychisch verankerte Frühindikatoren nicht einbezogen werden können. Im Kern werden Informationen zur vergangenen Einwohnerbindung generiert und entsprechend können nur eingeschränkt Erkenntnisse für die zukünftige Einwohnerbindung gewonnen werden. Das aktuelle Verhalten gibt nur unzureichend Aufschluss über die zukünftige Stärke der Einwohnerbindung.

Eine Berücksichtigung psychologischer Konstrukte wie Emotionen erfolgt in der umweltpsychologischen Forschung zur emotionalen Einwohnerbindung. Wenngleich damit in der Umweltpsychologie die Aufmerksamkeit auf einen weiteren relevanten Gesichtspunkt der Einwohnerbindung, den Aspekt der emotionalen Bindung, gerichtet wird, offenbaren sich auch im Zuge der Aufarbeitung des gegenwärtigen umweltpsychologischen Forschungsstands blinde Flecken bei der Erfassung und Analyse der Einwohnerbindung.

Erstens fokussieren umweltpsychologische Untersuchungen aus Deutschland einzelne spezifische (kommunale) Wohnorte als Bindungsobjekte (bspw. Kley 2009; Mühler / Opp 2004; Thomas / Fuhrer / Quaiser-Pohl 2006). Für Deutschland liegen nach Kenntnis des Verfassers keine systematischen und verallgemeinerbaren Vergleiche der Bindung von Einwohnern zufällig ausgewählter kommunaler Wohnorte vor. Folglich mangelt es an einer kommunenübergreifenden Analyse für den deutschen Kontext.

Zweitens konzentriert sich die umweltpsychologische Forschung auf die emotionale Einwohnerbindung und berücksichtigt vorwiegend nicht das Migrationsverhalten. Somit erfolgt eine singuläre Betrachtung emotionaler Aspekte der Einwohnerbindung, jedoch unterbleibt ein Einbezug relevanter behavioristischer Gesichtspunkte. Eine integrative Berücksichtigung behavioristischer und emotionaler Aspekte der Einwohnerbindung hat bisher kaum Eingang in die empirische Forschung gefunden.

Die Erkenntnisse des Marketing verdeutlichen darüber hinaus, dass eindimensionale behavioristische oder emotionale Ansätze aufgrund unzureichender Forschung zu Bindungsursachen nur beschränkte Aussagekraft im Hinblick auf Stabilität und Qualität der Einwohnerbindung haben (vgl. Giering 2000; S. 15; Dick / Basu 1994, S. 99; Mowen / Minor 1998, S. 530 ff.). Die behavioristische oder emotionale Begriffsauffassung der Einwohnerbindung setzt an deren gewünschtem Resultat an und ist i. d. R. qualitativ undifferenziert (vgl. zu einer entsprechenden Argumentation zur Kundenbindung Eggert 1999, S. 54). Verhaltensweisen, Verhaltensintentionen bzw. Einstellungen sind nicht ausschließlich nur auf eine hohe emotionale Verbundenheit des Einwohners mit seinem Wohnort zurückzuführen. Einsichten, ob eine emotionale Verbundenheit mit oder faktische Gebundenheit an den Wohnort vorliegt, können somit nicht gewonnen werden. Augenscheinlich bedarf es einer qualitativen Differenzierung verschiedener Ausprägungsformen der Einwohnerbindung.

Vor diesem Hintergrund werden in der Marketingforschung die Bindungszustände Verbundenheit und Gebundenheit in die Analyse der Kundenbindung einbezogen. Während die Basis von Verbundenheit eine positive Einstellung gegenüber der Transaktion ist, können auch Abwanderungsbarrieren bestehen, die zur Gebundenheit führen. Bindung kann nicht nur im Falle von Verbundenheit, also bei positiver Einstellung bestehen, sondern auch bei neutralen und negativen Einstellungen, wenn Gebundenheit vorliegt.

Im Kontext residenzieller Mobilität ist dieser Sachverhalt von besonderer Bedeutung, da Einwohner durch Abwanderungsbarrieren sowie den Mangel an adäquaten Wohnortalternativen an ihren jetzigen Wohnort gebunden sein können. Der Stand der Forschung zur Realisierung von Migrationsintentionen macht deutlich, dass zwischen angegebenen Wanderungsabsichten und ihrer tatsächlichen Umsetzung eine erhebliche Lücke klafft (vgl. bspw. Fang 2006; De Jong et al. 1985; Kley 2009; Kalter 1997; Landale / Guest 1985; Lu 1998;). Bereits Rossi hat in seinem grundlegenden Beitrag eine beachtliche Diskrepanz zwischen Wanderungsintention und faktischem

Wanderungsverhalten aufgezeigt (Rossi 1980). In seiner Untersuchung konnte er feststellen, dass nur ca. 52 Prozent der Befragten mit Migrationsintention tatsächlich umgezogen sind (vgl. Rossi 1980, S. 160). Für Deutschland zeigt die Studie „Migrationspotentiale" sogar noch geringere Anteile auf. In Westdeutschland wechselten lediglich ca. 23 Prozent der Befragten mit einem Umzugsplan ihren Wohnort (vgl. Kalter 1997, S. 193). In Ostdeutschland lag der entsprechende Anteil bei ca. 18 Prozent. Vor diesem Hintergrund kann angenommen werden, dass ein erheblicher Teil der Einwohner mit Umzugswunsch bzw. -plan zwar an seine Kommune gebunden, ihr aber nicht verbunden ist. Viele Einwohner scheinen sich im Zustand der Gebundenheit zu befinden. Nimmt das Ausmaß der Gebundenheit dieser Einwohner ab, besteht die Gefahr, dass sie sich für eine Abwanderung entscheiden, sobald für sie attraktive Wohnortalternativen existieren.

Angesichts einer sinkenden Relevanz traditioneller ortsbindender Faktoren, wie bspw. Familie oder Arbeitsplatz (vgl. Bundesamt für Bauwesen und Raumordnung 2008; speziell zur stetigen Abnahme der Bedeutsamkeit sozialer Bindungen Bühlmann 2013, S. 329 und die dort zitierte Literatur sowie zur allgemeinen Freisetzung von Individuen aus bindenden Bezügen Schneider / Limmer / Ruckdeschel 2002b, S. 88), ist eine grundsätzliche Abnahme der Intensität der Gebundenheit zu erwarten. Vor diesem Hintergrund scheint es für Kommunen sinnvoll, die Intensität der Verbundenheit ihrer Einwohner zu steigern, sodass ein Wohnortwechsel aufgrund einer positiven Einstellung zur Kommune unterbleibt. Ebenso scheint es aus Perspektive der Kommunen zweckmäßig, eine Stärkung der Gebundenheit der Einwohner anzustreben, wobei das tendenziell höhere Abwanderungsrisiko ausschließlich gebundener Einwohner berücksichtigt werden sollte.

Angesichts dieser Argumentation ist es für Kommunen von Bedeutung, Wirkungseffekte der beiden Bindungszustände auf die Einwohnerbindung zu ermitteln. Ungeachtet der spezifischen Stärke des Einflusses beider Bindungszustände auf die individuelle Einwohnerbindung ist außerdem eine Bestimmung ihrer Einflussfaktoren von Relevanz. Dazu sind eine umfassende Konzeptualisierung und eine Operationalisierung der Einwohnerbindung und der beiden Bindungszustände erforderlich, welche die Einstellungs- und Verhaltenskomponenten zueinander in Beziehung setzen.[18]

---

18 Außerdem mangelt es an international vergleichenden Analysen zur Einwohnerbindung. Obwohl das bestehende Wissen zur Einwohnerbindung verdeutlicht, dass auch kulturelle Aspekte von Bedeutung sind, liegen wenige Untersuchungen vor, welche die Einwohnerbindung kulturübergreifend respektive staatenübergreifend analysieren (vgl. bspw. Schneider et al. 2008a). Diese Forschungslücke wird in dieser Arbeit nicht fokussiert, kulturelle Aspekte aber vor allem im Rahmen der Reflexion der Ergebnisse bedacht.

3 Konzeption der Untersuchung

3.1 Zielsetzung

Die vorherigen Erörterungen begründen das Forschungsvorhaben praktisch-empirisch und verdeutlichen den Stellenwert der Bindung von Einwohnern im interkommunalen Einwohnerwettbewerb. Obgleich verschiedene Forschungsdisziplinen sich mit Aspekten der Einwohnerbindung auseinandersetzen, offenbaren sich im Zuge der Aufarbeitung des gegenwärtigen Forschungsstands blinde Flecken bei ihrer Erfassung und Analyse. Im Kern ist unklar, welche Relevanz der Einwohnerbindung im Rahmen interkommunaler Migrationsentscheidungen zukommt und wie ihre Intensität beeinflusst werden kann.

Das erste Teilziel des Forschungsvorhabens besteht deshalb in einer Analyse des Stellenwerts der Einwohnerbindung für interkommunale Migrationsentscheidungen. Hierzu soll der Einfluss der Bindung eines Einwohners an seinen Wohnort auf potenzielle Wanderungsentscheidungen respektive Nichtwanderungsentscheidungen bestimmt werden. In diesem Kontext kann aus einer etwaigen Bedeutsamkeit der Einwohnerbindung für Wanderungsentscheidungen gleichsam auf die Relevanz der Einwohnerbindung für Wohnorte im interkommunalen Einwohnerwettbewerb geschlossen werden.

Darauf aufbauend lautet das zweite Teilziel, Einflussfaktoren der Einwohnerbindung zu identifizieren und ihre Wirkung zu analysieren. In diesem Zusammenhang soll speziell die erkannte Forschungslücke, Bindungszustände der Einwohnerbindung differenziert zu betrachten, adressiert werden.

Das dritte Teilziel der Arbeit besteht in der Ableitung von Implikationen. Einerseits sollen im Sinne eines entscheidungsorientierten Verständnisses der Marketingforschung Handlungsempfehlungen zur Steigerung der Einwohnerbindung in der kommunalen Praxis abgeleitet werden. Andererseits wird angestrebt, Implikationen für die weiterführende Forschung zu Bindungskräften im Rahmen von Wechselentscheidungen abzuleiten.

Schließlich ist zu konstatieren, dass obwohl eine integrative migrations- und marketingwissenschaftlich sowie umweltpsychologisch geprägte Erforschung der Einwohnerbindung fruchtbar erscheint, sich ein entsprechend interdisziplinäres Vorgehen bislang kaum hat etablieren können (vgl. etwa Hickey 2002; Thomas 2009). Die vorliegende Arbeit soll deshalb auch einen Beitrag zur Schließung dieser Forschungslücke leisten.

Angesichts dieser Zielsetzungen ist festzulegen, was als Erkenntnisgewinn aufgefasst wird und wie der Prozess einer Erkenntnisgewinnung gestaltet ist. Nachfolgend wird daher die wissenschaftstheoretische Positionierung des Forschungsvorhabens dargelegt.

3.2 Wissenschaftstheoretische Positionierung

Das implizite oder explizite Befolgen eines definierten Orientierungsrahmens im Sinne einer Wissenschaftsauffassung ist für jedes wissenschaftliche Forschungsvorhaben erforderlich (vgl. Fritz 1995, S. 17; Hunt 2003, S. 184). Da die in diesem Zusammenhang getroffenen Entscheidungen die Sichtweise des Forschenden bestimmen, ist dessen Explizierung wesentlich, um eine wissenschaftliche Analyse nachvollziehen und bewerten zu können (vgl. Raffée 1974, S. 45 ff.).

Das vorliegende Forschungsvorhaben ist in die Tradition der entscheidungsorientierten Betriebswirtschaftslehre eingebettet, deren Ziel eine Verbesserung von Entscheidungen durch eine adäquate Erfüllung von Erklärungsaufgaben und einer darauf aufbauenden Ableitung von Gestaltungsempfehlungen ist (vgl. Heinen 1969, S. 209 ff.). Entsprechend liegt dem Forschungsvorhaben kein „Scheinproblem", sondern eine konkrete Fragestellung deutscher Kommunen mit dem Begehr zugrunde, möglichst präzise Handlungsempfehlungen ableiten zu können. Zugleich soll das Forschungsvorhaben darüber hinausreichende Erkenntnisbeiträge leisten. Trotz der Spezifität von Bindungen von Einwohnern an einen Wohnort respektive von Wohnortentscheidungen wird erwartet, dass deren theoretische und empirische Durchdringung erhebliches Transferpotenzial für andere Wechselentscheidungen aufweist. Das Forschungsvorhaben ist somit durch ein Spannungsverhältnis zwischen der Gewinnung möglichst spezifischer Erkenntnisse zu Einwohnerbindung und der Intention, generell für Wechselentscheidungen gültige Aussagen zu erlangen, geprägt, wie es kennzeichnend für betriebswirtschaftliche Forschung ist (vgl. Pfohl 1977, S. 210).

Vor dem Hintergrund dieser Erkenntnisabsichten ist zunächst grundlegend für das Forschungsvorhaben festzulegen, was als neue Erkenntnis betrachtet wird und in welchem Prozess neues Wissen generiert werden kann. Eine Vielzahl betriebswirtschaftlicher Forschungsbeiträge nimmt diesbezüglich die wissenschaftstheoretische Orientierung des Kritischen Rationalismus ein, der auf Popper (1935) zurückgeht (vgl. Dyllick / Tomczak 2009, S. 67 f.; Kretschmann 1990; Schanz 1988) und mitunter als vorherrschende wissenschaftstheoretische Orientierung der Betriebswirtschaftslehre angesehen wird (vgl. Allbach 1993, S. 9).

Der Kritische Rationalismus geht von einer objektiven, unabhängig von Bewusstsein und Wahrnehmung des Menschen bestehenden Wirklichkeit aus (vgl. hier und im Folgenden Eggert 1999, S. 57 ff.). Die empirische Verifizierbarkeit einer wissenschaftlichen Erkenntnis wird abgelehnt (vgl. Popper 1989, S. 47 ff.; 435 ff.) und das Prinzip der Falsifikation wird verfolgt. Indem Hypothesen stetig mit der Realität konfrontiert werden, sind sie einer möglichen empirischen Widerlegung ausgesetzt (vgl. Popper 1989, S. 19). Sie können empirisch also niemals bestätigt, sondern nur widerlegt werden. Somit besteht kein Kriterium zur Bestimmung endgültiger Wahrheit und Aussagen werden als vorläufig wahr betrachtet, bis sie widerlegt sind. Demgemäß wird nicht die Sammlung final wahrer Aussagen verfolgt, sondern systematisch sollen falsifizierte Vermutungen ausgeschlossen werden (vgl. Prim / Tilmann 2000, S. 9 ff.). Charakteristisch für den Erkenntnisprozess im Rahmen des Kritischen Rationalismus ist somit ein sukzessives Vorgehen, in dem falsifizierte Hypothesen durch neue Hypothesen ersetzt werden, für deren Entwicklung ausschließlich ein deduktives Vorgehen als zulässig erachtet wird (vgl. Brown 1977, S. 69; Hunt 1991, S. 290; Popper 1989, S. 7 f.).

Trotz Bezugnahme einer Vielzahl betriebswirtschaftlicher Forschungsbeiträge auf den Kritischen Rationalismus ist gleichsam zu konstatieren, dass eine konsequente Orientierung an dessen Prinzipien in den Sozialwissenschaften und in der Betriebswirtschaftslehre im Allgemeinen sowie speziell in den Marketingwissenschaften als problematisch erachtet wird (vgl. bspw. Eggert 1999, S. 57 f.; Frank 2003, S. 283; Homburg 2000, S. 64; Martin 1989, S. 19 ff.):

* Erstens behindern situative Einflüsse und komplexe Beziehungsgefüge eine zweifelsfreie Falsifikation, da beim Hypothesentest i. d. R. keine vollständige Kontrolle aller relevanten Einflussfaktoren erfolgen kann (vgl. Homburg 2000, S. 64; Mann 2004, S. 53; Lingnau 1995; S. 128).

* Zweitens weisen Analyseobjekte der Sozialwissenschaften, der Betriebswirtschaftslehre bzw. speziell der Marketingwissenschaften häufig eine geringe theoretische Durchdringung auf, sodass ein induktives Vorgehen nicht vollständig vermieden werden kann (vgl. Homburg 2000, S. 64; Mann 2004, S. 52 f.).

■ Drittens ist oft eine Messung latenter Variablen mittels Indikatoren erforderlich. Bei der Operationalisierung und Messung sozialwissenschaftlicher relevanter Variablen treten häufiger Fehler als im naturwissenschaftlichen Kontext auf, die eine Barriere für eine sichere Widerlegung von Hypothesen sind (vgl. Holzkamp 1981, S. 30 ff.; Homburg 2000, S. 65; Martin 1989, S. 23 ff.).

Vor diesem Hintergrund ist eine vollständige Bezugnahme auf den durch ein naturwissenschaftliches gedankliches Umfeld geprägten Kritischen Rationalismus (vgl. Hunt 1991, S. 268 ff.; 289 ff.) für sozialwissenschaftliche Forschungsvorhaben kritisch zu hinterfragen. Die Erörterungen zum Forschungstand der Einwohnerbindung machen deutlich, dass die dargestellten Kritikpunkte am Kritischen Rationalismus auch in diesem Forschungskontext von Relevanz sind und dieser angesichts der speziellen Forschungsbedingungen nur bedingt geeignet ist.

Adäquater passt zu den Rahmenbedingungen der sozialwissenschaftlichen Forschung nach Auffassung seiner Vertreter der Wissenschaftliche Realismus, der eng mit den Werken von Harré (1986), Leplin (1986) und MacKinnon (1979) verbunden ist. Der Wissenschaftliche Realismus verknüpft verschiedene wissenschaftstheoretische Auffassungen. Vor allem erweitert er den epistemologischen Zugang Poppers um Aspekte des Relativismus, nach dessen Verständnis die Nützlichkeit der Forschung und nicht die Entdeckung allgemeingültiger Wahrheiten im Mittelpunkt des Forschungsinteresses steht (vgl. Anderson 1986, S. 156 f.).

Gemeinsam mit dem Kritischen Rationalismus basiert diese Wissenschaftsauffassung auf der Annahme einer objektiven Realität und dem Grundsatz, dass es unmöglich ist, Aussagen endgültig empirisch zu verifizieren (vgl. Hunt 1990, S. 9). Mit dem Bekenntnis zu einer äußeren objektiven Realität grenzt sich der Wissenschaftliche Realismus somit von relativistischen Perspektiven ab und folgt im Gegensatz zum Kritischen Rationalismus der Überzeugung, „that in the long-term success of a scientific theory gives reasons to believe that something like the entities and structure postulated by the theory actually exists" (McMullin 1984). Empirische Bestätigungen führen demnach nicht zu einer endgültig abgesicherten Verifikation einer Aussage, jedoch zur sukzessiven Annäherung an die objektive Realität (vgl. Hunt 2011). Erkenntnisse werden entsprechend dieser Konzeption des Wissenschaftlichen Realismus nicht nur durch Falsifikation von Hypothesen, sondern auch durch deren Bestätigung gewonnen (vgl. Boyd 1984, S. 41; Homburg 2000, S. 67). Durch wiederholte Bestätigung von Hypothesen im Rahmen empirischer Überprüfungen wird eine Annäherung an die Wahrheit möglich. Parallel können Aussagen widerlegt werden (vgl. Hunt 1992, S. 308), ohne das Falsifikationsprinzip als Dogma auszulegen.

Neben dem sukzessiven Bestätigen bzw. der Ablehnung von Hypothesen tragen im Wissenschaftlichen Realismus auch induktive Schlüsse zur Erkenntnisgenerierung bei (vgl. Boyd 1984, S. 41 f.; Hunt 1990, S. 9). Damit zeigt sich die Vereinbarkeit des Wissenschaftlichen Realismus mit einem entscheidungsorientierten Verständnis der Betriebswirtschaftslehre nach Heinen, der einen Methodenmonismus ablehnt und sowohl für ein deduktives als auch für ein induktives Vorgehen wirbt (vgl. Heinen 1969, S. 213).

Im Rahmen des Forschungsdesigns stellt der kombinierte Einsatz quantitativer und qualitativer Verfahren eine Option dar, dieser Forderung zu entsprechen, und ermöglicht die Generierung objektiver, verlässlicher und wahrer Erkenntnisse durch eine tiefe wie auch breite Analyse eines Forschungsgegenstands (vgl. Foscht / Angerer / Swoboda 2009, S. 258; Homburg 2000, S. 68; Hunt 2003, S. 199 ff.).

Darüber hinaus erlaubt der Wissenschaftliche Realismus den Einsatz explorativer Verfahren. Somit können auch Phänomene analysiert werden, die durch eine mangelnde theoretische Durchdringung gekennzeichnet sind, indem Zusammenhänge induktiv empirisch identifiziert und *ex post* einer Logikprüfung unterzogen werden. Schließlich berücksichtigt der Wissenschaftliche Realismus explizit die Existenz von Messfehlern (vgl. Hunt 1991, S. 386). Diese Auffassung ist mit der Forderung nach einer kritischen Reflexion und stetigen Weiterentwicklung des Messinstrumentariums verknüpft (vgl. Hunt 1990, S. 9).

Vor diesem Hintergrund kann der Wissenschaftliche Realismus als adäquater Orientierungsrahmen einer wissenschaftlichen Analyse der Einwohnerbindung beurteilt werden. Trotz des vom Forschungsstand als komplex beurteilten Beziehungsgefüges im Kontext der Einwohnerbindung lässt sich innerhalb des Wissenschaftlichen Realismus durch die Bestätigung und Widerlegung von Hypothesen systematisch ein Erkenntnisfortschritt realisieren. Die Berücksichtigung von Messfehlern und der explizite Anspruch zur Verbesserung der Messinstrumente im Rahmen des Wissenschaftlichen Realismus unterstützen den Erkenntnisgewinn. Ferner bietet die Legitimation eines deduktiven wie induktiven Vorgehens im ausreichenden Maße Freiheitsgrade, um die multidimensionale Einwohnerbindung ganzheitlich zu erfassen und zu erklären.

3.3 Strukturierung des Vorgehens

Auf Basis der vorangegangenen Ausführungen kann nunmehr der weitere Gang der Untersuchung skizziert werden (vgl. Abb. 3).

Nachdem im Kapitel A der Stellenwert der Bindung von Einwohnern, der Forschungstand und die Konzeption der Untersuchung erörtert wurden, steht im Kapitel B die konzeptionelle Herleitung eines Wirkungs- und Erklärungsmodells der Einwohnerbindung im Mittelpunkt. Dazu werden in einem ersten Schritt Einwohnerbindung und zugehörige Bindungszustände konzeptualisiert sowie in einem zweiten Schritt ein mikroanalytischer Bezugsrahmen der Modellierung entwickelt. Darauf aufbauend erfolgt in einem dritten Schritt eine Ableitung potenzieller Wirkungszusammenhänge zwischen Einwohnerbindung und Wanderungsentscheidungen. Explizit werden in diesem Kontext mehrere Stufen von Migrationsentscheidungsprozessen berücksichtigt. Anschließend werden potenzielle Einflussfaktoren der Einwohnerbindung abgeleitet, wobei das Vorgehen durch eine eigenständige Analyse der Verbundenheit und Gebundenheit dem sich bereits aus dem Forschungsstand ergebenden Erfordernis einer differenzierten Betrachtung gerecht wird. Es ist offenkundig, dass eine theoretisch-konzeptionelle Analyse die Fragen nach Wirkung und Einflussfaktoren der Einwohnerbindung nur sehr eingeschränkt beantworten kann und eine Beantwortung im Grunde nur empirisch erfolgen kann. Vor diesem Hintergrund werden überprüfbare Hypothesen sowohl zur Wirkung als auch zu Determinanten der Einwohnerbindung formuliert, mit deren zusammenfassender Darstellung das Kapitel B abschließt.

Überprüfung und Weiterentwicklung des Hypothesengerüsts sind im Rahmen einer qualitativen empirischen Analyse Gegenstand von Kapitel C. Zunächst werden die Ziele dieser Untersuchungsstufe erörtert, um auf dieser Grundlage in einem zweiten Schritt ein geeignetes Untersuchungsdesign auszuarbeiten. Daran schließt sich in einem dritten Schritt neben der Beschreibung des Auswertungsvorgehens und der Beurteilung der Güte der Untersuchungsstufe eine Darstellung der in der qualitativen Analyse gewonnenen Ergebnisse an. Im Kern werden die abgeleiteten Erklärungsansätze im Kontext der Bedeutung der Einwohnerbindung für Migrationsentscheidungen sowie bezüglich der Einflussgrößen kommunaler Einwohnerbindung im Hinblick auf ihre Tragfähigkeit kritisch reflektiert sowie plausibilisiert. Zudem beleuchtet die qualitative Untersuchung im Besonderen emotionale Aspekte und sozial komplexe Bedingungskonstellationen im Kontext der Einwohnerbindung, die sich einer quantitativen Analyse tendenziell entziehen. Schließlich wird durch qualitative Exploration des Untersuchungsfelds das Wirkungs- und Erklärungsmodell der Einwohnerbindung weiterentwickelt. Kapitel C endet mit einer zusammenfassenden Darstellung der gewonnenen Ergebnisse und ihrer Konsequenzen für das Hypothesengerüst.

Ergänzend zur qualitativen Untersuchung wird in Kapitel D das generierte Hypothesengerüst empirisch quantitativ überprüft und die Erkenntnisse zur kommunalen Einwohnerbindung werden ausgebaut. Analog zu Kapitel C werden zunächst Ziele und ein darauf basierendes Untersuchungsdesign der quantitativen Analysestufe erörtert. Im dritten Schritt erfolgen dann zu Beginn eine Darstellung des Auswertungsvorgehens und der Datenbasis der quantitativen Untersuchungsstufe sowie eine Gütebeurteilung des verwendeten Messinstrumentariums. Im daran anknüpfenden Hauptteil des dritten Abschnitts werden die gewonnenen Erkenntnisse präsentiert. Im Fokus stehen dabei einerseits die quantitative Überprüfung des Wirkungs- und Erklärungsmodells der Einwohnerbindung sowie andererseits die Generierung von Erkenntnissen zur relativen Stärke der Zusammenhänge. Am Ende des Kapitels D steht eine zusammenfassende Würdigung sowohl der qualitativ als auch der quantitativ gewonnenen empirischen Erkenntnisse. Den Abschluss der Arbeit bildet Kapitel E, in dem zunächst Limitationen der Untersuchung und das Transferpotenzial der Erkenntnisse reflektiert werden. Im Sinne eines entscheidungsorientierten Verständnisses der Marketingforschung werden abschließend Schlussfolgerungen für die Praxis abgeleitet, um Kommunalverantwortlichen einerseits Implikationen bezüglich der Relevanz der Einwohnerbindung aufzuzeigen und andererseits Handlungsempfehlungen zur Steigerung der Einwohnerbindung zu geben. Ergänzend werden Ansatzpunkte für die weiterführende Forschung skizziert.

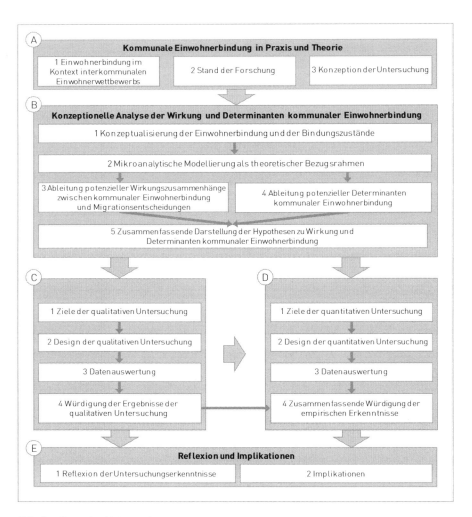

Abb. 3:   Gang der Untersuchung.

B Konzeptionelle Analyse der Wirkung und Determinanten kommunaler Einwohnerbindung

1 Konzeptualisierung kommunaler Einwohnerbindung und der Bindungszustände

Angesichts der Kritik an einer rein behavioristischen oder einer rein einstellungsbasierten Auffassung der Bindung an einen Transaktionspartner (vgl. Kapitel A 2.2.3 und A 2.3) erscheint eine mehrdimensionale Konzeptualisierung der Einwohnerbindung erforderlich, die Verhaltens- und Einstellungskomponenten zueinander in Beziehung setzt (vgl. hier und im Folgenden die Ausführungen von Nießing zur Kundenbindung im Verkehrsdienstleistungsbereich: Nießing 2006, S. 51 ff.). Das dazu in der Marketingforschung etablierte Vorgehen fasst intentionale, affektive und kognitive Komponenten der Einstellung gesondert als autonome psychische Größen auf (vgl. Meffert 1992, S. 56; Trommsdorff/Teichert 2011, S. 130 f.; Kroeber-Riel/Gröppel-Klein 2013, S. 242; Kotler/Bliemel 2001, S. 49; Krüger-Strohmeyer 1997, S. 35 f.). Im Hinblick auf die Beziehung der Komponenten wird in der Literatur überwiegend die Ansicht vertreten, dass sich affektive und kognitive Komponenten unmittelbar auf die Verhaltensintention auswirken und das Verhalten indirekt beeinflussen (vgl. Bagozzi 1982, S. 581; Diller 1995, S. 7; Meffert 1992; Trommsdorff/Teichert 2011, S. 130 f.).

Auch in dieser Arbeit wird dieser Auffassung gefolgt und die intentionale Komponente als Einwohnerbindung im engeren Sinn verstanden (vgl. Abb. 4).[19] Die affektiven und kognitiven Komponenten werden hingegen anhand der Bindungszustände Verbundenheit und Gebundenheit erfasst. Diese Bindungszustände sind der Einwohnerbindung im engeren Sinn vorgelagert (vgl. Bakay 2003, S. 32 ff.; Diller 1996, S. 83; Eggert 1999, S. 130).

Die Berücksichtigung von Verbundenheit und Gebundenheit ermöglicht, verschiedene Ausprägungsformen der Einwohnerbindung zu differenzieren. Während Grundlage der Verbundenheit eine positive Einstellung gegenüber dem Wohnort ist und somit das Verbleiben am Wohnort Resultat eines Nicht-Wechseln-Wollens ist, können auch

---

19   Einwohnerbindung im weiten Sinne besteht dann, wenn affektive, kognitive und intentionale Komponenten integrativ als ein Konstrukt aufgefasst werden. Da in vorliegender Arbeit die drei Komponenten getrennt werden, bezeichnet Einwohnerbindung verkürzt die Einwohnerbindung im engeren Sinn.

Abwanderungsbarrieren im Sinne bindender Umstände, die ein Nicht-Wechseln-Können bedingen, eine Migration verhindern. Das Verbleiben am Wohnort muss daher nicht zwangsläufig einstellungskonform sein, sondern kann auch trotz negativer bzw. neutraler Einstellung Folge von Gebundenheit sein. Da Abwanderungsbarrieren den direkten Bezug zwischen Einstellung und Verhalten beschränken können (vgl. Rams 2001, S. 35), indem sie einstellungskonformes Verhalten verhindern, ist eine Trennung von Einwohnerbindung im engeren Sinn und den beiden Bindungszuständen sinnvoll (vgl. Nießing 2006, S. 52). Aufbauend auf dieser Einordnung der Einwohnerbindung und der Bindungszustände kann deren spezifische Konzeptualisierung erfolgen.

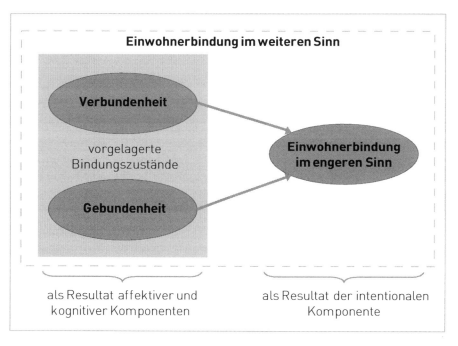

Abb. 4:   Zusammenhänge zwischen Bindungszuständen und Einwohnerbindung in vorliegender Untersuchung.
Quelle: eigene Darstellung in Anlehnung an Nießing 2006, S. 52.

Einwohnerbindung kann mittels der Wiederauswahlabsicht, dem bekundeten zukünftigen Verhalten und der Weiterempfehlungsabsicht konkretisiert werden (vgl. im Kontext der Kundenbindung Meyer / Oevermann 1995, S. 1341 f.). Während die ersten beiden Intentionen vor allem behavioristische Aspekte des Migrationsverhaltens aufgreifen, wird mit der Weiterempfehlungsabsicht die Einstellung adressiert. Dieser Aufassung liegt die Annahme zugrunde, dass nur Einwohner mit positiver Einstellung gegenüber ihrem Wohnort diesen weiterempfehlen. Mittels der Weiterempfehlungsabsicht kann somit die Einstellung implizit erfasst werden (vgl. Diller 1996, S. 82 f.; Nießing 2006, S. 50). Gleichzeitig stellt vor allem das bekundete zukünftige Verhalten sicher, dass auch faktische Gebundenheit von Einwohnern angemessen abgebildet wird.

Resümierend kann konstatiert werden, dass diese Konzeptualisierung der Einwohnerbindung die Nachteile einer ausschließlich am Migrationsverhalten festgemachten Konzeption nicht aufweist (vgl. Kapitel A 2.2.3). Die Abspaltung der affektiven und kognitiven Komponenten schärft zudem das Konstrukt Einwohnerbindung und unterstützt die Abgrenzung von anderen verhaltenswissenschaftlichen Begriffen wie Commitment oder Emotionen (vgl. Bakay 2003, S. 20; Nießing 2006, S. 57). Ob eine emotionale Verbundenheit mit oder eine faktische Gebundenheit an den Wohnort besteht, kann wegen der integrativen Betrachtung gleichwohl nicht bestimmt werden. Deshalb ist es notwendig, die vorgelagerten affektiven und kognitiven Komponenten der Einstellung durch die Konstrukte Verbundenheit und Gebundenheit zu erfassen.

Die Bindungszustände Gebundenheit und Verbundenheit kristallisieren sich als vorgelagerte Konstrukte der Einwohnerbindung im engeren Sinne heraus, die eigenständige Effekte auf die Verhaltensintention haben können (vgl. Eggert 1999, S. 52 f.). Vor diesem Hintergrund kommt der Konzeptualisierung und Operationalisierung der beiden Bindungszustände besondere Bedeutung zu: Wenn sie direkt erfasst sind, können empirisch fundierte Aussagen zu deren Wirkung auf die Einwohnerbindung getroffen werden.

Verbundenheit mit dem Wohnort

Verbundenheit basiert auf einer positiven Einstellung gegenüber dem Wohnen an einem Ort und führt auf Ebene der Verhaltensintention i. d. R. zur Bereitschaft, freiwillig am Wohnort zu verbleiben (vgl. hierzu im Kontext der Kundenbindung Dick / Basu 1994, S. 99; Nießing 2006, S. 61). Dabei beruht Verbundenheit vor allem auf Emotionen und umschreibt vorwiegend die affektive Komponente der Einstellung. Es wird deutlich, dass Verbundenheit eng mit dem umweltpsychologischen Konzept der emotionalen Ortsbindung verwandt ist (vgl. Kapitel A 2.2.2). Drei Aspekte können sich in der Verbundenheit mit einem Wohnort manifestieren.

Erstens kann Verbundenheit Ausdruck des Identifizierens mit einem Wohnort sein, das zum individuellen Selbstkonzept beitragen kann (vgl. Kley 2009, S. 59). Im Rahmen eines solchen Identifizierens werden Wohnorte als Bedeutungsträger zur Entwicklung persönlicher Identität und zur Regulation sozialer Interaktionen herangezogen (vgl. Ebert 2004, S. 80; Thomas 2009, S. 59).

Zweitens steht Verbundenheit in einem engen Zusammenhang mit der Zufriedenheit mit dem Wohnort und dem Vertrauen, auch zukünftig zufrieden zu sein (vgl. hierzu im Kontext der Kundenbindung Nießing 2006, S. 61 ff.). Die gleichzeitige Existenz von Zufriedenheit mit und Vertrauen gegenüber dem Wohnort mündet in Verbundenheit mit dem Wohnort. Auf Basis des etablierten Konfirmations-/Diskonfirmationsansatzes (vgl. Churchill/Surprenant 1982, S. 492 f.; Müller 1996, S. 150) kann Zufriedenheit mit dem Wohnort als Ergebnis erfüllter Erwartungen eines Einwohners definiert werden. Zufriedenheit beschreibt somit die bewerteten Ergebnisse von Soll-Ist-Vergleichen im Kontext bereits mit einem Wohnort gemachter Erfahrungen. Da Zufriedenheit somit auf Erfahrungen aus der Vergangenheit basiert, kann Einwohnerzufriedenheit als vergangenheitsorientiert charakterisiert werden. Im Sinne einer Zukunftsorientierung wird daher das Vertrauen, auch in Zukunft zufrieden zu sein, ergänzt. Vertrauen beschreibt die Bereitschaft, sich auf Verhalten und Leistungen eines Transaktionspartners ohne weitere Prüfung zu verlassen (vgl. Dwyer/Schurr/Oh 1987, S. 22 f.; Meffert/Burmann/Kirchgeorg 2012, S. 132; Moorman/Zaltman/Deshpande 1992, S. 315; Morgan/Hunt 1994, S. 23). Für die Entwicklung einer auf Verbundenheit basierenden und dauerhaft ausgerichteten Beziehung zum Wohnort kommt daher dem Vertrauen in ein Erfüllen der Erwartungen durch den Wohnort neben der Zufriedenheit eine zentrale Rolle zu.

Drittens kann Verbundenheit Ausdruck affektiven Commitments zu einem Wohnort sein. Affektives Commitment beschreibt die Haltung, einen Wohnortwechsel aufgrund emotionaler Überzeugung auch dann nicht zu vollziehen, wenn Gründe für ein Wegziehen vorliegen. Insofern nehmen Einwohner bewusst Anstrengungen auf sich, um die Transaktionsbeziehung mit dem derzeitigen Wohnort langfristig aufrechtzuerhalten (vgl. hierzu im Kontext der Kundenbindung Anderson/Weitz 1992, S. 19; Morgan/Hunt 1994, S. 23). Der Commitment-Begriff erweitert in diesem Sinne eine positive Einstellung gegenüber dem Wohnen in einem Ort um die Bereitschaft, bewusst bedeutsame Aufwendungen zur Aufrechterhaltung dieses Zustands auf sich zu nehmen.

Vor diesem Hintergrund kann Verbundenheit mit einem Wohnort als innerer Zustand eines Einwohners beschrieben werden, der auf affektiv emotionale Faktoren zurückzuführen ist. Verbundenheit basiert dabei einerseits auf Identifikation mit und Commitment zum Wohnort sowie der damit verknüpften positiven Einstellung eines Einwohners, andererseits auf dem Vertrauen eines Einwohners in die zukünftige Vorteilhaftigkeit des Wohnens am gegenwärtigen Wohnort.

Gebundenheit an den Wohnort
Kapitel A 2.3 verdeutlichte, dass Einwohnerbindung nicht ausschließlich Resultat von Verbundenheit mit dem Wohnort im Sinne einer freiwilliger Bindung sein kann, sondern auch Folge faktischer Gebundenheit. Im Gegensatz zur Verbundenheit bezeichnet Gebundenheit einen für einen gewissen Zeitraum fixierten Bindungszustand, in dem Einwohner aufgrund unterschiedlicher Parameter in ihren Wohnortentscheidungen eingeschränkt sind (vgl. hierzu im Kontext der Kundenbindung Bruhn 2013, S. 97; Nießing 2006, S. 68), und beruht vorwiegend auf kognitiven Bindungsmotiven (vgl. Eggert 1999, S. 158). Ursache der Gebundenheit können Abwanderungsbarrieren, aber auch der Mangel an Wohnortalternativen sein.

Während Abwanderungsbarrieren, beispielsweise mangelnde Finanzierungsmöglichkeiten der Kosten eines Umzugs, bestehender Betreuungsplatz eines Kindes, Kündigungsfristen eines Mietvertrag und Vertrautheit mit einem Wohnort, einen Wohnortwechsel erschweren, also Gründe gegen eine Migration darstellen, führt der Mangel an adäquaten Wohnortalternativen dazu, dass in einer Entscheidungssituation außer dem gegenwärtigen Wohnort kein anderer Wohnort existiert, der notwendige spezifische Rahmenbedingungen für ein Individuum bietet. Ergänzend zu überwiegend ökonomischen, organisatorischen, vertraglichen bzw. psychologischen Abwanderungsbarrieren (vgl. zu einer grundsätzlichen Einteilung von Abwanderungsbarrieren im Marketingkontext Rams 2001, S. 39), bei denen ein grundsätzlich möglicher Wohnortwechsel durch die Steigerung der Wechselkosten erschwert wird, ist im Kontext residenzieller Mobilität daher zudem die fehlende Verfügbarkeit angemessener alternativer Wohnorte als Gebundenheitsursache anzuführen. In diesem Fall liegen Hemmnisse vor, die aus Perspektive eines Einwohners einen Wohnortwechsel nicht nur erschweren, sondern gänzlich unmöglich werden lassen.

Abbildung 5 fasst die fünf Gegebenheiten zusammen, die aus Sicht eines Einwohners grundsätzlich den Zustand der Gebundenheit bedingen können.

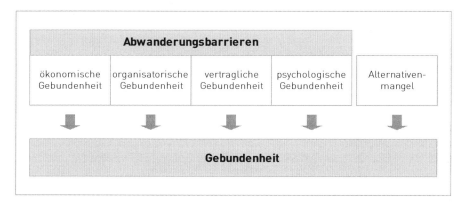

Abb. 5: Formen der Gebundenheit im Kontext residenzieller Mobilität.

Vor diesem Hintergrund stellt sich die Frage, welche konkreten Faktoren Verbundenheit und Gebundenheit beeinflussen. Angesicht der Komplexität und extrem starken wechselseitigen Verknüpfungen des Wohnorts mit einer Vielzahl relevanter Lebensparameter ist zu vermuten, dass eine abschließende Identifikation aller Faktoren nicht realisierbar ist. Daher strebt die weitere Analyse an, besonders bedeutsame Einflussfaktoren der Verbundenheit und der Gebundenheit zu bestimmen, um zu einer wesentlichen Erklärung der Bindungszustände beizutragen.

2 Mikroanalytische Modellierung als theoretischer Bezugsrahmen

Vor der Bestimmung von Einflussfaktoren sollen die Wirkungszusammenhänge zwischen Einwohnerbindung und interkommunalen Migrationsentscheidungen theoretisch abgeleitet werden. Um Wirkungen und Determinanten der Einwohnerbindung konzeptionell zu erarbeiten, bedarf es zunächst eines theoretischen Bezugsrahmens, der zur Erklärung eines Wohnortwechsels im Sinne einer wesentlichen räumlichen Veränderung des Lebensmittelpunkts respektive Verbleibens am gegenwärtigen Wohnort herangezogen wird.

In der wissenschaftlichen Auseinandersetzung ist eine Vielzahl von Ansätzen zur Erklärung des Phänomens Migration entwickelt worden (vgl. für einen ausführlichen Überblick bspw. De Haan 1999; Dresel 2005; Geis 2005; Ghatak / Levine / Price 1996; Greenwood 1985; Kalter 2000; Massey et al. 1993; Molho 1986; Shields / Shields 1989). Fasst man die bisherigen Erklärungstheorien zusammen, lassen sich mit makro- und mikroanalytischen Ansätzen zwei grundlegende Positionen differenzieren (vgl. Schneider / Limmer / Ruckdeschel 2002b, S. 34).

Makroanalytische Ansätze fokussieren Gesetzmäßigkeiten auf einer Aggregatebene, indem sie aus Migrationsentscheidungen resultierende Wanderungsströme vor allem auf ökonomische, demografische und politische Unterschiede sowie Distanzen zwischen Abwanderungs- und potenzieller Zielregion zurückführen. Damit verknüpfen sie zwar räumlich-strukturelle Bedingungen mit Verhalten, eine Erklärung, warum manche Individuen ihren Wohnort unter gleichen räumlich-strukturellen Gegebenheiten wechseln, während andere Menschen am Wohnort verbleiben, bieten sie jedoch nicht (vgl. Kalter 1997, S. 42). Daher können sie selektives Wanderungsverhalten nicht erklären.

Hier setzen mikroanalytische Ansätze an, die ihren Schwerpunkt auf die Erklärung individueller Migrationsentscheidungen legen. Diese Ansätze liefern Erklärungen für die individuell unterschiedliche Perzeption und Wirkung gleicher struktureller Gegebenheiten. Stellen wie in vorliegender Arbeit Migrationsentscheidungen das Explanandum dar, ist deshalb eine mikroanalytische Modellierung angemessen. Allerdings sind die mittels makroanalytischer Erklärungsansätze bestimmten Erklärungsfaktoren der Migration ebenfalls von Bedeutung, da sie Hinweise für relevante strukturelle Faktoren individueller Migrationsentscheidungen liefern. Makro- und mikroanalytische Ansätze sind also miteinander verflochten. Vor diesem Hintergrund haben Erkenntnisse makroanalytischer Ansätze Eingang in die mikroanalytische Modellierung gefunden.

Einen zentralen Ausgangspunkt der mikroanalytischen Modellierung von Wanderungsentscheidungen bildet das individualistische Push-Pull-Modell nach Lee (vgl. Lee 1966). Lee sieht Migration als Folge der Entscheidungsfindung einzelner Personen und differenziert vier auf die Migrationswahrscheinlichkeit eines Individuums einwirkende Faktoren: Push- und Pullfaktoren im Herkunfts- und Zielgebiet, intervenierende Hindernisse und persönliche Merkmale. Während Pull-Faktoren die Attraktivität eines Gebiets steigern und damit Individuen anziehen, haben Push-Faktoren einen umgekehrten, abstoßenden Effekt. Außerdem stehen intervenierende Hindernisse einer Wanderung entgegen, zu denen Lee exemplarisch Wanderungsdistanzen bzw. gesetzliche Reglungen zählt. Aus mikroanalytischer Perspektive ist zentral, dass individuelle Merkmale explizit Perzeption und Wirkungslogik allgemeiner Push- bzw. Pull-Faktoren sowie Hindernisse bestimmen. Selektive Wanderungen von Individuen können somit anhand unterschiedlicher Wahrnehmung und Wirkung struktureller Faktoren erklärt werden. Die Wanderungsentscheidung führt Lee auf den Vergleich der Faktoren vor dem Hintergrund individueller Merkmale zurück, formuliert jedoch keinen präzisen Entscheidungsmechanismus (vgl. bspw. Kalter 1997, S. 43).

Eine Präzisierung des Entscheidungsmechanismus erfolgt im Rahmen des mikroökonomischen Humankapitalmodells zur Erklärung von Migrationsentscheidungen, der Wanderung als „investment increasing the productivity of human resources, an investment which has costs and which also renders returns" (Sjaastad 1962, S. 83) auffasst. Demnach nimmt ein Individuum eine Migration vor, wenn die Differenz aus Einkünften am Ziel- und Herkunftsort die Kosten der Wanderung übersteigt. Dabei wird das zeitversetzte Eintreten der Einkünfte explizit berücksichtigt, indem die Einkunftsdifferenzen diskontiert werden. Formal ausgedrückt wird eine Wanderung vorgenommen, wenn folgende Bedingung erfüllt ist (vgl. Speare 1971, S. 118):

$$\sum_{j=1}^{N} \frac{(Y_{dj} - Y_{oj})}{(1 + r)^{j}} - T > 0$$

mit:

Y_{dj} *Einkünfte am Zielort*

Y_{oj} *Einkünfte am Herkunftsort*

T *Kosten der Wanderung*

N *Anzahl der Jahre, in denen noch Einkünfte zu erwarten sind*

r *Diskontierungsrate*

Hervorzuheben ist, dass es sich bei allen Parametern des Entscheidungskalküls um individuelle Größen handelt. Damit wird der Übergang von einer makroanalytischen Perspektive, die z. B. Lohnniveaus am Ziel- und Herkunftsort berücksichtigt, auf eine mikroanalytische Sichtweise, die stattdessen individuelle Einkünfte einbezieht, deutlich. Sowohl Sjaastad (vgl. Sjaastad 1962, S. 62) als auch Speare (vgl. Speare 1971, S. 119) betonen die Relevanz nicht monetärer Faktoren neben monetären Einkünften und Kosten. Gleichsam wird kritisiert, dass in der formalen Darstellung des Entscheidungsmechanismus eine Beschränkung auf Einkünfte und Kosten erfolgt (vgl. Kalter 1997, S. 44) und Schwierigkeiten bei der empirischen Erfassung nicht monetärer Faktoren der Migration auftreten (vgl. Speare 1971).

Auf Basis einer breit angelegten Durchsicht bisheriger wanderungstheoretischer Erklärungsansätze stellen De Jong und Fawcett (De Jong/Fawcett 1981, S. 48 ff.) das Subjective-Expected-Utility-Modell (SEU-Modell) vor, das wichtige migrationstheoretische Erklärungsbeiträge bündelt (vgl. hier und im Folgenden Kalter 1997, S. 47 ff.). Das SEU-Modell basiert auf der Nutzentheorie und verbindet insbesondere die Vorteile des individualistischen Push-Pull-Modells nach Lee (Allgemeinheit der Einflussfaktoren) mit den Vorzügen des Humankapitalmodells (präziser Entscheidungsmechanismus). Das Modell besagt, dass Personen aus einer gegebenen Menge von Handlungsalternativen diejenige auswählen, die für sie mit dem größten Nutzen (max. SEU-Wert) verbunden ist (vgl. Esser 1991, S. 432).

Anhand dieses allgemeinen Entscheidungsmodells lassen sich im Hinblick auf residenzielle Mobilität auch die Handlungsalternativen Verbleiben am Wohnort und Verlassen des Wohnorts modellieren. Der SEU-Wert der Handlungsalternativen wird zum einen durch potenzielle Ziele j, die Personen mit ihren Handlungen verfolgen und die einer subjektiven Bewertung unterzogen werden (Evaluation), determiniert. Diese Evaluationen münden in subjektiven Nutzeneinschätzungen U_j, wobei der mit Handlungsalternativen einhergehende Aufwand als negativer Nutzen-Wert Berücksichtigung findet. Zum anderen wird der SEU-Wert einer Handlungsalternative durch die ebenso individuelle Einschätzung darüber beeinflusst, mit welcher Wahrscheinlichkeit p_{ij} eine Handlungsalternative zur Umsetzung des Ziels j führt (Kognition). Aus der Verbindung subjektiver Nutzeneinschätzungen U_j und individueller Erwartung der Realisierbarkeit der Ziele p_{ij} in Form eines Summenprodukts über alle relevante Ziele j resultiert der SEU-Wert der Handlungsalternative:[20]

$$\text{SEU}(i) = \sum_j p_{ij} \cdot U_j$$

mit:

SEU(i)	*subjektiv erwarteter Nutzenwert von Wohnort i*
U_j	*Nutzeneinschätzung eines Ziels j*
p_{ij}	*Realisierungswahrscheinlichkeit von Ziel j in Wohnort i*

Der Wohnort wird somit beibehalten, wenn der SEU-Wert des Wohnens am gegenwärtigen Ort größer ist als die SEU-Werte vorstellbarer Migrationen an andere Orte.

Über die genannten Vorzüge hinaus können andere Theorieansätze, insoweit für sie aufgezeigt wird, welche Effekte potenzielle Einflussfaktoren auf individuelle Entscheidungsprozesse haben, in das SEU-Modell integriert werden.[21] So kann exemplarisch der Kritik an entscheidungstheoretischen Ansätzen, dass diese nur von einer handelnden Person ausgehen, Wanderungsentscheidungen jedoch häufig familiäre Kollektiventscheidungen sind (vgl. Schneider / Limmer / Ruckdeschel 2002b, S. 35), im Rahmen der SEU-Modellierung begegnet werden, indem Erwartungen anderer

---

20 Vgl. zur allgemeinen Modellierung Esser 1991, S. 432 und zu einer Modellierung für Migrationsverhalten bspw. Chemers / Ayman / Werner 1978, S. 43; De Jong / Fawcett 1981, S. 47; Kalter 1997, S. 47.

21 Vgl. für ein entsprechendes Vorgehen Limmer / Schneider 2008, S. 30, die das Motility-Konzept von Kaufmann (vgl. Kaufmann 2002) in den SEU-Ansatz einbeziehen, das weitgefasste persönliche Kapazitäten, mit Mobilitätsanforderungen umzugehen, betrachtet.

Betroffener einer möglichen Migrationsentscheidung in die Parameter Nutzenein-schätzungen und Realisierungswahrscheinlichkeiten einbezogen werden.[22] Zudem können individuelle Faktoren leicht mit räumlich-strukturellen Gegebenheiten und klassischen Determinanten makroanalytischer Erklärungsansätze verbunden werden. Vor diesem Hintergrund wird das SEU-Modell zur Modellierung der Migrationsent-scheidung herangezogen.

Dem SEU-Modell liegt die Annahme nutzenmaximierenden Handelns im Rahmen eines Kosten-Nutzen-Kalküls zugrunde.[23] Vor diesem Hintergrund ist der SEU-An-satz der Kritik ausgesetzt, im Kontext der Wohnortmobilität bestimmte Trägheits-befunde nicht adäquat erklären zu können. Diesbezüglich formulierte Speare bereits 1971 einen zentralen Kritikpunkt: „The biggest problem with the application of a cost-benefit model to human migration may not be the crudeness of the actual calcu-lation, but the fact that many people never make any calculation at all. A great many of the non-migrants we interviewed appear to have never given any serious considera-tion to the thought of moving anywhere" (Speare 1971, S. 130). Das Heranziehen ei-ner rationalen Handlung zur Erklärung einer Wohnortwahl, bei der eine wesentliche Zahl der Akteure eine Migration, die einen höheren Nutzen stiften könnte, gar nicht in Betracht zieht, erscheint unangemessen.

Daher schlussfolgert Speare: „If this is true, then a model based on the decision-mak-ing process cannot be applied to all people. This suggests that the next step in trying to build a comprehensive understanding of the process of individual migration may be to investigate factors which may influence whether or not a person considers moving" (Speare 1971, S. 130). Diesen Gedanken greift Kalter (vgl. Kalter 1997) auf, wenn er eine migrationsspezifische Verfeinerung des SEU-Modells vornimmt, indem er die Wanderungsentscheidung in Migrationsgedanken und Migrationsplan unterteilt. Zudem berücksichtigt die Verfeinerung, dass nicht alle Migrationspläne tatsächlich wie vorgesehen umgesetzt werden, da Hindernisse bzw. Erleichterungen eine Umset-zung erschweren bzw. forcieren können. Daher konzeptualisiert er als letzte Stufe die Migrationsrealisation in einem dreistufigen handlungstheoretischen Migrationsmo-dell. Kalter zeigt, dass alle drei Prozessstufen durch auf dem SEU-Ansatz basierende

---

22 Das SEU-Modell kann in eine spieltheoretische Modellierung der Wanderungsentscheidung integriert werden, ohne die Annahme einer egozentrischen Orientierung der Akteure zu verletzen (vgl. Kalter 1997, S. 55 ff.). Anzumerken ist gleichwohl, dass statisch konzipierte SEU-Modelle einer umfassenden Abbildung dynamischer Verhandlungen im Kontext multipersoneller Entscheidungen (vgl. bspw. im Rahmen des Industriegütermarketing Backhaus / Voeth 2010, S. 106) entgegenstehen.

23 Als Kosten wird im Zusammenhang mit dem SEU-Ansatz sowohl monetärer als auch nicht monetärer Aufwand aufgefasst.

Kalküle angemessen erklärt werden können. Die weitere Untersuchung basiert auf diesem sequenziellen Prozess, der in den theoretischen Bezugsrahmen der Untersuchung der Einwohnerbindung integriert wird und den Abbildung 6 skizziert.[24]

Abb. 6:   Dreistufiges handlungstheoretisches Migrationsmodell.
          Quelle: in enger Anlehnung an Kalter 1997, S. 67.

Zur Beantwortung der Frage, welche Rolle der individuellen Einwohnerbindung in den einzelnen Prozessstufen zukommt, wird nachfolgend die Modellierung der drei Prozessstufen anhand des SEU-Ansatzes erörtert. Im Kern der Ausführungen stehen dabei spezifische Wirkungen der Einwohnerbindung, sodass die Darstellung nicht den Anspruch erhebt, die Modelle Kalters vollständig wiederzugeben.

---

24 Andere Autoren nehmen eine ähnliche Aufteilung des Migrationsprozesses vor (vgl. Rossi 1980, S. 149 f.; Speare/Goldstein/Frey 1975, S. 175 ff.; Gardner 1981, S. 65; Sly/Wrigley 1985), stellen jedoch keinen vergleichbaren engen Bezug zu einer Handlungstheorie her (vgl. Kalter 1997, S. 67 f.). Auch im Kontext des Marketing finden sich ähnliche phasendifferenzierende Betrachtungen von Entscheidungsprozessen. Engel, Blackwell und Kollat unterscheiden die Phasen Problemerkenntnis, Informationssuche, Alternativenbewertung und Entscheidung des Konsumentenverhaltens (vgl. Engel/Blackwell/Kollat 1978, S. 32). Davis und Rigaux entwickeln ausgehend von der klassischen Modellierung Deweys (1910) einen dreiphasigen Ansatz mit Anregungs-, Informations- und Entscheidungsphase, da sie die Informationsevaluation simultan zur Informationssuche auffassen (vgl. Davis/Rigaux 1974, S. 52).

3 Ableitung potenzieller Wirkungszusammenhänge zwischen kommunaler Einwohnerbindung und Migrationsentscheidungen

3.1 Bindungseinflüsse in sequenziellen Wanderungsentscheidungsprozessen

3.1.1 Bindung und Migrationsgedanken

Analog zur Migrationsentscheidung kann auch die Erwägung einer Wanderung mithilfe des SEU-Ansatzes modelliert werden. Dazu wird das Aufkommen von Wegzugsgedanken als Abkehr vom Routinehandeln aufgefasst (vgl. hier und im Folgenden Kalter 1997, S. 73 ff.). Demnach wird im Sinne eines rationalen Handlungsansatzes ein neues Handlungsmuster einem bisherigen routinierten Verhalten vorgezogen.

Eine Migration wird dann in Betracht gezogen, wenn die Differenz aus erwartetem Nutzen einer Migration und dem erwarteten Nutzen der Beibehaltung des Wohnorts die Kosten übersteigt, die mit den Gedanken an eine Migration einhergehen. Die Nutzeneinschätzungen dieses Kalküls werden von der Beurteilung der Umsetzbarkeit der persönlichen Ziele am jetzigen bzw. an anderen Wohnorten bestimmt. Darüber hinaus sind die Kosten der Migrationsüberlegung relevant. Werden Entscheidungen fundiert neu bzw. erneut getroffen, entstehen Kosten, da Informationen beschafft und verarbeitet werden. Menschen neigen aufgrund begrenzter Fähigkeiten und Informationen dazu, sich mit habitualisierten Verhaltensweisen zufriedenzugeben (vgl. Simon 1956; Simon 1990). Ein solches Routinehandeln mündet im Hinblick auf Migrationsverhalten in einer gewissen Trägheit. Wanderungsgedanken entstehen dementsprechend nur, wenn ein Anreiz besteht, die aus den Kosten resultierende Trägheit zu überwinden.

Das Erklärungsmodell zum Auftreten von Migrationsgedanken kann wie folgt formalisiert werden. Eine Wanderung wird in Erwägung gezogen, wenn folgende Bedingung erfüllt ist (vgl. Kley 2009, S. 41, für eine ähnliche, jedoch weiter differenzierte Formalisierung):

$$U_M \cdot p_M - C_M > 0$$

mit:

U_M *Nutzen, der aus Migration resultiert*

p_M *Realisierungswahrscheinlichkeit des Migrationsnutzens*

C_M *Kosten der Migrationsgedanken*

Der Migrationsnutzen U_M entspricht dem erwarteten Nutzen, wenn der jetzige Wohnort verlassen bzw. beibehalten wird. Ist er positiv, schätzt eine Person, dass sie ihre Ziele andernorts besser erreichen kann. Dieser Nutzen wird mit der Wahrscheinlichkeit, dass Ziele durch einen Wohnortwechsel realisiert werden können, p_M gewichtet. Das resultierende Produkt wird gegen die Kosten der Migrationsgedanken C_M abgewogen.

Einwohnerbindung kann das Aufkommen von Migrationsgedanken auf zwei Arten beeinflussen. Zum einen geht von der Einstellungskomponente der Einwohnerbindung eine Wirkung aus. Diese Einstellung zum Wohnort kann als globales Maß für die Nutzeneinschätzung des gegenwärtigen Wohnorts interpretiert werden. Je positiver die Einstellungskomponente der Einwohnerbindung ausgeprägt ist, desto größer dürfte die Nutzeneinschätzung des Wohnorts sein und folglich treten Migrationsgedanken weniger wahrscheinlich auf. Zum anderen kann erwartet werden, dass Verbundenheit, also vorwiegend die affektive Komponente der Einwohnerbindung, wahrgenommene Kosten steigen lässt, die mit Wanderungsgedanken einhergehen. Eine gedankliche Loslösung vom Wohnort steht der Verbundenheit, vor allem in Bezug auf ein Sich-Identifizieren, entgegen. Aus dieser widersprüchlichen Gemengelage dürften psychische Kosten im Sinne eines Gefühls des Unbehagens resultieren (vgl. hierzu die Ausführungen zur Theorie der kognitiven Dissonanz bspw. bei Aronson / Wilson / Akert 2008, S. 163 f.), die die Wahrscheinlichkeit aufkommender Wanderungsgedanken senken.

3.1.2 Bindung und Migrationspläne

Ebenso wie das Aufkommen von Wanderungsgedanken kann auch das Planen einer Migration unter Rückgriff auf den SEU-Ansatz modelliert werden (vgl. hier und im Folgenden Kalter 1997, S. 67; Kley 2009, S. 41 ff.). Das Planen einer Wanderung im Sinne einer Konkretisierung der Entscheidung für oder gegen einen Wohnortwechsel ist im Vergleich zu Migrationsgedanken kostenintensiver. Durch die Konkretisierung adäquater Zielorte sowie die Suche nach spezifischen Gelegenheiten an potenziellen Destinationen, wie eine Wohnung oder Arbeitsstätte (vgl. bspw. Weichhart 1990), fallen zusätzliche Planungskosten an, sodass zu den Kosten C_M die Planungskosten C_P hinzukommen. Eine Forcierung des Entscheidungsprozesses wird folglich nur vorgenommen, wenn zum Entscheidungszeitpunkt der erwartete Migrationsnutzen die tendenziell gestiegenen Kosten übersteigt und eine hinreichende Sicherheit besteht, diesen Migrationsnutzen realisieren zu können. Um Wanderungspläne zu schmieden, ist formal folgende Bedingung zu erfüllen:

$$U_M \cdot p_M - (C_M + C_p) > 0$$

mit:

C_P *Kosten der Migrationsplanung*

Da erwartet werden kann, dass die Kosten der Migration in der Planungsstufe für gewöhnlich erheblich zunehmen, erfordern Migrationspläne, den Nutzen eines Wohnortwechsels bzw. seine Realisierungswahrscheinlichkeit zu steigern.

Eine Differenzierung des Entscheidungsprozesses in Wanderungsgedanken und -pläne ist sinnvoll, da sich das Kalkül im Rahmen des SEU-Ansatzes verschärft. Ergänzend zu den bereits beschriebenen hemmenden Wirkungen der Einwohnerbindung auf die Bildung von Migrationsgedanken lassen sich zwei zusätzliche Effekte auf die Migrationsentscheidung auf Stufe der Planung konzeptionell herleiten.

Erstens konkretisiert sich mit der Planung der Migration auch die Bestimmung potenzieller Vor- und Nachteile eines solchen Handelns. Es kann erwartet werden, dass Entscheidern vor allem faktische Komponenten der Gebundenheit stärker bewusst werden.

Zweitens wird mit dem Entschluss zur Migration die Überschreitung einer psychologischen Grenze vollzogen, die ein Individuum nicht ohne gewisse Gefühle persönlichen Versagens revidieren kann. Während in der Phase der Gedanken generelle Ziele, Nutzeneinschätzungen und Realisierungswahrscheinlichkeiten bedacht werden und Wanderungsgedanken auch schnell wieder fallengelassen werden, ist eine feststehende Handlungsintention Resultat der dezisionalen Phase. In der Literatur wird dieses Phänomen auch als „Überschreiten des Rubikons" beschrieben (vgl. Heckhausen 1991, S. 203) und somit herausgestellt, „dass es sich ab diesem Zeitpunkt um eine mehr oder weniger unumstößliche Selbstverpflichtung handelt, auf das anvisierte Ziel hinzuarbeiten" (Kley 2009, S. 42). Vor diesem Hintergrund steigen die Ansprüche der Entscheider, die richtige, nutzenmaximierende Entscheidung zu treffen. Folglich gewinnen Wirkungen, die von der Einwohnerbindung auf den Nutzen des Wohnorts ausgehen, an Aufmerksamkeit und Relevanz. Dies gilt vor allem, da durch die Einwohnerbindung generierte Nutzenkomponenten mit großer Sicherheit eingeschätzt werden können.

3.1.3 Bindung und Migrationsrealisation

Soweit ein Migrationsplan getroffen wurde, ist seine Umsetzung sehr wahrscheinlich (vgl. Kley 2009, S. 43). Dies kann vor allem auf die eingegangene psychische Selbstverpflichtung zurückgeführt werden. Ferner wird in der Literatur argumentiert, dass aufgelaufene Planungskosten die Umsetzung einer getroffenen Entscheidung forcieren (vgl. Kley 2009, S. 43). Aus Perspektive der Nutzenmaximierung stellen entsprechende Kostenbestandteile jedoch sogenannte *sunk costs* dar, die im Sinne einer Entscheidungsrevidierung nicht entscheidungsrelevant sind (vgl. Neus 1998, S. 119).

Da zwischen Entscheidung zur Migration und tatsächlicher Umsetzung des Wohnortwechsels Barrieren und Erleichterungen eintreten können, folgt einem Wanderungsplan nicht automatisch dessen Realisation (vgl. Kalter 1997, S. 197 ff.). Die Realisation der Migration kann somit handlungstheoretisch anhand des Migrationsplans sowie dieser Faktoren erklärt werden. Formal wird ein Wohnortwechsel umgesetzt, wenn folgende Bedingung erfüllt ist:

$$U_M \cdot p_M - (C_M + C_p + C_R) > 0$$

wobei $C_R = f(B,E)$

mit:

B   *Barrieren*

E   *Erleichterungen*

Vor dem Hintergrund der theoretischen Erwartung, dass Barrieren und Erleichterungen bereits während der Planungsphase antizipiert werden, lassen sich diese nur schwer von Prädiktoren der Migrationserwägung und der Migrationsplanung trennen. So werden Veränderungen im Lebenslauf (bspw. Beginn oder Ende einer Beziehung) als Barrieren oder Erleichterung identifiziert (vgl. De Jong / Fawcett 1981, S. 56), gelten zugleich jedoch auch als Ursache für Migrationsgedanken. Auch auf Stufe der Migrationsrealisation kann sich die Einwohnerbindung auf einen Wohnortwechsel auswirken. Wird bspw. durch eine nicht antizipierte Beförderung die Einwohnerbindung gesteigert, kann der Nutzen des gegenwärtigen Wohnorts zunehmen. Eine vorgesehene Wanderung an einen anderen Ort, um dort eine attraktivere Arbeitsstelle anzutreten, erweist sich *ceteris paribus* nicht mehr als optimale Entscheidung. Sofern sich also die Einwohnerbindung nach einer getroffenen Migrationsintention ändert, kann dies Auswirkungen auf die tatsächliche Umsetzung eines Wohnortwechsels haben.

3.2   Wirkung kommunaler Einwohnerbindung auf Wanderungsentscheidungen

Die Ausführungen zur konzeptionellen Analyse des Zusammenhangs zwischen Einwohnerbindung und Wechsel des Wohnorts haben deutlich gemacht, dass Einwohnerbindung Effekte auf allen drei Stufen des handlungstheoretischen Migrationsmodells haben kann.

Einwohnerbindung kann das Aufkommen von Migrationsgedanken auf zwei Arten beeinflussen. Menschen mit hoher Einwohnerbindung, die eine positive Einstellung zu ihrem Wohnort haben, schätzen den Nutzen dieses Wohnorts größer ein und lassen deshalb das Aufkommen von Migrationsgedanken unwahrscheinlicher werden, als Personen mit negativer Einstellung zum Wohnort. Personen, die sich mit ihrem Wohnort verbunden fühlen, fällt es zudem schwerer, sich gedanklich von ihm zu trennen, sodass Migrationsgedanken unwahrscheinlicher aufkommen.

Zudem beeinflusst Einwohnerbindung das Schmieden von Migrationsplänen neben den indirekten Effekten auf vorgelagerte Wanderungsgedanken auf zwei Arten. In dieser Phase werden Entscheidern vorwiegend aus der Einwohnerbindung resultierende Nachteile einer Wanderung stärker bewusst. Des Weiteren steigt die Bedeutung der Effekte der Einwohnerbindung auf die Nutzeneinschätzung des Wohnorts, da in der Planungsphase der Anspruch steigt, die korrekte Entscheidung zu treffen. Es kann daher insgesamt erwartet werden, dass die Wahrscheinlichkeit, eine Migration zu planen, mit zunehmender Einwohnerbindung sinkt.

Schließlich wurde abgeleitet, dass, sofern sich die wahrgenommene Einwohnerbindung nach einer getroffenen Migrationsintention ändert, dies Auswirkungen auf die tatsächliche Umsetzung eines Wohnortwechsels haben kann. Wird Personen nach einer Entscheidung für einen Wohnortwechsel eine gestiegene Einwohnerbindung bewusst, sinkt die Wahrscheinlichkeit, tatsächlich den Wohnort zu wechseln.

Die Komponenten der Einwohnerbindung üben somit insgesamt einen bindenden Einfluss auf den Migrationsentscheidungsprozess aus, sodass zusammenfassend folgende Hypothese zur Wirkung der Einwohnerbindung auf das Migrationsverhalten aufgestellt werden kann.

| H_W | Je stärker die Einwohnerbindung ist, desto weniger wird eine interkommunale Wanderung vorgenommen. |

4 Ableitung potenzieller Determinanten kommunaler Einwohnerbindung

4.1 Konzeptualisierung der Determinanten kommunaler Einwohnerbindung

Die Erörterungen der Konzeptualisierung der Einwohnerbindung und der Bindungszustände in Kapitel B 1 haben verdeutlicht, dass Verbundenheit mit dem Wohnort
und Gebundenheit an den Wohnort die Einwohnerbindung als vorgelagerte Bindungszustände determinieren. Sie werden daher als direkte Einflussfaktoren der Einwohnerbindung aufgefasst, die positiv auf sie einwirken.

Gleichwohl bleibt unklar, welche Faktoren diese beiden Bindungszustände determinieren. Deshalb wird nachfolgend ein theoretischer Bezugsrahmen erörtert, der
Erklärungsansätze der Bindungszustände präzisiert und damit hilft, die Unbestimmt-
heit der Einflussfaktoren (Allgemeinheit der Determinanten) im Rahmen einer mikroanalytischen Modellierung in Form eines SEU-Ansatzes zu überwinden. Darauf
aufbauend werden die Determinanten der Verbundenheit und der Gebundenheit
konkretisiert.

4.1.1 Präzisierter theoriebezogener Bezugsrahmen der Determinanten der Bindungszustände

Aus der folgenden Auseinandersetzung mit den Einflussfaktoren der Bindungszustände resultiert kein völlig neuer, in sich geschlossener Theorienansatz, vielmehr wird
eine Integration verschiedener Erklärungsansätze angestrebt. Zu diesem Zweck werden selektiv Erklärungsansätze dargelegt, die vor allem in der Migrations- und Marketingforschung sowie der Umweltpsychologie bereits angewendet wurden und etabliert
sind. Diese Ansätze spiegeln nicht die Gesamtheit aller theoretischen Erklärungsansätze der Einwohnerbindung wider, sondern dienen einer theoriebasierten Herleitung
möglichst relevanter Einflussfaktoren der Verbundenheit und der Gebundenheit.
Dieses Vorgehen ermöglicht es, dem Anspruch der Arbeit gerecht zu werden, im Falle der Wirkung der Einwohnerbindung Gestaltungsempfehlungen zur Generierung
einer hohen Einwohnerbindung im Sinne eines entscheidungsorientierten Ansatzes
abzuleiten.

Zur Erklärung der Verbundenheit und der Gebundenheit können verschiedene wissenschaftliche Theorien herangezogen werden. Theoretische Fundierungen reichen von ökonomisch geprägten Erklärungsansätzen wie der mikroökonomisch geprägten Theorie Hirschmans zur Loyalität gegenüber Organisationen und der Transaktionskostentheorie bis zu verhaltenswissenschaftlichen Ansätzen wie der Disorder-Theorie und der sozialen Identitätstheorie. Ausgewählte theoretische Erklärungsansätze werden im Folgenden kurz mit Bezug auf die Bindungszustände präsentiert.[25]

In Hirschmans Ansatz, der in Kapitel A 2.2.2 bereits vorgestellt wurde, wird implizit der Zufriedenheit eine zentrale Rolle für das Fortbestehen von Beziehungen gegenüber Organisationen zugeschrieben. Die Kernfrage in Hirschmans Ansatz nach den Handlungen eines Individuums im Sinne einer Fortführung bzw. eines Abbruchs der Beziehung zu einer Organisation erlangt erst durch die bestehende Unzufriedenheit mit der Organisation Bedeutung (vgl. hier und im Folgenden Martin 2009, S. 80). Unzufriedenheit führt jedoch nicht zwangsläufig zur Abwanderung, sondern als weitere Handlungsoption kann ein Individuum Formen des Widerspruchs innerhalb des Organisationsgefüges einlegen. Die Entscheidung für eine Handlungsalternative beruht vor allem auf Kosten- und Nutzenkomponenten. Um ein entsprechendes Kosten-Nutzen-Kalkül aufzustellen, ist ein gewisses Ausmaß an Unzufriedenheit erforderlich. In Bezug auf die Einwohnerbindung folgt daraus, dass Zufriedenheit mit dem Wohnort zur Verbundenheit führen kann und eine ihrer zentralen Determinanten ist. Ferner verdeutlicht Hirschmans Ansatz, dass Abwanderungsbarrieren bzw. Wechselkosten die Einwohnerbindung beeinflussen. Entsprechend hohe Kosten eines Wechsels können trotz Unzufriedenheit mit dem Wohnort zum Verbleiben am Wohnort und zum Zustand der Gebundenheit führen. Sie sind daher wesentliche Einflussgrößen der Gebundenheit an den Wohnort.[26]

---

25 Auf eine ausführliche Darstellung theoretischer Erklärungsansätze wird im Rahmen dieser Arbeit verzichtet. Vor allem im Kontext der Kundenbindung finden sich in der Literatur verschiedene Arbeiten, in denen eine intensive Auseinandersetzung erfolgt (bspw. Braunstein 2001, S. 18 ff.; Homburg 2000, S. 36 ff.; Peter 1999, S. 82 ff.). Thomas und Weichhart erläutern weitere migrationswissenschaftliche und umweltpsychologische Erklärungsansätze (vgl. Thomas 2009, S. 39 ff.; Weichhart 1990, S. 30 ff.).

26 Vgl. zur Wirkung von Abwanderungsbarrieren auch die Ausführungen in Kapitel B 1.

Ferner kann die Transaktionskostentheorie zur Erklärung der Bindungszustände herangezogen werden. Sie zählt ebenfalls zu den ökonomisch geprägten Erklärungsansätzen, ist allerdings in die Neue Institutionenökonomik eingebettet, die ausdrücklich entgegen der klassischen Mikroökonomie begrenzte Rationalität, opportunistisches Verhalten und das Vorhandensein unvollständiger Informationen berücksichtigt (vgl. Kuß 2013, S. 222; Picot 1991, S. S. 145 ff.).[27]

Den Ausführungen Coases zu Kosten der Anbahnung, Durchführung und Kontrolle, die mit über einen Markt koordinierten Austauschprozessen einhergehen (vgl. Coase 1937), folgend entwickelt Williamson die Transaktionskostentheorie (vgl. Williamson 1975). Williamson greift die von Coase thematisierten Kosten als Transaktionskosten auf und zeigt unter Annahme begrenzter Rationalität und Opportunität der Akteure, dass verschiedene Koordinationsformen von Transaktionen mit unterschiedlich hohen Transaktionskosten verbunden sind. Die Höhe der Transaktionskosten in verschiedenen Koordinationsarrangements wird von den Faktoren Spezifität, Unsicherheit und Häufigkeit der Transaktion determiniert (vgl. Picot 1991, S. 147 f.). Nach Picot wird in der Literatur übereinstimmend der Spezifität die größte Relevanz zugesprochen (vgl. Picot 1991, S. 148.)

Wird von den anderen Faktoren abstrahiert, ist eine langfristige Transaktionsbeziehung dann vorteilhaft und Transaktionspartner werden sich tendenziell bemühen, diese fortzuführen und abzusichern, wenn im Kontext dieser Transaktion spezifische Investitionen getätigt wurden (vgl. Williamson 1981, S. 554 ff.). Eine dauerhafte Transaktionsbeziehung schützt spezifische Investitionen vor deren Entwertung. Wird diese Erkenntnis auf interkommunale Migration übertragen, kann geschlussfolgert werden, dass die Einwohnerbindung mit dem Ausmaß der Spezifität von Investitionen und Ressourcen am Wohnort steigt. Das Ausmaß der Spezifität wird determiniert durch die Differenz des Nutzens, den Investitionen und Ressourcen beim Verbleiben im Wohnort bzw. beim Verlassen des Wohnorts stiften. Die resultierende Differenz kann als Quasirente bezeichnet werden (vgl. Marshall 1961 (Nachdruck von 1890)).

Folglich steigt die Einwohnerbindung mit zunehmender Quasirente getätigter Investitionen und Ressourcen (vgl. hierzu im Marketingkontext Backhaus / Voeth 2010, S. 200 f.). Spezifische Investitionen und Ressourcen binden abhängig vom Ausmaß

---

27 Die Neue Institutionenökonomik befasst sich mit Institutionen der Wirtschaft, des Rechts und der Politik. Zentrale Ansätze sind neben der Transaktionskostentheorie die Prinzipal-Agent-Theorie, die Theorie der Verfügungsrechte, die Informationsökonomik, die Verfassungsökonomik und die Neue Politische Ökonomik (vgl. Hax 1991, S. 55; Kuß 2013, S. 223).

der Quasirente an den Wohnort. Nur wenn andere positive Nutzenkomponenten eines Wohnortwechsels die entwertete Quasirente aufwiegen, wird eine Migration im Sinne einer Nutzenmaximierung vorgenommen (vgl. Kapitel B 2). Die Transaktionskostentheorie weist somit auf unfreiwillige Bindungsfaktoren hin, aus deren Wirkung Gebundenheit an den Wohnort resultiert.

Neben ökonomischen Erklärungsansätzen tragen auch verhaltenswissenschaftliche Theorien wesentlich zur Erklärung der Bindungszustände bei. Einflussfaktoren der Verbundenheit mit einem Wohnort können anhand der in der Umweltpsychologie verankerten Disorder-Theorie abgeleitet werden. Originär fokussiert die Disorder-Theorie Zusammenhänge zwischen Kriminalitätsfurcht, physisch-räumlichen und sozialen Beeinträchtigungen (vgl. bspw. Wilson / Kelling 1982) und postuliert, dass wahrgenommene physisch-räumliche und soziale Beeinträchtigungen von Wohnorten bei deren Einwohnern Gefühle fehlender sozialer Kontrolle bedingen. Infolgedessen fühlen sich Einwohner bedroht und nehmen ihre Handlungsoptionen als eingeschränkt wahr. Entsprechend kann sowohl die Kriminalitätsfurcht steigen als auch die Einwohnerbindung im Sinne eines Vermeidungsverhaltens sinken (vgl. Brown / Brown / Perkins 2004; Hale 1996; Lüdemann 2006; Skogan 1990; Taylor 1999). Da faktisch bindende Faktoren einem Vermeidungsverhalten entgegenstehen können, sind wahrgenommene physisch-räumliche und soziale Beeinträchtigungen theoretisch vorwiegend als Einflussfaktoren der Verbundenheit mit einem Wohnort aufzufassen. Vor diesem Hintergrund kann die Zufriedenheit mit dem Wohnort als Einflussfaktor der Verbundenheit auf die Zufriedenheit mit physisch-räumlichen und sozialen Rahmenbedingungen konkretisiert werden.

Ferner stellt die soziale Identitätstheorie (vgl. hier und im Folgenden Tajfel 1981; Tajfel / Turner 1986) einen weiteren wesentlichen Bezugspunkt zur Erklärung der Verbundenheit mit einem Wohnort dar. Im Zentrum der sozialen Identitätstheorie stehen Kategorisierungsprozesse. Die Theorie besagt, dass Individuen mithilfe sozialer Kategorisierungsprozesse ihre soziale Umwelt übersichtlicher und handhabbarer gestalten, indem sie unter bestimmten Gesichtspunkten als zusammengehörig wahrgenommene Personen gruppieren. Für die Einwohnerbindung ergeben sich zwei wesentliche Verknüpfungen:

Einerseits können Individuen Orte als Bedeutungsträger zur Entwicklung der eigenen persönlichen Identität und zur Regulierung sozialer Interaktionen nutzen (vgl. Ebert 2004, S. 80; Thomas 2009, S. 59; Weichhart et al. 2006, S. 34 ff.). Eine entsprechende Selbstdefinition anhand von Wohnorten und ein Rückgriff auf diese in sozialen Interaktionen gelten als bedeutsame positive Aspekte im Rahmen der Entwicklung von Verbundenheit mit einem Wohnort (vgl. Proshansky / Fabian / Kaminoff 1983, S. 76; Weichhart 1990, S. 42). Eine besondere Bedeutung im Rahmen der Selbstdefinition kommt der Phase des Aufwachsens zu (vgl. Fend 1991; Gerrig / Zimbardo 2008, S. 390; Institut für Psychologie Stiftung Universität Hildesheim 2006, S. 18 f.). Wichtige Determinante regionaler Identität respektive der Verbundenheit ist hier die Frage, ob jemand am gegenwärtigen Wohnort aufgewachsen ist (vgl. Weichhart 1990, S. 43 f.).

Andererseits postuliert die soziale Identitätstheorie, dass Individuen Bezugsgruppen von anderen Gruppen abgrenzen. Zudem gleichen Individuen ihr Selbstbild mit dem Image von Bezugsgruppen ab, sodass Zugehörigkeit oder Ablehnung folgen. Ist das Empfinden der Zugehörigkeit zu einer Bezugsgruppe stark ausgeprägt, kann eine Fusion der eigenen Identität mit der Gruppenidentität resultieren, die mit dem Gefühl der Verbundenheit einhergeht. Angesichts dessen kann sich aus einer stark empfundenen Zugehörigkeit zu den Mitmenschen an einem Wohnort eine intensive Verbundenheit mit dem Wohnort ergeben. Ausschlaggebend für das Ausmaß der Zugehörigkeit ist die Kongruenz von Selbstbild und Mentalität der Mitmenschen im Wohnort, welche folglich eine relevante Determinante der Verbundenheit ist. Ähnlich unterstellt die Theorie der Selbstkongruenz im Kontext des Marketing (vgl. Sirgy 1986), dass das Verhalten von Konsumenten teilweise von einem Abgleich des Produktnutzerimages mit dem Selbstkonzept des Konsumenten bestimmt wird (vgl. Sirgy et al. 1997, S. 230).

Vor dem Hintergrund einer Vielzahl von Theorien stellt sich die Frage, welche zur Erklärung der Bindungszustände herangezogen werden sollen. Tabelle 7 fasst die relevanten Aussagen der vorgestellten theoretischen Erklärungsansätze zu Bindungszuständen zusammen.

theoretischer Ansatz	Aussagen zu Determinanten der Bindungszustände
Theorie Hirschmans zur Loyalität gegenüber Organisationen	Zufriedenheit beeinflusst Verbundenheit; Abwanderungsbarrieren und Wechselkosten beeinflussen Gebundenheit
Transaktionskostentheorie	spezifische Investitionen und Ressourcen am Wohnort beeinflussen in Abhängigkeit der Quasirente die Gebundenheit
Disorder-Theorie	Zufriedenheit mit physisch-räumlichen und sozialen Rahmenbedingungen beeinflusst Verbundenheit
Soziale Identitätstheorie	Aufwachsen im Wohnort beeinflusst Verbundenheit; Mentalität beeinflusst Verbundenheit

Tab. 7:   Erkenntnisbeiträge theoretischer Bezugspunkte.

In dieser Arbeit wird dem Leitgedanken des Theorienpluralismus nach Feyerabend (Feyerabend 1965) gefolgt. Demnach stehen die verschiedenen Erklärungsansätze nicht in einem konkurrierenden, sondern komplementären Verhältnis zueinander. Diese Prämisse hat den wesentlichen Vorteil, dass die Berücksichtigung verschiedener theoretischer Ansätze mit unterschiedlichen Entdeckungs- und Verwertungszusammenhängen den Suchraum für mögliche Einflussfaktoren der Bindungszustände erweitert und die Bildung eines empirisch gehaltvollen Erklärungsmodells erleichtert (vgl. bspw. Fritz 1995, S. 27).[28] Die dargestellten Einflussgrößen weisen einen hohen Abstraktionsgrad auf. Vor allem die Aspekte Zufriedenheit, Abwanderungsbarrieren und Wechselkosten sind komplexe Phänomene. Das angestrebte Ziel, vermutete Einflussfaktoren empirisch zu überprüfen, macht eine Konkretisierung erforderlich (vgl. Hussy / Schreier / Echterhoff 2010, S. 110). Daher werden vor dem Hintergrund bestehender empirischer Ergebnisse (vgl. auch Abschnitt A 2.2) in den Kapiteln B 4.1.2 und B 4.1.3 Hypothesen zu den Einflussfaktoren der Verbundenheit und der Gebundenheit abgeleitet. Der Hypothesenbildung liegt somit ein theorie- und empiriebezogener Bezugsrahmen zugrunde.

4.1.2   Parameter der Verbundenheit

Die theoretisch abgeleiteten Einflussfaktoren der Verbundenheit mit einem Wohnort können in materielle und immaterielle kommunale Kontextfaktoren differenziert werden.[29]

---

28   Allerdings ist zu berücksichtigen, dass theoretische Perspektiven mitunter auf verschiedenen Annahmen beruhen und sich bezüglich Erkenntnisobjekt, Forschungszweck und Tiefe deutlich unterscheiden (vgl. bspw. Braunstein 2001, S. 24).

29   Eine analoge Differenzierung materieller und immaterieller Umweltfaktoren nimmt Genosko vor (vgl. Genosko 1978, S. 13).

Dem Ansatz Hirschmans zur Loyalität gegenüber Organisationen und der Disorder-Theorie zufolge kommt der Zufriedenheit mit physisch-räumlichen Rahmenbedingungen ein besonderer Stellenwert zu. Auf Ebene der materiellen Kontextfaktoren lassen sich angesichts unterschiedlicher räumlicher Reichweiten der Wohnzufriedenheitsforschung (vgl. Thomas / Fuhrer / Quaiser-Pohl 2006, S. 14) zwei Aspekte physisch-räumlicher Zufriedenheit unterscheiden: Zum einen kann angenommen werden, dass die Zufriedenheit mit der eigenen Wohnstätte die Verbundenheit positiv beeinflusst (vgl. zum empirischen Beleg des Zusammenhangs von Zufriedenheit mit der Wohnstätte und genereller Wohnmobilität Klein / Lauterbach 1996, S. 148 ff.), zum anderen zeigen empirische Befunde, dass die Zufriedenheit mit physisch-räumlichen Umweltmerkmalen die emotionale Einwohnerbindung determiniert (vgl. Kapitel A 2.2.2). In der Literatur berichtete relevante Evaluationsobjekte reichen von der Architektur des Wohnorts bis zu Aspekten der Infrastruktur. In diesem Zusammenhang wird eine ganzheitliche Sichtweise der Zufriedenheit mit der Wohnumwelt (vgl. bspw. Proshansky / Fabian / Kaminoff 1983) und damit schließlich eine mehrdimensionale Konzeption der Wohnumweltzufriedenheit gefordert (vgl. Bonaiuto et al. 1999, S. 332). Ein fixiertes und abschließendes System relevanter physisch-räumlicher Evaluationsobjekte im Kontext der Einwohnerbindung an den Wohnort kann aus der bisherigen Forschung nicht abgeleitet, aber allgemein festgehalten werden, dass die Zufriedenheit mit Umweltmerkmalen eines Wohnorts die Verbundenheit positiv beeinflusst. Zur weiteren Konkretisierung dieser Erwartung werden Erkenntnisse der qualitativen Untersuchung herangezogen.

Neben materiellen üben aus theoretischer Perspektive auch immaterielle kommunale Kontextfaktoren Einfluss auf die Verbundenheit aus. Die soziale Identitätstheorie betont in diesem Zusammenhang die Relevanz der Faktoren Aufwachsen am Wohnort und Mentalität zur Erklärung der Verbundenheit.

Für den positiven, vom Aufwachsen am Wohnort ausgehenden Effekt auf die Verbundenheit finden sich bereits empirische Hinweise. So konnte ein Zusammenhang zwischen der Gebürtigkeit und dem Ausmaß räumlicher Zugehörigkeit nachgewiesen (vgl. Werthmöller 1995, S. 150 f.; Lalli 1989, S. 1 ff.) und die Bedeutung der Kindheimat für die Bindungskompetenz im Sinne der Generierung von Bewertungsmaßstäben empirisch herausgearbeitet werden (vgl. Reinhardt 1999, S. 76 f.; Reuber 1993, S. 60 ff.). Erklärt werden kann der Effekt des Aufwachsens vor allem anhand identitätsrelevanter Assoziationserlebnisse zwischen Wohnort und Individuum während des Aufwachsens.

Für die postulierte Wirkungsbeziehung zwischen Mentalität und Verbundenheit ist nach Kenntnis des Verfassers bisher kein empirischer Verifikationsversuch vorgenommen worden. Allerdings vermutet Hickey einen Einfluss des für die Evaluation der Mentalität zentralen Community Attachments auf Migrationsentscheidungen (vgl. Hickey 2002, S. 72). Im Marketingkontext weisen zudem Griel und Bitz nach, dass die Kongruenz zwischen Selbstimage von Kunden und Markenimage zur Erklärung der Kundenbindung beiträgt (vgl. Gierl / Bitz 2004).

Schließlich deuten Hirschmans Ansatz zur Loyalität gegenüber Organisationen und die Disorder-Theorie auf die Relevanz der Zufriedenheit mit sozialen Rahmenbedingungen zur Erklärung der Verbundenheit hin. Bereits die Ausführungen zur empirisch belegten Relevanz sozialer Umweltmerkmale als Einflussfaktor emotionaler Ortsbindung untermauern, dass die Verbundenheit von der Evaluation sozialer Rahmenbedingungen determiniert wird (vgl. Kapitel A 2.2.2). Brown, Perkins und Brown sowie Thomas, Fuhrer und Quaiser-Pohl können ferner empirisch belegen, dass soziale Kohäsion ein relevanter Einflussfaktor emotional geprägter Ortsbindung in Wohngebieten ist (vgl. Brown / Perkins / Brown 2003, S. 265 ff.; Thomas / Fuhrer / Quaiser-Pohl 2006, S. 22 f.). In diesem Zusammenhang ist zu betonen, dass aus theoretischer Perspektive weniger das quantitative Ausmaß sozialer Kontakte als vielmehr die wahrgenommenen Qualität sozialer Kohäsion relevant ist (vgl. zu einer analogen Argumentation im Kontext sozialer Unterstützung Knoll / Kienle 2007, S. 58).

4.1.3 Parameter der Gebundenheit

Die Theorie Hirschmans zur Loyalität gegenüber Organisationen weist neben der Relevanz der Zufriedenheit für die Verbundenheit darauf hin, dass Abwanderungsbarrieren und Wechselkosten die Gebundenheit an einen Wohnort determinieren. Zur tieferen Durchdringung dieser Komponenten kann die Transaktionskostentheorie herangezogen werden, die verdeutlicht, dass das Ausmaß der Ortsspezifität von Investitionen und Ressourcen ausschlaggebend für die Intensität der Gebundenheit ist. Je höher Quasirenten von Investitionen und Ressourcen sind, desto stärker ist die Gebundenheit. Aus theoretischer Perspektive bleibt jedoch ungeklärt, welche Aspekte konkret die Gebundenheit beeinflussen bzw. tendenziell eine hohe Ortsspezifität aufweisen. Diesbezüglich ist eine Einbeziehung bestehender empirischer Erkenntnisse zielführend, auf deren Grundlage sich wirtschaftliche und soziale Spezifika differenzieren lassen.

Wirtschaftliche Spezifika umfassen im Kern die Aspekte Gebundenheit durch den Beruf und Wohneigentum. In der Literatur findet sich eine intensive Diskussion berufsbezogener Mobilität (vgl. bspw. Schneider / Limmer / Ruckdeschel 2002b; Schneider et al. 2008a). Berufliche Motive werden dabei vorwiegend als Impuls zur Aufnahme mobiler Lebensformen aufgefasst. Ebenso können berufliche Aspekte auch Ursache für eine Bindung an den Ort der Berufstätigkeit sein. Eine Berufstätigkeit, die nur wohnortspezifisch ausgeübt werden kann, z. B. aufgrund des Standorts des Arbeitgebers bei abhängig Beschäftigten oder eines lokalen Kundenstamms bei Selbstständigen, beeinflusst die Gebundenheit an den Wohnort. Dieser Effekt ist umso intensiver, je stärker eine entsprechende Berufstätigkeit zur finanziellen Existenz und zur Identität eines Individuums beiträgt. Mit anderen Worten ist aus theoretischer Sicht nicht ein absolutes, sondern ein relatives Maß beruflicher Quasirenten ausschlaggebend für die Gebundenheit an den Wohnort.

Ferner zeigen Befunde sowohl der Migrations- (vgl. Kapitel A 2.2.1) als auch der umweltpsychologischen Forschung (vgl. Kapitel A 2.2.2), dass Eigentümer selbstgenutzten Wohneigentums eine stärkere Bindung an ihren Wohnort aufweisen als Mieter. Ursächlich dafür werden vorwiegend hohe Transaktionskosten gesehen, die im Rahmen eines Verkaufs oder einer Vermietung einer Immobilie entstehen (vgl. hier und im Folgenden Niefert 2003, S. 87). Da der Erwerb von Wohneigentum zudem i. d. R. eine langfristige Investition darstellt, kann erwartet werden, dass sie nur getätigt wird, wenn eine lange Wohndauer beabsichtigt ist. Daher ist ein Selektionseffekt anzunehmen. Während vergleichsweise mobile Personen zur Miete wohnen, investieren relativ immobile Personen in Wohneigentum (vgl. Mulder 1993, S. 121).

Im Kontext sozialer Spezifika sind vorwiegend die Themenbereiche Partnerschaft, Kinder sowie nicht transferierbare Unterstützung durch Familienangehörige und Freunde von empirischer Relevanz.

Empirische Befunde der Migrationsforschung zeigen, dass in Partnerschaft Lebende eine geringere Wohnortmobilität als Alleinlebende haben (vgl. Kapitel A 2.2.1). Ausgeprägte Unterschiede zwischen Wohnortmobilitätseinstellung und -verhalten wurden speziell bei Personen ausgemacht, die mit ihrem Partner in einem gemeinsamen Haushalt leben (vgl. Geis 2005, S. 132; Kalter 1997, S. 117 ff.; Kley 2009, S. 135 f.). Die beobachteten Zusammenhänge können mithilfe der Transaktionskostentheorie erklärt werden. Eine Partnerschaft kann als ortsspezifische Ressource aufgefasst werden. In diesem Zusammenhang werden stärker nicht monetäre Ressourcen als bei der Betrachtung wirtschaftlicher Spezifika fokussiert. Vor allem wenn im Rahmen eines Migrationsentscheidungsprozesses ein Mitziehen des Partners unsicher oder ausgeschlossen ist, sind partnerschaftsbezogene Ressourcen gefährdet, da sich Art und Weise des Führens der Partnerschaft essenziell ändern, was bis zu einer Auflösung der Partnerschaft führen kann.

Auch wenn ein Mitziehen des Partners in Betracht gezogen wird, handelt es sich bei entsprechenden Wohnortentscheidungen um Entscheidungen, die mehrere Personen betreffen. Daher werden häufig Konsequenzen für den Partner bei der Entscheidungsfindung berücksichtigt bzw. der Partner in die Entscheidungsfindung direkt eingebunden (vgl. Schneider / Limmer / Ruckdeschel 2002b, S. 100). Wenn dies der Fall ist, sind grundsätzlich die Bindungen aller Betroffenen zu berücksichtigen. Mit einer Partnerschaft einhergehend ist demnach eine höhere Gebundenheit zu erwarten.

Ähnliche empirische Befunde wie bei Partnerschaften zeigen sich auch bei im Haushalt lebenden Kindern (vgl. Kapitel A 2.2.1). Auch diesbezüglich konnte eine geringere Wohnortmobilität belegt werden. Analog zu den Ausführungen zu Auswirkungen einer Partnerschaft gehen im Haushalt lebende Kinder angesichts der Transaktionskostentheorie mit einer Zunahme ortsspezifischer Ressourcen einher. Ebenso liegt eine Entscheidung vor, die mehrere Personen betrifft. Somit kann vermutet werden, dass die Gebundenheit bei Personen, die mit Kindern in einem gemeinsamen Haushalt leben, stärker ausgeprägt ist, als bei Personen, bei denen dies nicht der Fall ist.

Schließlich weist die Transaktionskostentheorie mit der Herausarbeitung einer Wirkung ortsspezifischer Ressourcen darauf hin, dass im Kontext sozialer Spezifika auch nicht transferierbare Unterstützungsleistungen die Gebundenheit an den Wohnort steigern können. Erhält eine Person Unterstützungsleistungen durch andere, die an Wohnortalternativen nicht in Anspruch genommen werden können, kann dies zur Gebundenheit an den Wohnort führen. Beispielsweise erfahren Eltern häufig Unterstützung bei der Kinderbetreuung durch am Wohnort lebende Großeltern. Eine mögliche Einschränkung von Hilfsleistungen durch Großeltern wegen größerer Entfernung der Wohnorte kann zum Beibehalten des gegenwärtigen Wohnorts führen. Die postulierte Wirkungsbeziehung zwischen ortsspezifischen Unterstützungsleistungen und Gebundenheit ist nach Kenntnis des Verfassers bisher empirisch nicht analysiert worden. Gleichwohl ist sie theoretisch untermauert und kann wie beschrieben logisch plausibilisiert werden.

4.2 Modellierung der Determinanten kommunaler Einwohnerbindung

Auf Basis des theorie- und empiriebezogenen Bezugsrahmens kann folgende zweistufige Modellierung der Determinanten der Einwohnerbindung vorgenommen werden. Auf erster Stufe wird die Einwohnerbindung von der Verbundenheit mit dem Wohnort und der Gebundenheit an den Wohnort determiniert (vgl. Abb. 7).

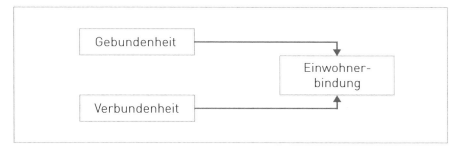

Abb. 7:   Darstellung der Determinanten der Einwohnerbindung auf erster Stufe.

Die erörterten Zusammenhänge leiten zu der Annahme, dass Verbundenheit und Gebundenheit positiv auf die Einwohnerbindung wirken, sodass sich folgende Hypothesen ergeben:[30]

H_{Bi}	Je stärker die Verbundenheit mit dem Wohnort ist, desto stärker ist die Bindung an den Wohnort.
H_{Bii}	Je stärker die Gebundenheit an den Wohnort ist, desto stärker ist die Bindung an den Wohnort.

Auf zweiter Stufe lassen sich für jeden Bindungszustand Determinanten ableiten. Bezüglich Verbundenheit konnten auf Ebene der materiellen kommunalen Kontextfaktoren Zufriedenheit mit der eigenen Wohnstätte und Zufriedenheit mit der weiteren Wohnumwelt als Einflussfaktoren abgeleitet werden (vgl. Abb. 8). Für Letztere kann eine multidimensionale Struktur angenommen werden, sodass eine weitere Konkretisierung notwendig ist. Gleichwohl ist auf Basis der konzeptionellen Analyse zu erwarten, dass mit steigender Zufriedenheit mit der eigenen Wohnstätte oder dem Wohnumfeld die Verbundenheit zunimmt.

---

30   Hypothesen zu einer abhängigen Größe werden im Rahmen der konzeptionellen Analyse mit kleinen römischen Ziffern durchnummeriert.

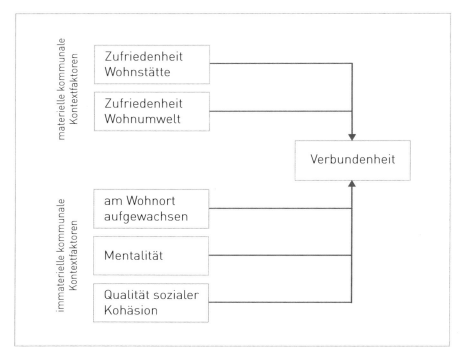

Abb. 8:   Abgeleitete Determinanten der Verbundenheit.

Auf Basis der Ausführungen ergeben sich folgende Hypothesen:

H_{Vi}	Je höher die Zufriedenheit mit der eigenen Wohnstätte ist, desto stärker ist die Verbundenheit mit dem Wohnort.
H_{Vii}	Je höher die Zufriedenheit mit der Wohnumwelt ist, desto stärker ist die Verbundenheit mit dem Wohnort.

Auf Ebene immaterieller kommunaler Kontextfaktoren können vor dem Hintergrund des theorie- und empiriebezogenen Bezugsrahmens vorliegender Arbeit die Einflussfaktoren Aufwachsen am Wohnort, Mentalität und Qualität sozialer Kohäsion identifiziert werden. Es kann angenommen werden, dass ein Aufwachsen am Wohnort ebenso wie eine zunehmende Übereinstimmung mit der Mentalität der Bewohner und die Qualitätseinschätzung sozialer Kohäsion die Verbundenheit positiv beeinflusst. Auf Grundlage der Erörterungen können folgende Hypothesen formuliert werden:

H_{Viii}	Wenn Personen am Wohnort aufgewachsen sind, dann ist ihre Verbundenheit mit dem Wohnort stärker als bei Personen, die nicht am Wohnort aufgewachsen sind.
H_{Viv}	Je stärker Personen mit der Mentalität der Bewohner ihres Wohnorts übereinstimmen, desto stärker ist ihre Verbundenheit mit dem Wohnort.
H_{Vv}	Je höher Personen die Qualität ihrer sozialen Kohäsion im Wohnort einschätzen, desto stärker ist die Verbundenheit mit dem Wohnort.

Hinsichtlich der Gebundenheit wurden mögliche Einflüsse wirtschaftlicher und sozialer Spezifika bestimmt (vgl. Abb. 9).

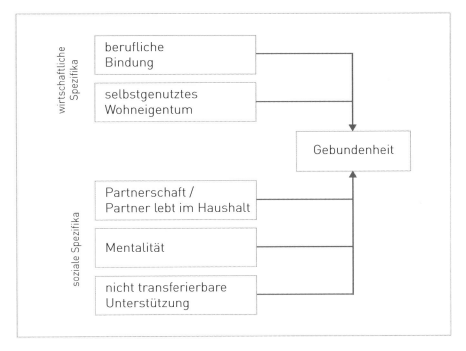

Abb. 9:   Abgeleitete Determinanten der Gebundenheit.

Im Bereich wirtschaftlicher Spezifika scheinen berufliche Bindungen und selbstgenutztes Wohneigentum die Gebundenheit positiv zu beeinflussen. Die konzeptionelle
Analyse führt zu folgenden Hypothesen:

H_{Gi}	Je stärker die berufliche Bindung an den Wohnort ist, desto stärker ist die Gebundenheit an den Wohnort.
H_{Gii}	Wenn Personen Eigentümer von selbstgenutztem Wohneigentum sind, dann ist ihre Gebundenheit an den Wohnort stärker als bei Personen, die nicht Eigentümer sind.

Unter den sozialen Spezifika können feste Partnerschaft, Partner im Haushalt, Kinder und nicht transferierbare Unterstützung als zentrale Determinanten identifiziert
werden, die sich positiv auf die Gebundenheit auswirken. So ergeben sich folgende
Hypothesen:

H_{Giii}	Wenn Personen in einer festen Partnerschaft leben oder einen Ehepartner bzw. einen eingetragenen Lebenspartner haben, dann ist ihre Gebundenheit an den Wohnort stärker als bei Personen, die einen anderen Familienstand haben.
H_{Giv}	Wenn Personen mit ihrem Partner in einem Haushalt leben, dann ist ihre Gebundenheit an den Wohnort stärker als bei Personen, die nicht mit dem Partner in einem Haushalt leben.
H_{Gv}	Wenn Kinder im Haushalt leben, dann ist die Gebundenheit an den Wohnort stärker, als wenn keine Kinder im Haushalt leben.
H_{Gvi}	Je stärker die Unterstützung durch Freunde und Familienangehörige ist, die an einem anderen Wohnort fehlen würde, desto stärker ist die Gebundenheit an den Wohnort.

5 Zusammenfassende Darstellung der Hypothesen zu Wirkung und Determinanten kommunaler Einwohnerbindung

Im Rahmen der konzeptionellen Analyse der Wirkung und Determinanten kommunaler Einwohnerbindung wurden insgesamt 14 Forschungshypothesen abgeleitet, die im weiteren Verlauf der Arbeit empirischen Verifikationsversuchen unterzogen und zum Teil konkretisiert werden sollen.

Im dritten Abschnitt dieses Kapitels wurde vor dem Hintergrund einer SEU-Modellierung eines sequenziellen Wanderungsentscheidungsprozesses eine zentrale Hypothese zur Wirkung kommunaler Einwohnerbindung hergeleitet, die den ersten Hypothesenblock bildet.

Der vierte Abschnitt des Kapitels thematisierte die Generierung von Hypothesen zu Determinanten der Einwohnerbindung. Hierzu wurde zunächst der theoriebezogene Bezugsrahmen präzisiert. Der zweite Hypothesenblock beschreibt Effekte der beiden Bindungszustände auf die Einwohnerbindung. Die weiteren Hypothesen setzen sich mit Einflussfaktoren der Bindungszustände auseinander. Der dritte Hypothesenblock bezieht sich auf materielle kommunale Kontextfaktoren als Determinanten der Verbundenheit. Die Hypothesen im Rahmen des vierten Blocks beschreiben den Einfluss immaterieller kommunaler Kontextfaktoren auf die Verbundenheit. Schließlich wurden auch Hypothesen zu Determinanten der Gebundenheit hergeleitet. Im fünften Block werden Einflussfaktoren der Gebundenheit aus dem Bereich wirtschaftlicher Spezifika betrachtet. Einflussfaktoren aus dem Kontext sozialer Spezifika fokussiert abschließend der sechste Hypothesenblock. Tabelle 8 gibt das Hypothesengerüst im Überblick wieder.

Be-zeich-nung	Inhalt
Hypothesen zur Wirkung kommunaler Einwohnerbindung	
H_W	Je stärker die Einwohnerbindung ist, desto weniger wird eine interkommunale Wanderung vorgenommen.
Hypothesen zu Determinanten der Einwohnerbindung	
H_{Bi}	Je stärker die Verbundenheit mit dem Wohnort ist, desto stärker ist die Bindung an den Wohnort.
H_{Bii}	Je stärker die Gebundenheit an den Wohnort ist, desto stärker ist die Bindung an den Wohnort.
Hypothesen zu den Determinanten der Verbundenheit	
materielle kommunale Kontextfaktoren	
H_{Vi}	Je höher die Zufriedenheit mit der eigenen Wohnstätte ist, desto stärker ist die Verbundenheit mit dem Wohnort.
H_{Vii}	Je höher die Zufriedenheit mit der Wohnumwelt ist, desto stärker ist die Verbundenheit mit dem Wohnort.
immaterielle kommunale Kontextfaktoren	
H_{Viii}	Wenn Personen am Wohnort aufgewachsen sind, dann ist ihre Verbundenheit mit dem Wohnort stärker als bei Personen, die nicht am Wohnort aufgewachsen sind.
H_{Viv}	Je stärker Personen mit der Mentalität der Bewohner ihres Wohnorts übereinstimmen, desto stärker ist ihre Verbundenheit mit dem Wohnort.
H_{Vv}	Je höher Personen die Qualität ihrer sozialen Kohäsion im Wohnort einschätzen, desto stärker ist die Verbundenheit mit dem Wohnort.
Hypothesen zu den Determinanten der Gebundenheit	
wirtschaftliche Spezifika	
H_{Gi}	Je stärker die berufliche Bindung an den Wohnort ist, desto stärker ist die Gebundenheit an den Wohnort.
H_{Gii}	Wenn Personen Eigentümer von selbstgenutztem Wohneigentum sind, dann ist ihre Gebundenheit an den Wohnort stärker als bei Personen, die nicht Eigentümer sind.
soziale Spezifika	
H_{Giii}	Wenn Personen in einer festen Partnerschaft leben oder einen Ehepartner bzw. einen eingetragenen Lebenspartner haben, dann ist ihre Gebundenheit an den Wohnort stärker als bei Personen, die einen anderen Familienstand haben.
H_{Giv}	Wenn Personen mit ihrem Partner in einem Haushalt leben, dann ist ihre Gebundenheit an den Wohnort stärker als bei Personen, die nicht mit dem Partner in einem Haushalt leben.
H_{Gv}	Wenn Kinder im Haushalt leben, dann ist die Gebundenheit an den Wohnort stärker, als wenn keine Kinder im Haushalt leben.
H_{Gvi}	Je stärker die Unterstützung durch Freunde und Familienangehörige ist, die an einem anderen Wohnort fehlen würde, desto stärker ist die Gebundenheit an den Wohnort.

Tab. 8: Zusammenfassende Darstellung des mittels theoretischen und empirischen Bezugsrahmens abgeleiteten Hypothesengerüsts.

C   Qualitative Untersuchung zur empirischen Konfrontation und Exploration

Die zur Erkenntnisgenerierung genutzten Forschungsstrategien der empirischen Sozialforschung können grundsätzlich in quantitative und qualitative Ansätze unterteilt werden (vgl. hier und im Folgenden die Kontrastierung der beiden Ansätze bei Bortz/Döring 2006, S. 298 ff.; Calder 1977; Lamnek 2005b, S. 242 ff.; Mayring 2010, S. 17 ff.).

Quantitative Ansätze kennzeichnet im Kern das Ziel, soziale Phänomene zu beschreiben und anhand ermittelter Kausalbeziehungen zwischen ihnen verallgemeinerte Erklärungen für Befragungs- und Grundgesamtheiten zu deduzieren (vgl. Lamnek 2005b, S. 243; Schneider/Limmer/Ruckdeschel 2002b, S. 47). Dazu wird die Erfahrungsrealität im Rahmen quantitativer Untersuchungen numerisch beschrieben sowie mittels deskriptiver und inferenzstatistischer Methoden ausgewertet (vgl. Bortz/Döring 2006, S. 32; 298 ff.). Um allgemeingültige Aussagen ableiten zu können, werden i. d. R. großzahlige Stichproben untersucht (vgl. Riesenhuber 2009, S. 7 ff.; Bortz/Döring 2006, S. 411 ff.) und von Einzelfallanalysen wird ausdrücklich abgesehen (vgl. Mayring 2010, S. 20; Seipel/Rieker 2003, S. 174).

Charakteristisch für quantitative Ansätze sind lineare Analysestufen, die eine weitgehende Standardisierung aufweisen (vgl. Lamnek 2005b, S. 194 f.), um den zentralen Gütekriterien quantitativer Forschung – Objektivität, Reliabilität und Validität (vgl. Bortz/Döring 2006, S. 195 ff.) – zu genügen (vgl. Kromrey 2005, S. 2). Quantitative Ansätze fokussieren typischerweise die Datenanalyse und setzen eine valide Messung sozialer Erscheinungen voraus. Wesentliche Prämisse quantitativer Ansätze ist daher, dass das Erleben und Verhalten von Menschen numerisch erfasst werden kann. Zur Generierung eines adäquaten Messinstrumentariums bedarf es ausgiebiger Vorkenntnisse des Untersuchungsgegenstands. Eine systematische Erkenntnisgenerierung im Rahmen des quantitativen Paradigmas setzt zudem umfangreiches Vorwissen voraus, um Hypothesen zu Kausalitäten zwischen sozialen Phänomenen aufstellen und anschließend überprüfen zu können sowie Wirkungszusammenhänge nicht zufällig zu entdecken (vgl. Flick 2009, S. 123).

Während quantitative Ansätze der Sozialforschung i. d. R. das Ziel verfolgen, soziale Erscheinungen zu beschreiben und zu erklären, rückt in qualitativen Ansätzen das Verstehen sozialer Phänomene in den Fokus des Erkenntnisinteresses (vgl. Abraham/

Kopp 2008, S. 57 f.); (Lamnek 2005b), S. 243). Daher werden in qualitativen Ansätzen eine holistische Erfassung und ein durch Kommunikation und Interpretation gestütztes Nachvollziehen der subjektiven Realitäten der Akteure angestrebt, um den Untersuchungsgegenstand möglichst detailliert zu verstehen (vgl. Bortz/Döring 2006, S. 301). Vor diesem Hintergrund setzen qualitative Ansätze an individuellen Aussagen und Angaben an und rekonstruieren Bedeutungsstrukturen, um soziale Phänomene in Anbetracht spezifischer sozialwissenschaftlich relevanter Sinnkomponenten zu analysieren (vgl. Diekmann 2006, S. 444; Lamnek 2005b, S. 243). Angesichts des Anspruchs kontextsensitiven Begreifens wird häufig auf eine numerische Deskription und statistische Analyse der Erfahrungsrealität – mit dem Hinweis auf eine verkürzte und objekthafte Abbildung sozialer Realität – verzichtet. Daneben ist der Leitgedanke der Offenheit gegenüber neuen, problembezogenen Aspekten kennzeichnend für qualitative Ansätze (vgl. hier und im Folgenden Kepper 2008, S. 177 ff.; Lamnek 2005b, S. 259).

Kontrastiv zum quantitativen Paradigma können wesentliche Erkenntnisse während der Datenerhebung und -analyse generiert werden, die weit über *ex ante* bestehende Vorstellungen der Forschenden hinausgehen und deshalb nicht im Laufe der Konzeption des ursprünglichen Erhebungsinstruments berücksichtigt wurden. Daher werden Forschungsprozesse flexibel konzipiert, um auf unerwartete Informationen reagieren zu können, indem methodenimmanente Modifikationen vorgenommen oder gegebenenfalls geeignetere Methoden eingesetzt werden. Die Offenheit der qualitativen Ansätze geht mit einem eingeschränkt standardisierten Vorgehen einher, was dem Ideal der Objektivität tendenziell entgegensteht (vgl. Steinke 2009, S. 265). Darüber hinaus ist im Rahmen des qualitativen Paradigmas ein objektives Vorgehen nur eingeschränkt realisierbar, da wesentliche Erkenntnisse mittels interpretativen Nachvollziehens in Interaktionsbeziehungen zwischen Forschern und zu Erforschendem gewonnen werden und insofern subjektive Perspektiven der Forschenden konstitutive Merkmale des Forschungsprozesses sind (vgl. Flick 2009, S. 29; Lamnek 2005b, S. 22, 252 f.; Steinke 2009, S. 264). Angesichts der Komplexität eines kontextsensitiven Begreifens sozialer Phänomene werden meist nur kleine Fallzahlen analysiert (vgl. Bortz/Döring 2006, S. 335; Diekmann 2006, S. 445), sodass nur eingeschränkt auf die Gültigkeit von Erkenntnissen für eine Grundgesamtheit geschlossen werden kann (vgl. de Groot 1986, S. 136; Mayring 2010, S. 20). Wie bereits im Hinblick auf die Objektivität gezeigt wurde, sind die zentralen Gütekriterien quantitativer Ansätze mit der qualitativen Sozialforschung aufgrund fehlender Standardisierungen im Hinblick auf Vorgehen und erhobene Daten nur eingeschränkt vereinbar und werden vor diesem Hintergrund nur für begrenzt übertragbar erachtet (vgl. Lamnek 2005b, S. 143; Mayerhofer 2009, S. 486; Mayring 2010, S. 117; Steinke 2009, S. 264 ff.). Daher sind alternative Kriterien zur Beurteilung der Güte qualitativer Ansätze entwickelt worden (vgl. hier und im Folgenden Bortz / Döring 2006, S. 326 ff.; Lamnek 2005b, S. 142 ff.; Mayring 2010, S. 117 ff.; Steinke 2009, S. 270 ff.). Zentrale Anforderungen an qualitative Forschungsansätze sind eine angemessene Methode, das empirische Verankern der Ergebnisse anhand begründender Daten, die Sicherstellung der intersubjektiven Nachvollziehbarkeit mittels adäquater Verfahrensdokumentation sowie die Generalisierbarkeit der Ergebnisse.

Qualitative Forschung ist angesichts ihrer spezifischen Eigenschaften im besonderen Maße geeignet, noch nicht erforschte Untersuchungsfelder zu erhellen (Explorationseignung), Sachverhalte zu analysieren, für die eingeschränkte Möglichkeiten der prägnanten Verbalisierung von Auskunftspersonen (Zugänglichkeitseignung) charakteristisch sind, sowie Tatbestände zu untersuchen, die sich durch komplexe psychische, physische und soziale Bedingungskonstellationen (Komplexitätseignung) auszeichnen (vgl. Holzmüller / Buber 2009, S. 7 f.; Diekmann 2006, S. 444).

Im Rahmen der konzeptionellen Analyse wurden in Kapitel B auf Basis unterschiedlicher Zugänge im Sinne des Theorienpluralismus verschiedene Erklärungsansätze herangezogen, um die Wirkungszusammenhänge zwischen Einwohnerbindung und Migrationsentscheidungen zu bestimmen sowie Determinanten der Einwohnerbindung zu ermitteln. Im Forschungsfeld liegen jedoch bisher nur wenige empirische Befunde vor, die auf die Belastbarkeit der Erklärungsansätze im Kontext der kommunalen Einwohnerbindung eingehen. Des Weiteren ist eine umfassende empirische Analyse des Zusammenwirkens der verschiedenen konzeptionellen Erklärungsansätze in der Forschung im Zusammenhang mit kommunaler Einwohnerbindung bisher unterblieben, wenngleich bereits aufgezeigt wurde, dass vermutlich komplexe Bedingungskonstellationen die kommunale Einwohnerbindung prägen. Vor diesem Hintergrund wird die Erfolgsaussicht einer alleinigen quantitativen systematischen Analyse als gering eingeschätzt. Vielmehr erscheint es angesichts der oben skizzierten Eigenschaften vielversprechend, zur empirischen Durchdringung die kommunale Einwohnerbindung komplementären qualitativen und quantitativen Analysen im Sinne einer Triangulation zu unterziehen (vgl. hier und in Folgenden Flick 2011, S. 75 ff.; Foscht / Angerer / Swoboda 2009, S. 249 ff.; Lamnek 2005a, S. 75 f.; Schneider / Limmer / Ruckdeschel 2002b, S. 47 f.).

Eine derartige gezielte und systematische Kombination beider Ansätze ist geeignet, Forschungsfragen intensiv sowie umfangreich zu beantworten, und wird mittlerweile als drittes Forschungsparadigma im Kontext der empirischen Sozialforschung neben den quantitativen und qualitativen Paradigmen diskutiert (vgl. Tashakkori / Teddlie 1998). Mit einer qualitativen Untersuchung können die konzeptionellen Überlegungen einer ersten intensiven empirischen Konfrontation unterzogen werden und zugleich besitzt ein qualitativer Ansatz das Potenzial, Überlegungen gegebenenfalls abzuändern und Erkenntnisse in einem iterativen Prozess auszubauen. Angesichts des Erkenntnisstands im Vorfeld der empirischen Analyse werden deshalb zur empirischen Durchdringung kommunaler Einwohnerbindung qualitative und quantitative Methoden in entsprechender Reihenfolge kombiniert eingesetzt (vgl. Abb. 10).

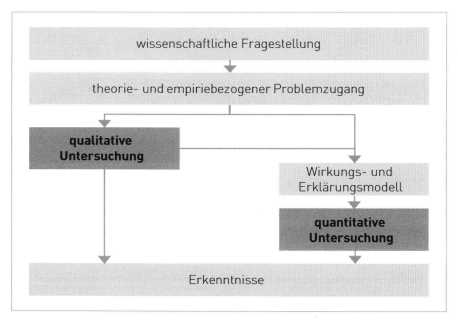

Abb. 10: Komplementarität qualitativer und quantitativer Analysen im Rahmen des Forschungsprojekts.

1 Ziele der qualitativen Untersuchung

Bei der Kombination qualitativer und quantitativer Ansätze stehen quantitative Aspekte häufig im Zentrum und qualitative Teilstudien sind im Prozess der Erkenntnisgenerierung randständig (vgl. Buber / Holzmüller 2009, S. IX f.; Diekmann 2006, S. 444; Seipel / Rieker 2003, S. 254). Oft sind qualitative Teilstudien auf eine Exploration des Untersuchungsfelds im Vorfeld quantitativer Untersuchungen oder auf eine Aufklärung von Unklarheiten und Interpretation im Anschluss an quantitative Analysen begrenzt. Diesem Ungleichgewicht hinsichtlich der Aufgaben und Relevanz quantitativer und qualitativer Ansätze im Erkenntnisprozess wird in dieser Arbeit nicht gefolgt, sondern beide Ansätze haben eine relevante, eigenständige sowie zueinander komplementäre Funktion. Dabei wird mit der qualitativen Untersuchung als erste Stufe der empirischen Analyse im Kern angestrebt, die folgenden vier unmittelbaren und mittelbaren Beiträge zur Beantwortung der Forschungsfragen zu leisten.

Ein unmittelbarer Erkenntnisbeitrag soll erzeugt werden, indem die bisher formulierten Hypothesen mit der Realität konfrontiert und dadurch empirisch überprüft werden. Obwohl das Generalisierungspotenzial wegen spezifischer Eigenschaften qualitativer Ansätze eingeschränkt ist, können die Erklärungsansätze zur Bedeutung von Bindungsintensität für Migrationsentscheidungen sowie bezüglich der Determinanten kommunaler Einwohnerbindung im Hinblick auf ihre Tragfähigkeit kritisch reflektiert sowie plausibilisiert werden (vgl. Mayring 2010, S. 25).

Zudem haben die konzeptionellen Analysen in Kapitel B deutlich gemacht, dass im Kontext der kommunalen Einwohnerbindung eine große Relevanz emotionaler Aspekte und sozial komplexer Bedingungskonstellationen angenommen werden kann. Für die Analyse solcher Sachverhalte sind qualitative Ansätze von besonderer Relevanz, da sie aufgrund ihrer Zugänglichkeits- und Komplexitätseignung deren Untersuchung ermöglichen (vgl. Holzmüller / Buber 2009, S. 7 f.; Tomczak 1992, S. 84) und unmittelbare Erkenntnisse liefern können. Da quantitative Ansätze entsprechende Aspekte aufgrund methodischer Abstraktionen i. d. R. nicht umfassend erfassen können, sind darauf bezogene Erkenntnisziele vorwiegend mit qualitativen Methoden zu erreichen.

Neben unmittelbaren Erkenntniszielen soll der Einsatz der qualitativen Methoden die Beantwortung der Forschungsfragen auf zwei mittelbaren Ebenen unterstützen: Zum einen soll durch eine qualitative Exploration des Untersuchungsfelds das Wirkungs- und Erklärungsmodell der Einwohnerbindung weiterentwickelt werden (vgl. Diekmann 2006, S. 444; Mayring 2010, S. 22). Zu diesem Zweck wird angestrebt, die bisherigen Hypothesen auf Basis qualitativer Erkenntnisse gegebenenfalls zu konkretisieren und um weitere relevante Aspekte zu ergänzen.

Zum anderen soll die qualitative Analyse auch der Operationalisierung der quantitativen Untersuchung dienen (vgl. Deshpande 1983, S. 108; Hinkin 1995, S. 969 f.; Lamnek 2005a, S. 72; Raab-Steiner / Benesch 2012, S. 48). Wie in Kapitel A aufgezeigt liegen im Forschungsfeld der kommunalen Einwohnerbindung wenige Beiträge vor, aus denen etablierte Messinstrumente übernommen werden können. Neben der Unterstützung bei der Entwicklung des generellen Messinstrumentariums wird mit der qualitativen Analyse speziell angestrebt, Erkenntnisse zur Erfassung der Einwohnerbindung und der beiden Bindungszustände zu generieren.

2 Design der qualitativen Untersuchung

2.1 Auswahl von Fokusgruppen als Erhebungsinstrument

Im Anschluss an die Festlegung eines qualitativen Ansatzes als erste Stufe des empirischen Vorgehens dieser Arbeit ist eine Forschungsmethode zu konkretisieren, die geeignet ist, die erörterten Zielsetzungen zu erreichen. Hierfür steht in der qualitativen Forschungslandschaft ein großes Methodenspektrum zur Verfügung, das neben verschiedenen Typen von Beobachtungen und Experimenten multiple Formen von Interviews umfasst, die zur Untersuchung des Stellenwerts und der Determinanten kommunaler Einwohnerbindung als performant erachtet werden.[31]

Die Vielzahl der Formen qualitativer Interviews, die sich in der empirischen Sozialforschung entwickelt haben, kann in Gespräche mit Einzelnen[32] oder Personengruppen (vgl. Lamnek 2005a, S. 26 ff.; Morgan 1996, S. 129 ff.) aufgeteilt werden. Vor dem Hintergrund der Option einer starken inhaltlichen Fokussierung und einer hohen Informationsdichte ist das Instrument Fokusgruppe geeignet, die mit der qualitativen Analyse angestrebten Erkenntnisse zu generieren.

Fokusgruppen werden definiert als „research technique that collects data through group interaction on a topic determined by the researcher" (Morgan 1996, S. 130). Eine thematische Fokussierung und eine interaktive Diskussionen zur Datengewinnung sind somit kennzeichnend für Fokusgruppen, die i. d. R. durch Moderation geleitet werden.

Die integrative Berücksichtigung von Vorkenntnissen und das thematische Fokussieren sowie spezifische Vorzüge gegenüber Einzelinterviews begründen die Auswahl von Fokusgruppen als Erhebungsinstrument. Im Kanon der qualitativen Interviewformen wird die Einbringung von Vorkenntnissen des Forschenden zum Untersuchungsgegenstand in unterschiedlichem Ausmaß vorausgesetzt bzw. zugelassen (vgl. hier und im Folgenden Auer-Srnka 2009). In der Frühphase qualitativer sozialwissenschaftlicher Forschung dominierte eine dezidiert ablehnende Haltung gegenüber dem Einbeziehen von Vorwissen im Rahmen der Datengewinnung und -auswertung, die im

---

31   Einen nicht abschließenden Überblick zum qualitativen Methodenspektrum bieten Kepper (vgl. Kepper 2008) und insbesondere der Sammelband von Buber (vgl. Buber et al. 2009, S. 415 ff.).

32   Für einen tabellarischen Überblick der wichtigsten Typen qualitativer Einzelbefragungen sowie deren Ziele und Methodik vgl. Bortz / Döring 2006, S. 315.

Wesentlichen mit der Argumentation begründet wurde, *ex ante* bestehende Erkenntnisse und Standpunkte würden die Perspektive des Forschenden zu sehr verengen und somit die Erfassung von Unvermutetem verhindern (vgl. Glaser / Strauss 1967, S. 33). Heute besteht weitgehend Konsens, dass qualitative Forschungsprozesse immer durch Wahrnehmungsmuster der Forschenden geprägt sind, die durch deren Vorwissen determiniert werden (vgl. Kelle / Kluge 1999, S. 19; Lakatos 1982, S. 14). Entgegen der Ablehnung der Integration von Vorwissen wird überwiegend nicht nur argumentiert, dass Erkenntnisgenerierung ein Mindestmaß an Vorverständnis voraussetzt, sondern es wird als gewinnbringend für den Erkenntnisfortschritt erachtet, theoretisches Hintergrundwissen einzubringen sowie eine inhaltliche Fokussierung vorzunehmen (vgl. Gläser / Laudel 2010, S. 77 f.; Miles / Huberman 1984, S. 37). Gleichwohl sollten Effekte von Vorkenntnissen und inhaltliche Konzentration im Kontext der Erkenntnisgewinnung kritisch reflektiert werden.

Dieser Auffassung wird auch im Rahmen des Einsatzes von Fokusgruppen gefolgt, indem eine thematische Fokussierung erfolgt und i. d. R. *ex ante* vermutete relevante Faktoren und Wirkungszusammenhänge bei der Konzeption von Fokusgruppen explizit berücksichtigt werden (vgl. Morgan 1997, S. 35 ff.). Um zielgerichtet Informationen zu erlangen, werden dezidiert Vorkenntnisse während der Teilnehmerselektion und im Rahmen der Erstellung eines die Moderation stützenden Leitfadens beachtet.

Im Sinne des oben skizzierten Verständnisses qualitativer Ansätze stellt Offenheit gegenüber unerwarteten Aspekten eine essenzielle Anforderung an Fokusgruppen dar. Die Konzeption von Fokusgruppen bewegt sich damit in einem Spannungsverhältnis zwischen auf Vorwissen basierender Strukturiertheit und notwendiger Offenheit, um neue Informationen zu generieren, die über die Erörterung von Vorüberlegungen hinausgehen.

Während thematische Konzentration und Integration von Hintergrundwissen bei paralleler Offenheit auch in Einzelinterviews, insbesondere im Rahmen problemzentrierter und episodischer Interviews (vgl. Kurz et al. 2009, S. 465; Diekmann 2006, S. 451; Lamnek 2005b, S. 382 ff.; Witzel 2000, S. 1), analog zu Fokusgruppen umsetzbar sind, besteht der wesentliche Vorzug von Fokusgruppen in der alltagsnahen Interaktion der Teilnehmer. Durch den gegenseitigen Austausch zwischen Gruppenmitgliedern kann im Vergleich zu Einzelinterviews ein breites Spektrum an Meinungen und relevanten Aspekten aufgedeckt werden, das neben individuellen ausdrücklich auch kollektive Verhaltensweisen umfasst (vgl. hier und im Folgenden

Lamnek 2005a, S. 84 ff.; Mayerhofer 2009, S. 486 f.). Daher wird Fokusgruppen zugesprochen, bei gleichem Erhebungsaufwand eine größere Menge an Informationen als Einzelinterviews hervorbringen zu können (vgl. Fern 1983; Hedges 1985, S. 71; Morgan 1997, S. 14). So zeigen Brüggen und Williams, dass traditionell und online durchgeführte Fokusgruppen mehr substanzielle Aspekte je Teilnehmer generieren als elektronische Delphi-Befragungen (vgl. Brüggen / Willems 2009).

Neben einer vermuteten höheren Informationsdichte im Vergleich zu Einzelinterviews ist für Fokusgruppen auch eine andersartige Qualität der Ergebnisse kennzeichnend. Die Konfrontation mit (reaktiven) Beiträgen anderer Gruppenmitglieder führt zur Reflexion eigener und fremder Ansichten sowie tiefergehender Begründung eigener Stellungnahmen: „What makes the discussion in focus groups more than the sum of separate individual interviews is the fact that the participants both query each other and explain themselves to each other" (Morgan 1996, S. 139).

Außerdem sind Fokusgruppen wegen der Ähnlichkeit der Rahmenbedingungen während der Erhebung zu alltäglichen Kommunikationssituationen explizit geeignet, authentische und verhaltensrelevante Einstellungen zu ermitteln, vor allem, da der Diskurs zwischen den Teilnehmern spontane und ehrliche Reaktionen provoziert (vgl. Madriz 2000, S. 836; Mayerhofer 2009, S. 486). Somit begünstigt der kommunikativ-diskursive Charakter die Generierung von Anhaltspunkten zur Manipulation von Einstellungen und Verhaltensweisen.

Ferner besteht die Möglichkeit, eine freundliche und entspannte Gesprächsatmosphäre zu schaffen, was mit einer Erhöhung der Teilnahmebereitschaft der Gruppenmitglieder einhergeht. Dies fördert nicht nur die generelle Gesprächspartizipation der Probanden, sondern angesichts von Gemeinsamkeiten mit anderen Teilnehmern sowie vor dem Hintergrund freimütiger und offenherziger Äußerungen anderer Probanden mitunter auch die Bereitschaft, persönliche respektive prekäre Aspekte zu artikulieren (vgl. Lamnek 2005a, S. 86).

Zugleich besteht die Gefahr, dass Probanden in Fokusgruppen bei bestimmten Interviewthemen Meinungen zurückhalten (vgl. Doherty / Nelson 2010, S. 400; Wooten / Reed 2000; S. 142 f.) oder sich, abweichend von ihrem wahren Standpunkt, tendenziell konform zu dominanten Auffassungen äußern (vgl. Bristol / Fern 2003, S. 436 f.; Byers / Wilcox 1991, S. 67; Morgan 1997, S. 15) und somit Ergebnisse verzerrt werden. Daher ist vor dem Einsatz von Fokusgruppen grundsätzlich zu prüfen, ob Themenfelder des Diskurses durch ein (hohes) Ausmaß sozialer Erwünschtheit geprägt sind, das einer Eignung des Instruments entgegensteht. Im Kontext der Einwohnerbindung wird nicht erwartet, dass das Ausmaß sozialer Erwünschtheit relevanter Aspekte der Nutzung von Fokusgruppen widerspricht, wenngleich zu berücksichtigen ist, dass sensible Themen wie bspw. private Trennungen und Beschäftigungsstatus von Bedeutung sind. Hemmnissen in der Gesprächsdynamik bzw. etwaigen Verzerrungen kann durch ein reflektiertes Vorgehen im Rahmen der Konzeption, Durchführung und Auswertung der Fokusgruppe begegnet werden.

Die Konzeption von Fokusgruppen betreffend wird in der Literatur eine Diskussion zur adäquaten Gruppengröße geführt (vgl. Cox / Higginbotham / Burton 1976, S. 78; Fern 1983; S. 121; Greenbaum 1998, S. 46; Lamnek 2005a, S. 109 ff.; Mayerhofer 2009, S. 481 f.; McQuarrie 1989; S.123 f.; Morgan 1997, S. 42 f.). Wenngleich die Empfehlungen abhängig vom Thema der Gruppendiskussion variieren, wird eine Teilnehmerzahl zwischen sechs und zwölf Personen als optimal erachtet (vgl. Morgan 1996, S. 131). Bei Gruppen von mehr als zwölf Personen wird die Gefahr gesehen, dass die Gesprächssituation durch kommunikationsstarke Probanden dominiert wird und dadurch andere Teilnehmer gehemmt werden, sich zu beteiligen (vgl. hier und im Folgenden Kehoe / Lindgren 2003, S. 16). Gruppen mit einer geringen Zahl teilnehmender Personen werden hingegen häufig als nicht interaktiv genug angesehen, um nützliche Ergebnisse zu generieren (vgl. Morgan 1997, S. 42 f.).

Außerdem wird die Gesprächsdynamik wesentlich durch den Grad der Homogenität der Gruppe beeinflusst: „The right group composition will generate free-flowing discussions that contain useful data. The wrong group composition may bring together people who have little to say to each other or who may carry on lively conversations that have little relevance to your needs and goals" (Morgan 1998, S. 55). Homogenität der Gruppe ist mindestens insofern erforderlich, als die Mitglieder von Erkenntnisinteresse und Gegenstand der jeweiligen Diskussion betroffen sind (vgl. hier und im Folgenden Lamnek 2005a, S. 104 ff.). Darüber hinaus wird mitunter angenommen, dass eine hohe Homogenität innerhalb einer Fokusgruppe – vorwiegend in Bezug auf Bildungsgrad, Einkommen, Geschlecht, Alter, Berufszugehörigkeit, persönliche Interessen und Phasen im Lebenszyklus – die Erkenntnisgewinnung fördert, indem diskutierte Aspekte für die Teilnehmer ähnlich relevant sind und ein einheitliches Sprach- und Argumentationslevel gegeben ist (vgl. Fern 1983; Krueger / Casey 2009; Patton 2009). Diesem Argument kann entgegnet werden, dass eine Varianzminderung durch die Homogenität einer Fokusgruppe den Erkenntnishorizont unnötig limitiert, da sich die Teilnehmer nicht mehr durch unterschiedliche Argumente wechselseitig anregen (vgl. Morgan 1998, S. 36). Zwar besteht die Option, mehrere intern homogene Fokusgruppen mit Varianz zwischen den Gruppen einzurichten und somit unterschiedliche Einstellungen respektive Verhaltensweisen aufzudecken, aber die Gefahr träger und kaum durch Interaktion angeregter Gespräche bleibt in intern homogenen Gruppen bestehen. Insofern bewegt sich die Zusammensetzung von Fokusgruppen in einem Spannungsverhältnis zwischen Heterogenität zur Förderung lebhafter und vielfältiger Diskussionen und Homogenität, um eine gemeinsame inhaltliche, sprachliche und argumentative Diskussionsbasis entstehen zu lassen, die zumindest das Entstehen einer erkenntnisgenerierenden Diskussion erlaubt.

Während der Durchführung einer Fokusgruppe kommt dem Moderator die zentrale Aufgabe zu, eine angenehme Gesprächsatmosphäre und adäquate Beteiligung aller Teilnehmer sicherzustellen. Durch eine geschickte Gesprächsführung kann der Moderator eine Verzerrung der Ergebnisse und somit wirklichkeitsferne Resultate vermeiden. Hierzu obliegt es dem Moderator insbesondere dominante Gruppenmitglieder daran zu hindern, durch ihr Verhalten die Beteiligung anderer übermäßig zu reduzieren, sowie ruhige Probanden zur Teilnahme zu animieren, ohne sie zu Aussagen zu zwingen (vgl. Lamnek 2005a, S. 167 f.; Greenbaum 1988, S. 46 ff.; Greenbaum 1998, S. 144 f.). In Anbetracht der Tatsache, dass durch die Gesprächslenkung des Moderators aktiv in den Diskussionsverlauf eingegriffen wird, erfordert diese Aufgabe umfassende Moderationsfähigkeiten, die i. d. R. einschlägiger Erfahrungen bedürfen, um die Validität des erzeugten Datenmaterials nicht erheblich zu verfälschen.[33]

Schließlich besteht im Rahmen der Auswertung die Gelegenheit, möglichen Verzerrungen entgegenzuwirken. Im Kontext von Fokusgruppen ist nicht das generierte Datenmaterial Erkenntnisziel, sondern dessen Interpretation. Angesichts dessen ist das Datenmaterial durch den Forschenden möglichst wahrheitsnah auszuwerten. Die Auswertung erfolgt dabei mittels rekonstruktiven Nachvollziehens und bietet die Möglichkeit, relevante Kontextfaktoren der Informanten und der Gesprächssituation zu berücksichtigen. Sind dem Forschenden diese Kontextfaktoren bekannt, können sie bei der Interpretation beachtet und Wirkungen etwaiger Verzerrungen im Hinblick auf die Erkenntnisgenerierung abgemildert werden. Vor diesem Hintergrund kommt der persönlichen Anwesenheit des auswertenden Forschenden während der Durchführung von Fokusgruppen große Bedeutung zu, um Kontextfaktoren, die über das aufgezeichnete Datenmaterial hinausgehen, erfassen sowie berücksichtigen zu können und somit wahrheitskonforme Forschungsergebnisse zu generieren.

---

33 Vgl. für eine dezidierte Diskussion empfohlener Moderatoreigenschaften Greenbaum 1998, S. 76 ff.

2.2   Planung der Fokusgruppen

Nachdem die Auswahl von Fokusgruppen als Erhebungsinstrument erörtert wurde, wird im nachfolgenden Kapitel ihre Konzeption dargelegt und begründet. Hierzu wird zunächst die Selektion der Gruppenmitglieder erörtert. Daran anknüpfend erfolgt eine Erläuterung der geplanten Strukturierung und Inhalte der Gruppendiskussionen.

Auswahl der Gruppenmitglieder

Bei der Selektion der Probanden von Fokusgruppen können grundsätzlich die beiden Globalstrategien zufällige Auswahl nach Wahrscheinlichkeitskriterien (statistical sampling) oder systematische Teilnehmerfestlegung nach theoretisch begründeten Merkmalen (theoretical sampling) unterschieden werden (vgl. hier und im Folgenden Auer-Srnka 2009, S. 165; Lamnek 2005a, S. 114 ff.; Morgan 1997, S. 35 ff.). Da mit der Fokusgruppenanalyse nicht das Ziel statistischer Repräsentativität[34] verfolgt wird, wie im Rahmen qualitativer Methodik üblich, wurde bei der Eingrenzung und Stratifizierung der Stichprobe das Vorhandensein relevant erscheinender Merkmalsausprägungen angestrebt, um eine breite Variation der Perspektiven sowie relevanter Aspekte zu erreichen und damit die Chance auf profunde Ergebnisse zu eröffnen.[35] Vor diesem Hintergrund und in Anbetracht forschungsökonomischer Restriktionen im Hinblick auf die Anzahl aller Diskussionsteilnehmer sowie Diskussionsrunden wurden die Auswahl aller Probanden der qualitativen Analyse sowie die Aufteilung in einzelne Fokusgruppen mittels theoretisch begründeten Samplings auf Basis bestehender Erkenntnisse vorgenommen.

Zunächst wurden zur Förderung der Erkenntnisgenerierung einige Ausschlusskriterien aufgrund inhaltlicher und gesprächsbezogener Aspekte festgelegt. Selektiert wurden nur Personen, die zwischen 20 und 60 Jahre alt waren. Die Altersuntergrenze wurde wegen der Annahme festgelegt, dass Wanderungsentscheidungen, von denen Jüngere betroffen sind, häufig im Kontext von Mehrpersonenentscheidungen gefällt werden, die wesentlich durch andere (i. d. R. durch Eltern) bestimmt werden. Darüber hinaus sollte durch diese Einschränkung ein sprachlich einheitlicher Diskussionsverlauf sichergestellt werden (vgl. Greenbaum 1988, S. 41). Die Obergrenze von 60 Jahren begründet sich durch die Mobilitätsanforderungen zur Teilnahme an Fokus-

---

34   Eine ausführliche Erörterung des Repräsentativitätsbegriffs findet sich bspw. bei Schnell / Hill / Esser 2011, S. 298 ff.
35   Bei zu kleinen Stichproben besteht ferner die Gefahr, dass die Auswahl mittels statistical samplings den Erkenntniswert reduziert, da die Befunde in einer Fokusgruppe eventuelle aufgrund eines erheblichen statistical errors verzerrt sind (vgl. Lamnek 2005a, S. 115).

gruppen sowie das zunehmende Risiko, dass ältere Probanden wegen gesundheitlicher Restriktionen nicht angemessen an Gruppendiskussionen teilhaben können (bspw. gemindertes Hörvermögen) (vgl. (Heinze / Schneider / Ferié 2013 (im Erscheinen)), S. 4). Vor diesem Hintergrund erscheinen Diskussionsrunden mit 20- bis 60-Jährigen Erfolg versprechend, um die Erkenntnisziele der Fokusgruppenanalyse zu realisieren.

Außerdem wurden ausschließlich Personen rekrutiert, die ihren Hauptwohnsitz in Berlin haben, um die Diskussionen zu erleichtern, indem im Hinblick auf Bindung respektive Attraktion der Teilnehmenden ein weitgehend einheitliches Bezugsobjekt vorliegt. Dieses Vorgehen ist angemessen, da erstens kommunenindividuelle Kontextfaktoren nicht im Kern des Erkenntnisinteresses der Fokusgruppenanalyse stehen, sondern deren Bewertung durch die Probanden, und zweitens eine Abbildung aller wesentlichen kommunenspezifischen Faktoren angesichts der insgesamt niedrigen Teilnehmerzahlen der Fokusgruppen nicht realisierbar ist. Drittens sprechen forschungsökonomische Gründe für eine Einschränkung des Teilnehmerkreises auf Probanden mit Hauptwohnsitz Berlin.

Aufgrund der vermuteten Dominanz im Hinblick auf Migrations- bzw. Bleibemotive wurden mit privater Pflege von Erwachsenen und Arbeitslosigkeit bzw. drohender Arbeitslosigkeit weitere Ausschlusskriterien festgelegt, da zu befürchten ist, dass Betroffene vornehmlich hierauf bezogene Aspekte in die Diskussion einbringen und somit nur ein geringer (neuer) Informationszuwachs zu verzeichnen ist. Personen, die in ihrem privaten Umfeld Erwachsene pflegen, sind vermutlich stark an einen Wohnort gebunden. Dies ist vor allem dann zu vermuten, wenn Pflegebedürftige in der Nähe des Wohnorts leben und ein gemeinsamer Umzug und Übergabe der Pflegeleistungen an andere keine Alternativen sind. Hiervon Betroffene können nicht wegziehen, da diese Betreuung ohne ihr Engagement nicht oder nur mit erheblichen Schwierigkeiten gewährleistet werden kann. Sollten diese Rahmenbedingungen zutreffen, ist anzunehmen, dass die Sicherstellung der Pflege ein dominanter Bleibegrund ist, der andere Aspekte überlagert.

Eine ähnlich starke Überlagerung anderer Gesichtspunkte ist bei Arbeitslosigkeit bzw. drohender Arbeitslosigkeit zu vermuten (vgl. zum Zusammenhang von Arbeitslosigkeit und Migration bspw. Geis 2005, S. 106 ff.), weshalb weder Arbeitslose noch Personen rekrutiert wurden, die einen befristeten Arbeitsvertrag haben und eine Verlängerung ihrer Anstellung als unwahrscheinlich beurteilen.

Neben der Eingrenzung der gesamten Stichprobe wurde dem Leitgedanken des theoretisch begründeten Samplings auch bei der Aufteilung der Teilnehmer auf verschiedene Fokusgruppen und der Zusammensetzung der jeweiligen Fokusgruppe gefolgt (vgl. Greenbaum 1988, S. 40 ff.; Lamnek 2005a, S. 116; Morgan 1997, S. 39 ff.).

Dem Spannungsverhältnis zwischen Heterogenität zur Abbildung eines möglichst großen Spektrums relevanter Aspekte und Homogenität zur Gewährleistung tauglicher Gesprächssituationen im Hinblick auf Inhalte sowie Sprach- und Argumentationsniveau wurde Genüge getan, indem in einem ersten Schritt nach sozioökonomischem Status (vgl. bspw. Wolf 1995, S. 102 f.) und Aufteilung in Zuwanderer bzw. Nicht-Wanderer unterschiedliche Gruppen konstituiert wurden.

Erstens wurde mittels des Bildungsniveaus und des Haushaltsbruttoeinkommens zwischen hohem und niedrigem sozioökonomischen Status differenziert. Grund für dieses Vorgehen war die Annahme, dass Personen mit unterschiedlichem sozioökonomischen Status häufig verschiedene Ressourcen und Fähigkeiten besitzen, um einen interkommunalen Wohnortwechsel zu vollziehen (vgl. Niefert 2003, S. 89; Sánchez / Andrews 2011, S. 188; White / Lindstrom 2005, S. 335; Mulder 1993, S. 154), und daher nicht kompatible Thematisierungen verschiedener Gesichtspunkte in einer Fokusgruppe zu befürchten sind.[36] Probanden mit stark variierendem Bildungsgrad wurden zudem nicht in den Fokusgruppen vereinigt, um das Risiko einer Dominanz argumentations- und kommunikationsstarker Diskutanten gegenüber anderen Gruppenmitgliedern zu reduzieren (vgl. Lamnek 2005a, S. 170). Schließlich erfolgte eine Aufteilung der Teilnehmer in zwei Gruppen, die über ein hohes Haushaltsbruttoeinkommen und Bildungsniveau bzw. ein niedriges Haushaltsbruttoeinkommen und Bildungsniveau verfügen. Als Grenzwert in Bezug auf das Haushaltseinkommen wurde annähernd das durchschnittliche monatliche Haushaltbruttoeinkommen der Bevölkerung Berlins und der neuen Bundesländer im Jahr 2010 in Höhe von 3000 Euro (Einpersonenhaushalte 2000 Euro) festgelegt.[37] Hinsichtlich des Bildungsniveaus wurde als Grenze mindestens die Aufnahme eines Hochschulstudiums bestimmt. Nur

---

36 In diesem Kontext sind zum Beispiel unterschiedliche Einkommensverhältnisse und andere finanzielle Ressourcen zur Finanzierung eines tatsächlichen Umzugs oder verschiedene Fähigkeiten, an einem potenziellen neuen Wohnort einen adäquaten Arbeitsplatz zu erlangen, relevant.

37 Im Jahr 2010 betrug das durchschnittliche Haushaltsbruttoeinkommen in den neuen Bundesländern und Berlin 2996 Euro (ohne Haushalte von Selbstständigen sowie Landwirten und Haushalte mit einem monatlichen Haushaltseinkommen von 18 000 Euro und mehr) (vgl. Statistisches Bundesamt 2013e). Im Fall von Einpersonenhaushalten wurde der Grenzwert auf 2000 Euro reduziert. Dies entspricht näherungsweise dem durchschnittlichen Haushaltbruttoeinkommen von Einpersonenhaushalten in den neuen Bundesländern und Berlin im Jahr 2010 von 1788 Euro (vgl. Statistisches Bundesamt 2013e).

Probanden, die beide Voraussetzungen (nicht) erfüllen, wurden der Gruppe mit hohem (niedrigem) sozioökonomischen Status zugeordnet.

Zweitens wurden die Probanden anhand ihrer jüngeren Migrationshistorie in Zuwanderer und Nicht-Wanderer aufgeteilt. Vor Durchführung der Fokusgruppen wurde angenommen, dass Personen, die vor Kurzem ihren Lebensmittelpunkt gewechselt haben, andere Aspekte in die Erörterung kommunaler Einwohnerbindung einbringen als Probanden, die seit längerer Zeit an ihrem Wohnort leben. Deshalb erschienen spezifische Diskussionsrunden mit Zuwanderern und Nicht-Wanderern geboten, um einerseits relevante Informationen zielgerichtet unter zeitlichen Restriktionen erfassen zu können. Andererseits wurde erwartet, dass die Homogenität der Teilnehmer im Hinblick auf die jüngere Wanderungshistorie deren Bereitschaft, sich zum eigenen Wanderungsverhalten zu äußern, erhöht und somit die Gesprächsdynamik fördert. Diskutanten, die vor Kurzem ihren Lebensmittelpunkt nach Berlin verlegt hatten, wurden anhand folgender Kriterien bestimmt: Die Migration nach Berlin musste innerhalb der letzten 24 Monate erfolgt sein, damit die Probanden den Wanderungsprozess noch ausreichend vor Augen haben. Des Weiteren wurde vorausgesetzt, dass die Wanderungsdistanz mindestens 100 km betragen haben muss, um eine tatsächliche Verschiebung des Lebensmittelpunkts zu gewährleisten. Für Nicht-Wanderer sollte eine gewisse tatsächliche Bindung an Berlin in der Vergangenheit charakteristisch sein, um die Gründe hierfür in den Fokusgruppen zu erörtern. Daher wurde verlangt, dass sie seit mindestens fünf Jahren in Berlin leben.[38] Insgesamt wurden somit vier hinsichtlich der diskutierten Kriterien intern homogene Fokusgruppen konstituiert.

In einem zweiten Schritt wurde angestrebt, durch Stratifikation der Fokusgruppen interne Heterogenität herbeizuführen, um die Interaktivität und Vielfältigkeit der Gespräche und Argumente zu forcieren. Mit Blick auf den bisherigen Erkenntnisstand zur kommunalen Einwohnerbindung (vgl. Kapitel A 2) und generelle Empfehlungen in der Literatur zur Gruppenzusammensetzung wurden folgende Schichtungsmerkmale berücksichtigt (vgl. Lamnek 2005a, S. 104 ff.):

Sowohl die Gruppe der Nicht-Wanderer als auch die Gruppe der Zuwanderer sollte angesichts der Varianz von Migrationsentscheidungsprozessen in verschiedenen Lebensphasen (vgl. Kley 2009, S. 167 ff.; Sandefur/Scott 1981, S. 356 ff.; Wagner

---

[38] Ein identisches Vorgehen zur zeitlichen Differenzierung von Zuwanderern und Nicht-Wanderern wählen Lundholm et al. 2004.

1989, S. 143 f.) gleichmäßig aus Diskutanten mit und ohne minderjährige Kinder im eigenen Haushalt sowie verheirateten, in fester Partnerschaft oder allein lebenden Personen bestehen. Ferner wurde vor dem Hintergrund altersselektiver Planungen und Realisationen von Wanderungen (vgl. Kalter 1997, S. 152 ff.; Kley 2009, S. 127 ff.; White/Lindstrom 2005, S. 334 f.) in allen Gruppen ein Mix verschiedener Altersstufen gewährleistet, wenn auch aus forschungsökonomischen Gründen keine festen Quoten vorgesehen waren. Ebenso sollten Teilnehmer beiderlei Geschlechts angesichts vermuteter Einflüsse auf Migrationsentscheidungen (vgl. Pedraza 1991, S. 321) und selbstständig bzw. abhängig Berufstätige in jeder Gruppe ausgewogen vertreten sein. Für die beiden Gruppen der Nicht-Wanderer wurde darüber hinaus sichergestellt, dass die migrationsrelevanten Kriterien Besitz selbstgenutzten Wohneigentums in Berlin (vgl. Landale/Guest 1985; Rossi 1980; Speare 1974; Wagner 1989, S. 167; Frick 1996), Leben während der Adoleszenz in Berlin (vgl. Eger 2009, S. 46 f.; Reuber 1993, S. 60 ff.) und das Ausmaß des Wohlfühlens in Berlin ausgewogen verteilt waren. Analog wurde bei den beiden Gruppen der Zuwanderer verfahren, wobei sich die Kriterien Besitz selbstgenutzten Wohneigentums, Leben während der Adoleszenz und das Ausmaß des Wohlfühlens auf den Herkunftsort bezogen, aus dem die Probanden nach Berlin gezogen waren. Zudem sollten die Herkunftsorte der Zuwanderer ausgeglichen auf das Bundesgebiet verteilt sein und unter den Nicht-Wanderern sollten sich gleichmäßig Teilnehmer befinden, die in den vergangenen fünf Jahren ernsthaft über einen Wohnortwechsel mit einer Distanz von mehr als 100 km nachgedacht respektive keine Wanderung in Erwägung gezogen hatten. Abbildung 11 gibt Entscheidungen im Rahmen der Auswahl der Gruppenmitglieder komprimiert wieder.

Abb. 11: Auswahl der Gruppenmitglieder.

Strukturierung und Inhalte der Fokusgruppen

Vor dem Hintergrund der inhaltlichen Breite der Fokusgruppen aufgrund der angestrebten vier wesentlichen Forschungsziele, forschungsökonomischer Restriktionen sowie praktischer Erfahrungen zur adäquaten Diskussionsdauer (vgl. Morgan 1997, S. 47) wurden die Diskussionsrunden auf eine Dauer von etwa 120 Minuten ausgerichtet. Angesichts dieser Rahmenbedingungen wurde die Gruppengröße am unteren Ende der Empfehlungen aus der Literatur orientiert (vgl. Morgan 1996, S. 131). Um eine ausreichende durchschnittliche Redezeit je Proband sicherzustellen, wurden unter Berücksichtigung einer erwarteten Über-Rekrutierung von ca. 20 Prozent (vgl. Alreck / Settle 1995, S. 401 f.; Morgan 1997, S. 42 f.) acht Probanden je Gruppe eingeladen.

Zur zielgerechten Gesprächsführung wurden die Fokusgruppen anhand eines Diskussionsleitfadens strukturiert. Der auf Basis inhaltlicher Vorüberlegungen entwickelte Leitfaden erlaubte eine offene Gesprächsführung, um nicht erwartete Daten zu generieren, und diente zugleich der Sicherstellung, dass alle Forschungsanliegen angemessen in den Diskussionen erörtert werden (vgl. Gläser / Laudel 2010, S. 143;

Kassner / Wassermann 2005, S. 106). In vorliegender Arbeit wurde der Leitfaden vor der Feldphase entwickelt und auf die angestrebten 120 Minuten ausgerichtet (vgl. Leitfäden für Zuwanderer und Nicht-Wanderer im Anhang 1 bzw. Anhang 2 der Arbeit). Insgesamt wurden sieben Phasen definiert und aufgrund ihrer Relevanz und Inhalte mit unterschiedlichen zeitlichen Orientierungsgrößen versehen (vgl. Abb. 12).

Abschnitt (Dauer)	Inhaltlicher Schwerpunkt
Vorstellung und Warm-up (10 Min.)	▪ Projektives Verfahren: „Bitte stellen Sie sich vor, Sie machen ein Foto, um Ihre Verbindung mit Berlin festzuhalten. Was ist auf dem Foto zu sehen?"
Einflussfaktoren der Umzugsentscheidung (35 Min.)	▪ Motive sammeln und zu Lebensbereichen verdichten ▪ Individuelle und kollektive Bewertung der Relevanz der Lebensbereiche
Elemente der Bindung (30 Min.)	▪ Sammeln und Verdichten von Elementen der Bindung
Bedeutung der Bindung für Migrationsentscheidungen (15 Min.)	▪ Bild der Waage: „Was müssten andere Kommunen bieten, um ihre Bindung aufzuwiegen?" ▪ Projektives Verfahren: „Wie sieht eine Person aus, der eine Wanderung leicht fällt?"
Prozess der Migrationsentscheidung (15 Min.)	▪ Phasen des Migrationsprozesses und spezifischer Einfluss bindender Faktoren
Abschiedsrede an die alte Kommune/Berlin (10 Min.)	▪ Aufdecken und Verständnis emotionaler Folgen der Wanderung ▪ Enthüllen eventuell selbstzensierter Aspekte
Abschließende Tischrunde & Debriefing (5 Min.)	▪ Änderungen des geplanten Migrationsverhaltens

Abb. 12: Struktur des Diskussionsleitfadens.

Vorstellung und Warm-up: Im ersten Abschnitt der jeweiligen Diskussionsrunden, für den ca. 10 Minuten vorgesehen sind, sind zunächst Begrüßung und gegenseitige Vorstellung der Befragten geplant (vgl. hier und im Folgenden Lamnek 2005a, S. 145 ff.). Zudem sollen die Teilnehmer mit dem Ablauf und den Rahmenbedingungen vertraut gemacht werden, bspw. Diskussionsdauer, audiovisuelle Aufzeichnung und wissenschaftliche Verwendung getätigter Aussagen. Um die Diskussion zu fokussieren, soll bereits an dieser Stelle durch eine grobe Skizzierung des Diskussionsthemas verdeutlicht werden, dass Wanderungen über kommunale Grenzen hinweg, die mit einer wesentlichen räumlichen Veränderung des Lebensmittelpunkts einhergehen, Erkenntnisgegenstand sind.

Daneben wird auch angestrebt, ein vertrauensvolles, angenehmes und offenes Gesprächsklima zu schaffen, um die Probanden zu motivieren, reichhaltige Informationen während der Fokusgruppen preiszugeben. Vor allem wird verdeutlicht, dass es keine richtigen und falschen Ausführungen gibt, sondern grundsätzlich alles von Interesse ist. Ferner kommt ein projektives Verfahren zum Einsatz, um die Gesprächsatmosphäre aufzulockern. Die Teilnehmer werden aufgefordert, sich vorzustellen, sie machen ein Foto, um ihre Verbindung mit Berlin festzuhalten, und werden gebeten, dieses zu beschreiben.[39] Mittels dieser ersten indirekten Erörterung bindungsrelevanter Aspekte wird angestrebt, die Teilnehmer anzuregen, kreativ über kommunale Bindung nachzudenken und ihr Involvement zu steigern, da projektive Verfahren als spannend, kurzweilig und abwechslungsreich empfunden werden und nicht selten den Probanden Spaß bereiten (vgl. Doherty / Nelson 2010, S. 400 f.; Gröppel-Klein / Königstorfer 2009, S. 548). Zudem ist zur Förderung des Diskussionsklimas in den Gruppen der Zuwanderer eine kompakte Erörterung der eigenen Migrationshistorie nach Berlin vorgesehen. Analog sollen Nicht-Wanderer kurz und bündig ihre persönliche Bindungsgeschichte an Berlin darlegen.

Einflussfaktoren der Umzugsentscheidung: Gegenstand des etwa fünfunddreißigminütigen zweiten Diskussionsabschnitts ist die intensive inhaltliche Auseinandersetzung mit Determinanten interkommunaler Wanderungsentscheidungen. Ziel ist es, Einflussfaktoren individueller Migrationsentscheidungen zu ermitteln, ihre jeweilige Relevanz zu bestimmen sowie ihre Wirkung zu erörtern. Hierzu werden zunächst mithilfe der Probanden explorativ Motive gesammelt, die Personen mit einer interkommunalen Wanderung verfolgen (Auswahlfragen: Warum zieht man aus einer Gemeinde weg? Welche Ziele verfolgen Menschen mit dem Wandern in eine andere Stadt?), und für alle Teilnehmer sichtbar auf Karten notiert. Die Auswahlfragen werden in Anlehnung an die Reason-for-moving-Methode (vgl. De Jong / Fawcett 1981, S. 34 ff.; Long 1988, S. 227 ff.) konzipiert und erlauben auch nicht migrationsbereiten Probanden, die vielfach innerhalb der Gruppe der Nicht-Wanderer vermutet werden, Umzugsmotive zu äußern (vgl. Kalter 1997, S. 74 f.). Im Anschluss werden diese durch die Gruppe sortiert, um darauf aufbauend abstrahierende Oberbegriffe für gruppierte Motive zu definieren. Die Diskutanten werden mit fünf aus der bisherigen Forschung abgeleiteten migrationsentscheidungsrelevanten Lebensbereichen (materieller Lebensstandard, Freundschaften, Familie / Partnerschaft, Hobbys, Gesundheit) (vgl. Kley 2009, S. 68 ff.; Kalter 1997, S. 75 ff.) konfrontiert und aufgefordert, die

---

39 Für ein ähnliches Vorgehen, bei dem tatsächliche Fotos, mit denen Probanden ihre Bindung an einen Wohnort illustrierten bzw. ihre Nachbarschaft charakterisierten, ausgewertet wurden, vgl. Feldman 1996; Ponzetti 2003; Ryan 2009.

erarbeiteten Oberbegriffe zu reflektieren (Auswahlfragen: Finden sich diese Bereiche in unseren Oberbegriffen wieder? Welche Bereiche müssten wir noch ergänzen?).

Zur Bestimmung der Relevanz der final ermittelten Lebensbereiche für interkommunale Migrationsentscheidungen werden im Anschluss individuelle und kollektive Bewertungen vorgenommen. Um Verfälschungen durch sozial erwünschtes Beurteilungsverhalten zu reduzieren, verteilt zunächst jeder Proband verdeckt eine konstante Punktesumme auf die Lebensbereiche und erhält danach fünf Bewertungspunkte, mit denen er gemeinsam mit den anderen Gruppenmitgliedern die Lebensbereiche beurteilt. Diese offene Beurteilung dient als weitere Grundlage der Diskussion, bei der die Teilnehmer die Relevanz der Lebensbereiche erläutern sollen (Auswahlfragen: Warum ist Lebensbereich A wichtig, wenn es um eine Wanderung geht? Warum ist Lebensbereich B weniger wichtig, wenn es um eine Wanderung geht?).

Elemente der Bindung: Im etwa dreißigminütigen dritten Teil der Gesprächsrunden sollen intensiv die Determinanten der Bindung an Kommunen exploriert werden. Ziel ist es zu verstehen, inwieweit Personen faktisch an Kommunen gebunden sind und sich emotional mit Kommunen verbunden fühlen. Zudem soll ausgemacht werden, welche Faktoren die Bindung an eine Kommune bestimmen und wie groß der Einfluss einzelner identifizierter Faktoren auf die Bindungsintensität ist. Als Diskussionsanreiz wird den Probanden zunächst dargelegt, sie könnten eine im zweiten Gesprächsabschnitt erarbeitete wesentliche Verbesserung eines Lebensbereichs mit einer interkommunalen Migration realisieren. Zwischen den verschiedenen Fokusgruppen und innerhalb dieser werden die Orte variiert, aus denen zur relevanten Verbesserung des jeweiligen Lebensbereichs fiktiv weggezogen wird, um die Besprechung genereller Bindungselemente zu forcieren und das Risiko zu reduzieren, einzelne ausschließlich kommunenspezifische Aspekte zu diskutieren, vornehmlich in Bezug auf Berlin. Annahme für die Gruppe der Nicht-Wanderer ist ein Wegzug aus Berlin. Für die Gruppe der Zuwanderer wird ein Wegzug aus Ihrem vorherigen Wohnort retrospektiv thematisiert.

Aufbauend auf diesem Anreiz sollen die Teilnehmer erörtern, was gegen eine Wanderung spricht. Die Beiträge werden analog zum zweiten Gesprächsabschnitt gesammelt und auf Karten notiert. Zur weiteren Anregung wird die Diskussion auf die Themen individuelle faktische Gebundenheit und persönliche emotionale Verbundenheit gelenkt (Auswahlfragen: Worauf würden Sie auf keinen Fall verzichten wollen? Was behindert bzw. hemmt eine Wanderung? Welche Ängste bzw. Sorgen kommen Ihnen bei der Beschäftigung mit dem Thema in den Sinn? Was sind Gründe für Ihre Verbundenheit?).[40] Um auch Probanden mit keiner oder sehr geringer eigener Bindung in die Diskussion zu integrieren, ist im weiteren Verlauf geplant, die Gespräche sukzessive von persönlichen auf generelle Bindungselemente zu leiten. Ähnlich dem Vorgehen im zweiten Gesprächsteil werden die gesammelten Bindungselemente im Folgenden durch die Teilnehmer zu schriftlich fixierten Oberbegriffen verdichtet, um abstrahierte Einflussfaktoren auf die Bindung an Kommunen zu identifizieren. Anschließend wird die Wirkungsintensität der ermittelten Faktoren diskutiert, um deren Relevanz für kommunale Bindungen auszumachen.

Bedeutung der Bindung für Migrationsentscheidungen: Mit dem vierten Abschnitt der jeweiligen Gesprächsrunde, für den ungefähr 15 Minuten eingeplant sind, werden im Kern zwei Zielsetzungen verfolgt: Erstens soll angesichts der gegenläufigen Wirkung von kommunaler Bindungsintensität und migrationsfördernden Faktoren im Hinblick auf Wegzugsabsichten (vgl. Hickey 2002) die Relevanz kommunaler Bindung im Verhältnis zu wanderungsbedingten Veränderungen der Lebensbereiche beleuchtet werden. Zweitens sollen, aufbauend auf den Ergebnissen zur relativen Bedeutsamkeit kommunaler Bindungen unterschiedliche Wanderungstypen respektive Personen mit idealtypischen Bindungscharakteristika identifiziert und erörtert werden.

Zur Erreichung der ersten Zielsetzung wird den Teilnehmern eine Aufgabe vorgelegt und exemplarisch erläutert, die bisher in den Fokusgruppen erarbeitete Resultate aus dem zweiten und dritten Abschnitt zusammenfügt. Jeder Proband erhält eine Abbildung einer Balkenwaage, in der das Gewicht auf der linken Waagschale die individuelle Bindung an die Kommune (Zuwanderer: Kommune, aus der nach Berlin gezogen wurde; Nicht-Wanderer: Berlin) repräsentiert (vgl. Abb. 13). Zur Abschätzung ihrer spezifischen Bindungsintensität sollen sich die Teilnehmer die im dritten Gesprächsabschnitt diskutierten Bindungsgründe vergegenwärtigen. Die rechte Waagschale ist individuell von den Probanden in dem Maße zu füllen, bis die Waage im Gleichgewicht ist. Hierzu sollen die Probanden auf die im zweiten Gesprächsabschnitt erarbeiteten Lebensbereiche zurückgreifen. Die für den jeweiligen Teilnehmer bis zu vier wichtigsten Lebensbereiche im Kontext einer Wanderungsentscheidung sollen notiert und die über alle Lebensbereiche in Summe notwendigen Veränderungen in diesen Lebensbereichen angegeben werden, um den Nutzen der Bindung aufzuwiegen.

---

40   In beiden Fokusgruppen mit Zuwanderern bietet es sich an, aufgrund der vor Kurzem erfolgten Wanderung nach Berlin stärker Bezug auf diesen Migrationsprozess zu nehmen, in dem eventuelle Bindungen zutage getreten sind. Entsprechend werden die Fragen so formuliert, dass sie eher zur Narration der Bindungselemente im Laufe dieses Wohnortwechsels anregen.

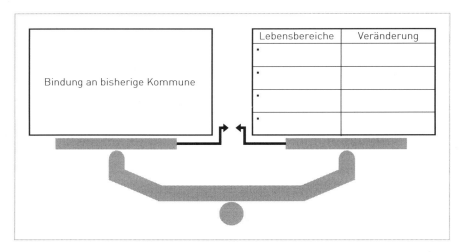

Abb. 13: Waagschale-Motiv zur Abschätzung spezifischer Bindungsintensität.

Im Anschluss an die individuelle Bearbeitung der Aufgabe stellen die Teilnehmer ihre Waagschale der Gruppe vor und erläutern, wie sich die Bedingungen in den Lebensbereichen an einem anderen Wohnort ändern müssten, um ihre Bindung auszugleichen. Auf diese Weise werden Erkenntnisse zur relativen Bedeutung der Bindung in interkommunalen Wanderungsentscheidungsprozessen generiert.

Zur Realisierung der zweiten Zielsetzung kommen aufbauend auf den bisherigen Ergebnissen projektive Frageverfahren zum Einsatz. Dabei wird vor allem die Gewinnung aufgrund mangelnder Ausdrucksfähigkeit oder fehlenden Ausdruckswillens der Probanden bisher nicht zutage getretener Informationen intendiert. Die Probanden werden gebeten, aufbauend auf den bisherigen Ergebnissen unterschiedliche Wanderungstypen respektive Personen mit idealtypischen Bindungen an Kommunen zu beschreiben und deren Wanderungsentscheidungsprozesse zu schildern (Auswahlfragen: Einigen Personen fällt eine Wanderung leicht und Sie wandern oft; anderen Personen fällt eine Wanderung relativ schwer: Wie sieht eine solche Person aus? Wie alt ist die Person? Welche Charaktereigenschaften hat die Person? Wie sieht ein Umzug dieser Person aus?). Während der Projektion können Probanden anderen Personen Eigenschaften zuschreiben, die sie bei sich selbst nicht erkennen können oder wollen (vgl. Gröppel-Klein / Königstorfer 2009, S. 541). Ergänzend zu den bereits bei der Beschreibung des ersten Gesprächsabschnitts geschilderten Vorzügen ermöglichen projektive Verfahren somit eine Aufdeckung unbewusster Einstellungen und Emotionen und eröffnen Probanden die Gelegenheit, sozial unerwünschte Standpunkte zu äußern, ohne Missbilligung anderer Teilnehmer befürchten zu müssen (vgl. Doherty / Nelson 2010, S. 400; Fisher 1993, S. 304; Greenbaum 1998, S. 119; Belk / Ger / Askegaard 2003, S. 332). Zudem bleibt Probanden beim Einsatz projektiver Verfahren häufig die angestrebte Erkenntnisabsicht verborgen und rationalisierte sowie bewusst verzerrte Antworten können verhindert werden.[41]

Prozess der Migrationsentscheidung: Im fünften Gesprächsteil wird der Prozess der Migrationsentscheidung für ca. 15 Minuten thematisiert. Nachdem migrationsfördernde und bindende Faktoren in den vorherigen Abschnitten diskutiert wurden, weitgehend ohne den Prozess der Migrationsentscheidung differenziert zu betrachten, soll die Erörterung der Wirkung identifizierter Faktoren in vermutlich sequenziellen Wanderungsentscheidungsprozessen (vgl. Gardner 1981, S. 65; Kalter 1997, S. 66 ff.; Rossi 1980, S. 149 f.; Speare / Goldstein / Frey 1975, S. 175 ff.) im Vordergrund stehen.

Ziel ist es, einzelne Phasen von Wanderungsentscheidungen zu bestimmen sowie den Einfluss bindender Faktoren auf einzelne Phasen zu eruieren. Um den Teilnehmern die Diskussion zu vereinfachen, wird ein Zeitstrahl als Hilfsmittel eingesetzt, an dem die Teilnehmer darlegen sollen, wie sie im Rahmen von Wanderungsentscheidungen vorgehen würden (Nicht-Wanderer) bzw. vorgegangen sind (Zuwanderer)[42] (Auswahlfragen: Was stößt eine Wanderung an? Was passiert, bevor Sie sich entscheiden zu wandern? Wie würden Sie weiter vorgehen? Wann und wie treffen Sie die Entscheidung, ob Sie umziehen wollen? Was machen Sie als Erstes, Zweites usw.?).

Zudem wird besonderes Augenmerk auf die Identifikation relevanter Informationen und entsprechender Quellen gelegt, auf die im Laufe von Migrationsentscheidungen zurückgegriffen wird (Auswahlfrage: Welche Informationen holen Sie ein und bei wem (Freunde, Internet, Behörden, in Kommune fahren und kennenlernen)?). Die Probanden werden nach ähnlichen Entscheidungen und Prozessen befragt. An dieser Stelle der Fokusgruppen wird ebenfalls eine Besprechung von Promotoren und Barrieren getroffener Wanderungsentscheidungen intendiert, da vermutet wird, dass die mit den Teilnehmern erarbeitete Strukturierung des Entscheidungsprozesses dies erleichtert.

---

41 Der Einsatz projektiver Verfahren wird in der wissenschaftlichen Diskussion vor allem im Hinblick auf Validität und Reliabilität gewonnener Forschungsresultate kritisch diskutiert (vgl. Boddy 2005; MacFarlane / Tuddenham 1951; Yoell 1974). Auf eine Erörterung dieser Kritik wird hier verzichtet, da Projektionen in dieser Arbeit nur als ergänzendes Instrument genutzt werden. Eine ausführliche Diskussion von Anwendungen, Vorzügen und Problembereichen projektiver Techniken in der Marktforschung findet sich im Beitrag von Gröppel-Klein und Königstorfer (vgl. Gröppel-Klein / Königstorfer 2009).

42 Vgl. Fußnote 40.

Abschiedsrede an die alte Kommune: Vor der Beendigung im Rahmen eines Debriefings sollen im sechsten Abschnitt der Fokusgruppen für etwa zehn Minuten emotionale Aspekte kommunaler Bindungen weiter erhellt werden. Trotz des Einsatzes eines qualitativen Erhebungsinstruments und der Integration projektiver Verfahren gibt es keine Gewähr, dass die Probanden ihre persönlichen Bindungsmotive umfassend dargelegt haben. Es ist zu befürchten, dass insbesondere Aspekte emotionaler Verbundenheit in der vorherigen gemeinsamen Gruppendiskussion selbstzensiert und daher nicht erfasst werden. Angesichts dessen ist eine Einzelaufgabe vorgesehen, welche die Äußerung emotionaler Aspekte im Rahmen kommunaler Bindung ausdrücklich forciert. Die Teilnehmer werden aufgefordert, eine kurze persönliche Abschiedsrede an ihren alten Wohnort (Zuwanderer) (vgl. Abb. 14) bzw. Berlin (Nicht-Wanderer) zu schreiben, die einzeln nicht öffentlich ausgewertet wird, sodass die Probanden keine eventuell negative Beurteilung durch andere Gruppenmitglieder zu befürchten haben. Reale Durchführungen im kommunalen Kontext (vgl. Schimke 2012; Wessel 2012) demonstrieren, dass eine solche schriftliche Verabschiedung von einem örtlichen Bezugsobjekt umsetzbar ist. Da die ausdrückliche Forcierung emotionaler Aspekte mit der Gefahr verbunden ist, Antworten und Beteiligungsverhalten der Probanden wesentlich zu verzerren, wird die Einzelaufgabe bewusst im Schlussteil der jeweiligen Gruppenrunden durchgeführt, um negative Auswirkungen etwaiger Verzerrungen zu begrenzen.

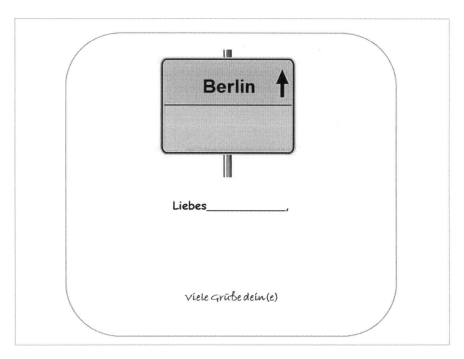

Abb. 14: Abschiedsrede an alten Wohnort.

Abschließende Tischrunde und Debriefing: Im abschließenden siebten Abschnitt der Fokusgruppen findet eine Tischrunde und mit Nachbesprechung statt. Die Probanden
werden gebeten, Änderungen ihres geplanten Migrationsverhaltens angesichts eigener
Erfahrungen und in der Gruppendiskussion gewonnener Erkenntnisse darzustellen.
Den Teilnehmern wird die Möglichkeit gegeben, Anmerkungen sowie Nachfragen
einzubringen. Diese werden beantwortet und die Hintergründe der Studie erläutert,
um mögliche Irritationen und Verunsicherungen auszuräumen, also forschungsethi-
schen Normen, die sich auf Persönlichkeitsschutz der Probanden beziehen, gerecht zu
werden (vgl. zu den Grundsätzen der Forschungsethik Bortz / Döring 2006, S. 41 ff.;
Diekmann 2006, S. 73 ff.; Gläser / Laudel 2010, S. 51 ff.).

2.3   Prozess der Datenerhebung und Transkription

Anhand der Vorgaben zur Eingrenzung und Aufteilung der Probanden auf die vier Fokusgruppen wurden die Diskussionsteilnehmer durch das Institut Weidner Marktforschung in Berlin telefonisch rekrutiert. Teilnehmenden Probanden wurde eine vergleichsweise hohe Gratifikation von 65 Euro zugesagt, um die Wahrscheinlichkeit zu steigern, auch Personen mit hohem Einkommen zur Teilnahme zu bewegen (vgl. Lamnek 2005a, S. 124 f.). Nur eine rekrutierte Person erschien nicht, sodass eine Teilnahme von insgesamt 31 Personen und die gewünschte Gruppengröße für jede der vier Fokusgruppen erzielt wurden. Tabelle 9 gibt einen Überblick über die realisierte Stichprobe und verdeutlicht, dass die angestrebte Stratifizierung der vier Fokusgruppen erreicht wurde.

	Geschlecht	Alter	Berufstätigkeit	Familienstand	Kinder	Wohneigentum	Wohlfühlen am Wohnort*	Wohnort in Adoleszenz	Wanderungs-gedanken
FG 1	m	33	unbefr	Partnerschaft	ja	nein	3	nein	
	m	39	unbefr	verheiratet	ja	ja	1	ja	
	m	39	unbefr	Partnerschaft	ja	nein	2	ja	
	m	58	selbst	Partnerschaft	nein	nein	2	nein	
	w	44	unbefr	Single	ja	ja	4	ja	
	w	48	selbst	verheiratet	nein	ja	1	nein	
	w	29	selbst	verheiratet	nein	nein	2	nein	
	w	27	selbst	Single	nein	nein	1	nein	
FG 2	m	23	unbefr	Partnerschaft	nein	nein	2	ja	
	m	30	unbefr	Partnerschaft	ja	nein	5	nein	
	m	40	unbefr	Single	ja	nein	4	ja	
	m	46	unbefr	Single	nein	nein	4	ja	
	w	28	selbst	Partnerschaft	nein	ja	1	nein	
	w	31	unbefr	Single	ja	nein	5	nein	
	w	52	unbefr	verheiratet	nein	nein	1	ja	
FG 3	m	28	unbefr	Partnerschaft	nein	nein	2	ja	nein
	m	34	unbefr	Partnerschaft	ja	nein	2	nein	nein
	m	37	selbst	Single	nein	nein	5	ja	ja
	m	50	selbst	verheiratet	ja	ja	3	ja	nein
	w	27	unbefr	Partnerschaft	nein	nein	1	ja	ja
	w	44	unbefr	Single	nein	ja	2	nein	ja
	w	47	unbefr	verheiratet	ja	ja	3	ja	nein
	w	50	unbefr	Partnerschaft	ja	ja	1	nein	ja
FG 4	m	21	unbefr	Partnerschaft	nein	nein	2	ja	nein
	m	32	unbefr	Single	nein	nein	1	ja	nein
	m	34	selbst	verheiratet	ja	ja	1	nein	nein
	m	51	selbst	Partnerschaft	ja	ja	1	ja	ja
	w	28	unbefr	Single	nein	nein	1	ja	nein
	w	46	selbst	verheiratet	ja	ja	2	nein	ja
	w	48	selbst	Partnerschaft	ja	ja	5	nein	ja
	w	58	selbst	verheiratet	nein	nein	5	nein	ja

m: männlich; w: weiblich; unbefr: unbefristet angestellt; selbst: selbstständig;
* bipolare sechsstufige Ratingskala von 1 = sehr wohl bis 6 = sehr unwohl

Tab. 9: Merkmale der Fokusgruppenteilnehmer.

Die Durchführung der Fokusgruppen erfolgte vom 29. bis 31. Mai 2012 in einem Seminarraum der Steinbeis-Hochschule in Berlin. Die geplante Dauer der Fokusgruppen wurde mit durchschnittlich 123 Minuten kaum überschritten. Angesichts der hohen Relevanz der Moderationsfähigkeiten für die Qualität der erhobenen Daten (vgl. Malhotra / Birks 2000, S. 171) wurde die Gesprächsführung der Fokusgruppen von einer professionellen Moderatorin übernommen. Erfahren und professionell ausgebildet besitzt sie die Fähigkeiten, die Diskussion auf verschiedene Aspekte zu fokussieren, eine angenehme Gesprächsatmosphäre für die Probanden zu schaffen und spontane Entscheidungen zu Sachverhalten zu treffen, die sich nicht innerhalb eines Leitfadens planen lassen (vgl. Gläser / Laudel 2010, S. 122 ff.; Greenbaum 1998, S. 75 f.; Krueger / Casey 2009, S. 85 ff.; Mayerhofer 2009, S. 482). Darüber hinaus verhindert eine neutrale Gesprächsführung, dass die Diskussion durch die *ex ante* bestehenden Erwartungen des Forschers wesentlich beeinflusst und verzerrt wird (vgl. Berent 1966, S. 35).

Neben generellen Moderationsfähigkeiten sind umfassende thematische Kenntnisse Voraussetzung für eine gelingende Moderation. Daher wurde die Moderatorin in Vorbesprechungen der Fokusgruppen intensiv über theoretische Vorüberlegungen und zentrale Studieninhalte informiert (vgl. Greenbaum 1988, S. 29 f.). Ergänzend wurde ein Pretest der Fokusgruppen durchgeführt, der nicht in die finale Auswertung einbezogen wurde, um die Umsetzbarkeit des geplanten Instruments zu prüfen und die Realisation zu erproben sowie gegebenenfalls anzupassen (vgl. Aghamanoukjan / Buber / Meyer 2009, S. 433).[43] Dieser Pretest bestätigte die Eignung der mittels des Leitfadens strukturierten Fokusgruppen zur Erreichung der Ziele der qualitativen Untersuchung.

Neben der professionellen Moderatorin und den Probanden war der Verfasser bei allen Fokusgruppen in assistierender Funktion anwesend und unterstützte die Moderation bei verschiedenen Aufgaben, in erster Linie im Rahmen der schriftlichen Sammlung von Aussagen der Probanden. Ferner ermöglichte seine persönliche Anwesenheit, über das Gesagte hinausgehende Aspekte zu erfassen sowie zu notieren und somit im Rahmen der Auswertung entsprechende Kontextfaktoren zu berücksichtigen, um wahrheitskonforme Forschungsergebnisse zu erzeugen (vgl. Lamnek 2005a, S. 170 f.).

---

43 Als Probanden nahmen an dieser Fokusgruppe – ihr wurde der Leitfaden für Zuwanderer zugrunde gelegt – zwei Mitarbeiter des SVI-Stiftungslehrstuhls für Marketing und Dialogmarketing sowie drei externe Personen teil.

Die vier Fokusgruppen wurden mittels Audioaufzeichnung erfasst. Die insgesamt 491 Minuten umfassende Audioaufzeichnung diente als Grundlage einer wörtlichen Transkription zur Präparation der Daten für eine Auswertung. Dabei wurden folgende Transkriptionsregeln angewendet (vgl. Kuckartz 2010, S. 43 f.):

* Vorhandene Dialekte wurden durch standarddeutsche Pendants ersetzt.

* Leichte Glättungen von Sprache und Interpunktion wurden vorgenommen.

* Beiträge der Moderation wurden kursiv hervorgehoben.

* Jeder Beitrag der Probanden wurde mit einer anonymisierten Personenbezeichnung eingeleitet.

* Relevante Auffälligkeiten und Anmerkungen wurden in eckigen Klammern festgehalten.

* Inhaltlich nicht relevante Laute wie Husten etc. wurden nicht festgehalten.

* Zustimmende Äußerungen der Moderation wie Mhm, Aha etc. wurden ebenfalls nicht übernommen.

* Umfangreiche Moderationsanweisungen wurden verkürzt notiert.

* Laute, die Bedeutungsinhalte erhellen, wurden in Klammern vermerkt.

Während der Fokusgruppen wurde neben Tonmaterial noch weiteres Material in Form der mittels Pinnwände und Boards durchgeführten Gruppenaufgaben sowie der Abschiedsreden generiert. Dieses wurde durch den Verfasser transkribiert und nach entsprechender Markierung in die Transkripte der Audioaufzeichnungen eingefügt. Ferner wurden diese Transkripte um die Notizen des Verfassers als Anmerkungen an den jeweiligen Stellen ergänzt. Die resultierenden Textdokumente wurden im Anschluss in die Software MaxQDA (Version 10) eingelesen, um sie nachfolgenden inhaltlichen Analysen zugänglich zu machen.

3 Datenauswertung

3.1 Thematisches Kodieren als Auswertungsmethode

Während in der internationalen Literatur Konzeption und Durchführung von Fo-kusgruppen bisher vergleichsweise ausführlich beschrieben wurden, finden sich nur eingeschränkt Informationen zu spezifischen Auswertungsmethoden (vgl. hier und im Folgenden Lamnek 2005a, S. 177 ff.). Generell kann die Analyse von Fokusgrup-pen – wie in der überwiegenden Zahl von Anwendungen – inhaltlich-thematische Aspekte fokussieren oder Bezug auf gruppendynamische Prozesse nehmen. Ange-sichts der Erkenntnisabsichten vorliegender Untersuchung werden vordergründig inhaltlich-thematische Aspekte betrachtet und die Analyse gruppeninterner Struktu-ren und Abläufe rückt in den Hintergrund.

Für das Spektrum unterschiedlicher Auswertungsmethoden qualitativer Forschung mit inhaltlich-thematischem Fokus besteht bisher keine allgemein anerkannte Klas-sifizierung (vgl. hier und im Folgenden Gläser/Laudel 2010, S. 44 f.). Forschungs-praktisch können nach Gläser und Laudel freie Interpretation, sequenzanalytische Methoden, Kodieren und qualitative Inhaltsanalyse differenziert werden, wie Abbil-dung 15 illustriert.

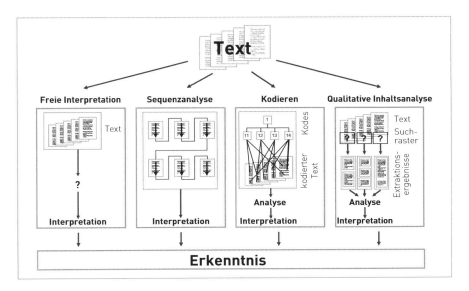

Abb. 15: Klassifizierung qualitativer Auswertungsmethoden.
Quelle: eigene Darstellung in enger Anlehnung an Gläser/Laudel 2010, S. 44.

Die freie Interpretation ist als Auswertungsmethode für die vorliegende Analyse nicht geeignet, da ihr keine Verfahrensregeln zugrunde liegen, sodass Schlussfolgerungen kaum intersubjektiv nachvollzogen werden können. Sequenzanalytische Methoden untersuchen vor allem im Kontext biografischer Analysen zeitliche und thematische Verknüpfungen zwischen Aussagen und sind daher für die vorliegende Untersuchung wenig geeignet. Bei einer Auswertung mittels Kodierung werden Materialstellen, denen Relevanz beigemessen wird, mit einem Kode markiert. Es resultiert ein System von im Text verankerten Kodierungen, welche die inhaltliche Struktur des Materials abbilden und den Text weiteren Analysen zugänglich machen. Im Rahmen der qualitativen Inhaltsanalyse hingegen wird anhand vorab festgelegter Kriterien eine Komprimierung des Textmaterials durch Paraphrasierung und Generalisierung vorgenommen (vgl. zur ausführlichen Darstellung der qualitativen Inhaltsanalyse Mayring 2010). Im Vergleich zur Auswertung mittels Kodierung sind zwei Aspekte für die qualitative Inhaltsanalyse kennzeichnend. Erstens findet während der Auswertung eine bewusste Lösung vom Ursprungstext statt, indem Informationen extrahiert und getrennt vom Ursprungsmaterial analysiert werden, während bei der Auswertung von Kodierungen immer wieder Bezug auf das verankerte Ausgangsmaterial genommen wird. Zweites wird bei der qualitativen Inhaltsanalyse ein System zur Kategorisierung von Passagen des Originaltexts, *ex ante* festgelegt, während das Kodierungssystem sowohl Vorüberlegungen entstammen, als auch im Laufe der Analyse entwickelt werden kann.

Im Kontext der Analyse der Einwohnerbindung sprechen bestehendes Vorwissen und der Anspruch, theoretische Vorkenntnisse auszubauen, für Kodieren als Auswertungsmethode. Zudem kann im Rahmen dieser Methode die interpretative Auswertung durch den direkten Bezug zum Ursprungsmaterial leicht intersubjektiv nachvollzogen werden.

Aus dem Kanon der Kodierungsmethoden (vgl. Flick 2009, S. 386 ff.) wurde das thematische Kodieren ausgewählt, das dem vorliegenden Untersuchungskontext eminent gerecht wird, da bei der Entwicklung des Kodierungssystems sowohl deduktiv als auch induktiv vorgegangen wird und das Ausmaß der Abstraktion der Kodes flexibel ist. Dadurch ist es möglich, strukturiert über vorab bestehende Vermutungen hinausgehende Erkenntnisse zur Relevanz kommunaler Bindung und zu deren Beeinflussung zu gewinnen. Wie Abbildung 16 veranschaulicht, gliedert sich die regelgeleitete, transparente Auswertungstechnik in vier aufeinander aufbauende Analyseschritte (vgl. Kuckartz 2010, S. 85).

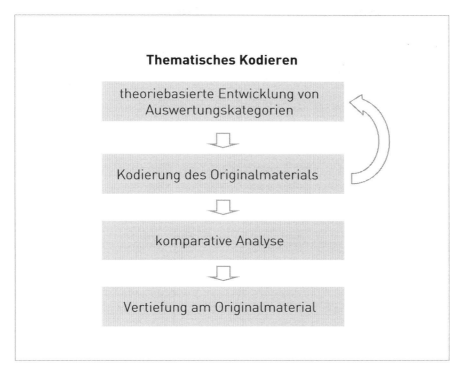

Abb. 16: Auswertungsvorgehen im Rahmen thematischen Kodierens.

Im ersten Schritt werden theoriebasiert Auswertungskategorien entwickelt, aus denen ein Kodierleitfaden resultiert. Dieser beinhaltet grundsätzlich drei Arten von Kodes (vgl. hier und im Folgenden Kuckartz 2010, S. 61 f.):

- Faktenkodes weisen auf tatsächliche objektive Merkmale, bspw. Geburtsort, hin.

- Guidekodes zeigen an, dass sich an Textstellen bestimmte Themen finden, und werden i. d. R. im Laufe des Auswertungsprozesses weiter differenziert.

- Bewertende Kodierungen beurteilen Aussagen, nehmen folglich Bezug auf extern definierte Bewertungsmaßstäbe und stellen hohe Anforderungen an das Urteilsvermögen des Kodierers.

Die Entwicklung des Kodierleitfadens vollzieht sich in einem iterativen Prozess (vgl. hier und im Folgenden Crabtree/Miller 1999; Hopf/Schmidt 1993, S. 58 f.; Schmidt 2010, S. 474 f.). Ausgangspunkt für das Kodiersystem sind theoretische Vorannahmen (vgl. Weston et al. 2001, S. 384). Insofern sind theoriebasierte Leitfäden von Fokusgruppen geeignet, als Basis für eine erste Bestimmung von Auswertungskategorien und entsprechenden Ausprägungen zu dienen (vgl. Lamnek 2005a, S. 232). Das Kodiersystem wird sodann durch intensive Auseinandersetzung mit der empirischen Realität mittels mehrmaligen Lesens des Textmaterials weiterentwickelt.

Besteht eine erste als leistungsfähig erachtete Version des Kodierleitfadens, kann mit der Verknüpfung von Aussagen und Kodes begonnen werden. Dieser Prozess erfordert eine interpretative Analyse des von den Probanden Gesagten, um dessen Sinngehalt zu bestimmen und Kodes zuordnen zu können (vgl. Sinkovics/Penz/Ghauri 2005). Im Laufe dieser Stufe des Auswertungsprozesses wird das Kodiersystem induktiv überarbeitet und ergänzt, um neue Aspekte, die sich während der intensiven Auseinandersetzung mit dem Material zeigen, erfassen zu können (vgl. Schmidt 2010, S. 474). Eine Weiterentwicklung des Kodiersystems geht mit der Notwendigkeit einher, bereits analysierte Texte im Hinblick auf Modifikationen des Kodierleitfadens zu überarbeiten.

Sobald das gesamte Material kodiert ist und keine Anhaltspunkte für nicht erfasste relevante Aussagen vorliegen, wird im dritten Schritt eine komparative Analyse im Sinne einer Materialzusammenstellung vorgenommen. Um erste Hinweise auf relevante Aspekte zu gewinnen, wird eine systematische Aufbereitung der Kodierungsergebnisse anhand von Gruppenübersichten vorgenommen, welche die einer Fokusgruppe zugeordneten Kodes abbilden (vgl. Morgan 1997, S. 61). Des Weiteren können zentrale Unterschiede zwischen Gruppen, im vorliegenden Fall zwischen Zuwanderern und Nicht-Wanderern sowie hohem und niedrigem sozioökonomischen Status, aufgedeckt werden, die Anhaltspunkte für Wirkungsmechanismen darstellen (vgl. zum idealtypischen Vergleich von Kodierung zwischen Gruppen Shively 1992, S. 726 ff.).

Im Rahmen der Analyse von Fokusgruppen ist zu beachten, dass die Erhebung der Aussagen in einem spezifischen, vornehmlich durch die Gruppensituation geprägten Kontext erfolgt. Daher kann nur eingeschränkt aus einer fehlenden Aussage zu einem Aspekt konkludiert werden, dass er für die jeweilige Person nicht von Relevanz ist, wenn andere Gruppenmitglieder einen entsprechenden Sachverhalt bereits thematisiert haben. Ferner ist die Belastbarkeit auf quantifizierenden Auswertungen beruhender Schlussfolgerungen aufgrund der geringen Fallzahlen begrenzt (vgl. Seipel / Rieker 2003, S. 251), weshalb ein solches Vorgehen in der empirischen Wissenschaft nicht unumstritten ist (vgl. Mayerhofer 2009, S. 483; Morgan 1997, S. 62). Vor diesem Hintergrund sind die komparativen Analysen nicht finale Ergebnisse des Auswertungsprozesses, sondern Impulse für intensivere Analysen einzelner Aussagen (vgl. Schmidt 2010, S. 481 f.).

Eine solche Intensivierung der Analyse von Fokusgruppen erfolgt im vierten Untersuchungsschritt, indem für die Kategorien des Kodierungssystems der Sinngehalt der Originalaussagen nachvollzogen und im Hinblick auf Relevanz, Rahmenbedingungen und Wirkungszusammenhänge untersucht wird. Theoretische Vorannahmen und mittels der komparativen Analyse gewonnene Vermutungen werden überprüft und der Erkenntnisstand ausgebaut. Das Kodiersystem erlaubt es, Textstellen zu einem Thema zügig aufzufinden und gemeinsam inhaltlich auszuwerten. Zudem werden gegensätzliche Kodierungen mit gegebenenfalls widersprüchlichen Aussagen in die Untersuchung einbezogen, um die Erkenntnisse zu spezifizieren (vgl. Hopf et al. 1995, S. 30; Schmidt 2010, S. 483). Um die finalen Erkenntnisse zu plausibilisieren und ihre Gültigkeit zu untermauern, werden sie mit Zitaten aus dem Ursprungstext belegt (vgl. Kuckartz 2010, S. 90).

Bei der Auswertung der mittels Fokusgruppen generierten Daten wurde der dargestellte Prozess eingehalten. Mit dem Ziel, die Validität der gewonnenen Erkenntnisse sicherzustellen, wurde systematisch untersucht, welche alternativen Deutungen bestehen (vgl. hierzu Bortz / Döring 2006, S. 335). Alternativdeutungen eines wesentlichen Teils des Materials wurden für die Stufen Entwicklung des Kodiersystems, Zuordnung von Textpassagen und Kodes und finale vertiefte Analyse des Sinngehalts ermittelt. Die Interpretation übernahmen dabei neben dem Verfasser zwei mit dem thematischen Kodieren vertraute wissenschaftliche Mitarbeiter. Zudem wurde im Rahmen einer intensiven Nachbesprechung mit der Moderatorin die Eignung des Kodierleitfadens festgestellt und zentrale Resultate besprochen. Durch intensive Erörterung konnte ein interpersoneller Konsens erreicht werden, der Indiz für die Validität der Ergebnisse ist.

3.2   Gütebeurteilung der qualitativen Untersuchung

Wie zu Beginn von Kapitel C erörtert, werden die zentralen Gütekriterien quantitativer Forschung nur als limitiert auf qualitative Sozialforschung übertragbar erachtet. Vor diesem Hintergrund sind alternative Kriterien entwickelt worden (vgl. hier und im Folgenden Bortz / Döring 2006, S. 326 ff.; Lamnek 2005b, S. 142 ff.; Mayring 2010, S. 117 ff.; Steinke 2009, S. 270 ff.), von denen nachfolgend die Anwendung angemessener Methoden, das empirische Verankern der Ergebnisse, die Sicherstellung intersubjektiver Nachvollziehbarkeit und die Generalisierbarkeit der Resultate zur Gütebeurteilung herangezogen werden.

Die Indikation der Methoden beurteilt, ob angemessene Methoden verwendet werden. Die Eignung der durchgeführten Fokusgruppen als Erhebungsmethode wurde mit der Erörterung der Auswahl als Erhebungsinstrument (vgl. Kapitel C 2.1) ausführlich begründet. Zusammenfassend ist zu konstatieren, dass die Erhebungsmethode geeignet ist, da sie durch kommunikative Interaktion und flexible Konzeption den Probanden Raum bietet, subjektive Aspekte anzubringen, und überraschende Themen, die der weiteren Erhellung des Untersuchungsgegenstandes dienen, erörtert werden können. Zugleich wird durch den Leitfaden sichergestellt, dass theoretisch hergeleitete Aspekte von den Probanden diskutiert werden und somit auch diesbezüglich eine angemessene Informationsgrundlage vorliegt. Ferner konnte die praktische Umsetzbarkeit der Fokusgruppen durch den Pretest und die vierfache Realisation bestätigt werden.

Zudem wird die Selektion der Teilnehmer der Fokusgruppen als angemessen beurteilt, da wie in Kapitel C 2.2 dargestellt mittels systematischer Teilnehmerfestlegung nach theoretisch begründeten Merkmalen möglichst informationsreiche Fälle für die Gruppendiskussion ausgewählt wurden.

Im Hinblick auf die Indikation der Methoden kann von einer adäquaten Datenauswertung ausgegangen werden, wenn wahrheitskonforme Erkenntnisse resultieren. Neben dem regelgeleiteten Vorgehen im Rahmen der Auswertung im Allgemeinen (vgl. Kapitel C 3.1) untermauern drei Umstände die Wahrheitskonformität der Forschungsergebnisse im Besonderen. Erstens war der auswertende Verfasser während der Erhebung anwesend und hat relevante Kontextfaktoren bei der Auswertung berücksichtigt. Zweitens wurden Vorannahmen widersprechende Aussagen explizit in die Auswertung einbezogen. Drittens wurde durch den Einbezug anderer Interpretierender die semantische Gültigkeit der Auswertung überprüft, sodass zu einem hohen Grad die bedeutungsmäßig korrekte Rekonstruktion des Materials angenommen werden kann (vgl. Mayring 2010, S. 119).

Ferner kann konstatiert werden, dass die Ergebnisse empirisch verankert sind, da sie kein Zufallsprodukt sind, sondern durch die zugrunde liegenden Daten fundiert werden. Zum einen werden die mittels der Fokusgruppen gewonnenen Resultate in der Empirie verankert, indem sie durch möglichst zahlreiche Textstellen belegt werden. Zum anderen erfolgte eine kommunikative Validierung der Interpretation der Aussagen der Probanden. Die zentralen Ergebnisse wurden der Moderatorin präsentiert und im Hinblick auf ihre Gültigkeit diskutiert. Dadurch wird – zumindest eingeschränkt – sichergestellt, dass der Auswertende die Probanden korrekt verstanden hat (vgl. Kvale 1995). Außerdem wurden die Diskussionsteilnehmer mit Schlussfolgerungen aus vorherigen Fokusgruppen konfrontiert, die Resultate also gemeinschaftlich verifiziert (vgl. Griggs 1987).

Zur Sicherstellung der intersubjektiven Nachvollziehbarkeit des Vorgehens wurde es ausführlich dokumentiert und begründet. Die ausführliche Erläuterung der Selektion des Erhebungsinstruments, der Konzeption der Fokusgruppen, des Erhebungskontexts sowie der Transkription und der Datenauswertung machen das Vorgehen transparent. Zudem ermöglicht insbesondere die gewählte Auswertungsmethode des thematischen Kodierens das intersubjektive Nachvollziehen der gewonnenen Schlussfolgerungen, da auf das originäre Datenmaterial Bezug genommen wird. Folglich können Dritte die Genese der Resultate weitgehend rekonstruieren und deren Gültigkeit beurteilen, auch wenn der Beweispflicht wegen der Anonymisierung der Transkripte nur eingeschränkt nachgekommen werden kann.

Abschließend wird die Generalisierbarkeit der Erkenntnisse zur Einschätzung der Güte der qualitativen Untersuchung beurteilt. Wie bereits zu Beginn von Kapitel C erläutert stellt das Verstehen sozialer Phänomene den Kern des Erkenntnisinteresses dar. Dabei besteht das Ziel der Analyse nicht darin, Generalisierbarkeit im Sinne wahrscheinlichkeitstheoretisch abgesicherter Schlüsse zu erlangen, sondern anhand detaillierter Einzelbeschreibungen sollen typische Aspekte des interessierenden Phänomens aufgedeckt werden (vgl. Lamnek 2005b, S. 180 ff.). Das Allgemeine wird im Besonderen gefunden, indem durch Abstraktion untersucht wird, „welche Elemente, Ursachen und Bedingungen letztlich essentiell sind" (Steinke 2009, S. 276).

In der qualitativen Untersuchung werden in diesem Sinne verallgemeinerbare Resultate gewonnen, indem relevante Aspekte erschlossen sowie Erklärungsansätze reflektiert und plausibilisiert werden. Allerdings erfolgt mittels Triangulation eine aufbauende quantitative Analyse, um diese Ergebnisse soweit möglich[44] im Hinblick auf ihre Generalisierbarkeit im statistischen Sinne weiter zu untersuchen und deren Geltungsreichweite zu beurteilen (vgl. Flick 2011, S. 76 ff.; Foscht/Angerer/Swoboda 2009, S. 252 ff.; Lamnek 2005a, S. 75 f.; Steinke 2009, S. 276). Durch die Kombination unterschiedlicher Forschungszugänge wird die Güte der Ergebnisse weiter abgesichert. Resultate, die sich einer anschließenden quantitativen Überprüfung entziehen, können als eingeschränkt generalisierbar bewertet werden.

Gütekriterium	Verfahren zur Einhaltung des Gütekriteriums	Bewertung
Anwendung angemessener Methoden		
Erhebungsmethode	kommunikative Interaktion und flexible Konzeption der Erhebung/Leitfaden/Pretest	√
Teilnehmerselektion	systematische Teilnehmerfestlegung nach theoretisch begründeten Merkmalen	√
Datenauswertung	regelgeleitetes Vorgehen/persönliche Anwesenheit des Auswertenden/Berücksichtigung Vorannahmen widersprechender Aussagen/Prüfung semantischer Gültigkeit	√
empirische Verankerung der Ergebnisse	Belegung durch originäres Datenmaterial	√
	kommunikative Validierung	√
Sicherstellung intersubjektiver Nachvollziehbarkeit	Dokumentation und Begründung des Vorgehens	√
	thematisches Kodieren des originären Datenmaterials	√
	Beweispflicht	~
Generalisierbarkeit der Ergebnisse	Aufdeckung des Allgemeinen durch Abstraktion	√
	Triangulation	√
Legende: √ Kriterium erfüllt, ~ Kriterium teilweise erfüllt		

Tab. 10: Güteprüfung der qualitativen Untersuchung.

Die Beurteilungsschritte zur Güteprüfung der qualitativen Analyse sind in Tabelle 10 zusammengefasst. Die Güteanforderungen werden im Wesentlichen als erfüllt bewertet.

---

44 Manche vermutlich relevante Aspekte scheinen vorwiegend respektive ausschließlich einer qualitativen Analyse aufgrund ihrer Explorations-, Zugänglichkeits- und Komplexitätseignung offenzustehen.

3.3   Darstellung der empirischen Ergebnisse

Im Folgenden werden die aus den empirischen Daten erhobenen Ergebnisse in drei Schritten präsentiert. In Kapitel C 3.1.1 werden zunächst die Resultate zur Bedeutsamkeit der Einwohnerbindung im Rahmen interkommunaler Migrationsentscheidungen dargestellt. Da Einwohnerbindung aus theoretischer Perspektive vielförmig Migrationsentscheidungen beeinflussen kann (vgl. Kapitel B 3), erfährt zudem die Prozesshaftigkeit von Migrationsentscheidungen besondere Berücksichtigung. Anschließend werden die Resultate zu Determinanten kommunaler Einwohnerbindung dargeboten. Während sich Kapitel C 3.3.2.1 Erkenntnissen zu Einflussgrößen der Verbundenheit mit einer Kommune widmet, bündelt Kapitel 3.3.2.2 Resultate zu Bestimmungsgrößen der Gebundenheit an eine Kommune.

Insgesamt beinhaltet der Kodierleitfaden 250 Kodes, denen Datenelemente 3657 Mal zugeordnet wurden. Abbildung 17 gibt die Verteilung der zugewiesenen Textstellen auf oberster inhaltlicher Kategorieebene wieder.

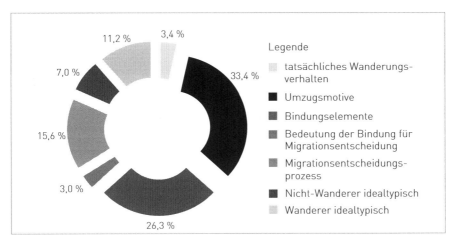

Abb. 17: Relative Verteilung der Datenelemente auf inhaltliche Oberkategorien des Kodierleitfadens.

Bei der Darstellung der Erkenntnisse wird den wörtlichen Beiträgen der Teilnehmer der Fokusgruppen bewusst großer Raum eingeräumt, um dem Leser ein Nachvollziehen der rekonstruierenden Interpretationen zu ermöglichen. Eingeleitet von einer anonymisierten Benennung der Sprechenden werden die Aussagen der Teilnehmer kursiv und in Anführungszeichen wiedergegeben.[45] Beiträge der Teilnehmer im Zusammenhang mit Abschiedsreden werden einleitend gesondert betitelt.

3.3.1 Erkenntnisse zur Relevanz kommunaler Einwohnerbindung im Kontext von Migrationsentscheidungen

Bereits im Rahmen der Vorstellung und des Warm-ups wird deutlich, dass die Befragten in ihrem Leben vom Phänomen Einwohnerbindung im unterschiedlichen Maße betroffen sind. Einerseits drückten sowohl Zuwanderer als auch Nicht-Wanderer keine bzw. negative Bindungen zum Wohnort aus: Exemplarisch hierfür sind die Aussagen von Andre und Marcus:

Andre: *„Da hat mich dann wirklich nichts gehalten."*

Marcus: *„Ich wollte sowieso aus Saarbrücken weg, weil es mir einfach nicht mehr gefallen hat."*

Andererseits ist bei der Mehrheit der Teilnehmer erkennbar, dass eine positive Bindung zum Wohnort besteht, wie sich an der Ausführung von Bettina und der Abschiedsrede von Stefanie nachvollziehen lässt:

Bettina: *„Ich war in genügend Städten, um Berlin beurteilen zu können, also ich wollte in Gedanken auch mal weggehen, aber wenn man zurückkommt, es ist einfach alles schön hier."*

Stefanie Abschiedsrede: *„Liebe alte Heimat, ich habe die Zeit sehr genossen in der wunderschönen Saalestadt, aber jetzt ist es leider an der Zeit zu gehen. Leider ändert sich so manches im Leben und ich und meine Familie müssen aus beruflichen Gründen gehen. Wir werden Dich sehr vermissen, aber wir kommen Dich immer regelmäßig besuchen, Viele Grüße deine Stefanie"*

Die im Rahmen einer Einzelübung verfassten Abschiedsreden (vgl. Kapitel C 2.2) ermöglichen eine Einschätzung der spezifischen Einwohnerbindungen der Teilnehmer. Werden die Abschiedsreden der Verfasser bilanziert, bringen zehn eine negative, drei eine neutrale und 18 eine positive Einwohnerbindung zum Ausdruck (vgl. Tab. 11).

---

45 Die Abkürzungen Mod. und Mod. 2 kennzeichnen Beiträge der Moderatorin bzw. ihres Assistenten.

Erneut sei an dieser Stelle betont, dass kein Anspruch auf Repräsentativität erhoben wird. Es fällt auf, dass der Anteil positiv (negativ) ausgeprägter Einwohnerbindung in der Gruppe der Nicht-Wanderer etwa doppelt so groß (halb so klein) ist wie der in der Gruppe der Zuwanderer.

Einwohnerbindung	Negativ	Neutral	Positiv
Zuwanderer	7	2	6
Nicht-Wanderer	3	1	12
Summe	10	3	18

Tab. 11: Verteilung unterschiedlich ausgeprägter Einwohnerbindung in Abschiedsreden.

Insgesamt kann festgestellt werden, dass unter den Probanden eine erhebliche Varianz vorliegt. Das häufigere Auftreten positiver Einwohnerbindung in der Gruppe der Nicht-Wanderer als in der Gruppe der Zuwanderer lässt einen Zusammenhang zwischen Einwohnerbindung und Migrationsentscheidung vermuten, der vor allem durch die in der Balkenwaagenübung gewonnenen Informationen untermauert wird (vgl. Kapitel C 2.2).

Bei der überwiegenden Zahl der Probanden wird deutlich, dass eine Aussicht auf erhebliche Verbesserungen in verschiedenen Lebensbereichen notwendig ist, um die individuelle Bindung aufzuwiegen und eine Wanderung ernsthaft zu erwägen. Beispielsweise sagten Gabriele und Heiner:

Mod.: *„Wann würden Sie wandern?"*

Gabriele: *„Ich würde nur gehen, wenn meine Partnerschaft nicht mehr existieren würde. (...) Beruflich bräuchte ich zudem eine bessere Perspektive. Diese müsste sich um 70 Prozent verbessern. Um wegzugehen, bräuchte ich einen ziemlichen Anreiz."*

Heiner: *„Ich würde auch mit dem Gehalt anfangen wollen, da würde ich auch sagen, 30 Prozent mehr müssten da schon drin sein. Die Versorgung würde ich plus 10 Prozent haben wollen (...). Lebensstil, also wenn ich schon wegziehe, dann sollten mir 20 Prozent mehr Angebote parat stehen, denn ich muss ja nicht weg. Familie, da gehe ich jetzt mal davon aus, dass meine engere Familie, also Frau und Kind mitziehen, also dass man jetzt nicht getrennt arbeitet. 10 Prozent mehr Zeit wären dann vor dem Hintergrund auch gut. Das wäre so mein Anreiz wegzuziehen."*

Mod. 2: *„Aber auch nur, wenn alles zusammen gegeben ist?"*

Heiner: *„Ja, fällt irgendwas weg, ist der Anreiz zu gering. Ich würde mal sagen, das Ganze macht überhaupt nur Sinn, wenn mehr Gehalt dabei rausspringt."*

Gleichwohl ist festzuhalten, dass für einige Teilnehmer auch die Aussicht auf geringe Verbesserungen ausreicht, um die Bindungsintensität auszugleichen. Exemplarisch hierfür ist die Einschätzung von Andre, der zuvor schon eine geringe Einwohnerbindung an seinen alten Wohnort beschrieb:

Andre: *„Ich bin wahrscheinlich eher das Beispiel gewesen, dass es nicht viel gebraucht hat, um die Stadt zu wechseln. So ist es bei mir ökonomisch plus / minus 0 gewesen, mit der Anforderung einer besseren Kinderbetreuung. Das war nicht der Grund, hierher zu gehen, aber das nehme ich mit. Lebensgefühl reicht plus 1, also einfach sich ein bisschen wohler zu fühlen als in der alten Kommune. Da war ich mir sicher, dass ich das hier tun würde. Und beruflich plus / minus 0, weil, sobald es gleichbleibend ist, wie gesagt, mein Anspruch ist die Existenz bzw. sich sein Lebensstandard zu erhalten. Wenn das mindestens so bleibt, dann ist es super. Also recht neutral, aber es zeigt sich, dass es nicht viel gebraucht hat."*

Zudem wird die Entscheidung zu wandern nicht nur von der Einwohnerbindung beeinflusst. Auch andere Aspekte, vorwiegend die Attraktivität alternativer Wohnorte und der Wunsch, neue Erfahrungen zu machen, sind bedeutsam, wie das Statement von Till verdeutlicht:

Till: *„In erster Linie würde meine Partnerin da stehen, wenn die auch in diese Stadt ziehen würde, dann wäre das für mich der Grund Nummer eins. Ich habe es versucht in Prozent anzugeben, aber ich glaube, das wäre ein sehr geringer Wert, da wäre die Hemmschwelle sehr gering. Wenn sie jetzt sagen würde, dass würde gehen und dass würde so passen, dann wäre ich dabei. (…) Mit dem Lebensstandard, also der sollte für mich gleich oder minimal besser sein. Wenn jetzt die Miete woanders ähnlich wie hier ist und das Einkommen auch, dann wäre es trotzdem ein Grund zu sagen: mal was anderes, warum nicht."*

Der Wirkungszusammenhang zwischen Einwohnerbindung und Migrationsverhalten wird auch angesichts der Beschreibungen idealtypischer Wanderungstypen deutlich.

Für Menschen, denen ein Wohnortwechsel schwerfällt, wird eine stärkere Bindung an den Wohnort angeführt. So skizzierte Stefan W.:

Mod.: *„Was zeichnet diese Menschen aus?"*

Stefan W.: *„Die haben vielleicht auch ein Haus gebaut oder sich irgendwie verschuldet. Und da sind die Eltern noch da und eine Frau und ein Kind da. Das sind Sachen, die einen dann auch mehr da halten."*

Hingegen wird Personen, denen eine Migration leichtfällt, zugeschrieben, eine vergleichsweise niedrige Bindung an den Wohnort zu haben. Patricia und Stefan W. beschrieben sie wie folgt:

Patricia: *„Die dürfen noch nicht so verwurzelt sein, also jüngere Menschen sind grundsätzlich nicht so verwurzelt wie ältere Menschen. Ältere Menschen haben einen Partner, haben Freunde, die haben ein Haus, also die Wanderer haben leichtes Gepäck."*

Stefan W.: *„Tendenziell auch eher Single, da ich denke, mit Partnerschaft ist das Wandern wesentlich schwieriger."*

Insgesamt zeigt sich in den Fokusgruppen, dass die Intensität der Einwohnerbindung wesentlichen Einfluss auf die Migrationsentscheidung nimmt. Teilnehmer, die eine hohe Einwohnerbindung zu ihrem jetzigen bzw. zu einem vergangenen Wohnort skizzieren, brauchen vornehmlich große Wanderungsanreize, um einen Wohnortwechsel in Betracht zu ziehen. Umgekehrt wird deutlich, dass bei Probanden mit geringer Bindung an den Wohnort geringe Anreize genügen, um eine Migration zu erwägen. Die Schilderungen idealtypischer Wanderungscharaktere stützen diesen Zusammenhang und tragen zu einer gewissen Generalisierung des Befunds bei.

Angesicht der aus theoretischer Perspektive vielförmigen Beeinflussung von Migrationsentscheidungen durch Einwohnerbindung (vgl. Kapitel B 3) wird eine genauere Analyse der Migrationsentscheidung und insbesondere ihrer Prozesshaftigkeit vorgenommen.

Angesprochen auf den Prozess einer Migrationsentscheidung wird er i. d. R. als extensiv und komplex charakterisiert. Im Anschluss an eine Initiierung von Migrationsgedanken findet zumeist eine aktive Informationssuche zu Wohnortsalternativen statt, die in einer kognitiv gesteuerten und reflektierten Entscheidung mündet. Anhand der Aussagen von Frank, Heiner und Dajana kann dies nachvollzogen werden:

Frank: „*Indem ich da schon mal hinfahre und mir ansehe, wie es arbeitstechnisch aussieht. So habe ich es auch mit München gemacht. Und als ich wieder zurück bin, habe ich auch hier eruiert. Ich fahre ein paar Mal hin, fahre wieder zurück, dann überlege ich noch mal. Lasse mir die Gegend noch mal durch den Kopf gehen, also ich brauche da so ein bisschen Vorlauf.*"

Heiner: „*Ich glaube, ich würde jede Menge googeln, ich würde den Ort erst einmal von vorne bis hinten mit allen Aspekten von zuhause aus durchleuchten, soweit wie es geht. Was gibt es an kulturellen Möglichkeiten, was gibt es an Sport, was gibt es an landschaftlichen Sachen ringsherum. Da kann man schon eine ganze Menge grob filtern. Dann würde ich auf jeden Fall hinfahren, würde mir die Leute in der Firma ansehen sowie das Umfeld. Dann würde ich sehen, dass ich da mindestens ein Probewochenende verbringe, mit allen möglichen Aktivitäten. (…) Um herauszufinden, ist es nur nominell gut oder ist es wirklich gut.*"

Dajana: „*Und dann Freunde oder Bekannte, die man in der Stadt hat, anschreiben, wo man da wohnen kann. (…) Oder über Facebook schreibt man die halt mal an und fragt so: Sag' mal, wie sieht es da aus. Und auch so Freizeitaktivitäten, ob das dann ähnlich ist, was ich hier auch machen kann.*"

Die Zeiträume zwischen dem Aufkommen aktivierender Gegebenheiten, aus denen Migrationsgedanken resultieren, und der Realisation eines Wohnortwechsels sind im Vergleich zu anderen Entscheidungen daher lang. Die Angaben der Diskutanten differieren stark. Der überwiegende Teil der Teilnehmer nannte auf die explizite Frage nach der Dauer des Prozesses einen Zeitraum zwischen vier bis zwölf Wochen. Maximal wurde ein Zeitraum von etwa zwei Jahren angegeben und mit einer starken Bindung an den alten Wohnort begründet.

Selbst bei Teilnehmern, die ihre Entscheidung als intuitiv charakterisierten, zeigt sich, dass vom Aufkommen von Migrationsgedanken bis zur tatsächlichen Realisation mehrere Wochen vergehen und die Entscheidung mehrfach reflektiert wird. Zwei Probanden gaben einen Zeitraum von weniger als zwei Wochen an, schilderten jedoch auch, dass er sich bei einer intensiveren Bindung an den Wohnort verlängert.

So sagte Fabian:

> Fabian: *„Mein Umzug nach Berlin (…) habe ich innerhalb von 2 Tagen entschieden und war hier.“*

> Mod.: *„Aber heute haben Sie eine Tochter.“*

> Fabian: *„Ja, heute habe ich eine Tochter und heute sieht die Welt anders aus. Beruflich bin ich nicht an einem Ort gebunden. Das müsste ich nicht eruieren. Für mich wären eher Sachen wie Kindergarten, Schule wichtig. Das wären heute Kriterien für mich, über die ich mich schlau machen würde. Ebenso würde ich mich über die Wohngegend und Wohnung informieren. Aber ich würde sagen, dass 4 Wochen mir da genügen würden.“*

Auf Basis der Statements kann festgehalten werden, dass die Dauer des Migrationsentscheidungsprozesses individuell unterschiedlich ausfällt, sich jedoch mit Intensivierung der Einwohnerbindung tendenziell verlängert.

Nachdem Informationen zu relevanten Gegebenheiten eines Wohnortwechsels, wie Umzugskosten, Wohn- und Arbeitsoptionen an potenziellen Zielorten, gesammelt wurden, findet meist eine individuelle Bewertung der Gegebenheiten und bewusste Auswahl der nutzenmaximierenden Handlungsalternative statt. Die Teilnehmer vollziehen Kosten-Nutzen-Kalküle, wie explizit von Olaf beschrieben.

> Olaf: *„Dann würde ich eine Kosten-Nutzen-Rechnung machen. Dann würde ich mit der Familie, Freunden und vielleicht Bekannten beraten. Ich würde ein paar Statements einholen. Dann würde ich – je nachdem ob ich mich dafür entscheiden würde – den Umzug planen.“*

Damit handelt es sich um einen sehr aufwendigen Entscheidungsprozess (vgl. allgemein bspw. Hoyer / MacInnis 2007, S. 219 ff.). Erhebliche Aufwendungen im Laufe der Entscheidung können vor allem auf die hohe Bedeutsamkeit ihres Resultats für den Entscheider zurückgeführt werden. So werden Wohnortwechsel als wesentliche Einschnitte im Leben wahrgenommen, wie die Statements von Stefan W. und Ann-Britt zeigen:

> Mod.: *„Mit welchen anderen Prozessen im Leben ist so ein Umzug vergleichbar?“*

Stefan W.: *„Es ist schon so was wie 180 Grad, weil man relativ viel neue Sachen hat, auf die man sich ein- und umstellen muss, also es ist Arbeit, Freunde, wenn man nicht schon welche hat, aber da kommen noch welche dazu. Dann neue Wohnung, also da verändert sich schon sehr viel auf einmal."*

Ann-Britt: *„Das ist, wie wenn man eine Beziehung beendet."*

Angesichts dessen scheint die nutzenmaximierende Modellierung des Migrationsentscheidungsprozesses mittels SEU-Ansatz (vgl. Kapitel B 2) adäquat.

Neben dem Ergebnis, dass es sich um einen relativ langen sowie extensiven Entscheidungsprozess handelt, zeigen die Statements der Diskutanten, dass anderen Personen eine große Relevanz im Rahmen der Migrationsentscheidung zukommt. Vor allem die Einflussnahme nahestehender Personen im Entscheidungsprozess wird deutlich, ohne an dieser Stelle deren Wirkung auf die Einwohnerbindung ausführlich diskutieren zu wollen.[46] Wenn nahestehende Personen für die Entscheidung relevant sind, werden sie häufig in die Entscheidungsfindung einbezogen und die Komplexität der Entscheidung nimmt zu. Beispielhaft sind hier die Aussagen von Anja, Heiner und Ben:

Anja: *„Das ist einfach eine schwierige Entscheidung, wenn noch jemand mit dranhängt."*

Heiner: *„Nehmen wir an, man fällt eine Entscheidung, dann spielt die Familie natürlich bei der Entscheidungsfindung eine wichtige Rolle."*

Ben: *„Ich würde auf jeden Fall (…) mit der Familie (…) darüber reden, dass so ein Angebot besteht und was die davon halten. Ich würde deutlich machen, dass ich es schon traurig finde, aber dass man so ein gutes Angebot auch vielleicht nicht ausschlagen sollte."*

Wie in Kapitel B 2 gezeigt können Effekte, die aus einer Wanderungsentscheidung für andere resultieren, in den SEU-Ansatz integriert werden. Folglich ist dieser auch in Anbetracht der Relevanz anderer für individuelle oder kollektive Wanderungsentscheidungen geeignet, die Entscheidung angemessen abzubilden.

---

46 Eine ausführliche Darstellung der Ergebnisse der qualitativen Studie zu Effekten nahestehender Personen wie Familienangehörigen auf die Einwohnerbindung erfolgt im folgenden Kapitel C 3.3.2.2.

Nachdem Ergebnisse zu grundsätzlichen Gesichtspunkten des Migrationsentscheidungsprozesses erörtert wurden, werden im Folgenden die Resultate zu den einzelnen Prozessstufen genauer betrachtet.

Bei der Mehrzahl der Teilnehmer werden Wanderungsgedanken überwiegend durch berufliche Gründe und die Intention, private Beziehungen zu intensivieren, angestoßen. Dabei können zum einen Attraktionen potenzieller Zielwohnorte ursächlich für Migrationsgedanken sein. So beschrieben Anja, Steffi und Stefan S.:

Anja: *„Angestoßen hat die Wanderungen der Beruf.“*

Steffi: *„Vor 2 Jahren habe ich mit dem Gedanken gespielt, nach Braunschweig zu gehen. Aber nicht aus beruflichen Gründen, sondern aus Beziehungsgründen.“*

Stefan S.: *„Ich habe mich nach ca. einem Jahr Beziehung entschieden, zu meiner Freundin zu ziehen.“*

Zum anderen kann vor allem Unzufriedenheit mit der eigenen beruflichen Situation am Wohnort Migrationsgedanken anstoßen. Exemplarisch sind hier die Statements von Olaf und Volker:

Olaf: *„Ja, ich habe überlegt und zwar vorwiegend aus beruflichen Gründen, weil meine Freundin auch Juristin ist und in Berlin ist die Arbeitsmarktlage katastrophal.“*

Volker: *„Eigentlich war es der Tag X, der Tag, an dem mein Vorstand nicht mehr bezahlen konnte oder unregelmäßig bezahlt hat, und dann fing ich an mit Suchen. Ich war natürlich häufig, alle 14 Tage, mal 1–2 Tage hier in Berlin geschäftlich und da konnte ich natürlich auch schon meine Fühler ausstrecken, was eine Wohnung betraf. Und dann kam auch noch die Beziehung dazu, die sich entwickelte.“*

Daneben kann Unzufriedenheit mit nicht beruflichen Rahmenbedingungen am Wohnort, primär im Zusammenhang mit der Mentalität, Migrationsgedanken initiieren, wie die Teilnehmer beschrieben:

Angelika: *„Ich musste aus diesem Nest da raus, das hat mich aufgefressen.“*

Mokhtar: „*Das war die Anfangszeit, da hatte ich das Gefühl, dass jeder so ein biss-chen für sich lebt, weil Berlin sehr anonym ist und da habe ich nicht so den Anschluss gefunden. Da war erst die Überlegung da gewesen zu wandern, aber mittlerweile habe ich mich gut eingelebt.*"

Anknüpfend an Migrationsgedanken werden wie bereits geschildert intensiv Informa-tionen zu möglichen Zielwohnorten beschafft. Die anschließende Migrationsplanung ist durch einen intensiven kognitiven Abwägungsprozess gekennzeichnet. Spricht die Abwägung des Nutzens des bisherigen Wohnorts und des Nutzens von Wohnortalter-nativen im Rahmen eines extensiven Entscheidungsprozesses für einen Umzug, wird der Schritt der Migrationsplanung weiter vorangetrieben.

Im Kontext der Migrationsplanung steigt der Anspruch, erwartete Nutzenkompo-nenten am Zielwohnort auch tatsächlich zu realisieren. Wichtige Nutzenelemente werden daher abgesichert. Wesentliches Element der Planung ist folglich die Suche einer Wohnstätte sowie eines Arbeitsplatzes, soweit die Arbeitstätigkeit nicht bereits Migrationsgedanken initiiert hat. Zur Untermauerung seien die Aussagen von Marti-na und Stefan W. angeführt.

Martina: „*Ich würde mir erst einmal dort eine Wohnung suchen (…). Ich würde nicht einfach blind hingehen und mir dann eine Wohnung suchen. Also die Wohnung würde ich im Vorfeld suchen. Dann müsste ich beruflich meine Selbstständigkeit abbrechen und mir dort wieder was aufbauen. Das würde ich vorher versuchen zu regeln.*"

Stefan W.: „*Als es dann stand, dann bin ich auch mit der Planerei gestartet und habe überlegt, wie mache ich es am besten. Dann bin ich auch ein paar Mal hier gewesen, weil ich ja auch eine Wohnung suchen musste.*"

Mitunter besteht der Plan, zunächst bei einem Wohnortwechsel die alte Wohnstätte eine Weile zu halten, um die Entscheidung revidieren zu können. So sagten Gabriele und Dajana:

Gabriele: „*Ich würde auch aus Sicherheitsgründen meine Wohnung hier nicht kündi-gen, sondern untervermieten oder an Freunde vergeben für einen gewissen Zeitraum, bis ich mich in dem neuen Ort heimisch fühle und dann diese Trennung tatsächlich durchführen möchte, also auch auf die Wohnung bezogen.*"

Dajana: „*Ich würde also nicht in einer Woche die Wohnung kündigen, sondern kurz warten.*"

Wenn die Aussicht auf einen Arbeitsplatz und eine Wohnstätte individuell hinreichend sicher ist, werden Bindungen an den bisherigen Wohnort gelöst und die Durchführung konkreter Umzugsmaßnahmen geplant, wie die Ausführungen von Olaf und Ben verdeutlichen:

Olaf: „*Um das überhaupt verbindlich zu machen, wenn man aus beruflichen Gründen wechselt, würde ich mir bestimmt 6 Wochen Zeit lassen. Das muss man auch reichlich durchdacht und überschlafen haben. Und dann würde ich halt so nach und nach die ganzen logischen Sachen regeln, also Verträge kündigen, Umzug planen.*"

Ben: „*Ich gehe davon aus, dass ich das Jobangebot habe, dann würde ich erst einmal unterschreiben und warten, bis ich den unterschriebenen Vertrag auch zurückhabe und dann kündigen.*"

Der Planung folgt schließlich mit der Migrationsrealisation die dritte Stufe des Wanderungsprozesses. Eine geplante Migration wird nur realisiert, soweit nach ihrer Planung keine Barrieren bestehen, die eine Umsetzung verhindern. Anschaulich werden solche einer Realisation entgegenstehenden Barrieren an der Situation von Johanna:

Mod.: „*Johanna, Sie wollen ja eigentlich wieder zurück, aber Sie sind ja immer noch hier.*"

Johanna: „*Ja leider.*"

Mod.: „*Warum haben Sie noch nicht die Initiative ergriffen?*"

Johanna: „*Weil wir eine Firma hier haben. Das ist der Punkt. Wir sind beruflich gebunden. Das ist der ganze Knackpunkt.*"

Resümierend wird in den Fokusgruppen deutlich, dass im Kontext von Migrationen ein extensives Entscheidungsverhalten vorliegt. Der Entscheidungsprozess ist vergleichsweise lang, umfasst eine aktive intensive Informationssuche und ist durch eine kognitive Steuerung gekennzeichnet. Dabei werden die Gegebenheiten verschiedener Wohnortalternativen miteinander verglichen, um auf Basis individueller Bewertungen die beste Alternative zu selektieren. Angesichts der enormen Bedeutung der Entscheidung wird ein hoher Aufwand im Rahmen der Entscheidungsfindung in Kauf genommen. Zudem sind häufig nahestehende Personen in die Entscheidungsfindung eingebunden.

Im Hinblick auf die Prozesshaftigkeit zeigen die Resultate der Fokusgruppen drei Stufen des Migrationsprozesses. Migrationsgedanken werden dabei überwiegend durch Attraktionen potenzieller Zielwohnorte und Unzufriedenheit mit den Bedingungen am jetzigen Wohnort initiiert. Anknüpfende Migrationspläne werden intensiv abgewogen. Zentral ist auf dieser Stufe die Suche nach einer Wohnstätte und einem Arbeitsplatz. Schließlich können Barrieren bestehen, die trotz Plänen die letzte Stufe des Prozesses, die Migrationsrealisation, verhindern.

3.3.2 Erkenntnisse zu Determinanten kommunaler Einwohnerbindung

Ohne der Analyse der Determinanten der Einwohnerbindung vorzugreifen, zeigt sich vor allem in den Abschiedsreden die wesentliche Bedeutsamkeit emotionaler Aspekte im Kontext der Einwohnerbindung sowohl bei Zuwanderern als auch bei Nicht-Wanderern. Beispielhaft ist diesbezüglich neben Franks Abschiedsrede, in der er explizit seine Liebe zum Ausdruck bringt, Steffis Abschiedsrede, die ihre positiven Emotionen ihrem Wohnort gegenüber äußert:

Frank Abschiedsrede: *„(Richtung München) Liebes Berlin, Ich werde Dich immer in Erinnerung behalten. Ich liebe Dich. Viele Grüße dein Frank"*

Steffi Abschiedsrede: *„Liebes Berlin, vielen, vielen Dank! Du wirst immer in meinem Herzen sein und ich werde dich immer wieder besuchen und deine Entwicklung verfolgen. Viele Grüße deine Steffi"*

Die Fokusgruppen verdeutlichen, dass solche positiven Emotionen die Bindung beeinflussen und zu einem Zustand der Verbundenheit mit dem Wohnort führen. Hingegen zeigen die Abschiedsreden von Marcus und Andre, dass gegenüber einem Wohnort auch negative Emotionen bestehen können:

Marcus Abschiedsrede: *„Liebes Saarbrücken, 3 Jahre waren genug. Jetzt reicht es und ich ziehe endlich weg. Tut mir leid, dass es so lange gedauert hat. Bis auf nimmer Wiedersehen. Viele Grüße dein Marcus"*

Andre Abschiedsrede: *„Liebes Hamburg, Du willst das Tor zur Welt sein? Dann gehe ich jetzt dadurch hinaus in die Welt und genieße das Leben ohne Zwänge und Erwartungen in Berlin! Machs gut! Viele Grüße dein Andre"*

Es treten negative Emotionen gegenüber dem Wohnort zutage, die über einen längeren Zeitraum bestehen. Ein dauerhaftes Verbleiben am Wohnort kann in diesem Fall im Kern nicht auf Verbundenheit, sondern auf Gebundenheit zurückgeführt werden.

Vor diesem Hintergrund untermauern die Ergebnisse der Fokusgruppen die Differenzierung der beiden Bindungszustände Verbundenheit und Gebundenheit. Angesichts der Relevanz der Einwohnerbindung für interkommunale Migrationen stellt sich die Frage nach den Einflussfaktoren der beiden Bindungszustände. Bevor diesbezügliche Resultate präsentiert werden, wird vorab jeweils auf die qualitativ gewonnenen Erkenntnisse zur Relevanz des Bindungszustands eingegangen.

3.3.2.1 Verbundenheit mit einer Kommune

Bedeutung des Bindungszustands Verbundenheit

Der Zustand der Verbundenheit ist im Kontext der Einwohnerbindung von großer Relevanz. In allen Fokusgruppen traten emotionale Aspekte der Bindung deutlich hervor. Dies zeigte sich besonders im Rahmen der Erörterung der Elemente der Bindungen. In dieser Phase wurden in den Fokusgruppen Bindungselemente gesammelt und gruppiert sowie Oberbegriffe entwickelt. In jeder Fokusgruppe wurden Oberbegriffe für die gesammelten Bindungselemente fixiert, die eng mit Emotionen verknüpft sind (vgl. Tab. 12).

Fokusgruppe (FG)	Oberbegriffe für emotionale Bindungselemente
FG 1 (Zuwanderer; SOS hoch)	Herzgruppe
FG 2 (Zuwanderer; SOS niedrig)	Heimat / Verbundenheit
FG 3 (Nicht-Wanderer; SOS hoch)	Wohlbefinden
FG 4 (Nicht-Wanderer; SOS niedrig)	Gefühl

Tab. 12: Oberbegriffe zu emotionalen Bindungselementen.

Die Teilnehmer erläutern, dass es zu Verbundenheit mit dem Wohnort führt, wenn ihm gegenüber positive Emotionen bestehen. Darüber hinaus wird die Relevanz der Verbundenheit im Rahmen der Einwohnerbindung in den Aussagen der Probanden ersichtlich. Exemplarisch sind hier die Beiträge von Ann-Britt, Volker und Frank:

Mod. 2: *„Hat so ein Wechsel auch was Emotionales; hat eine Bindung an eine Stadt überhaupt was Emotionales?"*

Ann-Britt: *„Man hat ja Emotionen zu Städten im weitesten Sinne. Das ist sehr emotional."*

Volker: *„Ich habe den Eindruck (…) alle sagen eigentlich, dass sie es emotional betrachten."*

Frank: *„Ich habe es auch mit dem Gefühl gehabt, als ich nach München gefahren bin. Ich wusste, dass meine damalige Freundin da war, und da war die Liebe verankert. Und dieses Gefühl war dann für die Stadt irgendwie da. Als ich dann wieder nach Berlin zurückgefahren bin, kaum an der Stadtgrenze oder Landesgrenze, war dann dieses Heimatgefühl da. Und dieses: Hier fühle ich mich wohl, trotz der Liebe, die 600 km weiter weg war."*

Schließlich zeigte sich der erhebliche Einfluss der Verbundenheit auf die intentionale Komponente der Einwohnerbindung besonders im Kontext der Erarbeitung von Einflussfaktoren einer Umzugsentscheidung in den vier Fokusgruppen. In dieser Phase der Fokusgruppen sammelten die Teilnehmer Migrationsmotive und verdichteten sie zu Oberbegriffen, ähnlich wie bei der Erörterung der Elemente der Bindungen. Zusätzlich bewertete jeder Proband die generierten Oberbegriffe hinsichtlich ihrer Relevanz für Migrationsentscheidungen. Eine Analyse zeigt, dass in den vier Fokusgruppen weitgehend ähnliche Oberbegriffe hinsichtlich emotionaler Aspekte gefunden wurden (vgl. Tab. 13). Diesen emotionalen Einflussfaktoren von Migrationsentscheidungen wurde eine hohe relative Bedeutsamkeit zwischen 18 und 29 Prozent zugesprochen.[47]

---

47 Diesbezüglich ist anzumerken, dass quantitative Einschätzungen im Laufe der Fokusgruppen keinen Anspruch auf Allgemeingültigkeit erheben, sondern als Tendenzaussagen zu verstehen sind.

Fokusgruppe (FG)	Oberbegriffe für emotionale Einflussfaktoren von Migrationsentscheidungen	Relative Bewertung der Bedeutsamkeit
FG 1 (Zuwanderer; SOS hoch)	Lebensgefühl	18 %
FG 2 (Zuwanderer; SOS niedrig)	Mentalität	29 %
FG 3 (Nicht-Wanderer; SOS hoch)	Lifestyle	10 %
	Gefühl	10 %
FG 4 (Nicht-Wanderer; SOS niedrig)	Lebensstil / Gefühl	18 %

Tab. 13: Bewertung emotionaler Einflussfaktoren von Migrationsentscheidungen.

Die individuellen Einzelbewertungen bezüglich der Relevanz weisen erwartungsgemäß eine größere Varianz auf, bilanzierend bestätigt sich allerdings der kollektive Befund.

Als Resümee kann folglich festgehalten werden, dass Emotionen aus Sicht der Teilnehmer eine wichtige Rolle im Rahmen der Einwohnerbindung zukommt. Werden einem Wohnort positive Emotionen entgegengebracht, resultiert der Zustand der Verbundenheit, der die intentionale Komponente der Einwohnerbindung wesentlich beeinflusst.

Im Folgenden wird der Frage nachgegangen, welche Faktoren auf die Verbundenheit einwirken. Im Laufe der Analyse treten materielle und immaterielle kommunale Kontextfaktoren als Einflussfaktoren zutage.

Materielle kommunale Kontextfaktoren
Angesprochen auf Elemente, die Menschen mit ihrem Wohnort emotional verbinden, äußerten viele Teilnehmer, dass ein wesentlicher Einfluss von der Bewertung der eigenen Wohnstätte ausgeht. Vor allem wurde von den Probanden angeführt, dass Personen, die sehr zufrieden mit ihrer Wohnstätte sind, ihren Wohnort nicht wechseln, weil sie fürchten, keine gleichwertige Wohnstätte zu finden. Dementsprechend beschrieb Katharina:

Mod.: *„Was können Gründe sein, weshalb man den Schritt nicht wagt wegzugehen?"*

Katharina: *„Man lebt dort, wo ich herkomme, einfach großzügiger, also man hat ein Haus mit einem riesengroßen Stück Land drum herum (…). Das ist schon schön, also so (…) eine Wohnsituation, die einfach schöner ist, natürlicher ist."*

Neben der Zufriedenheit mit der eigenen Wohnstätte ist aus Sicht der Probanden auch die Beurteilung der Wohnumwelt ein wesentlicher Einflussfaktor der Verbundenheit. Dabei wird über alle Fokusgruppen hinweg deutlich, dass die Wohnumwelt nicht global bewertet wird, sondern diverse Faktoren herangezogen werden. Auf Basis der Aussagen der Probanden können mit Architektur/Raumplanung, Wohlfahrtsleistungen, Angebot an Geschäften, öffentliche Verkehrsmittel und Angebot an Freizeitaktivitäten fünf Bereiche grob differenziert werden. Die Ergebnisse zu diesen Bereichen werden nachfolgend erörtert.

Bereits zu Beginn der Fokusgruppen wurde anhand der Beschreibungen von Fotos, in denen sich die Verbindung zum Wohnort manifestiert, deutlich, dass der Faktor Architektur/Raumplanung von Relevanz ist. So schilderten Stefan S. und Christian:

> Stefan S.: *„Ich würde den Prenzlauer Berg nehmen, wegen der Altbausubstanz. Die Häuser sind jetzt meist schon renoviert, aber ich finde, es ist ein sehr schöner Stadtbezirk. Vielleicht von den Mieten abgesehen, aber die Häuser sind sehr attraktiv."*

> Christian: *„Und dann würde noch ein Foto vom Prenzelberg oder auch vom schönen grünen Berlin-Pankow machen. Da finde ich auch viele schöne Ecken."*

Bei vertiefter Analyse zeigen sich vereinzelt Hinweise auf zwei Subdimensionen des Faktors Architektur/Raumplanung in Form von Gebäudeästhetik und Gebäudedichte.

Als weiteren bedeutsamen Faktor hoben einige Teilnehmer Wohlfahrtsleistungen hervor. Beispielhaft seien die Ausführungen von Anja und Stefanie angeführt:

> Anja: *„Man (…) guckt sich die Schullandschaft (…) an, man guckt sich die Umgebung auch auf Kindertauglichkeit an und ähnliche Geschichten."*

> Stefanie: *„Viele nehmen auch auf die Kinder Rücksicht, (…) wenn die Kinder gerade auf eine sehr gute Schule gehen und dann müsste gewechselt werden und dann kommen sie vielleicht nicht auf eine gleichwertig gute Schule."*

Marcus führte zu Gründen, die für eine Migration relevant sind, aus:

> Marcus: *„Vielleicht auch die Dichte der Einrichtungen, wie Reha-Einrichtungen oder Krankenhäuser."*

Wird von diesen sehr konkreten Einzelaussagen abstrahiert, wurde in den Fokusgruppen im Kern okkasionell die Relevanz der Subdimensionen Schulinfrastruktur und soziale Einrichtungen erörtert.

Die Gespräche in den Fokusgruppen verdeutlichten außerdem, dass die Wohnumwelt auch hinsichtlich des Faktors Angebot an Geschäften beurteilt wird. So beschrieb Andre:

> Andre: *„Ich würde die Torstraße fotografieren, denn ich wohne dort auch um die Ecke und ich finde es dort genial (…). Ich mag die Gegend, weil da ständig neue Läden entstehen (…)."*

Vor allem wurde die Verfügbarkeit spezifischer Geschäfte hervorgehoben. Tendenziell zeigte sich, dass für die Probanden ein vielfältiges Angebot individueller, sich unterscheidender Geschäfte wichtiger ist als deren absolute Anzahl.

Daneben wurde immer wieder die Bedeutsamkeit des Faktors öffentliche Verkehrsmittel für die Verbundenheit thematisiert. Die Aussage von Patricia und die Abschiedsrede von Mokhtar verdeutlichen dies:

> Patricia: *„Positiv ist auch die Mobilität und der Nahverkehr in Berlin, also es gibt viele Nachtbusse, viele U-Bahnen, man kommt in der Stadt auch abends und nachts gut rum."*

> Mokhtar Abschiedsrede: *„Liebes Berlin, ich hatte einen sehr schönen Aufenthalt in Berlin. Das ständige Problem mit der S-Bahn ist für mich ein störender Faktor. (…) Ansonsten hat es mir hier sehr gefallen. (…) Viele Grüße dein Mokthar"*

Schließlich wurde die Relevanz eines angemessenen Angebots an Freizeitaktivitäten durch die Teilnehmer betont. Ähnlich dem Faktor Angebot an Geschäften kristallisierte sich auch diesbezüglich in der Diskussionen heraus, dass primär die Vielfältigkeit des Angebots von Bedeutung ist. So berichteten David und Ann-Brit:

> David: *„Ich hatte die Möglichkeit, aus einer kleineren Stadt überhaupt nach Berlin zu ziehen, und da kann das Freizeitangebot in einer kleineren Stadt eher nicht größer sein als das, was man in Berlin hat."*

Ann-Britt: „*Das man alles das hat, was man selber als wichtig empfindet, wie ich z. B. die Vielfältigkeit in Sachen Freizeitangebot (…). Dass, was man hat, einfach mehr ist, als es vorher war. Ich weiß das, denn ich besuche meine Heimat Wuppertal, ich besuche meine Freunde, ich freue mich wahnsinnig, aber ich merke, ich würde mich nach einer Weile langweilen. Freundschaft hin oder her.*"

Wie die Probanden betonten, ist die Vielfältigkeit vor allem in kleinen Wohnorten zu bemängeln. Zudem wurde angebracht, dass bestimmte Wohnorte aufgrund geografischer Gegebenheiten wie die Lage am Meer oder im Gebirge spezielle Freizeitmöglichkeiten bieten, die zu Verbundenheit führen können.

Zusammenfassend wurde in den Fokusgruppen deutlich, dass die Verbundenheit mit einem Wohnort wesentlich durch materielle kommunale Kontextfaktoren beeinflusst wird. Dabei ist einerseits die Zufriedenheit mit der eigenen Wohnstätte relevant. Andererseits ist von Bedeutung, wie zufrieden Einwohner mit ihrer Wohnumwelt sind. Als Resultat hinsichtlich der Zufriedenheit mit der Wohnumwelt zeigte sich, dass vor allem die Faktoren Architektur / Raumplanung, Wohlfahrtsleistungen, öffentliche Verkehrsmittel, Angebot an Geschäften und Angebot an Freizeitaktivitäten belangvoll sind.

Immaterielle kommunale Kontextfaktoren
Weiteres zentrales Resultat der Fokusgruppen ist, dass zudem immaterielle kommunale Kontextfaktoren die Verbundenheit mit einem Wohnort beeinflussen. Im Kern lassen sich in den Diskussionen die vier unterschiedlichen, jedoch nicht voneinander unabhängigen Faktoren Aufwachsen am Wohnort, Mentalität des Wohnorts, lokales freiwilliges Engagement und soziale Kohäsion identifizieren.

In den Gruppengesprächen wurde häufig erwähnt, dass Wohnorte Einwohner prägen können. Die Probanden beschrieben, dass aus einer solchen Prägung Verbundenheit mit dem Wohnort resultieren kann. Sehr intensive Prägung findet im Laufe des Aufwachsens statt (vgl. Hülshoff 2012, S. 216), sodass die Verbundenheit erheblich dadurch beeinflusst wird, ob ein Individuum an seinem Wohnort aufgewachsen ist. Der Effekt der Heimat während der Kindheit und der Adoleszenz wird durch die Stellungnahme von Katharina und die Abschiedsrede von Ben untermauert:

Mod. 2: „*Und wenn man über die Bindung nachdenkt, gar nicht mal unbedingt Berlin, sondern eher allgemein. Ist es relevant, ob man da geboren ist?*"

Katharina: „*Ich finde doch, dass man den Bezug zu seinem Elternhaus oder einfach da, wo man aufgewachsen ist, da hat man halt Erinnerungen dran, ob die nun gut oder schlecht sind, sei dahingestellt, aber die Verwurzelung ist schon da.*"

Ben Abschiedsrede: „*(Richtung z. B. München) Liebes Berlin, du bist und bleibst immer die Mutterstadt! Das Leben mit dir hat mich geprägt und ich werde dich nie vergessen! Leider habe ich ein anderes Angebot bekommen, welches ich in jedem Fall testen muss! Aber ich weiß genau, wir sehen uns wieder! Also auf Wiedersehen! Viele Grüße dein Ben.*"

Ein weiterer Aspekt, auf dem die Verbundenheit mit einem Wohnort basieren kann, ist die Mentalität. Mit Nachdruck brachten die Teilnehmer Mentalität als wesentlichen Einflussfaktor ein. So sagten z. B. Steffi, Evin und Stefan W.:

Mod.: „*Was kann einen noch halten?*"

Steffi: „*Auch die Mentalität, denn die Leute in Stuttgart sind schon anders.*"

Evin: „*Das Flair, z. B. am Kottbusser Tor, werde ich woanders nirgends finden.*"

Stefan W.: „*Für mich war der ausschlaggebende Punkt die Mentalität, auf jeden Fall.*"

In den Fokusgruppen wurde Wohnorten eine Mentalität zugeschrieben, die mitunter wohnortspezifisch aufgefasst wird. Exemplarisch ist hier das Statement von Stella:

Mod.: „*Dann ist die Stadt sogar austauschbar? Würden Sie so weit gehen?*"

Stella: „*Nein, denn jede Stadt hat ihre eigene Mentalität.*"

Die spezifischen Mentalitäten von Wohnorten werden durch die Probanden unterschiedlich bewertet und üben vor diesem Hintergrund ungleiche Wirkungen auf die Einwohnerbindung aus. Einerseits kann eine positiv beurteilte Mentalität zu einer intensiven Einwohnerbindung führen. Deutlich wird dies besonders an dem Bericht von Anja und der Abschiedsrede von Stella:

Mod.: „*Warum sind Sie so lange in Dortmund geblieben? Warum sind Sie nicht weggegangen?*"

Anja: „*Es war auch so ein bisschen das Ruhrpott-Gefühl (…). Es ist eine total emotionale Sache. Zum Beispiel wenn ich da in der Straßenbahn sitze, dann ist es einfach anders, als wenn ich hier in der Straßenbahn sitze, weil die Leute kommunikativer sind. Sie reden viel mehr miteinander.*"

Stella Abschiedsrede: „*Liebes Hamburg, oh meine Alster, oh Du stilvolle Stadt. Dich hatte ich niemals satt und Deine Hamburger waren so einzigartig und individuell, dass vergesse ich nicht so schnell. Tolle Zeit allzeit wieder bereit. (Anm.: gezeichneter Smiley). Viele Grüße deine Stella.*"

Andererseits kann abgelehnte Mentalität eine negativ ausgeprägte Einwohnerbindung bedingen, also dazu führen, dass entsprechend bewertete Wohnorte keine attraktiven Alternativen sind. Beispielhaft hierfür ist die Situation von Marcus, der nach Berlin gekommen ist, da er Saarbrücken unbedingt verlassen wollte:

Marcus: „*Also ich würde nicht mehr nach Saarbrücken ziehen, wegen der Mentalität.*"

Der bisweilen starke Effekt einer negativen Mentalität wird an der Ausführung von Christian sehr deutlich:

Christian: „*Ich habe eine Freundin und die wohnt in Niedersachsen und da findet jährlich so ein Gildefest statt, grausam. Und das drückt für mich alles das aus, was ich an Deutschland nicht mag. Das finde ich absolut grausam. Da nehmen Leute Kredite auf, damit sie Schützenkönig sind und sie die Leute alle glücklich machen können und das ist nur 3 Tage Dauersaufen. Mehr passiert da nicht. Widerlich.*"

An dieser Stelle soll hervorgehoben werden, dass Mentalität von Wohnorten individuell beurteilt wird. Während die Mentalität an einem identischen Wohnort von manchen Einwohnern positiv wahrgenommen wird, bewerten andere Einwohner diese negativ. Entsprechend ergeben sich unterschiedliche Effekte im Hinblick auf die Einwohnerbindung, wie Andre ausführte:

Andre: „*Flaschen auf der Straße und so. Entweder man kann damit leben oder nicht. Wir sitzen jetzt hier, sind alle irgendwie nach Berlin gekommen und hatten es auch vor und ich glaube, jeder kennt Beispiele, die sagen, okay, der bleibt auch in seinem Heimatort oder in seinem Heimatdorf, sogar bis das Leben vorbei ist. Das ist auch eine Typ-Frage."*

Besonders anschaulich wird die zentrale Rolle der Mentalität für die Verbundenheit in den Fotos, welche die Teilnehmer beschrieben, um ihre Verbindung zu Berlin auszudrücken:

Stella: *„Ja, z. B. Mauerpark-Flohmarkt, denn da kommen eigentlich immer so alle Menschen, die in Berlin wohnen, zusammen."*

Lisa: *„Ich würde den Wochenmarkt am Boxhagener Platz fotografieren. Da habe ich das Gefühl, da laufen immer dieselben Leute rum."*

Diese Aussagen verdeutlichen zudem den Stellenwert von Mitmenschen in Bezug auf die Mentalität. Als Resultat der Fokusgruppen zeigt sich, dass die Beurteilung der Mentalität im Kern von der Kongruenz zwischen einem mehr oder weniger idealen Selbstbild und dem Bild der Mitmenschen im Wohnort bestimmt wird. Anhand der Ausführungen von Frank und der Abschiedsrede von Christian kann dies nachvollzogen werden:

Frank: *„Das Liebevolle (…) auch mit fremden Personen, dass man freundlich und liebevoll aufeinander zugeht. Das, was ich in München erlebt habe, das Uniforme mag ich nicht. Ich finde die liebevolle Art, wie man aufeinander zugeht, besser, als die Einstellung ‚Ich bin was Besseres'."*

Christian Abschiedsrede: *„Liebes Neubrandenburg, ich vermisse nicht deine Intoleranz, Engstirnigkeit und Biedermannqualität. Mach es gut!!! Viele Grüße dein Christian."*

Freiwilliges lokales Engagement wurde als weiterer bedeutsamer immaterieller Einflussfaktor der Verbundenheit in den Fokusgruppen thematisiert. Die Probanden beschrieben, dass Menschen ihr lokales freiwilliges Engagement aufgrund verschiedener Nutzenmotive verfolgen. Nach dem funktionalen Erklärungsansatz engagieren sich Menschen freiwillig aufgrund einer Karrierefunktion, einer Verbesserungsfunktion, einer Verständnisfunktion, einer Schutzfunktion, einer Wertefunktion und einer sozialen Funktion (vgl. Clary et al. 1998). Die Aussagen zu Nutzenmotiven in den Fokusgruppen lassen sich diesen Funktionen zuordnen.

Ein Individuum bedenkt, dass im Falle lokalspezifischen Engagements der aus den Funktionen folgende Nutzen nach einem Wohnortwechsel nicht mehr bzw. nicht unmittelbar generiert werden kann, wie sich aus den Aussagen der Probanden ableiten lässt. Daher kann lokales freiwilliges Engagement zu einer stärkeren Verbundenheit mit dem Wohnort führen. Die Relevanz lokalen freiwilligen Engagements für eine Verbundenheit mit dem Wohnort kann anhand des Statements von Volker nachvollzogen werden:

Volker: *„Könnte sein, denn das Kabarett ist bei mir so ein Grund gewesen, sehr, sehr ungern aus Leipzig wegzugehen, weil ich die Truppe gegründet habe. Wir haben auch ein gutes freundschaftliches Verhältnis nach wie vor, aber natürlich spielen die existenziellen Gründe die Hauptrolle. Da muss man sich entscheiden.“*

Schließlich ist in den Gruppendiskussionen der die Verbundenheit fördernde Einfluss sozialer Kohäsion erkennbar. Die Teilnehmer erörterten, dass, je intensiver die soziale Kohäsion ausgeprägt ist, desto stärker sind Personen mit ihrem Wohnort verbunden. Deutlich wird dieser Zusammenhang bspw. bei Martina, die beschrieb:

Martina: *„Freizeit könnte auch ein Grund sein, denn ich bin im Badminton-Club und da ist man auch über die Jahre gebunden und möchte dort auch die Bekannten und netten Sportaktivitäten nicht abbrechen, die man so kennt. Natürlich ist es auch ein Grund. Nicht so ein gravierender wie alles andere, aber schon wichtig.“*

Es kann konstatiert werden, dass in den Fokusgruppen neben materiellen auch immaterielle Faktoren als essenzielle Einflüsse der Verbundenheit aufgezeigt werden. Relevant ist, ob eine Person am Wohnort aufgewachsen ist und wie die Mentalität am Wohnort beurteilt wird, vor allem im Hinblick auf andere Einwohner. Zudem können lokales freiwilliges Engagement und soziale Kohäsion die Verbundenheit stärken, wie in den Gruppendiskussionen dargestellt wurde.

Moderierende Wirkung
Außer den bereits dargestellten Faktoren mit direkter Wirkung auf die Verbundenheit konnten mittels der Fokusgruppen auch moderierende Einflüsse identifiziert werden. Die Ergebnisse lassen vermuten, dass die Stärke der Zusammenhänge zwischen materiellen bzw. immateriellen Einflussfaktoren und der Verbundenheit durch individuelle Einstellungen der Migrationsentscheider determiniert wird. Als essenziell werden

diesbezüglich die Sehnsucht nach Veränderung und die Risikobereitschaft von den Teilnehmern dargestellt.

Mehrfach zeigte sich in den Fokusgruppen, dass Migrationsentscheidungen durch eine wohnortbezogene Sehnsucht nach Veränderung beeinflusst werden. So äußerten Stefan W. und Lisa:

Stefan W.: *„Vielleicht auch Angst vor Veränderungen, nur dann darf man gar nichts mehr machen."*

Mod.: *„Warum zieht man aus einer Gemeinde weg?"*

Lisa: *„Nicht die Langeweile, sondern die Neugier. Ich will jetzt nicht behaupten, dass es in meiner Heimat langweilig ist, aber ich hatte einfach Lust auf was Neues."*

Ferner brachten die Probanden mit Nachdruck ein, dass eine geringe Risikobereitschaft die Verbundenheit steigern kann. Exemplarisch sind die Aussagen von Lisa und Olaf:

Lisa: *„Ich kenne viele, die immer gesagt haben, dass sie auch gerne weggegangen wären, (…) aber diese Risikobereitschaft ist tatsächlich bei vielen nicht immer da (…)."*

Mod.: *„Was können Gründe, Ängste, Bedenken sein, weshalb man sich nicht von einer Stadt trennen kann?"*

Olaf: *„Fehlende Risikobereitschaft"*

Die Diskussion dieser beiden Faktoren unter einigen Teilnehmern kann in Bezug auf die Wirkung folgendermaßen zusammengefasst werden. Abhängig von den persönlichen Dispositionen des Migrationsentscheiders haben materielle wie immaterielle Kontextfaktoren eine unterschiedlich starke Wirkung auf Migrationsentscheidungen. So resultiert bspw. aus einer bei zwei Personen identisch ausgeprägten Zufriedenheit mit der Wohnstätte bei Person A eine geringere Verbundenheit als bei Person B, da Person A eine stärkere Sehnsucht nach Veränderung hat. Die Fokusgruppen lassen also darauf schließen, dass es sich bei der Sehnsucht nach Veränderung und der Risikobereitschaft um Moderatorvariablen handelt.

3.3.2.2 Gebundenheit an eine Kommune

Bedeutung des Bindungszustands Gebundenheit

Im Kontext der Einwohnerbindung ist neben der Verbundenheit der Zustand der Gebundenheit von essenzieller Bedeutung. In allen Fokusgruppen wurden Aspekte, aus denen Gebundenheit resultieren kann, ausführlich diskutiert. Die große Relevanz der Gebundenheit kann anhand der gesammelten Oberbegriffe der Bindungselemente untermauert werden. In jeder Fokusgruppe wurden Oberbegriffe generiert, die vorwiegend faktische Gebundenheit erzeugen (vgl. Tab. 14).

Fokusgruppe (FG)	Oberbegriffe zu faktischen Gebundenheitselementen
FG 1 (Zuwanderer; SOS hoch)	ökonomische Gründe
FG 2 (Zuwanderer; SOS niedrig)	Beruf / persönliche Bindung
FG 3 (Nicht-Wanderer; SOS hoch)	beruflich / soziale Bindungen
FG 4 (Nicht-Wanderer; SOS niedrig)	soziale Bindungen

Tab. 14: Oberbegriffe zu faktischen Gebundenheitselementen.

Die Relevanz der Gebundenheit auf die intentionale Komponente der Einwohnerbindung wird anhand der in den Fokusgruppen erarbeiteten Relevanz faktisch bindender Einflussfaktoren für eine interkommunale Umzugsentscheidung deutlich. Werden die relativen Bedeutsamkeiten der einzelnen bindenden Faktoren addiert, wird die hohe Bedeutsamkeit bindender Faktoren deutlich, die in den Fokusgruppen zwischen 46 und 77 Prozent liegt.[48]

---

48 Diesbezüglich ist anzumerken, dass quantitative Einschätzungen im Laufe der Fokusgruppen keinen Anspruch auf Allgemeingültigkeit erheben, sondern als Tendenzaussagen verstanden werden.

Fokusgruppe (FG)	Oberbegriffe für faktisch bindende Einflussfaktoren von Migrationsentscheidungen	relative Bewertung der Bedeutsamkeit	summierte relative Bedeutsamkeit
FG 1 (Zuwanderer; SOS hoch)	ökonomisch	11 %	77 %
	beruflich	34 %	
	private Beziehungen	32 %	
FG 2 (Zuwanderer; SOS niedrig)	Lebensstandard / Arbeitsleben	26 %	46 %
	Familie / Privatleben	20 %	
FG 3 (Nicht-Wanderer; SOS hoch)	Lebensstandard	23 %	48 %
	Familie	25 %	
FG 4 (Nicht-Wanderer; SOS niedrig)	Arbeitsleben / Beruf	35 %	68 %
	Familie	33 %	

Tab. 15: Bewertung faktisch bindender Einflussfaktoren von Migrationsentscheidungen.

Die kollektive Bewertung der Relevanz faktisch bindender Faktoren (vgl. Tab. 15) bestätigt im Kern das Bild, das sich auf Basis individueller Einzelbewertungen ergibt, wenngleich diese eine größere Streuung aufweisen.

Als Teilfazit kann konstatiert werden, dass faktisch bindende Faktoren aus Perspektive der Probanden für die Einwohnerbindung von großer Bedeutung sind. Liegen solche Faktoren vor, resultiert der Zustand der Gebundenheit, der die intentionale Komponente der Einwohnerbindung essenziell beeinflusst. Vor diesem Hintergrund wird analysiert, welche Faktoren auf die Gebundenheit einwirken. Ausführlich erörterten die Teilnehmer, dass faktische Bindungen an einen Wohnort bestehen können, die eine Migration verhindern. Wird von Einzelaussagen abstrahiert, zeigt sich, dass Ursachen faktischer Bindungen in die Bereiche wirtschaftliche Spezifika, Evaluation der Betreuung und soziale Spezifika differenziert werden können.

Wirtschaftliche Spezifika

Im Kern thematisierten die Probanden im Kontext wirtschaftlicher Spezifika Gebundenheit erzeugende Gegebenheiten aus den Bereichen Berufstätigkeit und Wohneigentum.

Die Teilnehmer brachten mit Nachdruck ein, dass berufliche Gründe zur Gebundenheit an den Wohnort führen können. In diesem Kontext wurde sowohl die berufliche Gebundenheit abhängig Beschäftigter im privaten wie öffentlichen Sektor als auch Selbstständiger hervorgehoben. Exemplarisch sind die Aussagen von Patricia, Stefanie und Gabriele:

Mod.: *„Was können noch starke Bindungsgründe sein, weshalb man einen Ort nicht verlässt?"*

Patricia: *„Beruf ist auch noch ein ganz großer Grund, denn wenn ich irgendwo hingehe, ohne einen beruflichen Anker zu haben, besteht ein Risiko."*

Stefanie: *„Weil man im öffentlichen Dienst arbeitet und gar keine Möglichkeiten hat, wenn man keinen Tauschpartner findet."*

Gabriele: *„Weil man sich ein Geschäft aufgebaut hat, das man nicht mitnehmen kann."*

Ergänzend ist anzumerken, dass berufliche Gebundenheit auch im Zusammenhang mit einer Ausbildung entstehen kann, wie an Katharinas Beitrag deutlich wird:

Katharina: *„Weil man woanders keinen Ausbildungsplatz bekommt. So geht es vielen Leuten aus Berlin, die nicht weggehen, weil sie in Potsdam studieren."*

Die Probanden erläuterten, dass berufliche Gründe nicht nur einen Wohnortwechsel forcieren, sondern wohnortspezifische berufliche Bindungen auch grundsätzlich eine starke Gebundenheit an einen Wohnort erzeugen können, vor allem wenn die berufliche Tätigkeit nur bedingt an einem anderen Ort ausgeführt werden kann. Im Kontext wohnortspezifischer beruflicher Bindung kommt darüber hinaus der Tatsache Bedeutung zu, ob die Arbeitsstätte im Wohnort liegt. Die Teilnehmer beschrieben, dass die Gebundenheit an einen Wohnort stark ist, wenn die Arbeitsstätte im Wohnort liegt.

Im Zusammenhang mit wirtschaftlichen Spezifika kann ferner der Besitz selbstgenutzten Wohneigentums zu Gebundenheit an einen Wohnort führen, wie die Probanden erörterten. So beschreibt Stefan W. Personen, denen eine Migration schwerfällt, idealtypisch:

Stefan W.: *„Die haben vielleicht auch ein Haus gebaut (…). Das sind Sachen, die einen dann auch mehr da halten."*

Dabei können sowohl finanzielle als auch emotionale Gründe ursächlich für eine Gebundenheit durch selbstgenutztes Wohneigentum sein. Der Kommentar von Stefanie veranschaulicht dies:

Stefanie: *„Ich habe kein Eigenheim, aber ich kann mir beides vorstellen. Die einen sicherlich, weil sie es für den Preis, den sie damals investiert haben, nicht wieder losbekommen. Oder weil sie sich so eingerichtet haben, weil sie es wollten oder sich wirklich auch einen Traum erfüllt haben und es einfach auch nicht loslassen wollen. Oder vielleicht von der Familie geerbt haben und es einfach nicht loslassen wollen.“*

Resümierend zeigte sich in den Fokusgruppen bezüglich wirtschaftlicher Spezifika, dass berufliche Aspekte Gebundenheit an einen Wohnort erzeugen können, besonders wenn die Arbeitsstätte im Wohnort liegt. Zudem kann selbstgenutztes Wohneigentum an den Wohnort binden, wofür sowohl finanzielle Gründe als auch emotionale Gründe ursächlich sein können.

Evaluation der Betreuung

Neben wirtschaftlichen Spezifika wurde in den Gruppendiskussionen auch deutlich, dass die Evaluation der Betreuungssituation bei Eltern die Gebundenheit an eine Kommune beeinflusst. Exemplarisch ist hier die Aussage von Fabian:

Fabian: *„Kinder würde ich noch sagen, besonders das Betreuungsangebot der Kinder.“*

Dabei differenzierten die Diskutanten zum Teil zwischen der Situation bei Vorschulkindern und Schulkindern. Zum einen berichten Fabian und Ann-Britt:

Fabian: *„Da beneide ich meine Geschwister nicht. Die sind im Westen von Deutschland und die haben totale Probleme, irgendwelche Kitaplätze zu kriegen. Das Problem war mir völlig fremd.“*

Ann-Britt: *„Und wenn sie es geschafft haben, dann ist es mörderteuer.“*

Zum anderen zeigte sich, dass auch die schulische Betreuung Gebundenheit erzeugen kann, wenn aus Sicht der Probanden Wohnortalternativen keine adäquate schulische Betreuung bieten. Nachvollziehbar ist dies auch an der Aussage von Marcus:

Marcus: *„Da wäre ich auch irgendwo fest verwurzelt (…) in 10 Jahren, wenn mein Kind in die Schule geht.“*

Somit kann als Resultat der Fokusgruppen festgehalten werden, dass die Gebundenheit an einen Wohnort bei Eltern minderjähriger Kinder sowohl durch die Zufriedenheit mit der Betreuungssituation von Kindern, die noch nicht zur Schule gehen, als auch durch die Zufriedenheit mit der Betreuungssituation schulpflichtiger Kindern beeinflusst wird.

Soziale Spezifika

Außerdem beschreiben die Teilnehmer, dass sozialen Spezifika eine zentrale Rolle für die Gebundenheit an einen Wohnort zukommt. In diesem Zusammenhang wurden im Wesentlichen Gegebenheiten aus den Bereichen Partnerschaftsstatus, Pflege anderer, nicht transferierbare Unterstützung und im Haushalt lebende Kinder besprochen.

Von wesentlicher Bedeutung im Kontext sozialer Spezifika ist der Partnerschaftsstatus und ob ein Partner am gleichen Wohnort lebt. Dass Partnerschaften Grund für eine starke Gebundenheit an den eigenen Wohnort sein können, hoben die Probanden in allen Fokusgruppen hervor. Exemplarisch sind hier die Statements von Stefan W. und Gabriele:

Stefan W.: *„Ich denke, die Bereitschaft zu wandern ist geringer. Wenn ich selbst in einer Partnerschaft gewesen wäre, dann hätte ich das sicherlich anders gemacht."*

Gabriele: *„Also die zwei Lebensbereiche, die dabei entscheidungsrelevant sind, sind Familie und Beruf. Das Wichtigste ist Familie und da habe ich bei Partnerschaft minus 100 Prozent, d. h., ich würde nur gehen, wenn die Partnerschaft nicht mehr existieren würde oder mein Partner tot wäre oder irgendwas anderes passiert."*

Bei Betrachtung der Diskussionen zum Thema Gebundenheit und Partnerschaft wird aus den Beschreibungen der Teilnehmer deutlich, dass die Intensität der Gebundenheit bei Personen in Partnerschaften von der Einwohnerbindung des Partners und der räumlichen Entfernung zwischen der eigenen Wohnstätte und derjenigen des Partners abhängig ist. Besteht eine starke persönliche Bindung des Partners an einen gemeinsamen Wohnort, ist auch die eigene Gebundenheit an den Wohnort intensiver, wie die Probanden darstellten. Ferner ist die räumliche Distanz zwischen Migrationsentscheider und dessen Partner relevant. Die Teilnehmer erörterten, dass die Gebundenheit stärker ist, wenn man in einem gemeinsamen Haushalt lebt oder die Entfernung zwischen eigener Wohnstätte und Wohnstätte des Partners gering ist.

Als weiterer relevanter Einflussfaktor wurde in den Fokusgruppen die Pflege anderer erarbeitet. Von Stefanie und Mokhtar wurde dieser Einflussfaktor explizit genannt:

Mod.: *„Was macht so eine Bindung zu einer Stadt aus?"*

Stefanie: *„Gut, Familie haben wir schon, aber vielleicht muss jemand jemanden pflegen."*

Mokhtar: *„Vielleicht hält es jemanden auch in der Stadt, weil er seine Eltern noch pflegen muss."*

Sporadisch führten einige Teilnehmer aus, dass es die Gebundenheit steigern kann, wenn Personen in der Nähe ihres Wohnorts Verwandte oder Freunde pflegen. Nach dem Aufkommen dieses Aspekts stimmten die anderen Gruppenmitglieder dieser Einschätzung im Kern zu. Die Erörterungen zeigten diesbezüglich, dass die Gebundenheit an den Wohnort im Falle eines Pflegens anderer besonders stark ausgeprägt ist, wenn ein Mitumziehen des Gepflegten nicht möglich ist oder die Pflegeleistung nicht durch Dritte erbracht werden kann. Vor allem im Hinblick auf den zweiten Aspekt sei die Häufigkeit der Pflege anderer ausschlaggebend für die Gebundenheit, wie die Probanden darlegten.

Ebenso kann von einer konträr ausgeprägten Unterstützung durch andere eine Intensivierung der Gebundenheit an den Wohnort ausgehen. In den Fokusgruppen wurde beschrieben, dass die Angewiesenheit auf Unterstützung durch Freunde und Familienangehörige zur Gebundenheit an den Wohnort führen kann, wenn eine entsprechende Unterstützung an Wohnortalternativen nicht gewährleistet ist. Dies lässt sich an dem Bericht von Ann-Britt und dem Beitrag von Gabriele nachvollziehen:

Ann-Britt: *„Freundschaften sind oft wichtig, da sie einen auffangen, wenn es einem schlechtgeht und das ist ganz, ganz wichtig. Ich hatte dann das Glück, dass meine Familie, meine Eltern da waren. Die sind auch hierhin gezogen. Wären die nicht da gewesen, ich weiß nicht, was passiert wäre."*

Gabriele: *„Oder umgekehrt, wenn man kleine Kinder hat, dass die Großeltern auf das Kind aufpassen, z. B. Babysitter."*

Die Diskussionen verdeutlichten, dass in diesem Kontext wesentlich ist, wie intensiv ein Migrationsentscheider auf Unterstützungsleistungen anderer am Wohnort angewiesen ist.

Schließlich wurde in den Fokusgruppen mit Nachdruck die Relevanz von Kindern für die Gebundenheit an den Wohnort eingebracht. Die bindende Wirkung von Kindern wurde von den Probanden häufig unter familiäre Bindungen gefasst und die Familie dabei als wesentlicher Gebundenheitsgrund thematisiert. So sagten Ann-Britt und Anja:

Ann-Britt: *„Familiäre Bindungen können einen natürlich halten."*

Anja: *„Mit Kindern ist es ja ein bisschen anders, (…), denn bei Kindern ist ja noch was zu bedenken, besonders wenn man auch mit Kindern alleine ist."*

Die Teilnehmer diskutierten, dass Kinder zu einer stärkeren Gebundenheit an den Wohnort führen. Zum einen werden sie im Rahmen familiärer Kollektiventscheidungen in die Entscheidungsfindung einbezogen. Soweit Kinder eine Bindung zum Wohnort haben, bspw. aufgrund von Freundschaften, setzen sie sich für ein Verbleiben am Wohnort ein. Zum anderen werden häufig die Belange der Kinder und Auswirkungen einer möglichen Migration auf die Kinder im Rahmen der Migrationsentscheidungsfindung der Eltern berücksichtigt, auch wenn die Kinder nicht selbst in die Entscheidungsfindung integriert sind.

In diesem Kontext wurde in den Fokusgruppen mitunter deutlich, dass speziell Kinder im Vorschul- und Schulalter die Gebundenheit an den Wohnort beeinflussen. Beispielhaft ist die Ausführung Gabrieles:

Mod.: *„Gabriele, Sie sind erst 5 Jahre wieder hier, aber haben Sie auch schon mal darüber nachgedacht wieder wegzuziehen?"*

Gabriele: *„Ich denke ständig darüber nach. Die Auftragslage ist einfach miserabel in Berlin und die Aufträge, die ich habe, sind alle nicht in Berlin. Ich arbeite zwar von hier aus, aber die sind hauptsächlich im Ausland. Überlegen würde ich wahrscheinlich, ob ich nach Zürich gehe, aber ich muss jetzt warten, bis mein Sohn Abitur gemacht hat, und das sind noch 2 Jahre. Das hält mich jetzt hier."*

Vor allem bis zum Abschluss der ersten schulischen Ausbildung empfinden Eltern große Verantwortung für ihre Kinder und ein Zurücklassen des Kindes am Wohnort stellt keine Alternative dar, wie in den Diskussionen beschrieben wird. Deshalb wiegen die Aspekte der Kinder hinsichtlich eines Wohnortwechsels besonderes schwer, da

Kinder im entsprechenden Alter so gut wie immer von einer möglichen Migrations-entscheidung der Eltern direkt betroffen sind.

Resümierend kann festgehalten werden, dass aus Perspektive der Teilnehmer der Fo-kusgruppen Gebundenheit an einen Wohnort von vier Aspekten aus dem Bereich sozialer Spezifika beeinflusst wird. Erstens ist der Partnerschaftsstatus relevant, da eine Partnerschaft zu einer intensiveren Gebundenheit an den Wohnort führen kann. Die Probanden ergänzten in diesem Zusammenhang die Bedeutsamkeit der persön-lichen Einwohnerbindung des Partners und der Distanz zwischen den Wohnstätten der Partner für die Intensität der Gebundenheit an einen Wohnort. Zweitens wirkt sich das Pflegen anderer positiv auf die Gebundenheit aus. Diesbezüglich beschrie-ben die Teilnehmer, dass vor allem dessen Häufigkeit relevant sei. Drittens können ebenso nicht an andere Wohnorte transferierbare Unterstützungsleistungen durch Freunde und Familienangehörige zu Gebundenheit führen, wie die Probanden er-örterten. Wesentlich ist in diesem Kontext, wie angewiesen Migrationsentscheider auf entsprechende Hilfen sind. Schließlich wurde viertens in den Fokusgruppen die Bedeutsamkeit von Kindern für die Gebundenheit an einen Wohnort hervorgehoben. In den Diskussionen zeigte sich, dass speziell Kinder im Vorschul- und Schulalter die Gebundenheit an den Wohnort verstärken.

Moderierende Wirkung
Analog zur Beeinflussung der Verbundenheit können auf Basis der Fokusgruppen auch bezüglich der Gebundenheit moderierende Effekte identifiziert werden. Die Er-gebnisse geben Anlass zu der Vermutung, dass die Wirkungen wirtschaftlicher Spe-zifika, der Evaluation der Betreuung bzw. sozialer Spezifika auf die Gebundenheit an den Wohnort von der Sehnsucht nach Veränderung und der Risikobereitschaft der Migrationsentscheider beeinflusst werden. Zur Untermauerung dieser Einschätzung wird auf die entsprechenden Zitate im Kapitel C 3.3.2.1 verwiesen, welche die Rele-vanz dieser Moderatoren auch in Bezug auf die Gebundenheit stützen.

4 Würdigung der Ergebnisse der qualitativen Untersuchung

4.1 Zusammenfassende Darstellung der Untersuchungsergebnisse

Schwerpunkt des vorangegangenen Kapitels C 3 war die Darstellung der mittels qualitativer Untersuchung gewonnenen Erkenntnisse. Mit der qualitativen Untersuchung wurden im Kern vier Zielsetzungen verfolgt.

Erstens sollten die auf Basis der Theorie formulierten Hypothesen mit der Realität konfrontiert und somit einer ersten empirischen Überprüfung unterzogen werden. Zweitens sollten im Kontext der Einwohnerbindung speziell emotionale Aspekte und sozial komplexe Bedingungskonstellationen durchdrungen werden, die sich einer quantitativen Analyse entziehen. Drittens sollte die Konzeptualisierung des Erklärungs- und Wirkungsmodells der Einwohnerbindung durch qualitative Exploration weiterentwickelt werden. Viertens sollte die qualitative Analyse der Operationalisierung von Variablen im Rahmen einer quantitativen Untersuchung der Einwohnerbindung dienen.

Die Einsichten zur Operationalisierung im Kontext einer quantitativen Analyse werden an entsprechender Stelle in Kapitel D 2.2.2 eingebunden. Die zuvor dargestellten Erkenntnisse zu den übrigen drei Zielsetzungen können wie folgt komprimiert werden. Um das Ausmaß einer repetitiven Darstellung zu begrenzen, werden an dieser Stelle nur zentrale Erkenntnisse wiedergegeben.

Resümierend zeigt sich in den Fokusgruppen, dass Migrationsentscheidungen wesentlich von der Stärke der Einwohnerbindung beeinflusst werden. Aus Sicht der Befragten weisen Migrationsentscheider i. d. R. ein extensives Entscheidungsverhalten auf, wobei sich ein dreistufiger Entscheidungsprozess mit den Phasen Migrationsgedanken, -pläne und -realisation zeigt.

In den Fokusgruppen wird die Relevanz emotionaler Aspekte im Zusammenhang mit der Einwohnerbindung deutlich. Bestehen positive Emotionen gegenüber dem Wohnort, führt dies zum Zustand der Verbundenheit. Zugleich schildern die Teilnehmer auch faktische Bindungen an Wohnorte, ohne dass dies in allen Fällen mit positiven Emotionen gegenüber dem Wohnort einhergeht. Personen können sich somit auch im Zustand der Gebundenheit an einem Wohnort befinden.

Die Beiträge der Probanden untermauern, dass die Einwohnerbindung wesentlich durch die beiden Bindungszustände Verbundenheit und Gebundenheit determiniert wird. Erstere wird essenziell durch materielle wie auch immaterielle kommunale Kontextfaktoren beeinflusst. Als Einflussfaktoren Letzterer treten in den Fokusgruppen wirtschaftliche Spezifika, Evaluation der Betreuungssituation und soziale Spezifika zutage. Schließlich zeigt sich in den Fokusgruppen, dass die Intensität der Wirkung entsprechender Einflussfaktoren auf die Einwohnerbindung von persönlichen Dispositionen der Migrationsentscheider moderiert wird.

4.2 Überprüfung der Hypothesen und Anpassung des Hypothesengerüsts

Mit den Resultaten der qualitativen Untersuchung ist einerseits eine erste qualitative Überprüfung der theoretischen Hypothesen möglich. Andererseits zeigt die qualitative Analyse, dass eine Modifikation des Erklärungsmodells der Einwohnerbindung in Betracht gezogen werden sollte. Eine solche Modifikation umfasst dabei sowohl eine Konkretisierung bisheriger Hypothesen als auch Ergänzungen um neue relevante Einflussfaktoren. Für diese modifizierten Einflussfaktoren werden angepasste Hypothesen formuliert.

Tabelle 16 gibt die Resultate der qualitativen Analyse und die gegebenenfalls angepassten Hypothesenformulierungen wieder. Erklärungsfaktoren, die auf Grundlage der qualitativen Untersuchungsstufe präzisiert oder ergänzt wurden, sind grau bzw. dunkelgrau hervorgehoben. In Summe ergeben sich 35 Hypothesen, die nachfolgend kurz erörtert werden.[49]

---

49 Hypothesen zu einer abhängigen Größe werden im Rahmen der empirischen Analyse mit arabischen Ziffern durchnummeriert.

Be-zeich-nung	Inhalt	Resultat der qualitativen Untersuchung
Hypothesen zur Wirkung kommunaler Einwohnerbindung		
H_W	Je stärker die Einwohnerbindung ist, desto weniger wird eine interkommunale Wanderung vorgenommen.	verifiziert
Hypothesen zu Determinanten der Einwohnerbindung		
H_{B1}	Je stärker die Verbundenheit mit dem Wohnort ist, desto stärker ist die Bindung an den Wohnort.	verifiziert
H_{B2}	Je stärker die Gebundenheit an den Wohnort ist, desto stärker ist die Bindung an den Wohnort.	verifiziert
Hypothesen zu den Determinanten der Verbundenheit		
materielle kommunale Kontextfaktoren		
H_{V1}	Je höher die Zufriedenheit mit der eigenen Wohnstätte ist, desto stärker ist die Verbundenheit mit dem Wohnort.	verifiziert
H_{V2}	Je positiver die Bewertung der Gebäudeästhetik ist, desto stärker ist die Verbundenheit mit dem Wohnort.	konkretisiert
H_{V3}	Je negativer die Bewertung der Gebäudedichte ist, desto schwächer ist die Verbundenheit mit dem Wohnort.	konkretisiert
H_{V4}	Je positiver die Bewertung der Schulinfrastruktur ist, desto stärker ist die Verbundenheit mit dem Wohnort.	konkretisiert
H_{V5}	Je positiver die Bewertung der sozialen Einrichtungen ist, desto stärker ist die Verbundenheit mit dem Wohnort.	konkretisiert
H_{V6}	Je positiver die Bewertung des Angebots an Geschäften ist, desto stärker ist die Verbundenheit mit dem Wohnort.	konkretisiert
H_{V7}	Je positiver die Bewertung der öffentlichen Verkehrsmittel ist, desto stärker ist die Verbundenheit mit dem Wohnort.	konkretisiert
H_{V8}	Je positiver die Bewertung des Angebots an Freizeitaktivitäten ist, desto stärker ist die Verbundenheit mit dem Wohnort.	konkretisiert
immaterielle kommunale Kontextfaktoren		
H_{V9}	Wenn Personen am Wohnort aufgewachsen sind, dann ist ihre Verbundenheit mit dem Wohnort stärker als bei Personen, die nicht am Wohnort aufgewachsen sind.	verifiziert
H_{V10}	Je stärker Personen mit den Bewohnern ihres Wohnorts übereinstimmen, desto stärker ist ihre Verbundenheit mit dem Wohnort.	konkretisiert
H_{V11}	Je stärker sich Personen im Wohnort freiwillig engagieren, desto stärker ist ihre Verbundenheit mit dem Wohnort.	ergänzt
H_{V12}	Je stärker die soziale Kohäsion von Personen im Wohnort ist, desto stärker ist die Verbundenheit mit dem Wohnort.	konkretisiert

Be-zeich-nung	Inhalt	Resultat der qualitativen Untersuchung
Hypothesen zu den Determinanten der Gebundenheit		
wirtschaftliche Spezifika		
$H_{G1.1}$	Je stärker die berufliche Bindung an den Wohnort ist, desto stärker ist die Gebundenheit an den Wohnort.	verifiziert
$H_{G1.2}$	Wenn die Arbeitsstätte im Wohnort liegt, dann ist die Gebundenheit an den Wohnort stärker, als wenn die Arbeitsstätte nicht im Wohnort liegt.	ergänzt
$H_{G2.1}$	Wenn Personen Eigentümer von selbstgenutztem Wohneigentum sind, dann ist ihre Gebundenheit an den Wohnort stärker als bei Personen, die nicht Eigentümer sind.	verifiziert
$H_{G2.2}$	Je bedeutsamer finanzielle Nichtverkaufsgründe bei Eigentümern selbstgenutzten Wohneigentums sind, desto stärker ist die Gebundenheit an den Wohnort.	ergänzt
$H_{G2.3}$	Je bedeutsamer emotionale Nichtverkaufsgründe bei Eigentümern selbstgenutzten Wohneigentums sind, desto stärker ist die Gebundenheit an den Wohnort.	ergänzt
Evaluation institutioneller Betreuung		
$H_{G3.1}$	Je höher die Zufriedenheit mit der Betreuungssituation von Kindern ist, die noch nicht zur Schule gehen, desto stärker ist die Gebundenheit an den Wohnort.	ergänzt
$H_{G3.1}$	Je höher die Zufriedenheit mit der außerschulischen Betreuungssituation von Kindern ist, die zur Schule gehen, desto stärker ist die Gebundenheit an den Wohnort.	ergänzt
soziale Spezifika		
$H_{G4.1}$	Wenn Personen in einer festen Partnerschaft leben oder einen Ehepartner bzw. einen eingetragenen Lebenspartner haben, dann ist ihre Gebundenheit an den Wohnort stärker als bei Personen, die einen anderen Familienstand haben.	verifiziert
$H_{G4.2}$	Je stärker die persönliche Bindung eines Partners ist, desto stärker ist die Gebundenheit an den Wohnort.	ergänzt
$H_{G4.3}$	Wenn Personen mit ihrem Partner in einem Haushalt leben, dann ist ihre Gebundenheit an den Wohnort stärker als bei Personen, die nicht mit dem Partner in einem Haushalt leben.	verifiziert
$H_{G4.4}$	Je länger der Weg zwischen eigener Wohnstätte und Wohnstätte des Partners bei Personen dauert, die nicht mit ihrem Partner in einem Haushalt leben, desto schwächer ist die Gebundenheit an den Wohnort.	ergänzt
$H_{G5.1}$	Wenn Personen Verwandte und Freunde, außer eigenen Kindern, nicht erwerbsmäßig in der Nähe des eigenen Wohnorts pflegen, dann ist ihre Gebundenheit an den Wohnort stärker als bei Personen, die keine solchen Personen pflegen.	ergänzt
$H_{G5.2}$	Je häufiger Verwandte oder Freunde, außer eigenen Kindern, nicht erwerbsmäßig in der Nähe des eigenen Wohnorts gepflegt werden, desto stärker ist die Gebundenheit an den Wohnort.	ergänzt

Bezeichnung	Inhalt	Resultat der qualitativen Untersuchung
$H_{G6.1}$	Je stärker die Angewiesenheit auf Unterstützung durch Freunde und Familienangehörige ist, die an einem anderen Wohnort fehlen würde, desto stärker ist die Gebundenheit an den Wohnort.	konkretisiert
$H_{G7.1}$	Wenn Kinder im Haushalt leben, dann ist die Gebundenheit an den Wohnort stärker, als wenn keine Kinder im Haushalt leben.	verifiziert
$H_{G7.2}$	Wenn Kinder im Alter bis 19 Jahre im Haushalt leben, dann ist die Gebundenheit an den Wohnort stärker, als wenn keine Kinder im Alter bis 19 Jahre im Haushalt leben.	ergänzt
Hypothesen zu Moderationseffekten		
H_{Va}	Die Wirkung der Determinanten der Verbundenheit wird durch die Intensität der Sehnsucht nach Veränderung moderiert. Je stärker die Sehnsucht nach Veränderung ist, desto schwächer ist der Einfluss der jeweiligen Determinante auf die Verbundenheit mit dem Wohnort.	ergänzt
H_{Vb}	Die Wirkung der Determinanten der Verbundenheit wird durch die Höhe der Risikobereitschaft moderiert. Je höher die Risikobereitschaft ist, desto schwächer ist der Einfluss der jeweiligen Determinante auf die Verbundenheit mit dem Wohnort.	ergänzt
H_{Ga}	Die Wirkung der Determinanten der Gebundenheit wird durch die Intensität der Sehnsucht nach Veränderung moderiert. Je stärker die Sehnsucht nach Veränderung ist, desto schwächer ist der Einfluss der jeweiligen Determinante auf die Gebundenheit an den Wohnort.	ergänzt
H_{Gb}	Die Wirkung der Determinanten der Gebundenheit wird durch die Höhe der Risikobereitschaft moderiert. Je höher die Risikobereitschaft ist, desto schwächer ist der Einfluss der jeweiligen Determinante auf die Gebundenheit an den Wohnort.	ergänzt

Tab. 16: Überprüfung der Hypothesen und Anpassung des Hypothesengerüsts.

Die Forschungshypothesen zur Wirkung kommunaler Einwohnerbindung und zu den Determinanten kommunaler Einwohnerbindung konnten anhand der qualitativen Untersuchung bestätigt werden.

Auch die Hypothese zur Beeinflussung der Verbundenheit durch die Zufriedenheit mit der Wohnstätte konnte verifiziert werden. Wie bereits im Rahmen der konzeptionellen Analyse erwartet (vgl. Kapitel B 4.1.2) wird in der qualitativen Analyse für den Effekt, der den Einfluss der Zufriedenheit mit der Wohnumwelt beschreibt, eine weitere Konkretisierung deutlich. In den Fokusgruppen ist grundsätzlich ersichtlich, dass die Verbundenheit von der Zufriedenheit mit der Wohnumwelt beeinflusst wird, allerdings werden konkrete Bewertungsobjekte thematisiert, die von der Gebäudeästhetik bis zum Angebot an Freizeitaktivitäten reichen. Dementsprechend werden sieben neue Hypothesen zu spezifischen Wohnumwelteigenschaften aufgestellt.

Die Hypothese zum positiven Effekt des Aufwachsens am Wohnort auf die Verbundenheit kann ebenfalls bestätigt werden. Ferner wird auch die Relevanz der Mentalität deutlich. Die Beurteilung erfolgt im Kern anhand eines Abgleichs des Selbstbilds mit dem Image anderer Einwohner. Vor diesem Hintergrund wird die ursprüngliche Forschungshypothese konkretisiert. Ebenfalls wird angesichts der qualitativen Befunde die Hypothese zur sozialen Kohäsion konkretisiert, da die Probanden nicht die Qualität, sondern die soziale Kohäsion selbst als Einflussfaktor betonten. Schließlich wird in der qualitativen Analyse mit freiwilligem Engagement noch ein weiterer Einflussfaktor deutlich, zu dem eine entsprechende Hypothese ergänzt wird.

Die konzeptionell abgeleiteten Hypothesen zu Determinanten der Gebundenheit werden anhand der qualitativen Untersuchung grundsätzlich bestätigt. Hinsichtlich der Wirkung beruflicher Bindung zeigt sich, dass eine höhere Gebundenheit zu vermuten ist, wenn der Ort der Arbeitsstätte mit dem Wohnort übereinstimmt, sodass eine angepasste Hypothese ergänzt wird.

Darüber hinaus wird in den Fokusgruppen deutlich, dass sowohl finanzielle als auch emotionale Gründe ursächlich für eine Gebundenheit durch selbstgenutztes Wohneigentum sein können. Verschiedene Studien zeigen, dass die Gründe für den Erwerb selbstgenutzten Wohneigentums über finanzielle Gesichtspunkte hinausgehen und ebenso emotionale Gründe bedeutsam sind (vgl. bspw. Lassarre 1986, S. 173 ff.; Tan 2009, S. 109 ff.). Vor diesem Hintergrund kann die spezifische Wirkung finanzieller wie emotionaler Nichtverkaufsgründe auf die Gebundenheit konzeptionell untermauert werden. So kann der Fall eintreten, dass Eigentümer sich einen Verkauf wirtschaftlich nicht leisten können, da die Verkaufserlöse zu niedrig sind bzw. die kurzfristige Ablösung langfristiger Verbindlichkeiten nicht ermöglichen. Als Folge muss das Wohneigentum i. d. R. weiter selbstgenutzt werden, woraus eine Gebundenheit an den Wohnort resultiert. Ferner kann Eigentümern ein Verkauf aus emotionalen Gründen unmöglich sein, bspw. weil bestimmte Erlebnisse mit dem Eigentum verbunden sind. Auch in diesem Fall resultiert eine Gebundenheit an den Wohnort. Daher werden zwei Hypothesen hinzugefügt.

Als neuer Einflussfaktor tritt in der qualitativen Untersuchung der Aspekt Evaluation institutioneller Betreuung hervor. Die Probanden betonten in diesem Kontext die Relevanz der Zufriedenheit mit der Kinderbetreuung für die Gebundenheit an den Wohnort. Wenn auch zuvor nicht konzeptualisiert, kann eine positiv wahrgenommene institutionelle Kinderbetreuung als spezifische Ressource des Wohnorts aufgefasst werden. Die positive Wirkung auf die Gebundenheit kann somit anhand des Transaktionskostenansatzes theoretisch begründet werden. Da eine Differenzierung zwischen der Situation bei Vorschulkindern und Schulkindern beschrieben wurde und wegen unterschiedlicher Rechtsansprüche auf Betreuung und zunehmender Selbstständigkeit älterer Kinder auch nachvollzogen werden kann, wird je eine spezifische Hypothese ergänzt.

In Bezug auf den Effekt von Partnerschaften wiesen die Teilnehmer auf die Bedeutsamkeit der Intensität der persönlichen Bindung des Partners und der räumlichen Entfernung zwischen den Partnern hin. Je intensiver die persönliche Bindung des Partners an den Wohnort ausgeprägt ist, desto stärker ist die Gebundenheit an den Wohnort. Je länger es dauert, zum Partner zu kommen, desto geringer ist die Gebundenheit an den eigenen Wohnort. Unter Umständen kann durch ein Verlassen des Wohnorts sogar der Weg zum Partner verkürzt werden. Angesichts der Logik beider dargestellten Wirkungszusammenhänge wird eine Ergänzung entsprechender Hypothesen vorgenommen.

Als weiterer Gesichtspunkt tritt das Thema Pflege von Verwandten und Freunden, außer Kindern, in der qualitativen Analyse hervor. Personen, die andere nicht erwerbsmäßig pflegen, können ihren Wohnort häufig nicht verlassen und sind an ihn gebunden, da eine Erbringung der Pflegeleistungen ohne ihr Engagement nicht oder nur mit erheblichen Schwierigkeiten gewährleistet werden kann (vgl. auch die entsprechenden Ausführungen in Kapitel C 2.2). Für die Intensität der Gebundenheit ist speziell die Häufigkeit der Pflege anderer relevant, sodass zwei Hypothesen zum Einfluss des Pflegens anderer und zur Pflegehäufigkeit hinzugefügt werden.

In Bezug auf die Hypothesen zu den Einflussfaktoren nicht transferierbare Unterstützung und Kinder zeigen die Befunde der qualitativen Untersuchung zwei überzeugende Konkretisierungen. Für den Effekt, der von nicht transferierbarer Unterstützung ausgeht, wird deutlich, dass die Angewiesenheit auf entsprechende Unterstützungsleistungen essenziell ist, sodass die Hypothese konkretisiert wird. Hinsichtlich des Effekts von Kindern im Haushalt zeigt sich, dass die Gebundenheit vor allem dann beeinflusst wird, wenn Kinder noch zur Schule gehen. Daher wird zusätzlich zur generellen Einflusshypothese von Kindern im Haushalt auf die Gebundenheit an den Wohnort noch eine spezifizierte Hypothese zu Wirkungen von Kindern bis 19 Jahren im Haushalt ergänzt.

Schließlich wird anhand der Befunde der qualitativen Untersuchung deutlich, dass die Stärke der Zusammenhänge zwischen den identifizierten Einflussfaktoren und der Verbundenheit bzw. der Gebundenheit von der Sehnsucht nach Veränderung und der Risikobereitschaft beeinflusst wird. Personen mit stärkerer Sehnsucht nach Veränderung fällt ein Wohnortwechsel leichter, da bei ihnen die Wirkungen von Einflussfaktoren der Bindungszustände geringer sind. Die beschriebenen Auswirkungen der Sehnsucht nach Veränderung können auch anhand bestehender empirischer Ergebnisse und einer Reflexion der Theorie bestätigt werden. Im Kontext berufsbezogener Mobilität belegen Studien von Schneider, Limmer und Ruckdeschel (Schneider / Limmer / Ruckdeschel 2002b, S. 93; Schneider / Limmer / Ruckdeschel 2002a, S. 225 f.; 245 f.) sowie Konopaske, Robie und Ivancevich (Konopaske / Robie / Ivancevich 2005, S. 417 f.) die Relevanz der individuellen Merkmale „Offenheit für neue Erfahrungen" und „adventurousness" für Wohnortwechsel empirisch. Die Probanden beschreiben ein Verhalten, das dem in der Marketingwissenschaft verbreiteten Ansatz *Variety seeking* entspricht. Er besagt im Kern, dass ein Wechselverhalten nicht wegen produktbezogener Präferenzen oder äußerer Zwänge vorgenommen wird, sondern weil der Wechsel selbst – also der Reiz des anderen – Nutzen stiftet (vgl. hier und im Folgenden Hoyer / MacInnis 2007, S. 266 f.; Trommsdorff / Teichert 2011, S. 114).[50] Der Ansatz erklärt einen Wechsel anhand einer angenommenen grundsätzlichen Tendenz einer Person, bei Selektionsentscheidungen nach Abwechslung zu streben. Bezüglich der moderierenden Wirkungen der Sehnsucht nach Veränderung werden daher zwei übergeordnete Einflusshypothesen hinzugefügt.

Ähnlich moderierende Effekte schreiben die Probanden der Risikobereitschaft zu. Je stärker die Risikobereitschaft ist, desto schwächer ist der Einfluss der jeweiligen Determinanten auf die Bindungszustände. Damit wird ein Verhalten skizziert, das im Kern der Risikotheorie entspricht. Da Migrationsentscheidungen mit Unsicherheiten verbunden sind, resultieren Risiken, die sich auf das Entscheidungsverhalten auswirken können. Wie die Probanden erläutern, bestehen diese Unsicherheiten vor allem im Zusammenhang mit den Einflussfaktoren der Bindungszustände. Die Risikothe-

---

50 Das Variety seeking kann anhand der „Optimum-Stimulation-Level"-Theorie theoretisch fundiert werden (vgl. für eine ausführliche Erörterung Helmig 1997).

orie postuliert, dass Individuen ihr subjektiv wahrgenommenes Risiko möglichst gering zu halten versuchen (vgl. Bauer 1960).[51] Die Risikobereitschaft beschreibt die Toleranz wahrgenommenen Risikos. Aus theoretischer Perspektive handelt es sich um eine dauerhafte Verhaltensdisposition, die von Person zu Person unterschiedlich ausgeprägt ist (vgl. Meffert / Burmann / Kirchgeorg 2012, S. 129). Die Wirkung von Determinanten der Bindungszustände im Sinne von Negativfolgen einer Wanderung ist umso schwächer, je mehr Risiko eine Person in Kauf nimmt. Dementsprechend werden zwei übergeordnete Hypothesen zur moderierenden Wirkung der Risikobereitschaft ergänzt.

Die Resultate in Tabelle 16 illustrieren, dass die qualitative Untersuchung die an sie gerichteten ersten drei Zielsetzungen erfüllt. Mittels der qualitativen Analyse wurden die auf Basis der Theorie formulierten Hypothesen einer empirischen Überprüfung unterzogen und emotionale Aspekte und sozial komplexe Bedingungskonstellationen im Kontext der Einwohnerbindung durchdrungen. Schließlich wurden die Erkenntnisse zur Wirkung und Erklärung der Einwohnerbindung ausgebaut. Das resultierende Hypothesengerüst bildet ein fundiertes Erklärungs- und Wirkungsmodell der Einwohnerbindung ab.

Allerdings ist die qualitative Analyse mit spezifischen Schwächen verbunden (vgl. hierzu die Ausführung zu Beginn des Kapitels C). Drei Gesichtspunkte stechen diesbezüglich hervor. Ein objektives Forschungsvorgehen ist in Anbetracht der Generierung der Erkenntnisse durch ein interpretatives Nachvollziehen nur bedingt realisierbar. Außerdem sind Einsichten zur Gültigkeit der generierten Erkenntnisse und zur Reichweite der gewonnenen Aussagen wegen der lediglich insgesamt 31 Teilnehmer und ihrer bewussten Selektion eingeschränkt. Diesen überwiegend im Wesen einer qualitativen Untersuchung verankerten Limitationen wird mit einer aufbauenden quantitativen Analyse der Einwohnerbindung begegnet.

---

51 Das Ausmaß des wahrgenommenen Risikos setzt sich aus der Evaluation negativer Verhaltenskonsequenzen und der Bewertung der Wahrscheinlichkeit ihres Eintretens zusammen (vgl. Cunningham 1967).

D Quantitative Untersuchung zur Ergebnisvalidierung und Erkenntnisprogression

1 Ziele der quantitativen Untersuchung

Aufbauend auf den Ergebnissen der qualitativen Untersuchung der Einwohnerbindung an einen Wohnort wird eine komplementäre quantitative Analyse durchgeführt, die eine eigenständige Rolle im Rahmen des Forschungsvorhabens einnimmt und einer quantitativen Durchdringung der Einwohnerbindung dient. Konkret werden mit ihr zwei Zielsetzungen verfolgt: Erstens soll ein quantitativer Verifikationsversuch für die auf Grundlage der konzeptionellen Analyse und qualitativen Untersuchung formulierten Hypothesen vorgenommen werden. Dabei wird neben einer weiteren Bestätigung mittels eines anderen Zugangs mit der quantitativen empirischen Prüfung vor allem angestrebt, Erkenntnisse zur Generalisierbarkeit der hypothetischen Wirkungszusammenhänge zu gewinnen. Anhand einer großzahligen Stichprobe wird die Verallgemeinerbarkeit gewonnener Erkenntnisse für die betrachtete Grundgesamtheit untersucht und spezifischen Schwächen qualitativer Analysen begegnet. Die Interpretation der Ergebnisse der beiden Zugänge geht mit der Notwendigkeit einher, die Resultate hinsichtlich der zugrunde liegenden Forschungsmethodik zu reflektieren.

Zweitens sollen die Erkenntnisse zur Einwohnerbindung ausgebaut werden. Dies umfasst im Kern eine Intensivierung der Einsichten zu Wirkungszusammenhängen im Hinblick auf deren relative Bedeutsamkeit. Zwar konnten mittels der qualitativen Untersuchung Zusammenhänge identifiziert werden, jedoch ist eine Beurteilung ihrer relativen Stärke nur sehr eingeschränkt möglich. Mit Blick auf die Zielsetzung des Forschungsprojekts, fundierte Handlungsempfehlungen für die Praxis abzuleiten, ist eine Bewertung der relativen Stärke allerdings notwendig, um zielgerichtete Implikationen zur Beeinflussung bedeutsamer Einflussfaktoren ableiten zu können. Eine quantitative Analyse ermöglicht, Aussagen zur relativen Relevanz von Einflussgrößen zu treffen. Deshalb wird eine entsprechende Ergänzung der Erkenntnisse angestrebt.

2 Design der quantitativen Untersuchung

2.1 Auswahl Online-Befragung als Erhebungsinstrument

Im Anschluss an die Selektion eines quantitativen Ansatzes als zweite empirische Stufe ist eine Forschungsmethode zu konkretisieren, die geeignet ist, die erörterten Zielsetzungen zu erreichen. Angesichts des spezifischen Untersuchungskontextes und vor allem der speziellen Konzeptualisierung der Einwohnerbindung und der Bindungszustände ist der Rückgriff auf bereits erhobene Daten nicht zielführend und es werden im Rahmen einer Primärerhebung eigenständige Daten erfasst. Hierzu stehen die grundsätzlichen Erhebungsformen Beobachtung, Experiment und Befragung zur Verfügung. Vor dem Hintergrund der Berücksichtigung von Einstellungskomponenten bei der Konzeptualisierung der Einwohnerbindung und somit der Bezugnahme auf latente Konstrukte sind Beobachtungen keine geeignete Erhebungsmethode (vgl. Meffert / Burmann / Kirchgeorg 2012, S. 159). Unter forschungsökonomischen Gesichtspunkten stellt ferner auch ein ausschließlich experimentelles Erhebungsdesign zur Analyse der Einwohnerbindung ein wenig geeignetes Verfahren dar, vor allem weil relevante Umweltbedingungen kaum kontrolliert bzw. manipuliert werden können (vgl. Meffert / Burmann / Kirchgeorg 2012, S. 164).[52] Hingegen sind Befragungen zur Erhebung beobachtbarer Sachverhalte sowie latenter Konstrukte am weitesten entwickelt und stärksten verbreitet (vgl. Meffert / Burmann / Kirchgeorg 2012, S. 160 ff.), weshalb auf diese Methode zurückgegriffen wird.

Befragungen können entweder schriftlich oder mündlich umgesetzt werden. Schriftliche Befragungen sind i. d. R. im Hinblick auf Organisation, Zeitressourcen und Finanzen weniger aufwendig als mündliche Befragungen (vgl. Scholl 2009, S. 44 f.) und erlauben, innerhalb kurzer Zeit eine Vielzahl von Zielpersonen zu erreichen. Zudem bieten sie Befragten eine hohe Flexibilität hinsichtlich des Zeitpunkts der Beantwortung, da keine Koordination mit einem Interviewer erforderlich ist. Externe Effekte, die in der Person des Interviewers begründet sind und sich negativ auf die Güte einer Untersuchung auswirken können (Durchführungsobjektivität), sind ausgeschlossen (vgl. Duffy et al. 2005, S. 617). Zugleich sind schriftliche Befragungen mit negativen Aspekten, z. B. mangelnde Kontrolle der Befragungssituation, verknüpft. Da insgesamt jedoch die Vorteile überwiegen, kommt für die quantitative Analyse eine schriftliche Befragung zum Einsatz.

---

52 Zudem nehmen die Zahl erforderlicher Experimentalgruppen und damit der Erhebungsaufwand mit der Anzahl untersuchter Variablen schnell zu (vgl. Koschate 2008, S. 117). Deshalb ist ein experimentelles Erhebungsdesign angesichts forschungsökonomischer Restriktionen wenig geeignet, Einwohnerbindung umfassend und insbesondere eine Vielzahl potenzieller Determinanten zu analysieren.

Für schriftliche Befragungen ist festzulegen, wie sie medial umgesetzt werden sollen. Es können papierhaptische und onlinegestützte Befragungsformen differenziert werden. Letztere bieten den Vorteil, mit vergleichsweise geringem finanziellen Aufwand eine Vielzahl von Probanden zügig erreichen und damit i. d. R. eine relativ große Stichprobe generieren zu können (vgl. Berekoven / Eckert / Ellenrieder 2009, S. 107; Duffy et al. 2005, S. 617; Hussy / Schreier / Echterhoff 2010, S. 102 ff.; Ilieva / Baron / Healey 2002, S. 364 ff.). Darüber hinaus können bei Onlinebefragungen Inhalt und Gestaltung der Erhebung an Probanden und ihr bisheriges Antwortverhalten flexibel angepasst werden (vgl. Scholl 2009; S. 50 f.; Taylor 2000, S. 53). Hilfe- und Erläuterungstexte können so integriert werden, dass sie nur bei Bedarf für einzelne Befragte erscheinen. Zusätzliche bisweilen bei der Auswertung dienliche Daten können erfasst werden (bspw. Antwortreaktionszeiten oder Abbruchquoten) (vgl. Mayerl / Urban 2008; Scholl 2009; S. 50 f.). Schließlich ist es mit Onlinebefragungen möglich, Probandenantworten unmittelbar technisch zu protokollieren. Somit können bei Onlinebefragungen auch unvollständige Probandenangaben erfasst werden, die im Rahmen einer papierhaptischen Befragungsform, speziell bei postalisch versandten Fragebögen, nicht zugänglich sind, da entsprechende Antworten mit vielen fehlenden Angaben üblicherweise nicht zurückgesandt werden.

Insgesamt führt das Spektrum an Vorteilen zur Auswahl einer Onlinebefragung für das vorliegende Forschungsprojekt, auch wenn diese Methode mit beträchtlichem Programmieraufwand einhergeht. Gleichwohl sind onlinebasierte Erhebungen mit bestimmten Risiken, vor allem bezüglich der Güte verbunden (vgl. hier und im Folgenden Berekoven / Eckert / Ellenrieder 2009, S. 107 f.; Homburg 2012, S. 263 f.; Hussy / Schreier / Echterhoff 2010, S. 104; Scholl 2009, S. 58 f.; Taylor 2000, S. 54), die im Hinblick auf vorliegende Analyse reflektiert werden.

Zu diesen Risiken zählt, dass es zu technischen Problemen kommen kann, die eine Teilnahme an der Befragung erschweren oder gar verhindern. Diesem Risiko wurde durch die Nutzung eines etablierten Erhebungstools sowie umfangreicher Pretests der Befragung mit unterschiedlichen Endgeräten (bspw. hinsichtlich verwendeter Internetbrowser) durch mehrere Pretester (n = 12) begegnet. Daher wurde das Risiko, dass es zu wesentlichen technischen Problemen kommt, als gering eingeschätzt.

Darüber hinaus kann die Onlinebefragung einen Ausschluss bestimmter Probandengruppen bedingen. Deswegen ist es erforderlich, zum einen die grundsätzliche Teilnahmefähigkeit der interessierten Grundgesamtheit zu gewährleisten und zum anderen die Teilnahmebereitschaft aller Probandengruppen in ausreichendem Maße sicherzustellen. Werden diese Bedingungen nicht erfüllt, kann es zu einer systematischen Verzerrung der Analyseergebnisse kommen. Bezüglich Teilnahmefähigkeit und -bereitschaft ist zu konstatieren, dass 75,9 Prozent der Bundesbürger ab 14 Jahren in 2012 das Internet gelegentlich nutzten (vgl. van Eimeren / Frees 2012, S. 363) und somit erreicht werden können. Da zudem auch ehemals internetferne Gruppen vermehrt online sind, z. B. Personen über 60 zu 39,2 Prozent, Rentner und nicht Berufstätige zu 44,7 Prozent und Frauen zu 70,5 Prozent (vgl. van Eimeren / Frees 2012, S. 363), kann angenommen werden, dass die interessierende Grundgesamtheit in Form von Einwohnern Deutschlands, die älter als 17 Jahre sind, grundsätzlich mittels einer Onlinebefragung erreicht werden kann. Das Risiko, dass es zum wesentlichen Ausschluss von Probandengruppen kommt, wird als mittel- bis unwahrscheinlich beurteilt. Dennoch ist es angesichts der nicht vollständigen Erreichbarkeit der Grundgesamtheit erforderlich, die Struktur der Stichprobe zu evaluieren. Daher werden Kontrollkriterien in die Befragung integriert, um die Repräsentativität der generierten Stichprobe anhand dieser Kriterien im Rahmen der Auswertung bewerten zu können.

2.2 Planung der Online-Befragung

Nachdem eine Onlinebefragung als Erhebungsinstrument selektiert und hieraus folgende Konsequenzen für die Auswertung erörtert wurden, bleibt festzulegen, wie die Onlineumfrage umgesetzt und ausgestaltet werden soll. Im Rahmen der Konzeption der Onlinebefragung ist erstens die Stichprobenplanung zu konkretisieren und zweitens die Gestaltung des Erhebungsinstruments, vor allem in Bezug auf die Variablenoperationalisierung festzulegen.

2.2.1 Stichprobenplanung

Die Beurteilung der Gültigkeit theoretischer Zusammenhangshypothesen für Grundgesamtheiten erfolgt üblicherweise mittels Stichproben anhand inferenzstatistischer Verfahren (vgl. Bortz / Döring 2006, S. 491; Leonhart / Lichtenberg 2009, S. 161). Dabei nimmt die Präzision statistischer Resultate zwar mit steigendem Stichprobenumfang zu, jedoch entwickelt sich der Zugewinn an Genauigkeit bei Vergrößerung der Stichprobe unterproportional (vgl. hier und im Folgenden Bortz / Döring 2006,

S. 419). Demgegenüber ist die Annahme plausibel, dass der Aufwand einer Befragung sich nahezu proportional zum Stichprobenumfang ändert bzw. zumindest in einer engeren Beziehung zur Größe der Stichprobe steht. Präzision und Aufwand einer Befragung stehen zueinander also in einem nicht proportionalen Verhältnis. Daher ist es unter forschungsökonomischen Gesichtspunkten sinnvoll, die für eine zu bestimmende statistische Genauigkeit notwendige Stichprobengröße anzustreben, anstatt die Stichprobengröße zu maximieren.

Zur Bestimmung des notwendigen Stichprobenumfangs kann auf den Stichprobenfehler zurückgegriffen werden (vgl. Ter Hofte-Fankhauser / Wälty 2009, S. 148).[53] Kleinere akzeptierte Konfidenzintervalle erfordern größere Stichprobenumfänge (vgl. Berekoven / Eckert / Ellenrieder 2009, S. 60). Anhand des formalen Ansatzes von Cochran kann für eine uneingeschränkte Zufallsauswahl die minimal notwendige Stichprobengröße in Abhängigkeit des Stichprobenanteils (p), der Breite des Konfidenzintervalls (e), der Wahrscheinlichkeit, mit der das Konfidenzintervall abgesichert ist (z), sowie der Größe der Grundgesamtheit (N) ermittelt werden (vgl. Cochran 1977, S. 75).

Bei unbekanntem Stichprobenanteil p führt die Annahme von 50 Prozent zu einer maximalen Schwankungsbreite, d. h. konservativsten Schätzung der optimalen Stichprobengröße (vgl. Berekoven / Eckert / Ellenrieder 2009, S. 60). Deshalb wird für den Parameter p eben dieser Wert zugrunde gelegt. Zudem sind die Parameter e, z und N zu spezifizieren.

Für die Breite des Konfidenzintervalls e werden in der Literatur verschiedene Werte diskutiert. Häufig wird ein 99- oder 95-Prozent-Intervall gewählt respektive ein Fehler von 1 bzw. 5 Prozentpunkten toleriert (vgl. Bortz 2005, S. 101 f.). Für die Sicherheitswahrscheinlichkeit z des Konfidenzintervalls haben sich die Werte 95 oder 99 Prozent etabliert (vgl. Cochran 1977, S. 74 f.; Bortz 2005, S. 101). Für die vorliegende Analyse wird ein Konfidenzintervall von 95 Prozent mit einer Sicherheitswahrscheinlichkeit von 99 Prozent angestrebt.

Für die Bestimmung der Grundgesamtheit N wird auf die Angaben des Statistischen Bundesamts zur Zahl der Einwohner Deutschlands, die im Jahr 2012 mindestens 18

---

53 Daneben kann die optimale Stichprobengröße auch anhand einer gewünschten Effektstärke festgelegt werden (vgl. Bortz 2005, S. 127). Da jedoch keine Informationen zu üblichen Effekten im Untersuchungskontext verfügbar sind, ist eine fundierte Festlegung von Effektstärken und eine daraus abgeleitete Bestimmung der optimalen Stichprobengröße nicht möglich.

Jahre alt waren, zurückgegriffen (vgl. Statistisches Bundesamt 2012). Anhand dieser Festlegungen ergibt sich ein optimaler Stichprobenumfang von 666 Datensätzen.[54]

Neben der Festlegung des Umfangs ist die Auswahl der Elemente einer Stichprobe zu spezifizieren. Inferenzstatistische Schlüsse basieren grundsätzlich auf der Annahme einer zufälligen Selektion der Stichprobenelemente aus der Grundgesamtheit (vgl. Hussy / Schreier / Echterhoff 2010, S. 173; Schnell / Hill / Esser 2011, S. 260). Entsprechend setzt die Gültigkeit des Ansatzes von Cochran zur minimalen Stichprobengröße eine Zufallsauswahl der Stichprobenelemente voraus. Demgegenüber gehen nicht zufällige Auswahlverfahren mit der Gefahr einer Verzerrung und somit einer nicht quantifizierbaren Minderung der Repräsentativität einher (vgl. Meffert / Burmann / Kirchgeorg 2012, S. 153). Vor diesem Hintergrund wird eine Datenerhebung von mindestens 666 zufällig ausgewählten Bürgern angestrebt.

2.2.2   Operationalisierung der analysierten Variablen

Nachdem das Erhebungsinstrument und der angestrebte Stichprobenumfang festgelegt wurden, kann die Ausgestaltung der Onlinebefragung konkretisiert werden.

Grundsätzlich wurden Fragen zu ähnlichen Themenkomplexen zur Veranschaulichung der Befragungslogik auf einer Fragebogenseite erfasst (vgl. hier und im Folgenden Scholl 2009, S. 171). Auf einer Seite abgebildete Fragen wurden zufällig rotiert, um eine vorwiegende Behandlung einzelner Fragen zu verhindern. Für konsistent nur bei bestimmten Befragten zu erhebende Variablen erfolgte eine Filterführung, z. B. Abfrage des Alters von Kindern einzig bei Eltern, sodass die Befragungszeit möglichst verkürzt und damit die Plausibilität der Befragung durch Probanden nicht bezweifelt wurde. Bei komplexeren Fragen wurden dynamische Hilfe- und Erläuterungstexte integriert, um den Teilnehmern die Beantwortung bei eventuellen Unklarheiten zu erleichtern.

Inhaltlich umfasste die Onlinebefragung fünf Abschnitte (vgl. Abb. 18). Zu Beginn wurden die Probanden zunächst kurz begrüßt, das Forschungsprojekt vorgestellt, das zugrunde liegende Verständnis des Begriffs Wohnort erläutert und auf die anonyme

---

54   Der Umfang der mindestens notwendigen Stichprobe ändert sich bei Veränderungen großer Grundgesamtheiten nur in sehr geringem Maße. So wäre auch für eine Stichprobe der gesamten deutschen Bevölkerung unter Konstanz der anderen Parameter eine Stichprobengröße von 666 Teilnehmern ausreichend. Insofern kann die Festlegung dieses Mindestumfangs unabhängig von der Selektion von Altersklassen als angemessen beurteilt werden.

Auswertung hingewiesen. Ferner wurde eine E-Mail-Adresse angegeben, um den Befragten eine Möglichkeit für Rückfragen und Feedback zu bieten.

Im zweiten Abschnitt wurden die zentralen Konstrukte Einwohnerbindung sowie Verbundenheit und Gebundenheit erhoben sowie Informationen zur Existenz interkommunaler Migrationsgedanken in der jüngeren Vergangenheit und, soweit diese bestehen, zu entsprechenden Plänen eingeholt.

Daraufhin erfolgte auf Basis der konzeptuellen Analyse und der Resultate der qualitativen Analyse im dritten Abschnitt die Erfassung der vermuteten Einflussfaktoren der Bindungszustände. Zur Erklärung der Verbundenheit wurden Fragen zu potenziellen Determinanten aus den Bereichen materielle und immaterielle kommunale Kontextfaktoren gestellt. Fragen zu möglichen Einflussfaktoren der Gebundenheit umfassten die Felder wirtschaftliche Spezifika, Evaluation institutioneller Betreuung und soziale Spezifika.

Um der i. d. R. im Zeitablauf einer Befragung geringer werdenden kognitiven Leistungsfähigkeit von Probanden Rechnung zu tragen, erfolgte die Abfrage soziodemografischer Eigenschaften der Empfehlung Scholls (vgl. Scholl 2009, S. 170) folgend hauptsächlich im vierten Abschnitt am Ende der Onlinebefragung.

Die Auskünfte der Teilnehmer zu

* Alter,

* Geschlecht,

* höchstem Bildungsabschluss,

* monatlichem Haushaltsnettoeinkommen,

* Bundesland,

* Postleitzahlgebiet und

* Name des Wohnorts

dienten der Messung von Kontrollvariablen zur Einschätzung der Ergebnisgüte.

Die Onlinebefragung schloss mit einem Dank an die Probanden, Elementen zur viralen Bekanntmachung der Onlinebefragung und einer Option, an einem Gewinnspiel teilzunehmen.

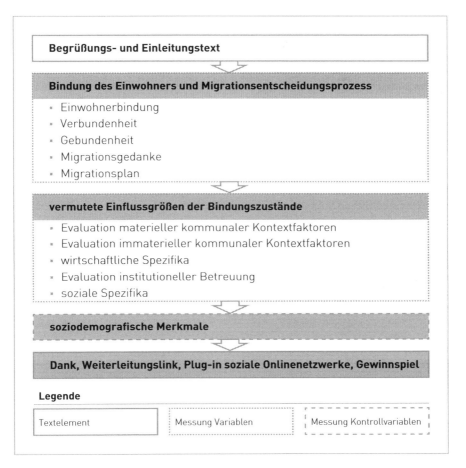

Abb. 18: Struktur der Onlinebefragung.

Nachfolgend wird die Operationalisierung der einzelnen latenten Variablen erörtert, die in der Analyse zur Anwendung kamen.

Im Rahmen der Operationalisierung werden latente Variablen bzw. Konstrukte durch die Zuordnung konkret beobachtbarer Größen messbar gemacht (vgl. Homburg/ Giering 1996, S. 5; Westermann 2000, S. 284). Grundsätzlich ist hierbei festzulegen, mit wie vielen Indikatoren ein Konstrukt gemessen werden soll und die Spezifikation des Messmodells ist zu konkretisieren.

Zum einen ist zu entscheiden, ob die Konstrukte durch einen oder mehrere Indikatoren erhoben werden (vgl. hier und im Folgenden Weiber / Mühlhaus 2010, S. 91 ff.). Bei Single-Item-Messungen wird eine Variable anhand eines sogenannten Globalitems ausschließlich mittels eines Indikators erfasst. Hingegen werden bei Multi-Item-Messungen mehrere Indikatoren herangezogen, die eine latente Variable repräsentieren. Tabelle 17 fasst Vor- und Nachteile der beiden Messmethoden zusammen.

Single-Item-Messung	Multi-Item-Messung
Selektion eines Globalitems, das den Kern des Konstrukts reflektiert	Auswahl mehrerer Items, die das Konstrukt repräsentieren
Auswahl der Items	
▪ problematisch im Sinne einer adäquaten Formulierung ▪ keine statistische Auswahlunterstützung möglich	▪ relativ unproblematisch anhand der Konstruktfacetten bzw. Konsequenzen ▪ Feinauswahl auch mittels statistischer Verfahren
Datenerhebung	
▪ geringer Aufwand bei Erhebung ▪ erhöhte Teilnahmebereitschaft	▪ hoher Aufwand bei Erhebung ▪ geringe Teilnahmebereitschaft
Datenqualität	
▪ geringe Anzahl fehlender Werte (kein *sampling bias*) ▪ keine Ermüdungseffekte bei Probanden ▪ kein Konsistenzstreben ▪ höhere Aufmerksamkeit ▪ hoher kognitiver Anspruch (Abstraktionsvermögen)	▪ höhere Abbruchquoten (möglicher *sampling bias*) ▪ hohe Ermüdungseffekte bei Probanden ▪ Konsistenzstreben über Items bei der Beantwortung ▪ geringe Aufmerksamkeit, wenn Items als kongruent empfunden werden ▪ geringer kognitiver Anspruch
Datenverarbeitung	
▪ geringere Genauigkeit der Messung bei Intervallskalen ▪ Reliabilität und Validität eingeschränkt überprüfbar ▪ Messfehler gehen „unkorrigiert" in die Analyse ein	▪ feine Differenzierung der Messung bei Intervallskalen ▪ Reliabilität und Validität mittels statistischer Verfahren prüfbar ▪ Messfehler gleichen sich (im Mittel über Items) aus

Tab. 17: Vor- und Nachteile von Single-Item-Messungen und Multi-Item-Messungen. Quelle: eigene Darstellung in Anlehnung an Weiber / Mühlhaus 2010, S. 94.

Während einige Autoren eine Multi-Item-Messung mit mindesten drei und mehr (vgl. Bollen 1989, S. 288 ff.; Churchill 1979, S. 69) respektive möglichst vielen Indikatoren (vgl. Homburg / Giering 1996, S. 5 ff.) empfehlen, betonen Bergkvist und Rossiter (vgl. Bergkvist / Rossiter 2007, S. 182), dass auch Single-Item-Messungen für eine Vielzahl von Konstrukten hohe Reliabilitätswerte erzielen und somit adäquate Messinstrumente darstellen. Angesichts praktischer Erwägungen vor allem im Hinblick auf eine kompakte Onlinebefragung und damit einhergehende geringe Abbruchraten sowie wenige fehlende Werte wird für die vorliegende Untersuchung grundsätzlich eine Single-Item-Messung angestrebt, soweit das Verständnis der latenten Variable hinreichend konkret und einheitlich ist und alle Facetten erfasst werden (vgl. Bergkvist / Rossiter 2007, S. 176). Ferner wird der Empfehlung Weiber und Mühlhaus' (vgl. Weiber / Mühlhaus 2010, S. 95) gefolgt und eine Single-Item-Messung nur für latente Variablen vorgenommen, die nicht im Betrachtungsfokus der Untersuchung stehen.

Zum anderen ist im Falle einer Muti-Item-Messung die Messart zu konkretisieren.[55] Bereits Blalock hat darauf hingewiesen, dass Muti-Item-Messmodelle auf zwei unterschiedliche Arten spezifiziert werden können (vgl. Blalock 1964, S. 163 f.). Je nach Richtung des Zusammenhangs zwischen latenter Variable und ihren Indikatoren wird zwischen reflektiven und formativen Indikatoren differenziert. Während von reflektiven Messmodellen gesprochen wird, wenn eine latente Variable die ihr zugeordneten Indikatoren verursacht, die Indikatoren somit beispielhafte Manifestationen der latenten Variable auf einer Beobachtungsebene darstellen, bezeichnen formative Messmodelle genau umgekehrte Konstellationen, in denen die Indikatoren die latente Variable bedingen, diese also eine Funktion der Indikatoren ist. In der Literatur finden sich verschiedene Kriterienkataloge zur Festlegung eines Messmodells (vgl. bspw. Eberl 2004, S. 16; Fassott / Eggert 2005, S. 43; Jarvis / Mackenzie / Podsakoff 2003, S. 203).

Wenngleich die Indikatoren in Form von Messitems noch nicht spezifisch festgelegt sind, kann für den hier vorliegenden Untersuchungskontext die Frage nach der Wirkungsrichtung bereits beantwortet werden. Im Rahmen der vorangehenden Analyse wurde deutlich, dass die zentralen Variablen Einwohnerbindung, Verbundenheit und Gebundenheit von einer großen Zahl von Faktoren beeinflusst werden. Auch in Anbetracht der Resultate der qualitativen Untersuchung ist angesichts der Komplexität und extrem starken reziproken Verknüpfung des Wohnorts mit einer Vielzahl relevanter Lebensparameter eine abschließende Bestimmung aller Einflussfaktoren nicht möglich. Eine potenziell korrekte formative Spezifizierung der Messmodelle erfordert jedoch die präzise Kenntnis der ursächlichen Indikatoren. Bei einem unvollständi-

---

55   Im Fall einer Single-Item-Messung erübrigt sich die Diskussion der Spezifikation des Messmodells, da unmittelbar von der Angabe auf der Messskala auf die Ausprägung des Konstrukts geschlossen wird (vgl. zum Algorithmus Götz / Liehr-Gobbers 2004, S. 722; Jaritz 2008, S. 114).

gen Indikatorset droht eine Fehlspezifikation des Messmodells (vgl. Bollen / Lennox 1991, S. 308). Im vorliegenden Untersuchungskontext wären daher fehlerhafte Messmodelle zu befürchten. Eine Modellierung mittels reflektiver Indikatoren hingegen erlaubt es, Messfehler zu berücksichtigen. Damit wird dieses Vorgehen den Bedürfnissen der Marketingforschung im Allgemeinen (vgl. Homburg / Giering 1996, S. 7 f.) sowie dem hier vorliegenden Untersuchungskontext im Speziellen auch hinsichtlich der weiteren, mittels Multi-Item-Messung erfassten latenten Variablen (spezifische Wohnumwelteigenschaften, Mentalität, soziale Kohäsion und Sehnsucht nach Veränderung) gerecht. Deswegen werden die Multi-Item-Messmodelle der latenten Variablen reflektiv spezifiziert.

Im Rahmen der Formulierung von Fragen und Antworten wurden einschlägige Empfehlungen aus der Methodenliteratur berücksichtigt (vgl. Groves 2009, S. 242 ff.; Kirchhoff et al. 2008, S. 19 ff.; Raab-Steiner / Benesch 2012, S. 53 f.; Schnell / Hill / Esser 2011, S. 328 ff.; Scholl 2009, S. 147 ff.; Swain / Weathers / Niedrich 2008). Zur Ermittlung geeigneter Messinstrumente wurde – soweit möglich – auf etablierte Ansätze zurückgegriffen bzw. wurden solche adaptiert (vgl. Bortz / Döring 2006, S. 253; Bühner 2011, S. 100). Sofern für Messinstrumente auf englischsprachige Literaturbeiträge zurückgegriffen wurde, war eine Übersetzung notwendig. Von drei Personen gemachte Übersetzungsvorschläge wurden gemeinsam mit dem Verfasser unter Berücksichtigung soziokultureller Kontexte der Ursprungsmessungen diskutiert und eine für den Untersuchungskontext adäquate Übersetzungsvariante selektiert (für eine Erörterung der Relevanz der Anpassung von Fragestellungen an soziokulturelle und linguistische Kontexte vgl. Huynen et al. 2008, S. 51).[56]

Für den Großteil der Konstrukte war eine binnenmigrationsspezifische Operationalisierung durch Adaption respektive Neuentwicklung der Messinstrumente erforderlich. Die Indikatoren wurden auf Grundlage der theoretischen Konzeption und vor allem aufbauend auf den Daten der qualitativen Untersuchung entwickelt, die Informationen zum Verständnis und zu Facetten der Konstrukte bietet (vgl. Homburg / Giering 1996, S. 11 f.; Raab-Steiner / Benesch 2012, S. 48). Idealtypische Aussagen und Reizwörter der Probanden der Fokusgruppen dienten als Basis, um konkrete Messitems zu formulieren (vgl. Bühner 2011, S. 95; Hinkin 1995, S. 969 f. und für ein ähnliches Vorgehen Chen / Quester 2005). Alle generierten Messinstrumente wurden anschließend im Rahmen eines Pretests fünf Probanden zur Erörterung vor-

---

56   Eine der drei Personen ist Englisch-Muttersprachlerin. Die beiden anderen Personen haben im englischsprachigen Ausland gearbeitet.

gelegt. Hierzu wurde die „Comprehension-Probing"-Technik eingesetzt (vgl. Prüfer/
Rexroth 1996, S. 24; Oksenberg/Cannell/Kalton 1991). Die Probanden wurden
aufgefordert, die Bedeutung der Begrifflichkeiten der Fragen zu erläutern, Aspekte
ihrer Antwort darzulegen und zu diskutieren, inwiefern die Formulierungen ver-
ständlich sind und welche konkreten Verständnisprobleme bestehen. Die in diesem
Rahmen gewonnenen Erkenntnisse erlaubten es, die Formulierungen der Items zu
schärfen und die Indikatorsets zur Messung der Konstrukte unter der Bedingung der
vollständigen Konstrukterfassung zu komprimieren. Tabelle 18 liefert Informationen
zu den verwendeten Messindikatoren der Variablen und deren Kurzbezeichnung bei
Multi-Item-Messungen sowie zu jeweiligen Quellen.

Variable	Messindikator(en)	Formulierung in Anlehnung an
Einwohner-bindung	Wenn ich mich wieder für einen Wohnort entscheiden müsste, würde ich erneut meinen aktuellen Wohnort auswählen. (bin1)	Austin/Baba 1990; Zeithaml/Berry/Parasuraman 1996
	Ich werde auch in zwei Jahren noch in meinem aktuellen Wohnort leben. (bin2)	
	Ich würde den Wohnort, in dem ich lebe, als Wohnort weiterempfehlen. (bin3) (stimme überhaupt nicht zu ↔ stimme voll und ganz zu)	
Verbundenheit	Mein Wohnort ist ein Teil von mir selbst. (ver1)	Bonaiuto et al. 1999; Williams/Vaske 2003
	Ich identifiziere mich stark mit meinem Wohn-ort. (ver2)	
	Es gibt Orte in meinem Wohnort, mit denen ich mich sehr verbunden fühle. (ver3)	
	Mein Wohnort bedeutet mir viel. (ver4)	
	Mein Wohnort ist für mich der ideale Wohnort. (ver5) (stimme überhaupt nicht zu ↔ stimme voll und ganz zu)	

Variable	Messindikator(en)	Formulierung in Anlehnung an
Gebundenheit	Selbst wenn ich wollte, wäre es für mich sehr schwierig, in einem anderen Wohnort zu leben. (geb1)	Allen / Meyer 1990; Bansal / Irving / Taylor 2004
	Es wäre sehr schwer für mich, einen besseren Wohnort zu finden. (geb2)	
	Für mich würden sich zu viele Dinge ändern, wenn ich in einen anderen Wohnort umziehen würde. (geb3)	
	Es wäre mit vielen Nachteilen für mich verbunden, wenn ich in einen anderen Wohnort ziehen würde. (geb4)	
	Ich bin in meinem Wohnort zu eingebunden, um aus diesem wegziehen zu können. (geb5)	
	Ich kann nicht umziehen, weil ich an meinen Wohnort gebunden bin. (geb6)	
	(stimme überhaupt nicht zu ↔ stimme voll und ganz zu)	
Migrations-gedanke	Haben Sie in den letzten drei Monaten einmal ernsthaft darüber nachgedacht, in einen Wohnort, der mehr als 50 km von Ihrem jetzigen Wohnort entfernt liegt, umzuziehen? (Ja / Nein)	Kalter 1997
Migrationsplan	Planen Sie innerhalb der nächsten 12 Monate in einen Wohnort zu ziehen, der mehr als 50 km von Ihrem jetzigen Wohnort entfernt liegt? (Ja / Nein)	Kalter 1997
Zufriedenheit Wohnstätte	Wie zufrieden sind Sie mit Ihrer Wohnung oder Ihrem Haus? (sehr unzufrieden ↔ sehr zufrieden)	Sozio-oekonomisches Panel (SOEP) 2012
Gebäudeästhetik	In meinem Wohnort stehen viele schöne Gebäude. (äst1)	Fornara / Bonaiuto / Bonnes 2010
	Mein Wohnort ist schön anzuschauen. (äst2)	
	Die Farben der Gebäude lassen meinen Wohnort freundlich erscheinen. (äst3)	
	(stimme überhaupt nicht zu ↔ stimme voll und ganz zu)	
Gebäudedichte	Die Gebäude in meinem Wohnort stehen zu dicht beieinander. (dic1)	Fornara / Bonaiuto / Bonnes 2010
	Mein Wohnort ist zu dicht besiedelt. (dic2)	
	Die Gebäude in meinem Wohnort sind zu groß. (dic3)	
	(stimme überhaupt nicht zu ↔ stimme voll und ganz zu)	

Variable	Messindikator(en)	Formulierung in Anlehnung an
Schulinfrastruktur	In meinem Wohnort gibt es gute Schulen. (sch1)	Fornara/ Bonaiuto/ Bonnes 2010
	In meinem Wohnort können die Kinder leicht zu Fuß zur Schule gehen. (sch2)	
	Insgesamt sind die Schulen in meinem Wohnort gut. (sch3)	
	(stimme überhaupt nicht zu ↔ stimme voll und ganz zu)	
soziale Einrichtungen	In meinem Wohnort gibt es eine gute Versorgung mit sozialen Einrichtungen. (soz1)	Fornara/ Bonaiuto/ Bonnes 2010
	In meinem Wohnort gibt es genügend Einrichtungen zur Altenpflege. (soz2)	
	Die ärztliche Versorgung in meinem Wohnort ist gut. (soz3)	
	(stimme überhaupt nicht zu ↔ stimme voll und ganz zu)	
Angebot an Geschäften	In meinem Wohnort gibt es alle möglichen Geschäfte. (ges1)	Fornara/ Bonaiuto/ Bonnes 2010
	In den Geschäften in meinem Wohnort kann ich alles finden. (ges2)	
	Die Versorgung mit Geschäften in meinem Wohnort ist gut. (ges3)	
	(stimme überhaupt nicht zu ↔ stimme voll und ganz zu)	
öffentliche Verkehrsmittel	In meinem Wohnort gibt es eine gute Versorgung mit öffentlichen Verkehrsmitteln. (övm1)	Fornara/ Bonaiuto/ Bonnes 2010
	In meinem Wohnort entspricht die Häufigkeit der Verbindungen öffentlicher Verkehrsmittel den Bedürfnissen der Bewohner. (övm2)	
	Die Haltestellen der öffentlichen Verkehrsmittel sind in meinem Wohnort gut verteilt. (övm3)	
	(stimme überhaupt nicht zu ↔ stimme voll und ganz zu)	
Angebot an Freizeitaktivitäten	In meinem Wohnort kann man verschiedenen Freizeitaktivitäten nachgehen. (afa1)	Fornara/ Bonaiuto/ Bonnes 2010
	Mein Wohnort ist gut mit Orten für Freizeitaktivitäten ausgestattet. (afa2)	
	In meinem Wohnort gibt es Orte, an denen man Freizeitaktivitäten im Freien nachgehen kann. (afa3)	
	(stimme überhaupt nicht zu ↔ stimme voll und ganz zu)	

Variable	Messindikator(en)	Formulierung in Anlehnung an
Mentalität	Ich bin wie der typische Bewohner meines Wohnorts. (men1)	Sirgy et al. 1997
	Ich kann mich mit den Bewohnern meines Wohnorts identifizieren. (men2)	
	Ich entspreche weitgehend dem Image des typischen Bewohners meines Wohnorts. (men3) (stimme überhaupt nicht zu ↔ stimme voll und ganz zu)	
freiwilliges Engagement	Engagieren Sie sich freiwillig in Ihrem Wohnort (bspw. im Kirchenchor, im Sportverein oder bei der freiwilligen Feuerwehr)? (gar nicht ↔ sehr stark)	Greenslade / White 2005
soziale Kohäsion	In meinem Wohnort...	Broadhead et al. 1988
	... gibt es Personen, die daran interessiert sind, was mit mir geschieht. (koh1)	
	... gibt es Personen, von denen ich Liebe und Zuneigung erhalte. (koh2)	
	... habe ich die Möglichkeit, mit Personen meines Vertrauens über Probleme zu sprechen. (koh3)	
	... bekomme ich Einladungen auszugehen und etwas mit anderen zu unternehmen. (koh4)	
	... bekomme ich von Personen nützliche Ratschläge zu wichtigen Dingen im Leben. (koh5) (viel weniger als ich gerne hätte ↔ genau so viele wie ich mag)	
Intensität Bindung Berufstätigkeit	Ich bin aufgrund meiner aktuellen Berufstätigkeit an meinen Wohnort gebunden. (stimme überhaupt nicht zu ↔ stimme voll und ganz zu)	Crossley et al. 2007
Bedeutsamkeit finanzieller Nichtverkaufsgründe	Ich möchte mein Eigenheim bzw. meine Eigentumswohnung aus finanziellen Gründen nicht verkaufen. (stimme überhaupt nicht zu ↔ stimme voll und ganz zu)	auf Basis der qualitativen Untersuchung neu entwickelt
Bedeutsamkeit emotionaler Nichtverkaufsgründe	Ich möchte mein Eigenheim bzw. meine Eigentumswohnung aus emotionalen Gründen nicht verkaufen. (stimme überhaupt nicht zu ↔ stimme voll und ganz zu)	auf Basis der qualitativen Untersuchung neu entwickelt

Variable	Messindikator(en)	Formulierung in Anlehnung an
Zufriedenheit mit Betreuungssituation von Kindern, die noch nicht zur Schule gehen	Wie zufrieden sind Sie insgesamt mit der Betreuungssituation Ihres Kindes/Ihrer Kinder, die noch nicht zur Schule gehen. (sehr unzufrieden ↔ sehr zufrieden)	Pairfam 2013
Zufriedenheit mit der außerschulischen Betreuungssituation von Kindern, die zur Schule gehen	Wie zufrieden sind Sie insgesamt mit der außerschulischen Betreuungssituation Ihres Kindes/Ihrer Kinder, die zur Schule gehen. (sehr unzufrieden ↔ sehr zufrieden)	Pairfam 2013
persönliche Bindung des Partners an Wohnort	Mein Partner/meine Partnerin hat eine starke persönliche Bindung an seinen/ihren Wohnort. (stimme überhaupt nicht zu ↔ stimme voll und ganz zu)	Churchman/ Mitrani 1997
Pflege anderer	Pflegen Sie (nicht erwerbsmäßig) Verwandte oder Freunde in der Nähe Ihres Wohnorts, abgesehen von eigenen Kindern? (Ja/Nein)	Dichter et al. 2012
Häufigkeit Pflege anderer	Wie oft pflegen Sie durchschnittlich (nicht erwerbsmäßig) Verwandte oder Freunde in der Nähe Ihres Wohnorts, abgesehen von eigenen Kindern? (täglich/mehrmals in der Woche/einmal in der Woche/seltener)	Santini/Lamura/ Principi 2011
Angewiesenheit auf nicht transferierbare Unterstützung	Ich bin auf Unterstützung durch Freunde und Familienangehörige angewiesen, die in einem anderen Wohnort fehlen würde. (stimme überhaupt nicht zu ↔ stimme voll und ganz zu)	auf Basis der qualitativen Untersuchung neu entwickelt
Sehnsucht nach Veränderung	Von Ort zu Ort umzuziehen, ist aufregend und macht Spaß. (snv1)	McAndrew 1998
	Ich könnte nicht glücklich werden, wenn ich den Rest meines Lebens am gleichen Ort leben würde. (snv2)	
	Ich mag es, an Orte zu ziehen, an denen mich niemand kennt. (snv3) (stimme überhaupt nicht zu ↔ stimme voll und ganz zu)	
Risikobereitschaft	Wie schätzen Sie sich persönlich ein: Sind Sie im Allgemeinen ein risikobereiter Mensch oder versuchen Sie, Risiken zu vermeiden? (gar nicht risikobereit ↔ sehr risikobereit)	Sozio-oekonomisches Panel (SOEP) 2012; Taylor 1974

Tab. 18: Operationalisierung der Variablen.

Die Mehrzahl der Variablen der Onlinebefragung wurde auf bipolaren Ratingskalen erhoben (vgl. Bortz/Döring 2006, S. 176 f.), da Ratingskalen zum einen ermöglichen, differenzierte Antworten zu erfassen, und zum anderen durch Einfachheit in Konstruktion, Anwendung und Datenanalyse gekennzeichnet sind (vgl. Weiber/ Mühlhaus 2010, S. 98). Den Empfehlungen in der Literatur folgend wurden die Ratingskalen mit sieben Skalenpunkten ausgestaltet (vgl. Bühner 2011, S. 111; Faulbaum/Prüfer/Rexroth 2009, S. 66). Probanden haben so die Möglichkeit, differenziert zu antworten sowie in ihren Antworten eine neutrale Position zum Ausdruck zu bringen, indem sie den Skalenmittelpunkt auswählen (vgl. Bortz/Döring 2006, S. 180; Scholl 2009, S. 163 f.), was im Gegensatz zu geradzahligen Skalen als realitätsnäher beurteilt wird. Zudem belegen Studien, dass die Reliabilität siebenstufiger Skalen am größten ist (vgl. Faulbaum/Prüfer/Rexroth 2009, S. 66). Die Skalen wurden mit verbal beschriebenen Endpunkten (vgl. Tab. 18) und numerischen Marken für alle Skalenpunkte versehen, sodass die Befragten die Bedeutung der Abstufungen logisch erschließen und leicht im Gedächtnis behalten können. Zugleich ist damit die Äquidistanz der Abstufungen illustriert (vgl. Faulbaum/Prüfer/Rexroth 2009, S. 68), sodass die auf Ratingskalen erhobenen Daten dem pragmatischen Standpunkt in der empirischen Forschung folgend unter Annahme einer vorliegenden Intervallskalierung verarbeitet werden (vgl. Meffert 1992, S. 185; Backhaus et al. 2011, S. 11 Scholl 2009, S. 161 sowie zusammenfassend bspw. Bortz/Döring 2006, S. 181 f.).[57] Um die Übersichtlichkeit der Antwortvorgaben zu erhöhen und Probanden zur Beantwortung zu motivieren, wurde bei Ratingskalen auf die explizite Darstellung einer Ausweichkategorie (bspw. „weiß nicht" oder „keine Angabe") verzichtet. Zugleich konnte die Onlineumfrage fortgesetzt werden, wenn Fragen unbeantwortet blieben, sodass ein in der Literatur kritisiertes forciertes Rating unterblieb (vgl. Berekoven/Eckert/Ellenrieder 2009, S. 70).

2.3 Prozess der Online-Befragung

Die Datenerhebung erfolgte vom 15.04.2013 bis 10.05.2013 und wurde mithilfe der Online-Befragungssoftware EFS Survey umgesetzt, die im Rahmen des Unipark-Programms der Globalpark AG Hochschulen zur Nutzung zur Verfügung gestellt wird.[58]

---

57   Streng genommen ist von ordinalskalierten Daten auszugehen, falls die für intervallskalierte Daten notwendige Voraussetzung gleicher Skalenabstände nicht bestätigt ist (vgl. Backhaus et al. 2011, S. 11). Wird ein solcher messtheoretisch puristischer Standpunkt eingenommen, ist die Güte derjenigen Resultate eingeschränkt, die mit statistischen Methoden gewonnen werden, welche eines höheren Skalenniveaus bedürfen (vgl. Bortz/Döring 2006, S. 181 f.).

58   Vgl. http://www.unipark.info/.

Eine Einladung mit einem Link, der zur Befragung führte, wurde am 15.04.2013 an potenzielle Teilnehmer per E-Mail geschickt.[59]

Aus forschungsökonomischen Gründen konnte dabei keine uneingeschränkte Zufallsauswahl der adressierten Teilnehmer vorgenommen werden, denn dies hätte ein Verzeichnis aller Einwohner Deutschlands vorausgesetzt und nach zufälliger Selektion potenzieller Probanden daraus die Beschaffung entsprechender Kontaktinformationen erfordert. Da der Zugang respektive die Erstellung eines solchen Verzeichnisses sowie die Beschaffung der Kontaktinformationen vor allem aufgrund von Budgetrestriktionen nicht möglich waren, wurde auf ein näherungsweise zufälliges Auswahlverfahren zurückgegriffen.

Zum einen wurde die Einladung an 100 000 von einem spezialisierten Dienstleister gemietete deutsche E-Mail-Adressen versandt. Die angeschriebenen Adressen wurden aus dem Kontaktpool des Anbieters mit der Anforderung gewählt, ein möglichst repräsentatives Abbild der volljährigen Einwohner Deutschlands explizit im Hinblick auf Geschlecht, Alter, Einkommen, Bildungsstatus und Verteilung der Wohnorte auf das gesamte Bundesgebiet darzustellen.

Zum anderen wurden die Empfänger der Einladungs-E-Mail und Teilnehmer der Befragung gebeten, den Fragebogen-Link weiterzuleiten sowie in sozialen Online-Netzwerken zu verbreiten. Hierzu wurden entsprechende Plug-ins der sozialen Online-Netzwerke in die Befragung eingebaut. Somit wurde in die Stichprobenziehung ein Schneeballverfahren integriert (vgl. Schumann 2012, S. 97), das in der Literatur kontrovers diskutiert wird (vgl. Schnell / Hill / Esser 2011, S. 294). Kritisiert wird im Wesentlichen, dass nur einer weitgehend homogenen Gruppe die Teilnahme an einer Erhebung ermöglicht wird, die generierten Stichproben demnach häufig nicht repräsentativ sind. Diesbezüglich werden die Relevanz der zufälligen Auswahl und der Repräsentativität der Initialstichprobe sowie die Netzwerkstruktur der Mitglieder der Ausgangsstichprobe hervorgehoben (vgl. Gabler 1992, S. 59; Häder 2010, S. 174).

Gleichwohl ist zu erwarten, dass mit dem Schneeballverfahren nicht nur quantitativ die Zahl potenzieller Probanden steigt, sondern im Rahmen des Schneeballverfahrens angesprochene Personen eine qualitativ höhere Teilnahmebereitschaft besitzen, der Umfang der generierten Stichprobe also erheblich zunimmt. Die Teilnahmebereit-

---

59 Zur Steigerung der Teilnahmebereitschaft wurde am Ende der Befragung die fakultative Teilnahme an einem Gewinnspiel ermöglicht, bei dem eine Wochenendreise in eine frei zu wählende deutsche Kommune verlost wurde.

schaft an einer Befragung dürfte im Wesentlichen vom Vertrauen in die Sinnhaftigkeit eines solchen Handelns abhängen. Es kann plausibel angenommen werden, dass das Vertrauen in die Sinnhaftigkeit einer Aufforderung eines Bekannten stärker ausgeprägt ist, als dies bei Fremden der Fall ist. Zudem erfolgte die Anwendung des Schneeballverfahrens unter Rückgriff auf soziale Online-Netzwerke, deren Nutzung sich in vielen gesellschaftlichen Gruppen etabliert hat (vgl. BITKOM Bundesverband Informationswirtschaft, Telekommunikation und neue Medien e. V. 2011), sodass das Risiko, lediglich eine homogene Stichprobe zu generieren, gesenkt wurde und insgesamt als gering eingeschätzt wird.

Es ist zu resümieren, dass zwar die angeschriebenen E-Mail-Adressen zufällig aus dem Bestand des Dienstleisters gezogen wurden, jedoch nicht gewährleistet werden kann, dass diese generierte Stichprobe einer Zufallsauswahl aller deutschen Einwohner entspricht (vgl. auch Kapitel D 2.1). Vor diesem Hintergrund sind eine Evaluation der Repräsentativität im Rahmen der nachfolgenden Datenauswertung (vgl. Kapitel D. 3.2) und eine entsprechende Reflexion der Resultate der Analyse erforderlich (vgl. Kapitel E 1.1).

3   Datenauswertung

3.1   Vorgehen zur empirischen Hypothesenprüfung

Zur empirischen Hypothesenprüfung ist es erforderlich, ein adäquates Analyseverfahren auszuwählen und ein Prüfschema festzulegen. Die entwickelten Erklärungsmodelle unterstellen einen Einfluss mehrerer Faktoren (unabhängige Variablen) auf die jeweils zu erklärende Größe (abhängige Variable) Einwohnerbindung bzw. die beiden Bindungszustände Verbundenheit und Gebundenheit. Entsprechend sollen Zusammenhangshypothesen verifiziert werden. Zu deren Überprüfung können lineare Regressionsanalysen[60] herangezogen werden, die zu den am häufigsten eingesetzten statistischen Verfahren gezählt werden (vgl. Krafft 1995, S. 299; Skiera / Albers 2008, S. 469; von Auer 2011, S. 15 ff.). Lineare Regressionsanalysen erlauben die Analyse von Kausalitäten zwischen nominal bis zu metrisch skalierten unabhängigen Variablen und abhängigen Variablen, die metrisch skaliert sind (vgl. Backhaus et al. 2011, S. 55 ff.; Fahrmeir / Kneib / Lang 2009, S. 19 ff.; Skiera / Albers 2008, S. 469 sowie zu den Grundlagen der Techniken zur Analyse nominaler unabhängiger Variablen in Regressionsansätzen vor allem Lyons 1971).

Die Auswahl dieser Methode bedarf einer Begründung. Die Anwendung einer Kausalanalyse wäre vor dem Hintergrund naheliegend, dass es sich bei den untersuchten unabhängigen und abhängigen Variablen vielfach um latente Größen handelt, die über mehrere Items gemessen werden (vgl. Kapitel D 2.2.2). Die Anwendung multipler Regressionsanalysen ist damit zu begründen, dass die Auswirkungen der unabhängigen Variablen auf die abhängigen Bindungszustände nicht unabhängig, sondern unter explizierter Berücksichtigung persönlicher Dispositionen (moderierender Variablen), die die Intensität der Effekte beeinflussen, modelliert werden (vgl. Abb. 19). Zur Untersuchung solcher Zusammenhänge bieten sich moderierte Regressionsanalysen an (vgl. Arnold 1982; Baron / Kenny 1986; Darrow / Kahl 1982; Russell / Bobko 1992; Sharma / Durand / Gur-Arie 1981; Zedeck 1971), während die Methode der Kausalanalyse hierfür nicht angemessen ist (vgl. Homburg 2000, S. 147).

---

60   Wird ausschließlich eine unabhängige Variable in ein lineares Regressionsmodell einbezogen, ist die Bezeichnung einfache lineare Regression üblich. Werden mehrere unabhängige Variablen berücksichtigt, wird von multiplen linearen Regressionen gesprochen.

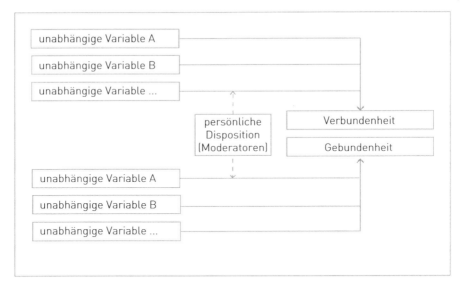

Abb. 19: Basismodell zur Analyse des Einflusses der unabhängigen Variablen auf die Bindungszustände.

Da regressionsanalytische Verfahren zudem gegenüber kleineren Annahmeverletzungen robust (vgl. Backhaus et al. 2011, S. 96; Bohrnstedt/Carter 1971, S. 123 ff.) und an weniger strenge Prämissen als andere Analyseverfahren geknüpft sind (vgl. bspw. Frenzen/Krafft 2008, S. 645 ff.), werden sie zur quantitativen Hypothesenüberprüfung eingesetzt.

Im Rahmen linearer Regressionen wird ein Modell aufgestellt, in dem postulierten Einflussfaktoren Regressionskoeffizienten zugeordnet werden, welche die abhängige Variable als Linearkombination approximativ beschreiben (vgl. Janssens et al. 2008, S. 137). Der lineare Regressionsansatz wird um eine Residualgröße ergänzt und hat folgende funktionale Spezifikation:

$$Y = b_0 + b_1 X_1 + b_2 X_2 ... + b_j X_j + e$$

mit

Y	*abhängige Variable*
X_i	*j-te unabhängige Variable*
b_j	*Regressionskoeffizient der j-ten unabhängigen Variablen*

b_0 *konstantes Glied*

e   *Residualgröße*

Die Regressionsfunktion bildet eine durch die Parameter b_0 und b_j bestimmte Gerade und entsprechende Ansätze werden als lineare bezeichnet. Die Zielsetzung der Regressionsanalyse besteht darin, die Parameter b_0 und b_j so zu bestimmen, dass die Regressionsgerade den Zusammenhang zwischen den Messwerten der unabhängigen und abhängigen Variablen bestmöglich beschreibt und die Residualgrößen möglichst klein werden. Dies gewährleistet eine Schätzung der Parameter b_0 und b_j unter der Bedingung, dass die quadrierten Abweichungen zwischen Regressionsgerade und Messwerten minimiert werden. Die bestimmten Regressionskoeffizienten b_j können geometrisch als Steigung der Regressionsgeraden interpretiert werden und geben *ceteris paribus* den marginalen Effekt einer Veränderung der jeweils zugehörigen unabhängigen Variablen auf die abhängige Variable an. Soll die Wichtigkeit der unabhängigen Variablen ermittelt werden, sind bei Messungen mit unterschiedlichen Skalen die Regressionskoeffizienten vergleichbar zu machen, indem standardisierte Regressionskoeffizienten (Beta-Werte) ermittelt werden.

Zur globalen Beurteilung, in welchem Maß die abhängige Variable durch das spezifizierte Modell erklärt wird, kann auf das Bestimmtheitsmaß (R^2) zurückgegriffen werden, das den durch das Regressionsmodell erklärten Anteil an der Gesamtvarianz der abhängigen Variable beschreibt (vgl. von Auer 2011, S. 181; Backhaus et al. 2011, S. 74 ff.; Herrmann / Huber / Kressmann 2006, S. 58; Hildebrandt 1984, S. 49). Je höher R^2 ausfällt, desto besser ist die Anpassung des Modells an die Daten. Wird die gesamte Streuung der abhängigen Variable durch das Modell erklärt, beträgt der R^2-Wert eins. Trägt das Modell hingegen gar nicht zur Erklärung der Streuung der abhängigen Variable bei, ergibt sich R^2-Wert von null. Wenngleich daher hohe R^2-Werte angestrebt werden, sollte ergänzend das korrigierte Bestimmtheitsmaß (korr. R^2) bei der Gütebeurteilung berücksichtigt werden. Es mindert R^2 um eine Korrekturgröße, da mit steigender Zahl unabhängiger Variablen die R^2-Werte i. d. R. steigen, sich jedoch die Schätzeigenschaften des Modells verschlechtern (vgl. von Auer 2011, S. 287 ff.). In der Literatur findet sich zur Beurteilung des R^2-Werts kein allgemein akzeptierter Mindestanspruch, vielmehr wird empfohlen, das Bestimmtheitsmaß in Abhängigkeit der jeweiligen Problemstellung zu evaluieren (vgl. Backhaus et al. 2011, S. 100). Wird eine vollständige Erklärung der abhängigen Variable angestrebt, schlägt Chin (vgl. Chin 1998, S. 323) vor, Werte ab 0,19 als „schwache", ab 0,33 als „moderate" und ab 0,67 als „substanzielle" erklärende Varianzanteile zu bewerten.

Inwieweit auf Basis einer Stichprobe ermittelte Ergebnisse auch Gültigkeit für eine Grundgesamtheit haben, wird mittels Signifikanzprüfungen festgestellt (vgl. Backhaus et al. 2011, S. 76 ff.; Skiera / Albers 2008, S. 473 f.). Hierzu wird die statistische Hypothese formuliert, die postuliert, dass alle Regressionskoeffizienten in der Grundgesamtheit null sind. In diesem Fall bestünde kein Zusammenhang zwischen den betrachteten unabhängigen und abhängigen Variablen. Diese Nullhypothese kann in einem F-Test überprüft werden und wird verworfen, wenn der empirische, in Abhängigkeit des Stichprobenumfangs, der Varianzkomponenten und der Zahl der unabhängigen Variablen bestimmte F-Wert größer als der theoretische F-Wert für eine gewählte Vertrauenswahrscheinlichkeit ist. Bei Ablehnung der Nullhypothese wird das Regressionsmodell als signifikant erachtet.

Sofern die globale Prüfung des Regressionsmodells ergibt, dass nicht alle Regressionskoeffizienten gleich null sind, ist zu prüfen, ob auch jeder einzelnen Regressionskoeffizient signifikant ist (vgl. Backhaus et al. 2011, S. 81; Skiera / Albers 2008, S. 474). Dabei wird analog zur globalen Signifikanzprüfung vorgegangen, jedoch auf die t-Statistik zurückgegriffen. Die Nullhypothese, die besagt, dass der jeweilige Regressionskoeffizient in der Grundgesamtheit null beträgt, wird verworfen, wenn der empirische t-Wert oberhalb des theoretischen t-Werts für ein gewähltes Vertrauensniveau liegt. In diesem Fall wird der Einfluss der zugehörigen unabhängigen Variable als signifikant eingestuft. Sollen Forschungshypothesen in Bezug auf die Wirkung unabhängiger Variablen auf die abhängigen Variablen getestet werden, ist zudem zu prüfen, ob die auf Basis der Messwerte geschätzten Regressionskoeffizienten im Hinblick auf ihr Vorzeichen den hypothetisch postulierten gerichteten Zusammenhängen entsprechen.

Neben der Linearität der Beziehung zwischen abhängigen und unabhängigen Variablen, die mittels einer visuellen Inspektion gesamthafter sowie partieller Streuungsdiagramme zwischen den Variablen geprüft werden kann (vgl. Krafft 1995, S. 299 f.), setzt der Einsatz multipler linearer Regressionsanalysen die Einhaltung weiterer zentraler Prämissen voraus (vgl. Backhaus et al. 2011, S. 84 ff.; Bohrnstedt / Carter 1971; S. 121 ff.; Skiera / Albers 2008, S. 478 f.).

Erstens sollten die in das Regressionsmodell einbezogenen unabhängigen Variablen möglichst unabhängig voneinander sein, da bei zu starker Multikollinearität die Schätzungen der Regressionsparameter mit großer Unsicherheit behaftet sind (vgl. Schneider 2007, S. 183). Ein adäquates Maß zur Beurteilung Multikollinearitätsintensität stellt der *Variance Inflation Factor* (VIF) dar, dessen Wert mit größerer Multikollinearität steigt. VIF-Werte größer als zehn werden in der Literatur als Hinweise für ein substanzielles Kollinearitätsproblem aufgefasst (vgl. Chatterjee / Price 1977, S. 182; Fahrmeir / Kneib / Lang 2009, S. 171). Zweitens sollten die Residuen unabhängig von den betrachteten Variablen homogen verteilt sein. Eine Verletzung dieser Annahme wird als Heteroskedastizität bezeichnet und kann mittels visueller Inspektion der Residuenverteilung in Plots identifiziert werden (vgl. Fahrmeir / Kneib / Lang 2009, S. 128 ff.). Drittens darf keine Korrelation zwischen den Residualgrößen vorliegen. Zur Überprüfung einer solchen Autokorrelation eignet sich der Durbin-Watson-Test (vgl. von Auer 2011, S. 432 ff.), der Werte zwischen null und vier annehmen kann, wobei gemeinhin Werte zwischen 1,5 und 2,5 als Zeichen für fehlende Autokorrelation gelten (vgl. Field 2009, S. 220 f.).[61]

Zusammenfassend erfolgt der Hypothesentest mittels eines linearen Regressionsansatzes anhand der Beurteilung des Bestimmtheitsmaßes, der Signifikanz des Gesamtmodells und der einzelnen Regressionskoeffizienten sowie der Evaluation der Vorzeichen der Regressionskoeffizienten hinsichtlich hypothetischer Wirkungsrichtung. Werden alle Kriterien angemessen erfüllt und die Modellprämissen der Regressionsanalyse eingehalten, hat sich eine Forschungshypothese bewährt und wird akzeptiert.

3.2   Datenbasis der quantitativen Untersuchung

Im Erhebungszeitraum wurde die Onlineumfrage 2127 Mal aufgerufen. Nach der Einleitung haben bereits 763 Teilnehmer die Befragung abgebrochen, jedoch fielen die Abbrüche auf den folgenden Seiten deutlich geringer aus. Insgesamt schritten viele Probanden bis zur Angabe soziodemografischer Merkmale (Kontrollvariablen) voran, sodass nach einer Bereinigung doppelter Fälle[62] und offensichtlich nicht gewissenhafter Teilnahmen[63] 1081 auswertbare Datensätze generiert werden konnten.

Die Tolerierung fehlender Werte ergab einige unvollständige Datensätze. Der Umgang mit fehlenden Werten wird in der Literatur intensiv diskutiert (vgl. bspw. Back-

---

61   Neben den genannten Annahmen sollten zudem die Residuen normalverteilt sein, um die t- und F-Tests durchführen zu können. Aufgrund des zentralen Grenzwertsatzes ist diese Annahme bei größeren Stichproben, wie in vorliegender Arbeit, ohne Belang (vgl. Backhaus et al. 2011, S. 96).

62   Doppelte Fälle wurden anhand der E-Mail-Adresse für die Teilnahme am Gewinnspiel identifiziert. In entsprechenden Fällen wurde nach einer Überprüfung der Plausibilität der Angaben der erste generierte Datensatz in der Stichprobe belassen.

63   Entsprechende Fälle offenbarten sich in einer sehr geringen Zahl, insbesondere anhand der freien Eingabefelder zum Wohnortnamen und der E-Mail-Adresse.

haus / Blechschmidt 2009; Spieß 2008). In vorliegender Analyse erfolgte ein fallweiser Ausschluss, da unter der Bedingung „Missing completely at random"-fehlender Werte die statistischen Eigenschaften der resultierenden Substichprobe und der gesamten Stichprobe der gleichen Verteilung folgen (vgl. hier und im Folgenden Backhaus / Blechschmidt 2009, S. 271). Somit sind entgegen der Situation bei multiplen Regressionsimputationen nicht verzerrte Schätzer zu erwarten. Eine geringere Informationsbasis wird angesichts des generierten Stichprobenumfangs und der Aussicht, nicht verzerrte Ergebnisse zu erhalten, in Kauf genommen. Insgesamt werden somit 1081 Datensätze in die Analyse einbezogen. Der geplante Stichprobenumfang (vgl. Kapitel D. 2.2.1) ist damit deutlich überschritten.

Um von den Resultaten einer Stichprobe sinnvoll auf die Gegebenheiten in der Grundgesamtheit schließen zu können, sollte die Stichprobe die Gegebenheiten in der Grundgesamtheit möglichst präzise widerspiegeln (vgl. Berekoven / Eckert / Ellenrieder 2009, S. 45). Ist dies der Fall, kann die Stichprobe als repräsentativ für die Grundgesamtheit charakterisiert werden. Wird der Repräsentativitätsbegriff eng ausgelegt, stellt die Zufallsauswahl der Stichprobenelemente eine notwendige Voraussetzung für Repräsentativität einer Stichprobe dar. Die zugrunde liegende Stichprobe erfüllt dieses strenge Repräsentativitätskriterium nicht, ist im engeren Sinn also nicht repräsentativ. Gleichwohl kann auch eine nicht uneingeschränkte Zufallsauswahl eine Stichprobe erzeugen, die im Hinblick auf die Verteilung bestimmter Merkmale der Grundgesamtheit entspricht, sodass die Stichprobe zumindest einer etwas weiter gefassten Repräsentativität genügt (vgl. Bausch 1990, S. 31 ff.; Günther / Vossebein / Wildner 2006, S. 19 f.). Stimmen Stichprobe und Grundgesamtheit bezüglich wesentlicher Kontrollvariablen überein, sind die Resultate ebenfalls von Bedeutung.[64]

Vor diesem Hintergrund erscheint ein Vergleich von Stichprobe und Grundgesamtheit im Hinblick auf verfügbare Kontrollkriterien geboten, um die Repräsentativität im weiteren Sinne evaluieren zu können. Da Informationen zur Grundgesamtheit i. d. R. inferenzstatistisch gewonnen werden, kann die Verteilung wesentlicher Kontrollvariablen in der Grundgesamtheit nur approximativ abgebildet werden. Zum Vergleich von Stichprobe und Grundgesamtheit wird einerseits auf die jeweils angegebenen Informationen in der Stichprobe, andererseits hauptsächlich auf verfügbare Daten des Statistischen Bundesamts zurückgegriffen.

---

64 Vergleiche für eine ausführliche Erörterung des Repräsentativitätsbegriffs Schnell / Hill / Esser 2011, S. 298 ff., und zu einer kritischen Reflexion des Repräsentativitätsschlusses bei nicht zufällig ausgewählten Stichproben Buttler / Fickel 2002, S. 30 ff.

Eine Betrachtung des Merkmals Geschlecht zeigt, dass 490 Männer (47,4 Prozent) sowie 544 Frauen (52,6 Prozent) teilnahmen, und lässt vermuten, dass die Differenzen zwischen Stichprobe und Grundgesamtheit gering sind. Ob sich die Häufigkeiten der erfassten Stichprobe statistisch signifikant von denen der Grundgesamtheit unterscheiden, kann für nominal skalierte Variablen mittels nichtparametrischen χ^2-Tests überprüft werden (vgl. Backhaus et al. 2011, S. 306; Bortz/Döring 2006, S. 153; Bortz 2005, S. 146 f.). Übersteigt der empirische χ^2-Wert einen in Abhängigkeit von Freiheitsgraden und Irrtumswahrscheinlichkeit zu bestimmenden theoretischen χ^2-Wert, liegt kein statistisch signifikanter Unterschied vor. Für die Kontrollvariable Geschlecht ist zu konstatieren, dass zwischen den beiden Verteilungen kein statistisch signifikanter Unterschied besteht (χ^2 (1) = 0,945; Sign. = 0,331) (vgl. Tab. 19).

Im Durchschnitt sind die Befragten 47,0 Jahre alt (n = 1031), wobei die jüngsten Teilnehmer 18 Jahre und die ältesten Probanden 87 Jahre alt sind. Es wird deutlich, dass das Durchschnittsalter der Stichprobe rund 2,2 Jahre unterhalb des Durchschnittsalters der Deutschen innerhalb der entsprechenden Altersgruppe liegt (49,2 Jahre) (vgl. Statistisches Bundesamt 2013d, Stichtag 31.12.2010).[65] Neben Probanden, die älter als 67 Jahre sind, nahmen Personen aus allen zehnjährigen Alterskohorten zwischen 18 und 67 Jahren an der Onlineumfrage teil (vgl. Anhang 3). Ein χ^2-Tests zeigt, dass sich Stichprobe und Grundgesamtheit im Hinblick auf die Besetzung der Altersklassen 18 bis 37 Jahre und 38 bis 67 Jahre nicht statistisch signifikant unterscheiden (χ^2 (1) = 0,01; Sign. = 0,924) (vgl. Tab. 19).

Kontrollvariable	Häufigkeitsverteilungen			n	χ^2	Frei-heits-grade	Sign.
	Anteile	Grundge-samtheit	Stichpro-be				
Geschlecht	Männer	48,9 %	47,4 %	1034	0,945	1	0,331
	Frauen	51,1%	52,6 %				
Altersklasse	18 bis 37 Jahre	35,2 %	35,1 %	932	0,009	1	0,924
	38 bis 67 Jahre	64,8 %	64,9 %				

Tab. 19: Repräsentativität der Stichprobe bezüglich Geschlecht und Alter.

65 Ein Ein-Stichproben-t-Test bestätigt, dass Stichprobe und Grundgesamtheit sich signifikant im Hinblick auf das Durchschnittsalter unterscheiden.

Neben Geschlecht und Alter stellt die regionale Verteilung der Wohnorte der Teilnehmenden, vor allem in Anbetracht des Anspruchs, bundesweit valide Ergebnisse zu generieren, eine relevante Kontrollvariable dar. Wie Abbildung 20 veranschaulicht, konnten Teilnehmer aus allen Bundesländern gewonnen werden.[66] Vor dem Hintergrund der Teilung Deutschlands ist speziell die Betrachtung der Verteilung auf neue und alte Bundesländer von Relevanz.

Abb. 20: Geografische Verteilung der Stichprobe.

In Bezug auf alte und neue Bundesländer besteht keine statistisch signifikante Differenz zwischen Stichprobe und Grundgesamtheit (χ^2 (1) = 0,548; Sign. = 0,459) (vgl. Tab. 20) (vgl. Statistisches Bundesamt 2013d, Stichtag 31.12.2010).[67]

---

66 Eine tabellarische Aufstellung dar Verteilung der Datenbasis auf Bundesländer findet sich im Anhang 3.
67 Aufgrund fehlender Informationen zu Ost- oder West-Zugehörigkeiten des Wohnorts wird Berlin bei dieser Analyse nicht berücksichtigt (n = 951).

Kontrollvariable	Häufigkeitsverteilungen			n	χ^2	Frei-heits-grade	Sign.
	Anteile	Grund-gesamt-heit	Stichpro-be				
regionale Verteilung	Alte Bundes-länder	79,9 %	80,9 %	951	0,548	1	0,459
	Neue Bundes-länder	20,1 %	19,1 %				
Ehestatus	nicht verheira-tet	57,2 %	60,6 %	1081	4,909	1	0,027
	verheira-tet	42,8 %	39,4 %				
selbstgenutztes Wohneigentum	keine Eigentü-mer	58,4 %	59,3 %	1081	0,403	1	0,526
	Eigentü-mer	41,6 %	40,7 %				
Haushaltsgröße	Ein- und Zweiper-sonen-Haushalt	74,7 %	76,0 %	1081	1,183	1	0,286
	Drei und mehr Personen-Haushalt	25,3 %	23,9 %				

Tab. 20: Repräsentativität der Stichprobe bezüglich regionaler Verteilung, Ehestatus, selbstgenutzten Wohneigentums und Haushaltsgröße. Abweichungen zu 100 % sind rundungsbedingt.

Auch hinsichtlich der Kontrollvariable Ehestatus besteht zwischen Stichprobe und Grundgesamtheit auf einem Ein-Prozent-Signifikanzniveau kein erheblicher Unterschied (χ^2 (1) = 4,909; Sign. = 0,027) (vgl. Tab. 20). Der Anteil der 426 verheirateten Teilnehmer entspricht nahezu den Verhältnissen in der Grundgesamtheit (vgl. Statistisches Bundesamt 2013c, Stichtag 31.12.2010). Ebenfalls liegen keine Unterschiede bezüglich der Quote von Eigentümern selbstbewohnter Immobilien (40,7 Prozent) vor. Der Vergleich mit verfügbaren Daten für das Jahr 2006 macht deutlich, dass sich Stichprobe und Grundgesamtheit hinsichtlich dieser Kontrollvariable in etwa entsprechen (χ^2 (1) = 0,403; Sign. = 0,526) (vgl. Tab. 20) (vgl. Statistisches Bundesamt 2013j, Berichtsjahr 2006). Beim Vergleich von Stichprobe und Grundgesamtheit bezüglich der Kontrollvariable Haushaltsgröße wird deutlich, dass sich die Anteile der

Haushalte mit ein bis zwei Personen (76,0 Prozent) und mit drei und mehr Personen (23,9 Prozent) nicht signifikant unterscheiden (χ^2 (1) = 1,138; Sign. = 0,286) (vgl. Tab. 20) (vgl. Statistisches Bundesamt 2013g, Berichtsjahr 2011).

Weiterhin soll das Haushaltsnettoeinkommen als Kontrollvariable betrachtet werden. Das Haushaltsnettoeinkommen der Befragten wurde in Klassen erfasst, basierend auf der Annahme, dass die Auskunftsbereitschaft der Probanden im Vergleich zur Abfrage des exakten Betrags dadurch gesteigert werden kann. Wie Abbildung 21 offenbart, weist die Stichprobe eine erhebliche Einkommensvarianz auf. Damit ist belegt, dass Probanden sich hinsichtlich des Haushaltsnettoeinkommens differenzieren.

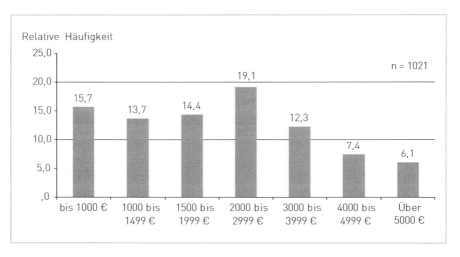

Abb. 21: Verteilung Einkommensklassen in der Stichprobe.

Die meisten Probanden verfügen über ein Haushaltsnettoeinkommen zwischen 2000 und 2999 Euro. Wegen der Erhebung von Einkommensklassen ist ein unmittelbarer Vergleich mit den Informationen des Statistischen Bundesamts zum Durchschnittshaushaltsnettoeinkommen der Grundgesamtheit nicht möglich. Daher wurde das durchschnittliche Haushaltsnettoeinkommen in der Stichprobe approximativ aus den Probandenangaben bestimmt und mit den Informationen zur Grundgesamtheit verglichen. Zur Ermittlung des approximativen durchschnittlichen Haushaltsnettoeinkommens der Stichprobe wurden folgende Annahmen getroffen: Erstens wurde für die Einkommensklassen zwischen 1000 und 4999 Euro als Näherungswert das mittlere Einkommen zwischen den Grenzen jeder Klasse angesetzt. Zweitens wurde für die unterste Einkommensklasse ein Wert von 850 Euro angenommen. Dieser Wert entspricht in etwa dem mittleren Einkommen zwischen dem gesetzlich festgelegten Existenzminimum für Alleinstehende im Jahr 2012 und der Einkommensgrenze in Höhe von 1000 Euro. Drittens wurde für die oberste Einkommensklasse aufgrund ihrer Offenheit nach oben ein mittleres Einkommen von 13 500 Euro unterstellt, das dem Dreifachen des mittleren Einkommens der darunterliegenden Einkommensklasse entspricht. Auf Basis dieser Werte verfügen die Haushalte in der Stichprobe über ein Nettoeinkommen in Höhe von 2953 Euro. Damit liegt das durchschnittliche Haushaltsnettoeinkommen leicht unter dem Vergleichswert der Grundgesamtheit in Höhe von 2988 Euro (vgl. Statistisches Bundesamt 2013e, Berichtsjahr 2011). Die Stichprobe wird daher hinsichtlich des Haushaltsnettoeinkommens als stellvertretend für die Grundgesamtheit beurteilt.

Schließlich konnten in der Onlineumfrage Daten von Probanden mit unterschiedlichem Bildungsniveau gewonnen werden. Sechs Personen (0,6 Prozent) gaben an, keinen Schulabschluss zu haben. 85 Probanden (8,3 Prozent) gaben einen Haupt- oder Volksschulabschluss, 243 (23,8 Prozent) einen Realschulabschluss, 111 (10,9 Prozent) das Fachabitur, 143 (14,0 Prozent) das Abitur und 433 (42,4 Prozent) einen Hochschulabschluss als höchsten Bildungsabschluss an. Ein Vergleich mit Mikrozensusdaten des Statistischen Bundesamtes (vgl. Statistisches Bundesamt 2013f; Statistisches Bundesamt 2013h) macht deutlich, dass die Anteile in der Stichprobe nicht denen der Grundgesamtheit entsprechen. Vor allem niedrige und mittlere Bildungsniveaus sind unterrepräsentiert.

Ähnliche Ergebnisse zeigen sich bei Betrachtung der derzeitigen Tätigkeit der Teilnehmer (vgl. Tab. 21). Auch wenn die Mehrheit der Befragten voll erwerbstätig ist, bestehen zwischen Stichprobe und Grundgesamtheit signifikante Häufigkeitsdifferenzen.[68]

---

68 Der Vergleich basiert auf den Daten der ersten drei Erhebungswellen des Beziehungs- und Familienpanels pairfam, Release 3.0. Eine ausführliche Darstellung der Studie findet sich in Huinink et al. 2011.

derzeitige Tätigkeit	Anzahl
schulische Ausbildung	22
Studium	108
voll erwerbstätig	412
selbstständig	138
teilzeitbeschäftigt	98
geringfügig erwerbstätig, Mini-Job, „Ein-Euro-Job"	55
Elternzeit, Mutterschutz, sonstige Beurlaubung	33
freiwilliger Wehrdienst, freiwilliger Zivildienst, Freiwilliges Soziales Jahr	9
Hausfrau / Hausmann	46
arbeitslos / arbeitsuchend	71
Vorruhestand, Rentner, berufsunfähig	238
sonstige	44
Doppelnennungen möglich	

Tab. 21: Derzeitige Tätigkeit der Probanden.

Im Hinblick auf Bildungsniveau und aktuelle Tätigkeit bildet die Stichprobe die Gegebenheiten in der Grundgesamtheit folglich nur eingeschränkt ab. Trotzdem wird bewusst auf eine nachträgliche Gewichtung verzichtet, da eine Verzerrung der Verteilungen insbesondere anderer Kontrollvariablen durch Gewichtungsverfahren zu befürchten ist, weil die Verteilung der Merkmalskombinationen der Kontrollvariablen in der Grundgesamtheit nicht bekannt ist.

Eine Gewichtung zur globalen Verbesserung der Abbildung der Verhältnisse der Grundgesamtheit anhand eines Gewichtungsfaktors, der sich auf eine einzelne Variable bezieht, setzt voraus, dass die Häufigkeiten anderer Variablen in den Subgruppen der zur Gewichtung herangezogenen Variable (z. B. die Probanden mit Hochschulabschluss) den Häufigkeitsanteilen in der Grundgesamtheit entsprechen (vgl. Schnell 1993, S. 18). Zur Gewichtung herangezogene Subgruppen der Stichprobe dürfen sich demnach nicht systematisch von den entsprechenden Subgruppen in der Grundgesamtheit unterscheiden. Ersten kann die Homogenität von Subgruppen und Grundgesamtheit im Hinblick auf beobachtete Kontrollvariablen nicht bestätigt werden. So weicht bspw. die Quote der Hauseigentümer in der Subgruppe der Probanden mit einem Haupt- oder Volksschulabschluss als höchstem Bildungsabschluss signifikant von der Grundgesamtheit ab (χ^2 (1) = 6,249; Sign. = 0,01). Zur Berücksichtigung dieses Sachverhalts wird mitunter auf eine Gewichtung auf Basis von Merkmalskombinationen zurückgegriffen. Ein entsprechendes Vorgehen kann nicht erfolgen, da notwendige Informationen zu Häufigkeiten von Merkmalskombinationen in der Grundgesamtheit nicht verfügbar sind. Zweitens besteht angesichts einer eingeschränkten Zufallsauswahl (vgl. Kapitel D 2.3) vor allem das Problem, dass nicht beobachtete Heterogenität zwischen Subgruppen und Grundgesamtheit eine Verzerrung durch Gewichtung bedingt. Vor diesem Hintergrund wird die Verwendung nachträglicher Gewichtungsverfahren in der Literatur stark kritisiert (vgl. Diekmann 2006, S. 365 f.; Schnell 1993).

Resümierend kann die Stichprobe in Bezug auf die Merkmale Geschlechtszugehörigkeit, junge und alte Altersklassen, regionale Verteilung nach alten und neuen Bundesländern, Ehestatus, Eigentümerquote, Haushaltsgröße und Haushaltsnettoeinkommen als repräsentativ im weiteren Sinn beurteilt werden, da hinsichtlich dieser Merkmale keine signifikanten Abweichungen zwischen Stichprobe und Grundgesamtheit bestehen. Wird der Blick auf die Merkmale Bildungsniveau und derzeitige Tätigkeit gerichtet, ist zwar eine große Varianz der Angaben und Abdeckung aller Merkmalsausprägungen zu konstatieren. Dennoch spiegelt die Stichprobe die Häufigkeiten in der Grundgesamtheit nur unzureichend wider.

Neben der Betrachtung der Ausprägungsverteilung analysierter Kontrollvariablen lassen sich auch in Bezug auf den Stichprobenumfang (n = 1081) Repräsentativitätseinschätzungen vornehmen. Auf Basis der Stichprobe gewonnene Resultate weichen mit einer sehr hohen Wahrscheinlichkeit von 99 Prozent nicht mehr als vier Prozentpunkte vom wahren Wert der Grundgesamtheit ab (vgl. Kapitel D. 2.2.1).[69]

Vor diesem Hintergrund sind die Resultate als absolute Werte nur für die untersuchte Stichprobe valide (vgl. Schneider/Limmer/Ruckdeschel 2002b, S. 54). Gleichwohl stellt die Stichprobe eine gute Annäherung an die Grundgesamtheit dar, sodass die Datenbasis als geeignete Grundlage für eine empirische Untersuchung beurteilt wird und die Ergebnisse als Tendenzen, die auch in Bezug auf die Grundgesamtheit von Bedeutung sind, aufgefasst werden.

---

69 Zu berücksichtigen ist, dass dieser Einschätzung die Annahme einer uneingeschränkten Zufallsauswahl der Probanden zugrunde liegt.

3.3   Gütebeurteilung quantitativer Messungen

Während bei anhand eines Messindikators operationalisierten Konstrukten die Angaben der Befragten direkt in Analysen einbezogen werden können, sind die Indikatoren bei Multi-Item-Messungen zunächst zusammenzufassen. Hierzu wurde auf die Faktorenanalyse mit Hauptkomponentenanalyse als Extraktionsmethode (vgl. Backhaus et al. 2011, S. 355 ff.) und gegebenenfalls Promax-Rotation (vgl. Weiber / Mühlhaus 2010, S. 107 f.) zurückgegriffen.[70] Das Vorgehen ermöglicht, für jedes latente Konstrukt und jeden Probanden Faktorwerte zu bestimmen,[71] die zur Messung der Konstrukte herangezogen und für weitere Analysen verwendet werden können (vgl. Janssen / Laatz 2010, S. 571), soweit die Güte der Messungen der quantitativen Analyse sichergestellt ist.

Die Qualität des Messvorgangs wird an drei zentralen Gütekriterien festgemacht: die Objektivität, die Reliabilität und die Validität (vgl. hier und im Folgenden Berekoven / Eckert / Ellenrieder 2009, S. 80 ff.; Bortz / Döring 2006, S. 195 ff.; Sedlmeier / Renkewitz 2008, S. 70 ff.). Anhand der Aspekte Durchführungs-, Auswertungs- und Interpretationsobjektivität wird überprüft, in welchem Maße die Untersuchungsergebnisse unabhängig vom Anwender der Untersuchung sind. Die Objektivität der verwendeten Messinstrumente wird als gewährleistet bewertet, da erstens neben der internetbasierten Umfrage keine weiteren Interaktionen zwischen anwendendem Untersuchungsleiter und Probanden bestanden (Durchführungsobjektivität). Zweitens steigert der standardisierte Fragebogen mit weitgehend vorgegebenen Antwortoptionen die Auswertungsobjektivität, da bei der Auswertung der Probandenangaben kaum Freiheitsgrade des Untersuchungsleiters existieren. Drittens orientiert sich die Interpretation der Ergebnisse an wissenschaftlichen Standards, sodass die Interpretationsobjektivität als gegeben erachtet wird.

Weitere zentrale Güteanforderung ist die Reliabilität der Messinstrumente, die das Ausmaß der formalen Präzision der Merkmalserfassung kennzeichnet (vgl. Peter / Churchill 1986, S. 4). Vollkommene Reliabilität erfordert, dass wiederholte Messungen eines Konstrukts mit einem Messinstrument identische Ergebnisse generieren,

---

70   Mit Promax wurde eine schiefwinklige Rotationsvariante gewählt, da bei Indikatoren, die demselben Konstrukt zugeordnet sind, eine gewisse Korrelation zwischen Faktoren zu erwarten ist, wenn mehrere Faktoren extrahiert werden (vgl. Weiber / Mühlhaus 2010, S. 107 f.).

71   Die grundsätzliche Eignung der Indikatoren für eine Faktorenanalyse wurde für alle latenten Konstrukte anhand sich signifikant von null unterscheidender Korrelationskoeffizienten zwischen Indikatoren, itemspezifischen Measure-of-Adequacy-Werten und Kommunalitäten $\geq 0,5$, Kaiser-Meyer-Olkin-Werten $\geq 0,6$ und eines abgelehnten Barlett-Tests überprüft und ist gegeben (vgl. Backhaus et al. 2011, S. 339 ff.).

und kann aufgrund von Zufallsfehlern bei der Erfassung i. d. R. nicht erreicht werden. Die Beurteilung der Reliabilität erfolgt auf Indikatoren- und Konstruktebene anhand statistischer Kennzahlen. Voraussetzung der Reliabilitätsprüfung reflektiver Multi-Item-Messungen ist deren Eindimensionalität, da reflektive Messindikatoren beobachtbare Folgen der Wirkung eines Konstrukts darstellen (vgl. Weiber / Mühlhaus 2010, S. 105 ff.). Unter Rückgriff auf das Kaiser-Kriterium, dem zufolge die Faktorenlösung mit Eigenwerten größer eins zu wählen ist (vgl. Kaiser 1974, S. 31 ff.), zeigen durchgeführte Faktorenanalysen bei allen reflektiv operationalisierten Konstrukten eine eindimensionale Itemstruktur an (vgl. zur Diskussion von Methoden zur Bestimmung der Faktorenzahl Backhaus et al. 2011, S. 359 ff.).

Auf Indikatorenebene kann die Reliabilität anhand der korrigierten Item-to-Total-Korrelation (ITTK), der Indikatorreliabilität (IR) sowie der Signifikanz der Faktorladungen beurteilt werden (vgl. hier und im Folgenden Weiber / Mühlhaus 2010, S. 103 ff.). Die korrigierte Item-to-Total-Korrelation ermittelt die Korrelation eines Indikators mit der Summe der weiteren Indikatoren des Konstrukts (vgl. Homburg 2000, S. 89). Für eine gute Reliabilität werden hohe Korrelationen angestrebt und die Überschreitung eines Schwellenwerts von 0,5 vorausgesetzt (vgl. Zaichkowsky 1985, S. 343; Shimp / Sharma 1987, S. 282). Sollte dieser Schwellenwert nicht erreicht werden, ist der jeweilige Indikator nach einer inhaltlichen Abwägung gegebenenfalls zu entfernen (vgl. Himme 2009, S. 489). Ferner wird der Empfehlung Churchills folgend eine Elimination von Indikatoren mit niedriger korrigierter Item-to-Total-Korrelation erwogen, falls auf Konstruktebene keine zufriedenstellende Reliabilität festgestellt wird (vgl. Churchill 1979, S. 68). Ergänzend werden die einzelnen Indikatorreliabilitäten ermittelt und es wird geprüft, ob die Faktorladungen der Indikatoren sich signifikant von null unterscheiden. Diese Kenngrößen werden auf Basis konfirmatorischer Faktorenanalysen bestimmt, die eine Berücksichtigung von Messfehlern und inferenzstatistische Prüfungen ermöglichen (vgl. Homburg / Giering 1996, S. 9 ff.).[72] Die im Bereich von null bis eins normierte Indikatorreliabilität gibt den Anteil der Gesamtvarianz des jeweiligen Messindikators an, der durch das zugehörige Konstrukt erklärt wird (vgl. Himme 2009, S. 490). Messfehler erklären die restliche Varianz, weshalb eine hohe Indikatorreliabilität angestrebt wird, die nach Bagozzi

---

[72] Die Berechnung der konfirmatorischen Faktorenanalysen wurde mithilfe des Softwareprogramms AMOS 21 durchgeführt. Der Empfehlung Homburgs und Klarmanns (vgl. Homburg / Klarmann 2006, S. 736) folgend wurde als Schätzverfahren eine Maximum-Likelihood-Methode gewählt, die eine direkte Verfügbarkeit von Inferenzstatistiken bietet (vgl. Weiber / Mühlhaus 2010, S. 56) und nach Bollen angemessene Ergebnisse liefert, soweit die Verteilungsannahme nicht extrem verletzt wird (vgl. Bollen 1989, S. 425). Von der Verwendung einer Asymptopically-Distribution-Free-Methode, die ebenfalls Inferenzstatistiken liefert, wurde aufgrund des wesentlich höheren notwendigen Stichprobenumfangs abgesehen (vgl. Weiber / Mühlhaus 2010, S. 56).

und Baumgartner mindestens 0,4 betragen sollte (vgl. Bagozzi / Baumgartner 1994, S. 402). Zudem wird als Mindestvoraussetzung gefordert, dass die Faktorladungen sich signifikant von null unterscheiden (vgl. Homburg / Giering 1996, S. 16). Sollten die Indikatorreliabilitäten zu gering sein bzw. die Faktorladungen sich nicht signifikant von null unterscheiden, ist eine Eliminierung entsprechender Indikatoren in Erwägung zu ziehen.

Auf Konstruktebene wird zur Prüfung der Reliabilität der Messinstrumente ebenfalls eine kombinierte Anwendung von Kriterien vollzogen (vgl. Churchill 1979; Homburg / Giering 1996). Zur Beurteilung der Konstruktreliabilität wird der am häufigsten verwendete Alphakoeffizient (Cα) bestimmt, der die interne Konsistenz der zugeordneten Indikatoren misst (vgl. Bortz / Döring 2006, S. 198; Field 2009, S. 674; Janssen / Laatz 2010, S. 590). Als Schwellenwert für die Verwendung eines Indikatorsets des zwischen null und eins liegenden Alphakoeffizienten wird ein Wert von mindestens 0,7 gefordert (vgl. Nunnally 1978, S. 245). Um eventuelle Effekte unterschiedlicher Varianzen zwischen den Indikatoren zu berücksichtigen, wird auf den standardisierten Alphakoeffizienten zurückgegriffen (vgl. Weiber / Mühlhaus 2010, S. 111). Da der Alphakoeffizient nur als bedingt geeignet für die Beurteilung der Konstruktreliabilität erachtet wird, unter anderem weil keine inferenzstatistische Überprüfung möglich ist und unterstellt wird, dass alle Messindikatoren eines Konstrukts identische Reliabilitäten aufweisen, werden ergänzend die Faktorreliabilität (FR) und die durchschnittlich erklärte Varianz (DEV) betrachtet (vgl. Gerbing / Anderson 1988, S. 190; Hildebrandt / Temme 2006, 624 f.; Homburg 2000, S. 89 f.).[73] Beide Größen sind ebenfalls in einem Wertebereich von null bis eins definiert. Die Faktorreliabilität evaluiert, in welchem Maße ein Faktor (Konstrukt) dazu geeignet ist, die zu ihm in Beziehung stehenden Indikatorvariablen zu erklären (vgl. hier und im Folgenden Weiber / Mühlhaus 2010, S. 122 f.). Für eine reliable Messung wird gefordert, dass die Faktorreliabilität Werte größer 0,6 annimmt (vgl. Bagozzi / Youjae Yi 1988). Die durchschnittlich erklärte Varianz zeigt den Anteil der Streuung eines latenten Konstrukts an, der durchschnittlich über die zugeordneten Indikatoren erklärt wird, und sollte größer 0,5 sein, um sicherzustellen, dass die gemeinsame Varianz der Messindikatoren größer als der auf Messfehler zurückzuführende Varianzanteil ist (vgl. Fornell / Larcker 1981, S. 45 f.).

---

73 Ebenso wie die Bestimmung der Indikatorreliabilität und der Signifikanz der Faktorladungen basiert auch die Ermittlung der Faktorreliabilität und der durchschnittlich erklärten Varianz auf den Ergebnissen konfirmatorischer Faktorenanalysen. Für eine ausführliche Darstellung der erforderlichen Rechenoperationen vgl. Backhaus / Erichson / Weiber 2011, S. 141 f.; Weiber / Mühlhaus 2010, S. 122 ff.

Wichtigstes zentrales Gütekriterium ist die Validität der Messverfahren, die erfüllt ist, wenn der interessierende Sachverhalt tatsächlich durch das Messinstrument erfasst wird (vgl. und im Folgenden Bortz / Döring 2006, S. 200). Zur Beurteilung dieser materiellen Genauigkeit der Messinstrumente werden die Inhalts- und die Diskriminanzvalidität herangezogen (vgl. Weiber / Mühlhaus 2010, S. 137 f.). Inhaltsvalidität erfordert, dass die Messindikatoren den inhaltlich-semantischen Bereich eines Konstrukts abbilden und seine wesentlichen Aspekte erschöpfend erfassen (vgl. Himme 2009, S. 491 f.). Da die Inhaltsvalidität nicht anhand einer statistischen Kenngröße evaluiert werden kann, stellt sie eine Zielvorgabe dar, die angesichts der Übernahme etablierter Messmodelle und der literaturbasierten sowie sachlogisch überprüften Entwicklung neuer Messinstrumente (vgl. Kapitel D 2.2.2) als erfüllt bewertet wird.

Diskriminanzvalidität ist gegeben, wenn die gemessenen Konstrukte sich signifikant voneinander unterscheiden und folglich verschiedene Sachverhalte erfassen (vgl. Bortz / Döring 2006, S. 203). Soweit jedes extrahierte Konstrukt mindestens 50 Prozent der Varianz der zugehörigen Indikatoren erklärt (EV), kann dies als Hinweis auf angemessene Diskriminanzvalidität gewertet werden (vgl. Homburg 2000, S. 95; Peter 1999, S. 179). Als weiteres etabliertes Kriterium zur Prüfung akzeptabler Diskriminanzvalidität wird das Fornell-Larcker-Kriterium herangezogen. Es erfordert, dass die durchschnittlich erfasste Varianz eines Konstrukts jede quadrierte Korrelation übersteigt, die das Konstrukt mit anderen Konstrukten aufweist (vgl. Fornell / Larcker 1981, S. 46).

Tabelle 22 gibt die tatsächlichen Werte der in vorliegender Untersuchung analysierten Multi-Item-Konstrukte entsprechend der diskutierten Kenngrößen zur Gütebeurteilung sowie die zugehörigen Schwellenwerte wieder.

Konstrukt	Item	ITTK ≥ 0,5	IR ≥ 0,4	Signifikanz-test	Cα ≥ 0,7	FR ≥ 0,6	DEV ≥ 0,5	EV ≥ 0,5
Einwohner-bindung	bin1	0,743	0,989	n. m.	0,780	0,809	0,599	0,702
	bin2	0,512	0,303	***				
	bin3	0,618	0,506	***				
Verbundenheit	ver1	0,839	0,765	n. m.	0,933	0,934	0,741	0,790
	ver2	0,875	0,841	***				
	ver3	0,749	0,604	***				
	ver4	0,874	0,829	***				
	ver5	0,778	0,666	***				
Gebundenheit	geb1	0,699	0,571	n. m.	0,865	0,867	0,522	0,600
	geb2	0,603	0,440	***				
	geb3	0,638	0,490	***				
	geb4	0,707	0,594	***				
	geb5	0,719	0,594	***				
	geb6	0,599	0,441	***				
Sehnsucht nach Veränderung	snv1	0,537	0,510	n. m.	0,694	0,697	0,435	0,621
	snv2	0,477	0,353	***				
	snv3	0,514	0,441	***				
Mentalität	men1	0,823	0,815	n. m.	0,896	0,899	0,749	0,829
	men2	0,738	0,605	***				
	men3	0,826	0,826	***				
soziale Kohäsion	koh1	0,802	0,765	n. m.	0,912	0,913	0,667	0,741
	koh2	0,769	0,841	***				
	koh3	0,803	0,604	***				
	koh4	0,757	0,829	***				
	koh5	0,753	0,666	***				
Gebäudeästhetik	äth1	0,814	0,768	n. m.	0,903	0,903	0,757	0,838
	äth2	0,840	0,82	***				
	äth3	0,780	0,684	***				
Gebäudedichte	dic1	0,720	0,700	n. m.	0,825	0,835	0,631	0,742
	dic2	0,723	0,724	***				
	dic3	0,616	0,468	***				

Konstrukt	Item	ITTK ≥ 0,5	IR ≥ 0,4	Signifikanz-test	Cα ≥ 0,7	FR ≥ 0,6	DEV ≥ 0,5	EV ≥ 0,5
Schulinfrastruktur	sch1	0,807	0,866	n. m.	0,861	0,883	0,721	0,793
	sch2	0,609	0,41	***				
	sch3	0,816	0,886	***				
soziale Einrichtungen	soz1	0,815	0,892	n. m.	0,866	0,872	0,696	0,790
	soz2	0,731	0,641	***				
	soz3	0,691	0,555	***				
Angebot an Geschäften	ges1	0,815	0,889	n. m.	0,958	0,959	0,886	0,923
	ges2	0,731	0,866	***				
	ges3	0,691	0,904	***				
öffentliche Verkehrsmittel	övm1	0,917	0,948	n. m.	0,941	0,941	0,843	0,894
	övm2	0,885	0,852	***				
	övm3	0,833	0,728	***				
Angebot an Freizeitaktivitäten	afa1	0,903	0,903	n. m.	0,940	0,942	0,845	0,894
	afa2	0,892	0,885	***				
	afa3	0,835	0,747	***				

*** = α ≤ 0,001
n. m. = Berechnungen nicht möglich (Referenzindikator zur Standardisierung der Varianz des Konstrukts)

Tab. 22: Gütebeurteilung bei Multi-Item-Konstrukten.

Bei der überwiegenden Zahl der erfassten Konstrukte werden die Schwellenwerte deutlich überschritten, sodass von einer guten bis sehr guten Reliabilität und Validität dieser Messmodelle ausgegangen werden kann. Bei den Konstrukten Einwohnerbindung und Sehnsucht nach Veränderung werden einige Grenzwerte unterschritten. Da die Schwellenwerte jedoch lediglich Richtwerte darstellen, wird vor einer dogmatischen Eliminierung von Messindikatoren gewarnt, da dies die Inhaltsvalidität der Konstruktoperationalisierung gefährden kann (vgl. hier und im Folgenden Hildebrandt/Temme 2006; Weiber/Mühlhaus 2010, S. 114). Daher sollten theoretische und sachlogische Überlegungen in die Entscheidung eines potenziellen Indikatorausschlusses einbezogen werden. Gegebenenfalls ist die Akzeptanz einer geringfügigen Verletzung angemessen (vgl. Homburg 2000, S. 93).

Die Indikatorreliabilität des Items bin2 („Ich werde auch in zwei Jahren noch in meinem aktuellen Wohnort leben.") des konzeptionell- und literaturbasiert operationalisierten Konstrukts Einwohnerbindung zeigt an, dass eine Elimination in Erwägung gezogen werden sollte. Das Item erweitert die hypothetischen Verhaltensabsichten der beiden anderen Items des Konstrukts Einwohnerbindung, die in einem gewissen Maße aktuelles, freiwilliges Handeln abdecken, um eine Prognose tatsächlichen Verhaltens und trägt daher wesentlich zu Erfassung des inhaltlich-semantischen Bereichs des Konstrukts im Sinne unfreiwilliger Ausprägungsformen bindungsinduzierten Verhaltens bei (vgl. Kapitel B 1). Vor dem Hintergrund der Erfüllung der weiteren Prüfkriterien durch die Konstruktoperationalisierung wird daher die Unterschreitung des Anspruchsniveaus akzeptiert und das Item im Messmodell belassen, um die inhaltliche Bandbreite des Konstrukts zu bewahren.

Beim literaturbasiert hergeleiteten Konstrukt Sehnsucht nach Veränderung werden mehrere Schwellenwerte unterschritten. Auf Indikatorebene liegen beim Item snv2 die korrigierte Item-to-Total-Korrelation und die Indikatorreliabilität unter den entsprechenden Richtwerten. Zudem ist auf Ebene des Gesamtkonstrukts eine Unterschreitung der Anspruchsniveaus beim standardisierten Alphakoeffizienten und der durchschnittlich erklärten Varianz zu konstatieren. Angesichts der vergleichsweise geringfügigen Verletzung der Kriterien wird ebenfalls von einer Neukalibrierung des Messmodells abgesehen, um die inhaltliche Validität nicht zu gefährden. Ein Ausschluss des Items („Ich könnte nicht glücklich werden, wenn ich den Rest meines Lebens am gleichen Ort leben würde.") würde die Erfassung des Konstrukts um das Anliegen beschneiden, nicht dauerhaft an einem Wohnort zu verbleiben und infolgedessen die inhaltlich-semantische Breite des Konstrukts wesentlich einschränken.

Tabelle 23 ergänzt die Informationen zur Evaluation des Fornell-Larcker-Kriteriums und zeigt an, dass für alle Konstrukte von einer ausreichend trennscharfen Messung ausgegangen werden kann.

	DEV	A	B	C	D	E	F	G	H	I	J	K	L	M
A	0,60	1,00	0,58	0,26	0,09	0,24	0,10	0,21	0,01	0,08	0,08	0,06	0,07	0,13
B	0,74		1,00	0,30	0,08	0,31	0,10	0,22	0,00	0,09	0,08	0,05	0,08	0,12
C	0,52			1,00	0,10	0,18	0,04	0,06	0,01	0,03	0,02	0,01	0,02	0,02
D	0,44				1,00	0,05	0,00	0,01	0,01	0,01	0,00	0,00	0,00	0,01
E	0,75					1,00	0,07	0,15	0,00	0,06	0,06	0,06	0,09	0,09
F	0,67						1,00	0,04	0,01	0,04	0,04	0,01	0,02	0,06
G	0,76							1,00	0,03	0,11	0,11	0,08	0,07	0,17
H	0,63								1,00	0,00	0,00	0,02	0,04	0,01
I	0,72									1,00	0,41	0,18	0,15	0,18
J	0,70										1,00	0,41	0,26	0,32
K	0,89											1,00	0,31	0,32
L	0,84												1,00	0,26
M	0,85													1,00

A: Einwohnerbindung
B: Verbundenheit
C: Gebundenheit
D: Sehnsucht nach Veränderung
E: Mentalität

F: soziale Kohäsion
G: Gebäudeästhetik
H: Gebäudedichte
I: Schulinfrastruktur

J: soziale Einrichtungen
K: Angebot an Geschäften
L: öffentliche Verkehrsmittel
M: Angebot an Freizeitaktivitäten

Tab. 23: Fornell-Larcker-Kriterium bei Multi-Item-Konstrukten.

Zusammenfassend ist festzustellen, dass die Messmodelle sich als taugliche Operationalisierung der Konstrukte erweisen, sodass die bestimmten Faktorwerte in weiteren Analysen verwendet werden können.

3.4 Überprüfung der Untersuchungshypothesen

3.4.1 Erkenntnisse zur Relevanz kommunaler Einwohnerbindung

Vor dem Hintergrund der konzeptionellen Analyse zur Wirkung kommunaler Einwohnerbindung auf Migrationsentscheidungen (vgl. Kapitel B 3) und der Resultate der qualitativen empirischen Untersuchung (vgl. Kapitel C 3.3.1) wurde postuliert, dass sich kommunale Einwohnerbindung negativ auf ein interkommunales Migrationsverhalten auswirkt. Die entsprechende Wirkungshypothese lautet:

Je stärker die Einwohnerbindung ist, desto weniger wird eine interkommunale Wanderung vorgenommen.

Eine statistische Überprüfung dieser Hypothese setzt voraus, dass die Datenbasis sowohl Angaben zur kommunalen Einwohnerbindung als auch Informationen zum interkommunalen Migrationsverhalten enthält. Während der Status quo der multidimensionalen Einwohnerbindung eines Probanden mittels einer Befragung erhoben werden kann, gestaltet sich eine Erfassung des Migrationsverhaltens aufwendig.

Um das tatsächliche Migrationsverhalten bestimmen zu können, sind im Grunde zwei Erhebungsphasen in einem Panel notwendig. Wohnortentscheidungen werden nicht kontinuierlich, sondern diskret mit vergleichsweise großen Abständen zwischen den Entscheidungspunkten getroffen. Da Wohnortentscheidungen zudem mit einer Vielzahl relevanter Lebensparameter zusammenhängen, folglich geringe Freiheitsgrade aufweisen, erzeugen getroffene Entscheidungen zudem eine gewisse Verhaltenskonstanz, besitzen also i. d. R. für einen längeren Zeitraum Gültigkeit. Zur Erfassung von Verhaltensänderungen wäre daher ein erheblicher Zeitraum zwischen den Erhebungsphasen einzuplanen. Aus forschungsökonomischen Überlegungen heraus wird von einer Befragung mit zwei Erhebungsphasen abgesehen.

Alternativ könnten mittels Wohnortalternativen Wohnortentscheidungen simuliert werden, um das Migrationsverhalten zu erheben. Jedoch erweist sich eine Simulation komplexer Wohnortentscheidungen in einem onlinebasierten Design als schwierig. Die Berücksichtigung aller wesentlichen Kontextfaktoren im Rahmen der Simulation würde zu einer Überlastung der Probanden und folglich zu verfälschten Ergebnissen führen. Hingegen würde die Validität der Ergebnisse stark eingeschränkt, wenn relevante Kontextfaktoren unberücksichtigt blieben. Daher erweist sich auch eine Simulation des Migrationsverhaltens als nicht zielführend.

Ein weiteres potenzielles Vorgehen wäre, Probanden, die eine Wanderung vorgenommen haben, nach ihrer Bindung zu ihrem alten Wohnort zu befragen. Neben sich negativ auf die Validität auswirkenden Erinnerungseffekten hinsichtlich der Ex-post-Erfassung der Einwohnerbindung[74] würde ein so gebildetes Sample keine Personen umfassen, die eine Migration aus verschiedenen denkbaren Gründen nicht vorgenommen haben, z. B. wegen einer intensiven Einwohnerbindung. Daher wird von einem entsprechenden Vorgehen Abstand genommen.

---

74 Relevant erscheint diesbezüglich speziell die Gefahr, dass Angaben zu einer ehemaligen Einwohnerbindung durch den Versuch, die vorgenommene Wanderung zu rechtfertigen, im Sinne einer Ex-post-Rationalisierung verzerrt sind.

Schließlich könnte auch auf verfügbare Statistiken zum Migrationsverhalten zurückgegriffen werden (vgl. bspw. Statistisches Bundesamt 2013i oder Huinink/Kley 2011). Zwei wesentliche Gründe sprechen gegen ein solches Vorgehen. Erstens ist eine adäquate Operationalisierung interkommunaler Wanderungen, die mit einem Wechsel des Lebensmittelpunkts einhergehen, aufgrund der Datenerfassung der meisten Statistiken nicht möglich. Meist wird nur erhoben, ob jemand aus einer Kommune weggezogen ist. Ausnahmen diesbezüglich bilden das Sozio-oekonomische Panel, das um SOEP-Geocodes ergänzt Wanderungsdistanzen abbildet (vgl. Pfaff 2012, S. 465), sowie das Survey Job Mobilities and Familiy Lives in Europe, das erfasst, ob eine Wanderung über eine Distanz von mindestens 50 km erfolgte (vgl. Skora/Rüger/Schneider 2012, S. 3).[75] Jedoch ist zweitens – und schlussendlich entscheidend – die Bestimmung der multidimensionalen Einwohnerbindung im Hinblick auf Verbundenheit und Gebundenheit anhand bestehenden Datenmaterials nicht möglich. Aus Gründen des Datenschutzes ist auch eine potenzielle Verknüpfung von Sekundärdaten zum Migrationsverhalten und selbsterfassten Primärdaten zur Einwohnerbindung auf Mikroebene ausgeschlossen.

Vor diesem Hintergrund ist eine alternative Vorgehensweise erforderlich. Während die Einwohnerbindung erfasst wird, wird aus genannten Gründen auf eine Erhebung des Migrationsverhaltens verzichtet. Stattdessen wird erfasst, ob der Proband in den letzten drei Monaten Gedanken hatte, in einen Wohnort, der mehr als 50 km von seinem jetzigen Wohnort entfernt liegt, umzuziehen, und ob er plant, innerhalb der nächsten zwölf Monate eine entsprechende Wanderung vorzunehmen.

Diese Wanderungsgedanken und -pläne sind Vorstufen einer tatsächlichen Wanderung im sequenziellen Migrationsentscheidungsprozess (vgl. Kapitel B 2). Sie tragen zur Erklärung eines tatsächlichen Wohnortwechsels bei (vgl. bspw. für deutsche Ergebnisse Kalter 1997, S. 193) und stellen deshalb geeignete Repräsentanten des Migrationsverhaltens dar. Daher können diese Merkmale herangezogen werden, um die Verhaltensrelevanz der Einwohnerbindung in Bezug auf interkommunale Migrationen zu analysieren. In Anbetracht der Rahmenbedingungen der Analyse erweist sich ein solches Vorgehen als zielführend. Entsprechend werden alternative Hypothesen zur Wirkung der Einwohnerbindung auf Wanderungsgedanken und Wanderungspläne formuliert:

---

75   Das Survey Job Mobilities and Familiy Lives in Europe fokussiert unterschiedliche Erscheinungsformen beruflich bedingter räumlicher Mobilität.

Bezeich-nung	Inhalt
Hypothesen zur Wirkung kommunaler Einwohnerbindung	
H_{W-G}	Je stärker die Einwohnerbindung ist, desto weniger bestehen interkommunale Migrationsgedanken.
H_{W-P}	Je stärker die Einwohnerbindung ist, desto weniger bestehen interkommunale Migrationspläne.

Nachdem im Kapitel D 2.2.2 die Operationalisierung zur Messung der Variablen erörtert und darauf aufbauend die Güte der Messung der Einwohnerbindung in Kapitel D 3.3 überprüft wurde, ist eine Methode auszuwählen, um die postulierten Wirkungszusammenhänge zu überprüfen. Das im Kapitel D 3.1 vorgestellte grundsätzliche methodische Vorgehen zur Überprüfung von Zusammenhängen mittels multipler Regressionsanalysen, das in vorliegender Arbeit weitgehend zur Anwendung kommt, kann im Fall der Wirkung der Einwohnerbindung wegen der beiden dichotom skalierten abhängigen Variablen nicht genutzt werden. Angesichts des Skalenniveaus der betrachteten Variablen ist jedoch eine Korrelationsanalyse geeignet, diese Wirkungshypothesen zu überprüfen (vgl. Field 2009, S. 182). Da eine punktbiseriale Korrelationsanalyse den Zusammenhang zwischen zwei normalverteilten Variablen tendenziell unterschätzt (vgl. Bowers 1972), wird diese um einen Korrekturfaktor angepasst. Die resultierende biseriale Korrelationsanalyse kann als Schätzung für die „wahre" Korrelation zwischen den betrachteten Merkmalen herangezogen werden (vgl. Bortz 2005, S. 226).[76]

Mithilfe des Softwareprogramms SPSS 21 wurden die punktbiserialen Korrelationen bestimmt, auf deren Ergebnissen die Ermittlungen der biserialen Korrelationsanalysen basieren (vgl. Tab. 24).[77] Es offenbart sich, dass ein hochsignifikanter Zusammenhang zwischen der kommunalen Einwohnerbindung und der Existenz von Migrationsgedanken besteht. (r_b = -0,565; Sign. 0,000). Der Erklärungsbeitrag der Einwohnerbindung zum Bestehen von Migrationsgedanken beträgt 31,9 Prozent. In Anbetracht der Vielzahl potenzieller Faktoren, die auf Migrationsgedanken einwirken können, bspw. Aspekte im Zusammenhang mit der Attraktivität anderer potenzieller Wohnorte, kann dieser Erklärungsanteil als sehr hoch beurteilt werden. Die Hypo-

---

76 Grundsätzlich können die hier vorliegenden Wikungszusammenhänge auch mit logistischen Regressionsanalysen überprüft werden. In der Literatur wird jedoch empfohlen bei künstlich dichotomisierten Merkmalen auf biseriale Korrelationsanalysen zurückzugreifen, da diese über einen Korrekturfaktor die künstliche Dichotomisierung berücksichtigen (vgl. Bortz 2005, S. 226; Field 2009, S. 182). Auch punktbiseriale Korrelationsanalysen zeigen, dass die kommunale Einwohnerbindung sowohl mit der Existenz von Migrationsgedanken (rb = -0,436; Sign. 0,000; n = 1081) als auch Migrationsplänen (rb = -0342; Sign. 0,000; n = 1081) korreliert. Treten bei der biserialen Korrelation Korrelationskoeffizienten auf, die außerhalb des Bereichs $-1 \leq r_b \leq 1$, liegen, weist dies auf nicht normalverteilte Merkmale der analysierten Variablen hin (vgl. Bortz 2005, S. 227). Dies ist nicht der Fall, sodass die Verwendung der biserialen Korrelation angemessen ist.

77 Für eine detaillierte Darstellung der notwendigen Rechenoperationen vgl. Field 2009, S. 184 f. Die zugrunde liegenden Formeln und eine ausführliche Darstellung der Ergebnisermittlung finden sich im Anhang 4.

these, dass mit steigender Einwohnerbindung interkommunale Migrationsgedanken abnehmen, kann also angenommen werden.

Hypothese	Testverfahren	Korrelation	N
H_{W-G}: Je stärker die Einwohnerbindung ist, desto weniger bestehen interkommunale Migrationsgedanken.	biseriale Korrelationsanalyse	r_b = -0,565; Sign. 0,000	1081
H_{W-P}: Je stärker die Einwohnerbindung ist, desto weniger bestehen interkommunale Migrationspläne.	biseriale Korrelationsanalyse	r_b = -0,506; Sign. 0,000	1081

Tab. 24: Hypothesenprüfung zur Wirkung kommunaler Einwohnerbindung.

Ähnliche Resultate liegen im Kontext der Korrelation zwischen kommunaler Einwohnerbindung und dem Bestehen von Migrationsplänen vor. Auch bezüglich dieser Variablen besteht ein hochsignifikanter Zusammenhang (r_b = -0,506; Sign. 0,000). Der Erklärungsbeitrag zur Existenz von Migrationsplänen in Höhe von 25,6 Prozent kann ebenfalls eingedenk der Vielzahl potenzieller Einflussfaktoren als hoch bewertet werden. Die Hypothese, dass mit steigender Einwohnerbindung interkommunale Migrationspläne abnehmen, kann folglich angenommen werden.

Vor diesem Hintergrund kann resümierend konstatiert werden, dass sich kommunale Einwohnerbindung negativ auf die Repräsentanten des interkommunalen Migrationsverhaltens auswirkt. Kommunale Einwohnerbindung wirkt folglich auf das Migrationsverhalten. Es zeigt sich zudem, dass die Korrelationen zwischen kommunaler Einwohnerbindung und Migrationsgedanken bzw. -plänen enger sind als die Zusammenhänge zwischen den beiden Bindungszuständen und Wanderungsgedanken bzw. -plänen. Somit wird deutlich, dass die Einwohnerbindung enger als die Bindungszustände mit den beiden Vorstufen des Migrationsverhaltens zusammenhängt und deshalb besser zur Erklärung einer interkommunalen Wanderung geeignet ist. Diese Ergebnisse untermauern die Modellierung der Zusammenhänge, bei der die kommunale Einwohnerbindung zur Erklärung der Repräsentanten des interkommunalen Migrationsverhaltens herangezogen wird.

Die erhebliche Verhaltensrelevanz der Einwohnerbindung im Kontext interkommunaler Migration, die aus den empirischen Resultaten abgeleitet werden kann, induziert eine eingehende Betrachtung der Einflussfaktoren der Einwohnerbindung. Aus entscheidungsorientierter Sicht ist diesbezüglich nicht nur von Interesse, in welchem Ausmaß die beiden vorgelagerten Bindungszustände die Einwohnerbindung beeinflussen, sondern auch welche Faktoren wiederum die Bindungszustände determinieren. Daher werden nachfolgend die Ergebnisse zu Determinanten der Einwohnerbindung und der beiden Bindungszustände erörtert.

3.4.2 Erkenntnisse zu Determinanten kommunaler Einwohnerbindung

Die Überprüfung der Einflussfaktoren der Einwohnerbindung und der beiden Bindungszustände wurde dem Design der empirischen Analyse entsprechend getrennt für Einwohnerbindung, Verbundenheit und Gebundenheit durchgeführt. Die auf Basis der konzeptionellen Analyse und qualitativen Untersuchung aufgestellten Hypothesen wurden durch Regressionsmodelle unter Verwendung der Einschlussmethode und Rückgriff auf das Softwarepaket SPSS 21 überprüft (vgl. Backhaus et al. 2011, S. 97 ff.).

Vor der inhaltlichen Erörterung der Ergebnisse wird zuvor die Einhaltung der in Kapitel D 3.1 dargelegten Prämissen der multiplen Regressionsanalyse kontrolliert. Die im Folgenden diesbezüglich berichteten Ergebnisse gelten für alle durchgeführten Regressionsanalysen und werden hier gemeinsam präsentiert, um repetitive Darstelllungen zu vermeiden. Die Linearität der Beziehung zwischen unabhängigen und abhängigen Variablen wurde mittels visueller Inspektionen bivariater Plots überprüft. Inspiziert wurden sowohl Plots zwischen unabhängigen und abhängigen Variablen als auch zwischen der Gesamtheit der postulierten Einflussfaktoren und den Regressanten. Auf Basis der Inspektion der Streudiagramme können lineare Zusammenhänge unterstellt werden. Die Voraussetzung der Unabhängigkeit der Regressoren wurde anhand des VIF überprüft. In sämtlichen Regressionsmodellen ergeben sich VIF-Werte kleiner als zehn, sodass keine substanzielle Multikollinearität besteht. In visuellen Analysen der Plots zwischen standardisierten Residuen und standardisierten Schätzwerten der abhängigen Variablen zeigten sich relativ konstante Streuungen der Residuen, sodass keine Heteroskedastizität vorliegt. Schließlich wurden für alle Regressionsmodelle Durbin-Watson-Tests durchgeführt, die belegen, dass keine Autokorrelation besteht. Angesichts der Einhaltung der Prämissen der Regressionsanalysen können deren Ergebnisse interpretiert werden.

Bei der Regressionsanalyse zur Erklärung der kommunalen Einwohnerbindung wird eine Ausreißer-Diagnostik durchgeführt und entsprechende Datenpunkte aus der Analyse ausgeschlossen, um eine substanzielle Verfälschung der Resultate zu verhindern. Empfehlungen in der Literatur folgend werden als Ausreißer Fälle identifiziert, deren standardisierte Residuen betragsmäßig größer als zwei sind (vgl. Cohen et al. 2003, S. 401; Field 2009, S. 216).

Soweit nicht mehr als fünf Prozent der Fälle des Datensatzes anhand dieses Vorgehens als Ausreißer identifiziert werden, bietet das Regressionsmodell eine gute Anpassung an die empirischen Daten und eine Fehlspezifikation des Modells kann negiert werden (vgl. hier und im Folgenden Field 2009, S. 244). Ein Ausschluss der Ausreißer scheint in diesem Fall geboten. Für die Regressionsanalyse im Kontext der Erklärung der Einwohnerbindung zeigt sich, dass fünf Prozent der Fälle potenzielle Ausreißer darstellen. Daher ist ihr Ausschluss aus der Regressionsanalyse zur Steigerung der Güte der Untersuchung gerechtfertigt. Gleichwohl besteht das Risiko, dass sich durch den Eingriff in die Datenbasis wesentlich abweichende Resultate ergeben, die die Situation in der Grundgesamtheit nicht adäquat widerspiegeln. Deswegen wird ergänzend eine Regressionsanalyse mit dem unbereinigten Datensatz durchgeführt und die Ergebnisse der Regressionsanalysen mit und ohne Ausreißerausschluss werden miteinander verglichen. Soweit sich keine substanziellen Veränderungen der Ergebnisse zeigen, sind die Regressionsanalysen unter Ausschluss von Ausreißern geeignet, die Hypothesen zu überprüfen (vgl. Field 2009, S. 219).

Inhaltlich ist zunächst zu konstatieren, dass die beiden Bindungszustände die abhängige Variable kommunale Einwohnerbindung zu einem hohen Anteil von 70,7 Prozent erklären (vgl. Tab. 25).

R²	Korr. R²	F-Wert	Sign.	Durbin/Watson	n
0,707	0,706	1233,211	0,000	2,115	1026
unabhängige Variablen	**Beta-Werte**	**t-Wert**	**Sign.**	**VIF**	
Verbundenheit	0,741	36,511	0,000	1,437	
Gebundenheit	0,161	7,946	0,000	1,437	

Tab. 25: Ergebnisse der multiplen linearen Regressionsanalyse zur Erklärung kommunaler Einwohnerbindung – ohne Ausreißer.

Auch das korr. R² von 70,6 Prozent verdeutlicht, dass das Modell gut an die Daten angepasst ist. Die Regressionsfunktion ist bei einem F-Wert von 1233,211 hochsignifikant (0,000). Unter der Voraussetzung der Repräsentativität der Stichprobe für die Grundgesamtheit (vgl. Kapitel D 3.2) besitzt das geschätzte Modell somit auch Gültigkeit für die Grundgesamtheit. Sowohl die Verbundenheit (t = 36,511; Sign. 0,000) als auch die Gebundenheit (t = 7,946; Sign. 0,000) erweisen sich als signifikante Einflussfaktoren der Einwohnerbindung. Die Beta-Werte von 0,741 bzw. 0,161 verdeutlichen allerdings, dass der positive Einfluss der Verbundenheit stärker als die positive Wirkung der Gebundenheit auf die Einwohnerbindung ist.

Entsprechend den obigen Ausführungen wird das Regressionsmodell auch mit dem kompletten Datensample inklusive der als Ausreißer identifizierten Fälle gerechnet (vgl. Tab. 26).

R²	Korr. R²	F-Wert	Sign.	Durbin/Watson	n
0,588	0,587	769,322	0,000	2,101	1081
unabhängige Variablen	**Beta-Werte**	**t-Wert**	**Sign.**		**VIF**
Verbundenheit	0,689	29,499	0,000		1,428
Gebundenheit	0,174	5,494	0,000		1,428

Tab. 26: Ergebnisse der multiplen linearen Regressionsanalyse zur Erklärung kommunaler Einwohnerbindung – mit Ausreißern.

Auch unter Einbeziehung der 55 Ausreißer treten keine wesentlichen Veränderungen im Hinblick auf die Signifikanz des Modells und der einzelnen unabhängigen Variablen auf. Ebenso ergibt sich keine erhebliche Veränderung der relativen Wichtigkeiten der Einflussfaktoren, wie am Verhältnis der Beta-Werte deutlich wird.

Vor diesem Hintergrund kann die Regressionsanalyse ohne Ausreißer zur Überprüfung der Hypothesen herangezogen werden (vgl. Tab. 27).

Hypothese	Testverfahren	Regressions-koeffizient	n
H$_{B1}$: Je stärker die Verbunden-heit mit dem Wohnort ist, desto stärker ist die Bindung an den Wohnort.	multiple lineare Regressionsanalyse	Beta = 0,741; Sign. 0,000	1026
H$_{B2}$: Je stärker die Gebundenheit an den Wohnort ist, desto stärker ist die Bindung an den Wohnort.	multiple lineare Regressionsanalyse	Beta = 0,161; Sign. 0,000	1026

Tab. 27: Hypothesenprüfung zur Wirkung der Bindungszustände.

Neben der Güte des Gesamtmodells (R² = 0,707; Sign. 0,000) ergeben sich signifikante Beta-Werte, deren Vorzeichen den hypothetischen Wirkungsrichtungen entsprechen. Beide Hypothesen zur Wirkung der Bindungszustände haben sich daher bewährt und werden akzeptiert.

3.4.2.1 Verbundenheit mit einer Kommune

Die Determinanten der Verbundenheit werden in einem zweistufigen Prozess überprüft, in Anlehnung an Müller (vgl. Müller 2007, S. 248 f.) zunächst die hypothetischen direkten Wirkungszusammenhänge mittels multipler Regressionsanalysen. Daran anschließend wird erneut unter Rückgriff auf multiple Regressionsanalysen untersucht, ob diese Wirkungsbeziehungen zwischen unabhängigen und abhängigen Variablen durch weitere unabhängige Variablen beeinflusst werden. Bei der Analyse entsprechender Moderationseffekte treten auch explorative Befunde zutage, die über die auf Basis der Theorie und der qualitativen Untersuchung entwickelten Erklärungsmodelle hinausgehen.

Im Rahmen der Analyse direkter Wirkungszusammenhänge zwischen unabhängigen Variablen und Verbundenheit steht zur Durchführung der Regressionsanalyse angesichts eines fallweisen Ausschlusses von Datensätzen bei fehlenden Werten (vgl. Kapitel D 3.2) und zwölf hypothetischen Einflussfaktoren der Verbundenheit ein Sample von 940 Datensätzen zur Verfügung.[78] Analog zum Vorgehen im Laufe der Prüfung des Erklärungsmodells der Einwohnerbindung wird auch bei der regressionsanalyti-

---

78 Entgegen der Regressionsmodellierung zur Erklärung der Einwohnerbindung traten bei den an dieser Stelle betrachteten unabhängigen Variablen fehlende Werte auf. Die Kombination der fehlenden Werte für die zwölf berücksichtigten unabhängigen Variablen führt zum Ausschluss von 141 Datensätzen. Binäre Variablen finden nach einer Umwandlung mittels Dummy-Codings Berücksichtigung in den Regressionsanalysen.

schen Untersuchung der Einflussfaktoren der Verbundenheit eine Ausreißerdiagnos-
tik vorgenommen und fünf Prozent des Samples als Ausreißer identifiziert. Sowohl
mit einem um Ausreißer reduzierten Sample als auch dem kompletten Sample werden
die Regressionsmodelle gerechnet und im Hinblick auf substanzielle Veränderungen
der Ergebnisse miteinander verglichen.

Für das um Ausreißer reduzierte Regressionsmodell ist zunächst der 62,2-prozentige
erklärte Varianzanteil der abhängigen Variable Verbundenheit hervorzuheben (vgl.
Tab. 28).

R^2	Korr. R^2	F-Wert	Sign.	Durbin/Watson	n
0,622	0,617	120,554	0,000	2,013	892
Einfluss-bereiche	unabhängige Variablen	Beta-Werte	t-Wert	Sign.	VIF
materielle kommunale Kontextfaktoren	Zufriedenheit Wohnstätte	0,184	8,035	0,000	1,217
	Gebäudeästhetik	0,225	8,834	0,000	1,514
	Gebäudedichte	-0,042	-1,889	0,059	1,161
	Schulinfrastruk-tur	0,027	0,963	0,336	1,810
	soziale Einrich-tungen	-0,024	-0,722	0,471	2,562
	Angebot an Geschäften	-0,027	-0,908	0,364	2,072
	öffentliche Ver-kehrsmittel	0,079	2,934	0,003	1,703
	Angebot an Frei-zeitaktivitäten	0,098	3,354	0,001	1,971
immaterielle kommunale Kontextfaktoren	am Wohnort aufgewachsen	0,166	7,682	0,000	1,086
	Mentalität	0,387	15,735	0,000	1,406
	freiwilliges Enga-gement	0,096	4,263	0,000	1,181
	soziale Kohäsion	0,060	2,595	0,010	1,231

Tab. 28: Ergebnisse der multiplen linearen Regressionsanalyse zur Erklärung der Verbundenheit – ohne Ausreißer.

Angesichts der Vielzahl potenziell relevanter Einflussfaktoren ist dieser Anteil als sehr hoch zu bewerten. Das ebenfalls hohe korr. R^2 von 61,7 Prozent untermauert die korrekte Spezifizierung des Modells, das mit einem F-Wert von 120,554 hochsignifikant (0,000) ist. Insgesamt erweisen sich acht der zwölf potenziellen Einflussgrößen als signifikant, die sowohl aus dem Bereich der materiellen als auch immateriellen kommunalen Faktoren stammen. Die Vorzeichen der signifikanten Einflussfaktoren entsprechen dabei den hypothetischen Wirkungsrichtungen. Starke Einflüsse gehen von der Mentalität (Beta = 0,387), gefolgt von der Bewertung der Gebäudeästhetik (Beta = 0,225), der Zufriedenheit mit der Wohnstätte (Beta = 0,184) und der Tatsache, am Wohnort aufgewachsen zu sein (Beta = 0,166), aus. Die anderen signifikanten Faktoren wirken sich auch auf die Verbundenheit aus, allerdings mit geringerer Intensität. Wird der Fokus auf die Einflussbereiche gerichtet, wird zudem deutlich, dass aus beiden Einflussbereichen eine erhebliche Wirkung auf die Verbundenheit ausgeht.

Zur Absicherung der Ergebnisse wird das Regressionsmodell mit dem kompletten Datensample gerechnet. Die Resultate der Regressionsanalyse unter Einbeziehung der 48 Ausreißer zeigten keine substanziellen Abweichungen (vgl. Anhang 5). Daher werden die Hypothesen zu Einflussfaktoren der Verbundenheit anhand der Regressionsanalyse ohne Ausreißer überprüft. Tabelle 29 fasst die Ergebnisse der Hypothesentests zusammen.

	Hypothese	Testverfahren	Regressions-koeffizient	n
materielle kommunale Kontextfaktoren	H_{V1}: Je höher die Zufriedenheit mit der eigenen Wohnstätte ist, desto stärker ist die Verbundenheit mit dem Wohnort.	multiple lineare Regressionsanalyse	Beta = 0,184; Sign. 0,000	892
	H_{V2}: Je positiver die Bewertung der Gebäudeästhetik ist, desto stärker ist die Verbundenheit mit dem Wohnort.	multiple lineare Regressionsanalyse	Beta = 0,225; Sign. 0,000	892
	H_{V3}: Je negativer die Bewertung der Gebäudedichte ist, desto schwächer ist die Verbundenheit mit dem Wohnort.	multiple lineare Regressionsanalyse	Beta = -0,042; Sign. 0,059	892
	H_{V4}: Je positiver die Bewertung der Schulinfrastruktur ist, desto stärker ist die Verbundenheit mit dem Wohnort.	multiple lineare Regressionsanalyse	Beta = 0,027; Sign. 0,336	892
	H_{V5}: Je positiver die Bewertung der sozialen Einrichtungen ist, desto stärker ist die Verbundenheit mit dem Wohnort.	multiple lineare Regressionsanalyse	Beta = -0,024; Sign. 0,471	892
	H_{V6}: Je positiver die Bewertung des Angebots an Geschäften ist, desto stärker ist die Verbundenheit mit dem Wohnort.	multiple lineare Regressionsanalyse	Beta = -0,027; Sign. 0,364	892
	H_{V7}: Je positiver die Bewertung der öffentlichen Verkehrsmittel ist, desto stärker ist die Verbundenheit mit dem Wohnort.	multiple lineare Regressionsanalyse	Beta = 0,079; Sign. 0,003	892
	H_{V8}: Je positiver die Bewertung des Angebots an Freizeitaktivitäten ist, desto stärker ist die Verbundenheit mit dem Wohnort.	multiple lineare Regressionsanalyse	Beta = 0,098; Sign. 0,001	892
immaterielle kommunale Kontextfaktoren	H_{V9}: Wenn Personen am Wohnort aufgewachsen sind, dann ist ihre Verbundenheit mit dem Wohnort stärker als bei Personen, die nicht am Wohnort aufgewachsen sind.	multiple lineare Regressionsanalyse	Beta = 0,166; Sign. 0,000	892
	H_{V10}: Je stärker Personen mit den Bewohnern ihres Wohnorts übereinstimmen, desto stärker ist ihre Verbundenheit mit dem Wohnort.	multiple lineare Regressionsanalyse	Beta = 0,387; Sign. 0,000	892
	H_{V11}: Je stärker sich Personen im Wohnort freiwillig engagieren, desto stärker ist ihre Verbundenheit mit dem Wohnort.	multiple lineare Regressionsanalyse	Beta = 0,096; Sign. 0,000	892
	H_{V12}: Je stärker die soziale Kohäsion von Personen im Wohnort ist, desto stärker ist die Verbundenheit mit dem Wohnort.	multiple lineare Regressionsanalyse	Beta = 0,060; Sign. 0,001	892

Tab. 29: Hypothesenprüfung zu Einflussfaktoren der Verbundenheit.

Aus dem Bereich der materiellen kommunalen Kontextfaktoren haben sich die Hypothesen H_{V1}, H_{V2}, H_{V7} und H_{V8} empirisch in der quantitativen Analyse bewährt. Auf Ebene der immateriellen kommunalen Kontextfaktoren haben sich alle Hypothesen bewährt. Folglich konnten die Hypothesen H_{V9}, H_{V10}, H_{V11} und H_{V12} verifiziert werden. Bei den übrigen Hypothesen H_{V3}, H_{V4}, H_{V5} und H_{V6} zeigen sich nicht signifikante Ergebnisse (hier und bei den weiteren Analysen wird ein Fünf-Prozent-Signifikanzniveau zugrunde gelegt) und sie können nicht bestätigt werden. Während die weiteren Variablen einen signifikanten Einfluss auf die abhängige Variable ausüben, ist die Hälfte der Variablen der wahrgenommenen Wohnumweltqualität ohne signifikanten Einfluss.

Im zweiten Schritt werden auf Grundlage der qualitativen Analyse hypothetische Moderationseffekte untersucht. Erneut werden wie beim obigen Vorgehen Ausreißer ausgeschlossen. Um in der Moderatoranalyse Multikollinearitätsprobleme zu reduzieren, erfolgte eine Standardisierung der unabhängigen Variablen (vgl. Aiken / West 1991, S. 28 ff.; Cohen et al. 2003, S. 261 ff.; Cronbach 1987; Jaccard / Wan / Turrisi 1990).[79]

Die erste übergeordnete Moderationshypothese besagt, dass die Wirkung der Determinanten der Verbundenheit durch die Intensität der Sehnsucht nach Veränderung moderiert wird. Je stärker die Sehnsucht nach Veränderung ist, desto schwächer ist der Einfluss der jeweiligen Determinante auf die Verbundenheit mit dem Wohnort. Zur Überprüfung dieser Hypothese wird ein Regressionsmodell aufgestellt, das die zuvor identifizierten signifikant direkt wirkenden Einflussfaktoren um einen jeweiligen Moderationseffekt durch die Sehnsucht nach Veränderung ergänzt. Für jede bisher identifizierte signifikante Einflussgröße der Verbundenheit wird eine entsprechende Hypothese zum Moderationseffekt aufgestellt (vgl. Anhang 6). Die Moderationseffekte werden dabei durch Interaktionsterme abgebildet. Tabelle 30 gibt die Resultate der entsprechenden Regressionsanalyse wieder.

---

79 Mit diesem Vorgehen wird der herrschenden Auffassung gefolgt, die eine Zentrierung empfiehlt, wenngleich die Methode nicht unumstritten ist (vgl. Echambadi / Hess 2007; Gatignon / Vosgerau 2005).

R²	Korr. R²	F-Wert	Sign.	Durbin/Watson	n
0,800	0,639	97,080	0,000	1,970	949[80]

Einfluss-bereiche	unabhängige Variablen	Beta-Werte	t-Wert	Sign.	VIF
materielle kommunale Kontextfaktoren	Zufriedenheit Wohnstätte	0,176	3,463	0,001	6,669
	Mod. Zufrieden-heit Wohnstätte SNV	-0,009	-0,172	0,863	6,586
	Gebäudeästhetik	0,273	5,192	0,000	7,136
	Mod. Gebäudeäs-thetik SNV	-0,044	-0,831	0,406	7,223
	öffentliche Ver-kehrsmittel	-0,016	-0,308	0,758	7,029
	Mod. öffentliche Verkehrsmittel SNV	0,102	1,929	0,054	7,149
	Angebot an Frei-zeitaktivitäten	0,167	3,120	0,002	7,437
	Mod. Angebot an Freizeitaktivitäten SNV	-0,095	-1,715	0,087	7,839
immaterielle kommunale Kontextfaktoren	am Wohnort aufgewachsen	0,202	4,654	0,000	4,859
	Mod. am Wohnort aufgewachsen SNV	-0,057	-1,292	0,197	4,973
	Mentalität	0,301	5,744	0,000	7,083
	Mod. Mentalität SNV	0,068	1,347	0,178	6,609
	freiwilliges Enga-gement	0,052	1,121	0,263	5,527
	Mod. freiwilliges Engagement SNV	0,050	1,082	0,280	5,428
	soziale Kohäsion	0,096	1,976	0,048	6,142
	Mod. soziale Kohäsion SNV	-0,031	-0,643	0,520	6,109
Moderator	SNV	-0,101	-4,043	0,000	1,622

Legende: Mod.: Moderation; SNV: Sehnsucht nach Veränderung.

Tab. 30: Ergebnisse der multiplen linearen Regressionsanalyse zur Erklärung der Verbundenheit inklusive der Moderationseffekte durch die Sehnsucht nach Veränderung – ohne Ausreißer.

[80] Aufgrund anderer Regressanten steht ein größerer Datensatz zur Verfügung als bei vorherigen Regressionsanalysen zur Erklärung der Verbundenheit.

Zur Überprüfung möglicher Moderationseffekte sind vorwiegend die regressorspezifischen Ergebnisse von Interesse, weshalb globale Kennwerte, die alle ein vergleichsweise hohes bzw. akzeptables Niveau erreichen, nicht ausführlich betrachtet werden. Bezüglich der Interaktionsterme ist zu konstatieren, dass die zugehörigen Beta-Werte sehr gering und sämtliche Wirkungsbeziehungen nicht signifikant sind.

Vor diesem Hintergrund kann für keine der unabhängigen Variablen ein Moderationseffekt durch die Sehnsucht nach Veränderung identifiziert werden. Die einzelnen Hypothesen H_{V1a} bis H_{V12a} (vgl. Anhang 6) können folglich nicht verifiziert werden. Mit Blick auf die weiteren Regressanten bestätigt sich die Signifikanz der Zusammenhänge mit Ausnahme der Einflussgrößen Bewertung öffentlicher Verkehrsmittel und Intensität des freiwilligen Engagements für alle bisher identifizierten Einflussfaktoren. Dies kann als weiterer Beleg für die hohe Güte des Regressionsmodells zu direkten Einflussgrößen der Verbundenheit (vgl. Tab. 28) gewertet werden. Zudem ergibt der Hypothesentest ein exploratives Resultat: Die Analyse zeigt, dass offenbar die Sehnsucht nach Veränderung keinen moderierenden Effekt auf die Verbundenheit ausübt, jedoch eine unmittelbare Wirkungsbeziehung zwischen den Variablen besteht. Auch wenn dieses Ergebnis über das auf Basis der Theorie und der qualitativen Untersuchung entwickelte Erklärungsmodell hinausgeht, trägt dieser explorierte Befund zur Erklärung der Verbundenheit bei. Zu beachten ist jedoch, dass der Einfluss vergleichsweise schwach ausfällt, wie der Beta-Wert verdeutlicht.

Die zweite übergeordnete Moderationshypothese besagt, dass die Wirkung der Determinanten der Verbundenheit durch die Höhe der Risikobereitschaft moderiert wird. Je höher die Risikobereitschaft ist, desto schwächer ist der Einfluss der jeweiligen Determinante auf die Verbundenheit mit dem Wohnort. Auch diese übergeordnete Hypothese wird für die bestimmten Einflussfaktoren entsprechend dem Vorgehen beim potenziellen Moderator Sehnsucht nach Veränderung überprüft (vgl. Tab. 31).

R²	Korr. R²	F-Wert	Sign.	Durbin/Watson	n
0,793	0,629	92,657	0,000	1,984	949[81]
Einfluss-bereiche	**Unabhängige Variablen**	**Beta-Werte**	**t-Wert**	**Sign.**	**VIF**
materielle kommunale Kontextfaktoren	Zufriedenheit Wohnstätte	0,175	7,956	0,000	1,219
	Mod. Zufrieden-heit Wohnstätte Risiko	0,030	1,392	0,164	1,185
	Gebäudeästhetik	0,232	9,725	0,000	1,420
	Mod. Gebäudeäs-thetik Risiko	0,007	0,292	0,771	1,580
	öffentliche Ver-kehrsmittel	0,062	2,579	0,010	1,456
	Mod. öffentliche Verkehrsmittel Risiko	-0,027	-1,188	0,235	1,302
	Angebot an Frei-zeitaktivitäten	0,095	3,724	0,000	1,619
	Mod. Angebot an Freizeitaktivitäten Risiko	0,005	0,192	0,848	1,478
immaterielle kommunale Kontextfaktoren	am Wohnort aufgewachsen	0,154	7,328	0,000	1,105
	Mod. am Wohnort aufgewachsen Risiko	-0,033	-1,305	0,192	1,618
	Mentalität	0,383	16,157	0,000	1,412
	Mod. Mentalität Risiko	-0,006	-0,246	0,806	1,421
	freiwilliges Enga-gement	0,104	4,791	0,000	1,171
	Mod. freiwilliges Engagement Risiko	0,023	1,057	0,291	1,203
	soziale Kohäsion	0,061	2,774	0,006	1,229
	Mod. soziale Kohäsion Risiko	-0,038	-1,683	0,093	1,250
Moderator	Risiko	-0,027	-1,121	0,263	1,493

Legende: Mod.: Moderation; Risiko: Risikobereitschaft

Tab. 31: Ergebnisse der multiplen linearen Regressionsanalyse zur Erklärung der Verbundenheit inklusive der Moderationseffekte durch die Risikobereitschaft – ohne Ausreißer.

[81] Aufgrund anderer Regressanten steht ein größerer Datensatz zur Verfügung als bei vorherigen Regressionsanalysen zur Erklärung der Verbundenheit.

Erneut zeigt sich, dass die Interaktionsterme keine signifikanten Einflüsse ausüben, sodass die Hypothesen H_{V1b} bis H_{V12b} (vgl. Anhang 6) nicht bestätigt werden können. Zugleich sind alle zuvor identifizierten Einflussgrößen der Verbundenheit hochsignifikant, was nochmals die Güte des Regressionsmodells der Einflussgrößen der Verbundenheit (vgl. Tab. 28) unterstreicht. Der Vollständigkeit halber sei darauf hingewiesen, dass von der Risikobereitschaft keine signifikante direkte Wirkung auf die Verbundenheit ausgeht.

Resümierend kann damit festgehalten werden, dass weder von der Sehnsucht nach Veränderung noch von der Risikobereitschaft ausgehende Moderationseffekte bestimmt werden konnten (vgl. Tab. 32). Die beiden übergeordneten Moderationshypothesen haben sich folglich nicht bestätigt. Zudem geht von der Sehnsucht nach Veränderung ein direkter Effekt aus.

Hypothese		Testverfahren	Regressions-koeffizient	n
Moderationseffekte	H_{Va}: Die Wirkung der Determinanten der Verbundenheit wird durch die Intensität der Sehnsucht nach Veränderung moderiert. Je stärker die Sehnsucht nach Veränderung ist, desto schwächer ist der Einfluss der jeweiligen Determinante auf die Verbundenheit mit dem Wohnort.	multiple lineare Regressions-analyse	Betrag sämtlicher Beta-Werte ≤ 0,1; keine signifikanten Wirkungsbeziehungen	949
	H_{Vb}: Die Wirkung der Determinanten der Verbundenheit wird durch die Höhe der Risikobereitschaft moderiert. Je höher die Risikobereitschaft ist, desto schwächer ist der Einfluss der jeweiligen Determinante auf die Verbundenheit mit dem Wohnort.	multiple lineare Regressions-analyse	Betrag sämtlicher Beta-Werte ≤ 0,05; keine signifikanten Wirkungsbeziehungen	949

Tab. 32: Prüfung der Moderationshypothesen zur Beeinflussung der Verbundenheit.

3.4.2.2 Gebundenheit an eine Kommune

Analog zum bisherigen Vorgehen bei der Überprüfung der Determinanten der Verbundenheit werden auch die hypothetischen Einflussfaktoren der Gebundenheit in einem zweistufigen Prozess mittels Regressionsanalysen geprüft. Zunächst werden die direkten Wirkungszusammenhänge analysiert, auf den gewonnenen Ergebnissen aufbauend im Anschluss mögliche Moderationseffekte untersucht und explorative

Befunde präsentiert. Im Unterschied zum Vorgehen in Kapitel 3.4.2.1 erfolgt die Überprüfung jedoch nicht integrativ für alle Einflussgrößen in einem Regressionsmodell, sondern die Wirkungszusammenhänge werden auf Hypothesenebene untersucht, d. h., für jede unabhängige Variable wird eine einzelne Regressionsanalyse durchgeführt.

Ausschlaggebend für dieses Vorgehen ist die Tatsache, dass bei einer gemeinsamen Prüfung der unabhängigen Variablen das zugrunde liegende Sample einen nur noch sehr geringen Umfang hat. Entsprechend den aufgestellten Hypothesen hängt die Gebundenheit von einer Vielzahl unabhängiger Variablen ab, die überwiegend nur von „betroffenen" Probanden beurteilt werden können. So kann bspw. die Bedeutsamkeit emotionaler Nichtverkaufsgründe selbstgenutzten Wohneigentums nur sinnvoll bei Wohneigentümern erfasst werden. Für Nichtwohneigentümer besteht hierzu keine Information und kann auch nicht sinnvoll imputiert werden. Ebenso verhält es sich im Kontext der Zufriedenheit mit der Betreuungssituation von Kindern, die sinnvollerweise nur Eltern beurteilen sollten. Als Konsequenz liegen systematisch fehlende Werte in der Stichprobe vor. Die Fallzahlen sinken durch die Kombination dieser systematisch fehlenden Werte und somit aus der Regressionsanalyse auszuschließende Datensätze auf ein Niveau, das weit unterhalb des angestrebten Stichprobenumfangs von 666 (vgl. Kapitel D 2.2.1) liegt. Vor diesem Hintergrund wird eine Überprüfung mittels einzelner einfacher Regressionsanalysen vorgezogen. Dieses Vorgehen hemmt zudem die Gefahr eines Overfittings des Modells und einer daraus folgenden möglichen Fehlinterpretation der Resultate der Regressionsanalyse (vgl. Backhaus et al. 2011, S. 89; Cleff 2011, S. 155).

Tabelle 33 fasst die Ergebnisse zu hypothetischen Determinanten aus dem Einflussbereich wirtschaftlicher Spezifika zusammen.

unabhängige Variable	Kennwerte der Regressionsanalysen[82]			
Intensität Bindung Berufstätigkeit	R²	Korr. R²	Durbin / Watson	n
	0,076	0,075	2,107	776
	Beta-Werte	t-Wert	Sign.	
	0,276	8,002	0,000	
Arbeitsstätte im Wohnort	R²	Korr. R²	Durbin / Watson	n
	0,018	0,017	2,113	775
	Beta-Werte	t-Wert	Sign.	
	0,135	3,784	0,000	
Besitz selbstgenutzten Wohneigentums	R²	Korr. R²	Durbin / Watson	n
	0,027	0,026	2,088	1081
	Beta-Werte	t-Wert	Sign.	
	0,163	5,435	0,000	
Bedeutsamkeit finanzieller Nicht- verkaufsgründe	R²	Korr. R²	Durbin / Watson	n
	0,109	0,107	1,841	440
	Beta-Werte	t-Wert	Sign.	
	0,330	7,314	0,000	
Bedeutsamkeit emotionaler Nicht- verkaufsgründe	R²	Korr. R²	Durbin / Watson	n
	0,170	0,168	1,876	440
	Beta-Werte	t-Wert	Sign.	
	0,412	9,462	0,000	

Tab. 33: Ergebnisse der linearen Regressionsanalysen zur Erklärung der Gebundenheit – wirtschaftliche Spezifika.

Von allen unabhängigen Variablen geht ein signifikanter Einfluss auf die Gebundenheit aus. Im Zusammenhang mit der Wirkung der Berufstätigkeit zeigt sich, dass die Intensität der beruflichen Bindung an den Wohnort die Gebundenheit signifikant beeinflusst (Beta = 0,276). Auch wirkt sich das Faktum, dass die Arbeitsstätte im Wohnort liegt, signifikant auf die Gebundenheit aus (Beta = 0,135).

Mit Blick auf die Effekte selbstgenutzten Wohneigentums zeigt sich, dass dessen Besitz die Gebundenheit signifikant beeinflusst (Beta = 0,163). Für Eigentümer sind zu-

---

82 Da jeweils nur eine unabhängige Variable in die einzelnen Regressionsanalysen einbezogen ist, wird auf die Wiedergabe des F-Wertes und des jeweils zugehörigen Signifikanzniveaus verzichtet. Wird nur eine unabhängige Variable berücksichtigt, entsprechen diese Werte dem t-Wert des Regressors bzw. dem zugehörigen Signifikanzniveau (vgl. Backhaus et al. 2011, S. 83).

dem finanzielle (Beta = 0,330) und emotionale Nichtverkaufsgründe (Beta = 0,412) signifikante Einflussfaktoren der Gebundenheit.

Zieht man die Beta-Werte zur Beurteilung der Stärke der Wirkungen heran, wird deutlich, dass auf Ebene wirtschaftlicher Spezifika von der Bedeutsamkeit emotionaler Nichtverkaufsgründe die stärkste Wirkungsintensität ausgeht. Es folgen finanzielle Nichtverkaufsgründe, die Stärke der Bindung der Berufstätigkeit, der Besitz selbstgenutzten Wohneigentums und schließlich die Tatsache, dass die Arbeitsstätte im Wohnort liegt.

Von den beiden im Kontext der Evaluation institutioneller Betreuung hergeleiteten Faktoren übt nur die Zufriedenheit mit der außerschulischen Betreuungssituation von Kindern, die noch nicht zur Schule gehen, einen signifikanten Einfluss auf die Gebundenheit aus (Beta = 0,184) (vgl. Tab. 34). Hervorzuheben sind zudem die vergleichsweise geringen Sampleumfänge (n = 109 bzw. n = 177) und die geringen erklärten Varianzanteile von unter fünf Prozent.

unabhängige Variable	Kennwerte der Regressionsanalysen[83]			
Zufriedenheit mit Betreuungssituation von Kindern, die noch nicht zur Schule gehen	R^2	Korr. R^2	Durbin/Watson	n
	0,017	0,008	1,823	109
	Beta-Werte	t-Wert	Sign.	
	0,131	1,370	0,173	
Zufriedenheit mit der außerschulischen Betreuungssituation von Kindern, die zur Schule gehen	R^2	Korr. R^2	Durbin/Watson	n
	0,034	0,029	1,840	177
	Beta-Werte	t-Wert	Sign.	
	0,184	2,483	0,014	

Tab. 34: Ergebnisse der linearen Regressionsanalysen zur Erklärung der Gebundenheit – Evaluation institutioneller Betreuung.

Auch im Einflussbereich der sozialen Spezifika ergeben sich mehrere signifikante Wirkungszusammenhänge (vgl. Tab. 35).

---

83 Da jeweils nur eine unabhängige Variable in die einzelnen Regressionsanalysen einbezogen ist, wird auf die Wiedergabe des F-Wertes und des jeweils zugehörigen Signifikanzniveaus verzichtet. Wird nur eine unabhängige Variable berücksichtigt, entsprechen diese Werte dem t-Wert des Regressors und dem diesen zugehörigen Signifikanzniveau (vgl. Backhaus et al. 2011, S. 83).

unabhängige Variable	Kennwerte der Regressionsanalysen[84]			
Ehe oder feste Partner-schaft	R²	Korr. R²	Durbin / Watson	n
	0,000	-0,001	1,990	1081
	Beta-Werte	t-Wert	Sign.	
	0,020	0,646	0,518	
persönliche Bindung des Partners an Wohnort	R²	Korr. R²	Durbin / Watson	n
	0,118	0,117	1,982	664
	Beta-Werte	t-Wert	Sign.	
	0,344	9,422	0,000	
gemeinsames Leben mit Partner in einem Haushalt	R²	Korr. R²	Durbin / Watson	n
	0,015	0,013	1,976	666
	Beta-Werte	t-Wert	Sign.	
	0,122	3,157	0,002	
Dauer des Weges zum Partner, wenn dieser nicht im selben Haus-halt lebt	R²	Korr. R²	Durbin / Watson	n
	0,013	0,002	2,112	90
	Beta-Werte	t-Wert	Sign.	
	-0,114	-1,081	0,283	
Pflege anderer	R²	Korr. R²	Durbin / Watson	n
	0,000	0,000	1,993	1029
	Beta-Werte	t-Wert	Sign.	
	-0,022	-0,711	0,477	
Häufigkeit Pflege anderer	R²	Korr. R²	Durbin / Watson	n
	0,003	-0,002	1,918	199
	Beta-Werte	t-Wert	Sign.	
	-0,051	-0,717	0,474	
Angewiesenheit auf nicht transferierbare Unterstützung	R²	Korr. R²	Durbin / Watson	n
	0,084	0,083	2,000	1080
	Beta-Werte	t-Wert	Sign.	
	0,289	9,919	0,000	
in häuslicher Gemein-schaft lebende Kinder	R²	Korr. R²	Durbin / Watson	n
	0,005	0,004	2,032	1081
	Beta-Werte	t-Wert	Sign.	
	0,071	2,345	0,019	

unabhängige Variable	Kennwerte der Regressionsanalysen[84]			
in häuslicher Gemein-schaft lebende Kinder unter 18 Jahren	**R²**	**Korr. R²**	**Durbin/Watson**	**n**
	0,003	0,002	2,038	1081
	Beta-Werte	**t-Wert**	**Sign.**	
	0,055	1,806	0,071	

Tab. 35: Ergebnisse der linearen Regressionsanalysen zur Erklärung der Gebundenheit –
soziale Spezifika.

Eine feste Partnerschaft oder Ehe beeinflusst die Gebundenheit nicht signifikant, jedoch üben die persönliche Bindung des Partners an den Wohnort (Beta = 0,344) und die Gegebenheit, mit einem Partner in einem gemeinsamen Haushalt zu leben (Beta = 0,122), signifikante Wirkungen aus. Für Partner, die nicht in einem gemeinsamen Haushalt leben, besteht jedoch für die Dauer des Weges zum Partner keine Signifikanz.[85]

Im Kontext der nicht erwerbsmäßigen Pflege anderer lässt sich weder von der Tatsache, dass Probanden pflegen, noch von der Intensität dieser Pflege eine Wirkung auf die Gebundenheit ausmachen. Hingegen geht von der Angewiesenheit auf nicht transferierbare Unterstützung ein signifikanter Effekt auf die Gebundenheit aus (Beta = 0,289).

Im Zusammenhang mit Elternschaft zeigt sich, dass sich in haushaltlicher Gemeinschaft lebende Kinder auf die Gebundenheit signifikant auswirken (Beta = 0,071). Von Kindern im Alter bis 19 Jahren, die im Haushalt leben, kann jedoch keine signifikante Wirkung auf die Gebundenheit ausgemacht werden.

Auf Ebene sozialer Spezifika geht somit die stärkste Wirkung von der persönlichen Bindung des Partners an den Wohnort, gefolgt von Angewiesenheit auf nicht transferierbare Unterstützung und den Gegebenheiten, mit dem Partner bzw. mit Kindern in einem gemeinsamen Haushalt zu leben, auf die Gebundenheit aus.

---

84 Da jeweils nur eine unabhängige Variable in die einzelnen Regressionsanalysen einbezogen ist, wird auf die Wiedergabe des F-Wertes und des jeweils zugehörigen Signifikanzniveaus verzichtet. Wird nur eine unabhängige Variable berücksichtigt, entsprechen diese Werte dem t-Wert des Regressors und dem diesen zugehörigen Signifikanzniveau (vgl. Backhaus et al. 2011, S. 83).

85 Anzumerken ist diesbezüglich, dass das der Regressionsanalyse zugrunde liegende Sample mit n = 90 vergleichsweise klein ist.

Auf Basis der Ergebnisse der Regressionsanalysen lassen sich die Hypothesen zu direkten Einflussfaktoren der Gebundenheit überprüfen. Tabelle 36 gibt Auskunft über die Resultate der Hypothesentests.

Hypothese		Testverfahren	Regressions-koeffizient	n
wirtschaftliche Spezifika	$H_{G1.1}$: Je stärker die berufliche Bindung an den Wohnort ist, desto stärker ist die Gebundenheit an den Wohnort.	lineare Regressions-analyse	Beta = 0,276; Sign. 0,000	776
	$H_{G1.2}$: Wenn die Arbeitsstätte im Wohnort liegt, dann ist die Gebundenheit an den Wohnort stärker, als wenn die Arbeitsstätte nicht im Wohnort liegt.	lineare Regressions-analyse	Beta = 0,135; Sign. 0,000	775
	$H_{G2.1}$: Wenn Personen Eigentümer von selbstgenutztem Wohneigentum sind, dann ist ihre Gebundenheit an den Wohnort stärker als bei Personen, die nicht Eigentümer sind.	lineare Regressions-analyse	Beta = 0,163; Sign. 0,000	1081
	$H_{G2.2}$: Je bedeutsamer finanzielle Nicht-verkaufsgründe bei Eigentümern selbstgenutzten Wohneigentums sind, desto stärker ist die Gebundenheit an den Wohnort.	lineare Regressions-analyse	Beta = 0,330; Sign. 0,000	440
	$H_{G2.3}$: Je bedeutsamer emotionale Nicht-verkaufsgründe bei Eigentümern selbstgenutzten Wohneigentums sind, desto stärker ist die Gebundenheit an den Wohnort.	lineare Regressions-analyse	Beta = 0,412; Sign. 0,000	440
Evaluation institutioneller Betreuung	$H_{G3.1}$: Je höher die Zufriedenheit mit der Betreuungssituation von Kindern ist, die noch nicht zur Schule gehen, desto stärker ist die Gebundenheit an den Wohnort.	lineare Regressions-analyse	Beta = 0,131; Sign. 0,173	109
	$H_{G3.2}$: Je höher die Zufriedenheit mit der außerschulischen Betreuungssituation von Kindern ist, die zur Schule gehen, desto stärker ist die Gebundenheit an den Wohnort.	lineare Regressions-analyse	Beta = 0,184; Sign. 0,014	177
soziale Spezifika	$H_{G4.1}$: Wenn Personen in einer festen Partnerschaft leben oder einen Ehepartner bzw. einen eingetragenen Lebenspartner haben, dann ist ihre Gebundenheit an den Wohnort stärker als bei Personen, die einen anderen Familienstand haben.	lineare Regressions-analyse	Beta = 0,020; Sign. 0,518	1081
	$H_{G4.2}$: Je stärker die persönliche Bindung eines Partners ist, desto stärker ist die Gebundenheit an den Wohnort.	lineare Regressions-analyse	Beta = 0,344; Sign. 0,000	664

Hypothese		Testverfahren	Regressions-koeffizient	n
	$H_{G4.3}$: Wenn Personen mit ihrem Partner in einem Haushalt leben, dann ist ihre Gebundenheit an den Wohnort stärker als bei Personen, die nicht mit dem Partner in einem Haushalt leben.	lineare Regressions-analyse	Beta = 0,122; Sign. 0,002	666
	$H_{G4.4}$: Je länger der Weg zwischen eigener Wohnstätte und Wohnstätte des Partners bei Personen dauert, die nicht mit ihrem Partner in einem Haushalt leben, desto schwächer ist die Gebundenheit an den Wohnort.	lineare Regressions-analyse	Beta = -0,114; Sign. 0,283	90
soziale Spezifika	$H_{G5.1}$: Wenn Personen Verwandte und Freunde, außer eigenen Kindern, nicht erwerbsmäßig in der Nähe des eigenen Wohnorts pflegen, dann ist ihre Gebundenheit an den Wohnort stärker als bei Personen, die keine solchen Personen pflegen.	lineare Regressions-analyse	Beta = -0,022; Sign. 0,477	1029
	$H_{G5.2}$: Je häufiger Verwandte oder Freun-de, außer eigenen Kindern, nicht erwerbsmäßig in der Nähe des eigenen Wohnorts gepflegt werden, desto stärker ist die Gebundenheit an den Wohnort.	lineare Regressions-analyse	Beta = -0,051; Sign. 0,474	199
	$H_{G6.1}$: Je stärker die Angewiesenheit auf Unterstützung durch Freunde und Familienangehörige ist, die an ei-nem anderen Wohnort fehlen würde, desto stärker ist die Gebundenheit an den Wohnort.	lineare Regressions-analyse	Beta = 0,289; Sign. 0,000	1080
	$H_{G7.1}$: Wenn Kinder im Haushalt leben, dann ist die Gebundenheit an den Wohnort stärker, als wenn keine Kinder im Haushalt leben.	lineare Regressions-analyse	Beta = 0,071; Sign. 0,019	1081
	$H_{G7.2}$: Wenn Kinder im Alter bis 19 Jahre im Haushalt leben, dann ist die Ge-bundenheit an den Wohnort stärker, als wenn keine Kinder im Alter bis 19 Jahre im Haushalt leben.	lineare Regressions-analyse	Beta = 0,055; Sign. 0,071	1081

Tab. 36: Hypothesenprüfung zu Einflussfaktoren der Gebundenheit.

Aus dem Bereich wirtschaftliche Spezifika haben sich alle Hypothesen empirisch be-währt, sodass $H_{G1.1}$, $H_{G1.2}$, $H_{G2.1}$, $H_{G2.2}$ und $H_{G2.3}$ bestätigt werden. Auf Ebene der Eva-luation institutioneller Betreuung konnte ausschließlich $H_{G3.2}$ verifiziert werden, wäh-rend $H_{G3.1}$ nicht bestätigt wird (Signifikanzniveau fünf Prozent). Von den Hypothesen aus dem Bereich sozialer Spezifika werden $H_{G4.2}$, $H_{G4.3}$, $H_{G6.1}$ und $H_{G7.1}$ bestätigt. Für die übrigen Hypothesen zeigen sich keine signifikanten Resultate (Signifikanzniveau fünf Prozent), sie konnten folglich nicht verifiziert werden.

Im zweiten Schritt werden für die soeben identifizierten signifikanten Einflussfaktoren der Gebundenheit Moderationseffekte durch die Variablen Sehnsucht nach Veränderung und Risikobereitschaft entsprechend dem Vorgehen in Kapitel 3.4.2.1 untersucht. Die getesteten übergeordneten Moderationshypothesen besagen zum einen, dass die Wirkung der Determinanten der Gebundenheit durch die Intensität der Sehnsucht nach Veränderung moderiert wird. Je stärker die Sehnsucht nach Veränderung ist, desto schwächer ist der Einfluss der jeweiligen Determinante auf die Gebundenheit an den Wohnort. Die zweite Moderationshypothese besagt zum anderen, dass die Wirkung der Determinanten der Gebundenheit durch die Höhe der Risikobereitschaft moderiert wird. Je höher die Risikobereitschaft ist, desto schwächer ist der Einfluss der jeweiligen Determinante auf die Gebundenheit an den Wohnort. Die einzelnen Hypothesen für jeden Einflussfaktor finden sich im Anhang 7.

Erneut erfolgt eine Standardisierung der Variablen, um Multikollinearitätsprobleme zu verringern. Tabelle 37 fasst die Ergebnisse der durchgeführten Regressionsanalysen für ermittelte Moderationseffekte zusammen. Um bei der Vielzahl der Informationen eine gewisse Übersichtlichkeit zu gewährleisten, beschränken sich die tabellarischen Angaben auf signifikante Moderationseffekte auf einem Fünf-Prozent-Niveau.

Einfluss-bereich	R^2	Korr. R^2	F-Wert	Sign.	Durbin/Watson	n
wirtschaftliche Spezifika	0,094	0,092	40,001	0,000	2,142	775
	unabhängige Variablen		Beta-Werte	t-Wert	Sign.	
	Arbeitsstätte im Wohnort		0,141	4,112	0,000	
	Mod. Arbeitsstätte im Wohnort SNV		-0,275	-8,032	0,000	
	R^2	Korr. R^2	F-Wert	Sign.	Durbin/Watson	n
	0,076	0,074	44,356	0,000	2,056	1081
	unabhängige Variablen		Beta-Werte	t-Wert	Sign.	
	Besitz selbstgenutzten Wohneigentums		0,144	4,897	0,000	
	Mod. Besitz selbstgenutzten Wohneigentums SNV		-0,223	-7,591	0,000	

	R²	Korr. R²	F-Wert	Sign.	Durbin/Watson	n
wirtschaftliche Spezifika	0,119	0,115	29,498	0,000	2,039	440
	unabhängige Variablen	**Beta-Werte**	**t-Wert**	**Sign.**		
	Bedeutsamkeit finanzieller Nichtverkaufsgründe	0,334	7,435	0,000		
	Mod. Bedeutsamkeit finanzieller Nichtverkaufsgründe Risiko	-0,096	-2,138	0,033		
	R²	**Korr. R²**	**F-Wert**	**Sign.**	**Durbin/Watson**	**n**
	0,179	0,175	47,602	0,000	2,013	440
	unabhängige Variablen	**Beta-Werte**	**t-Wert**	**Sign.**		
	Bedeutsamkeit emotionaler Nichtverkaufsgründe	0,415	9,566	0,000		
	Mod. Bedeutsamkeit emotionaler Nichtverkaufsgründe SNV	-0,086	-1,973	0,049		
Einflussbereich	**R²**	**Korr. R²**	**F-Wert**	**Sign.**	**Durbin/Watson**	**n**
soziale Spezifika	0,125	0,122	47,013	0,000	1,978	664
	unabhängige Variablen	**Beta-Werte**	**t-Wert**	**Sign.**		
	persönliche Bindung des Partners an Wohnort	0,342	9,400	0,000		
	Mod. persönliche Bindung des Partners an Wohnort SNV	-0,079	-2,179	0,030		
Einflussbereich	**R²**	**Korr. R²**	**F-Wert**	**Sign.**	**Durbin/Watson**	**n**
Moderatoren	0,097	0,096	115,161	0,000	1,736	1081
	unabhängige Variablen	**Beta-Werte**	**t-Wert**	**Sign.**		
	SNV	-0,311	-10,731	0,000		
	R²	**Korr. R²**	**F-Wert**	**Sign.**	**Durbin/Watson**	**n**
	0,050	0,049	57,104	0,000	1,625	1081
	unabhängige Variablen	**Beta-Werte**	**t-Wert**	**Sign.**		
	Risiko	-0,224	-7,557	0,000		

Die weiteren getesteten Moderationseffekte erweisen sich als nicht signifikant.
Legende: Mod.: Moderation; Risiko: Risikobereitschaft; SNV: Sehnsucht nach Veränderung

Tab. 37: Ergebnisse der linearen Regressionsanalysen zur Erklärung der Gebundenheit inklusive der Moderationseffekte durch Sehnsucht nach Veränderung und Risikobereitschaft.

Im Ergebnis wird deutlich, dass die Wirkungsbeziehungen unabhängiger Variablen aus den Bereichen wirtschaftlicher Spezifika und sozialer Spezifika moderiert werden. Während ein Moderationseffekt durch die Risikobereitschaft nur hinsichtlich der Wirkungsbeziehung zwischen der Bedeutsamkeit finanzieller Nichtverkaufsgründe und der Gebundenheit identifiziert werden kann, lassen sich Moderationen durch die Sehnsucht nach Veränderung bezüglich des Einflusses der unabhängigen Variablen Arbeitsstätte im Wohnort, Besitz selbstgenutzten Wohneigentums, Bedeutsamkeit emotionaler Nichtverkaufsgründe und persönliche Bindung des Partners an den Wohnort bestimmen. Für die weiteren Interaktionsterme können keine signifikanten Einflüsse festgestellt werden. Im Hinblick auf die beiden Moderatorvariablen zeigt sich als explorativer Befund zudem, dass von diesen eine unmittelbare Wirkung auf die Gebundenheit ausgeht, die vergleichsweise stark ist, wie die Beta-Werte verdeutlichen.

Vor diesem Hintergrund konnten die Hypothesen $H_{G1.2a}$, $H_{G2.1a}$, $H_{G2.3a}$ und $H_{G4.1a}$ zur moderierenden Wirkung der Sehnsucht nach Veränderung verifiziert werden, da zudem die Vorzeichen der Koeffizienten der Interaktionsterme den angenommenen Wirkungsrichtungen entsprechen. Die weiteren Hypothesen zum Moderationseffekt der Variable Sehnsucht nach Veränderung können nicht bestätigt werden. Bezüglich der moderierenden Wirkung der Risikobereitschaft kann einzig die Hypothese $H_{G2.2b}$ bestätigt werden. Alle weiteren Moderationshypothesen im Kontext der Risikobereitschaft konnten nicht verifiziert werden.

Resümierend konnte die Hypothese zum moderierenden Effekt der Sehnsucht nach Veränderung in vier von sechzehn untersuchten Wirkungsbeziehungen verifiziert werden. Die übergeordnete Hypothese H_{Ga} hat sich somit eingeschränkt bewährt (vgl. Tab. 38). Nur bei einer der sechzehn analysierten Wirkungsbeziehungen wurde die Moderationshypothese zum Effekt der Risikobereitschaft bestätigt, sodass sich die übergeordnete Hypothese H_{Gb} nur sehr eingeschränkt bewährt hat. Ferner geht von den beiden Variablen Sehnsucht nach Veränderung und Risikobereitschaft eine unmittelbare negative Wirkung auf die Gebundenheit aus.

Hypothese		Testverfahren	Bewertungskriterium
Moderationseffekte	H_{Ga}: Die Wirkung der Determinanten der Gebundenheit wird durch die Intensität der Sehnsucht nach Veränderung moderiert. Je stärker die Sehnsucht nach Veränderung ist, desto schwächer ist der Einfluss der jeweiligen Determinante auf die Gebundenheit an den Wohnort.	multiple lineare Regressionsanalyse	Verifizierung in vier von sechzehn Wirkungsbeziehungen
	H_{Gb}: Die Wirkung der Determinanten der Gebundenheit wird durch die Höhe der Risikobereitschaft moderiert. Je höher die Risikobereitschaft ist, desto schwächer ist der Einfluss der jeweiligen Determinante auf die Gebundenheit an den Wohnort.	multiple lineare Regressionsanalyse	Verifizierung in einer von sechzehn Wirkungsbeziehungen

Tab. 38: Prüfung der Moderationshypothesen zur Beeinflussung der Gebundenheit.

4 Zusammenfassende Würdigung der empirischen Erkenntnisse

Das Design des Forschungsprojekts umfasst eine qualitative empirische Untersuchung und eine quantitative empirische Analyse der Einwohnerbindung. Beide empirische Zugänge fokussieren das Untersuchungsobjekt Einwohnerbindung, sodass sich ihre Gegenstandsbereiche zwar überschneiden, jedoch nicht kongruent sind (vgl. Abb. 22).

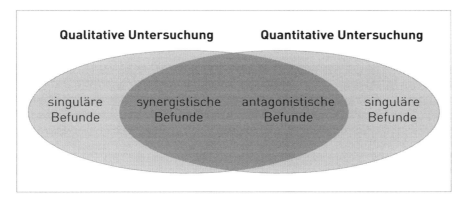

Abb. 22: Gegenstandsbereiche der Untersuchungsansätze und Befundlage.

Werden die wesentlichen Ergebnisse der beiden Untersuchungen gemeinsam betrachtet, treten bei überschneidenden Gegenstandsbereichen erstens synergistische und zweitens antagonistische Befunde zutage. Drittens generieren beide Untersuchungen bei sich differenzierenden Gegenstandsbereichen singuläre Befunde, zu denen die jeweils andere Analyse keine Aussage trifft. Anhand dieser Einteilung werden nachfolgend wesentliche Erkenntnisse des Forschungsprojekts diskutiert. Abschließend wird der resultierende Erkenntnisstand zu Stellenwert und Einflussgrößen der Einwohnerbindung resümiert.

Synergistische Befunde
Zu verschiedenen Aspekten im Kontext der Einwohnerbindung ergeben sich in der qualitativen und der quantitativen Untersuchungsstufe übereinstimmende Ergebnisse. Im Sinne einer sukzessiven Annäherung an eine objektive Realität können resultierende Erkenntnisse als besonders sicher aufgefasst werden, da sie sich sowohl qualitativ als auch quantitativ empirisch bestätigt haben.

Zu diesen Erkenntnissen zählt, dass der Einwohnerbindung erhebliche Verhaltensrelevanz im Kontext interkommunaler Migrationen zukommt. Neben einer Bestätigung im Rahmen der qualitativen Analyse untermauert der quantitativ erhärtete Einfluss der Einwohnerbindung auf Migrationsgedanken und Migrationspläne diese Einschätzung. Entsprechende Hypothesen zu Wirkung der Einwohnerbindung konnten verifiziert werden.

Ebenfalls ist eine Bestätigung der Hypothesen zum Einfluss der beiden Bindungszustände in der qualitativen Analyse und der quantitativen Untersuchung zu konstatieren. Beide Untersuchungsstufen untermauern, dass Verbundenheit und Gebundenheit wesentliche Einflussfaktoren der Einwohnerbindung sind.

Schließlich finden sich synergistische Befunde zu Determinanten der Bindungszustände in beiden Untersuchungsstufen. Es wird deutlich, dass eine Vielzahl von Faktoren die Verbundenheit und Gebundenheit beeinflusst. Im Zusammenhang mit materiellen Kontextfaktoren zeigt sich, dass die Zufriedenheit mit der Wohnstätte, die Gebäudeästhetik, öffentliche Verkehrsmittel und das Angebot an Freizeitaktivitäten Einflussfaktoren der Verbundenheit sind. Im Bereich immaterieller Kontextfaktoren erweisen sich das Aufwachsen am Wohnort, die Mentalität, freiwilliges Engagement und soziale Kohäsion in beiden Untersuchungen als Determinanten der Verbundenheit.

In beiden Analysestufen bestätigen sich aus dem Bereich wirtschaftlicher Spezifika die Intensität der beruflichen Bindung an den Wohnort, dass die Arbeitsstätte im Wohnort liegt, der Besitz selbstgenutzten Wohneigentums und die Bedeutsamkeit finanzieller sowie emotionaler Nichtverkaufsgründe eines Wohneigentums als Einflussfaktoren der Gebundenheit. Zudem ist der Einfluss der Zufriedenheit mit der außerschulischen Betreuungssituation bei Eltern zweifach verifiziert. Im Bereich sozialer Spezifika zeigt sich übereinstimmend in beiden Untersuchungsstufen, dass die persönliche Bindung eines Partners, eine gemeinsame Haushaltsführung mit einem Partner, die Angewiesenheit auf nicht transferierbare Unterstützung sowie Kinder im Haushalt Determinanten der Gebundenheit sind. Vor diesem Hintergrund der zweifachen Verifikation kommt diesen Einflussfaktoren der Verbundenheit bzw. Gebundenheit ein hoher Stellenwert zu.

Antagonistische Befunde

Neben synergistischen Befunden treten auch sich widersprechende Ergebnisse zutage, wenn qualitative und quantitative Analyseresultate kontrastiert werden.

Während anhand der qualitativen Untersuchung Gebäudedichte, Schulinfrastruktur, soziale Einrichtungen und das Angebot an Geschäften als Einflussfaktoren der Verbundenheit bestimmt wurden, zeigte sich hierfür in der quantitativen Analyse keine Bestätigung. Ebenso konnten im Kontext der Verbundenheit die aus den Fokusgruppen abgeleiteten hypothetischen moderierenden Einflüsse der Sehnsucht nach Veränderung und der Risikobereitschaft in der quantitativen Untersuchung nicht verifiziert werden, sondern es zeigte sich explorativ eine direkte Wirkung der Sehnsucht nach Veränderung auf die Verbundenheit.

Auch im Zusammenhang mit den Determinanten der Gebundenheit traten einige antagonistische Ergebnisse auf. Die vor dem Hintergrund der Fokusgruppen hypothetisierte Beeinflussung der Gebundenheit durch die Faktoren Zufriedenheit mit der Betreuungssituation von Vorschulkindern, das Leben in einer Partnerschaft, die Dauer des Weges zwischen eigener Wohnstätte und Wohnstätte des Partners, Pflege und Pflegehäufigkeit von Verwandten bzw. Freunden sowie minderjährige Kinder im Haushalt konnte in der quantitativen Untersuchung nicht bestätigt werden. Die in Anbetracht der Fokusgruppen vermutete moderierende Wirkung der Sehnsucht nach Veränderung und der Risikobereitschaft im Kontext der Gebundenheit bestätigte sich in der quantitativen Untersuchung nur zum Teil bzw. kaum.

Daher ist eine kritische Reflexion und Evaluation der gewonnenen antagonistischen Befunde erforderlich. Eine Reflexion der Untersuchungserkenntnisse des gesamten Forschungsvorhabens erfolgt im weiteren Verlauf der Arbeit in Kapitel E 1. Grundsätzlich können im Rahmen des gesamten Forschungsprojekts verschiedene Ursachen die widersprechenden Befunde bedingen:

- Erstens besteht bei Fokusgruppen wie im Kapitel C 2.1 skizziert die Gefahr, dass einzelne Probanden die Gruppenmeinung dominieren. Die kommunikative bzw. argumentative Stärke einzelner Probanden kann dazu führen, dass andere Gruppenmitglieder Aussagen zustimmen bzw. diesen nicht widersprechen, wenngleich sie ursprünglich anderer Auffassung sind. Aus einer entsprechenden Gesprächssituation können ein verzerrtes Bild einer realen latenten Gruppenmeinung und somit verfälschte Ergebnisse der qualitativen Analyse folgen. Auch wenn der während der Fokusgruppen anwesende Verfasser ein ausgeprägtes Dominieren der Gruppenmeinung im Laufe der Diskussionen nicht feststellen konnte und ebenso die Moderatorin dergleichen nicht beobachtet hat, kann nicht vollständig ausgeschlossen werden, dass die qualitativen Ergebnisse ein Zerrbild der Realität wiedergeben und daher von den quantitativen Befunden abweichen.

▪ Zweitens erfolgte eine systematische, nicht zufällige Festlegung der Diskussionsteilnehmer (vgl. Kapitel C 2.2). Da zudem insgesamt lediglich 31 Probanden an den Fokusgruppen teilnahmen, kann nicht ausgeschlossen werden, dass ermittelte Aspekte im Kern nur für die Fokusgruppe bzw. einzelne Diskutanten zutreffen, jedoch keine Gültigkeit für die umfangreiche Stichprobe der quantitativen Untersuchung haben. Mitunter treffen die beobachteten Sachverhalte aufgrund der Zusammensetzung der Fokusgruppen speziell für diese zu, sind aber nicht für die Stichprobe respektive die interessierende Grundgesamtheit der quantitativen Untersuchung gültig. Insofern kann auch auf diesem Weg die Analyse der Fokusgruppen ein verzerrtes Bild der Realität widerspiegeln und das Aufkommen antagonistischer Befunde kann erklärt werden.

▪ Drittens kann die Methodik der quantitativen Analyse zur Erfassung interessierender Sachverhalte nicht geeignet sein. In diesem Fall ermittelt die quantitative Untersuchung beabsichtigte Sachverhalte nicht realitätsgerecht und die Befunde weichen voneinander ab.

▪ Viertens kann der Stichprobenumfang der quantitativen Analyse zu gering sein, um bestimmte Effekte statistisch signifikant nachzuweisen. In einer solchen Konstellation kann die Fokusgruppenanalyse zwar relevante Effekte aufzeigen, die Statistik kann diese aber nicht mit hinreichender Signifikanz bestätigen.

Die ermittelten Abweichungen zwischen qualitativer und quantitativer Analyse werden in Anbetracht dieser grundsätzlichen Ursachen nachfolgend reflektiert. Dies ermöglicht eine Einschätzung des Verfassers hinsichtlich einer realitätsgerechten Erkenntnis. Diesbezüglich ist anzumerken, dass diese Einschätzung subjektiv geprägt ist und gewonnene Erkenntnisse im Sinne einer Annäherung an eine objektive Realität schwächer abgesichert sind als die auf synergistischen Befunden basierenden Erkenntnisse.

Bei Reflexion der qualitativen Befunde im Hinblick auf die potenziellen Determinanten der Verbundenheit Gebäudedichte, Schulinfrastruktur und soziale Einrichtungen fällt auf, dass die Einflüsse dieser Faktoren lediglich von einigen Fokusgruppenteil-

nehmern thematisiert werden und somit der Härtegrad dieser Befunde vergleichsweise gering ist. Die statistische Auswertung der quantitativen Daten macht zudem
deutlich, dass die Faktoren auch bei einer erheblichen Steigerung des akzeptierten
Signifikanzniveaus keinen nennenswerten Einfluss auf die Verbundenheit ausüben.
Außerdem werden die Konstrukte adäquat in der quantitativen Analyse erfasst, sodass
die Einschätzung vertreten wird, dass die genannten Faktoren zwar für einige Mitglieder der Fokusgruppen von Relevanz sind, ihr Einfluss bei einer Betrachtung der
Grundgesamtheit jedoch nicht bedeutsam ist.

In Bezug auf den Effekt der von der Wirksamkeit des Angebots an Geschäften auf die
Verbundenheit ausgeht, macht eine genauere Betrachtung der Fokusgruppen deutlich, dass zwar intensiv in den Gruppendiskussionen die Relevanz der Vielfalt des
Angebots hervorgehoben, dessen grundsätzliche Bedeutsamkeit für die Verbundenheit allerdings nur vereinzelt thematisiert wird. Da außerdem auch eine wesentliche
Steigerung des akzeptierten Signifikanzniveaus den Befund der quantitativen Analyse
nicht ändert und das Konstrukt angemessen erfasst wurde, wird die Auffassung vertreten, dass dieser Einflussfaktor auch für die Grundgesamtheit von vernachlässigbarer
Relevanz ist.

Hingegen werden die qualitativen Befunde zu moderierenden Wirkungen der Sehnsucht nach Veränderung und der Risikobereitschaft für realitätsgerecht beurteilt,
wenn auch die gewonnenen quantitativen Resultate gegen solche Effekte sprechen.
Grund hierfür ist die Vermutung, dass die quantitative Methodik die interessierenden
Zusammenhänge nicht adäquat erfasst hat. Zwar wird angenommen, dass die Konstrukte Sehnsucht nach Veränderung und Risikobereitschaft korrekt ermittelt wurden,
allerdings war der interessierende Zusammenhang zwischen potenziellen Determinanten und der Einwohnerbindung in der Befragung relativ offensichtlich. Demzu-
folge wird vermutet, dass die Befragten ihre Sehnsucht nach Veränderung respektive
Risikobereitschaft bereits bei der Beantwortung der Fragen zu den Konstrukten der
Determinanten der Verbundenheit berücksichtigt haben. Da es sich bei den Fragen
um persönliche Einschätzungen und nicht um Faktenfragen handelt, kann es zu einer
„Einpreisung" der persönlichen Disposition bereits während der Beantwortung gekommen sein. Gestützt wird diese Einschätzung durch quantitativ bestimmte Moderationseffekte der Sehnsucht nach Veränderung auf Wirkungen zwischen faktischen
Merkmalen (z. B. Besitz selbstgenutzten Wohneigentums) und Gebundenheit. Vor
diesem Hintergrund wird die Einschätzung vertreten, dass Sehnsucht nach Veränderung und Risikobereitschaft die Wirkung zwischen Determinanten der Verbun-

denheit und der Verbundenheit selbst moderieren, wenngleich diese Effekte lediglich qualitativ verifiziert werden konnten.

Werden die widersprüchlichen Befunde zu Determinanten der Gebundenheit reflektiert, ist zunächst zu konstatieren, dass für die Faktoren Zufriedenheit mit der Betreuungssituation von Vorschulkindern und Dauer des Weges zwischen eigener Wohnstätte und Wohnstätte des Partners die quantitativ zu analysierenden Sampleumfänge mit n = 109 und n = 90 vergleichsweise gering sind. Gleichsam macht die qualitative Untersuchung deutlich, dass von diesen Faktoren im Kern nur bei Betroffenen Einflüsse auf die Gebundenheit ausgehen. Auf Basis einer integrativen Berücksichtigung der Befunde und Rahmenbedingungen der beiden Untersuchungen wird die Ansicht vertreten, dass beide Faktoren relevante Determinanten der Gebundenheit sind. Allerdings beschränkt sich ihr Einfluss auf Individuen, deren Vorschulkinder betreut werden respektive die nicht mit ihrem Partner zusammenleben.

Eine ähnliche Einschätzung erfolgt hinsichtlich der potenziellen Determinanten Pflege und Pflegehäufigkeit anderer. Auch bezüglich dieser Größen kann die quantitative Untersuchung keine Einflusseffekte auf die Gebundenheit verifizieren. Allerdings beschreiben Fokusgruppenteilnehmer glaubhaft spezifische Lebenssituationen von Pflegenden, in denen das Pflegen essenzieller Grund für Gebundenheit ist. Angesichts dessen wird der Standpunkt eingenommen, dass Pflege und Pflegehäufigkeit anderer relevante Einflussfaktoren der Gebundenheit sind, allerdings nur unter der Bedingung, dass ein Individuum entsprechende Leistungen erbringt.

Werden die Ergebnisse zur Wirkung einer Partnerschaft auf die Gebundenheit reflektiert, bestätigt sich tendenziell der Befund der quantitativen Analyse, die keine Wirkung bestätigen kann. Hierfür spricht zum einen das quantitative Ergebnis, das belegt, dass auch bei einer erheblichen Steigerung des akzeptierten Signifikanzniveaus kein Einfluss auf die Gebundenheit bestätigt werden kann und der Sachverhalt angemessen erfasst wurde. Zum anderen zeigt eine Betrachtung der Gruppendiskussionen die Relevanz des Zusammenlebens mit dem Partner bzw. der Entfernung der Wohnstätten der Partner für die Verbundenheit. Schlussfolgernd wird daher die Ansicht vertreten, dass nicht eine Partnerschaft selbst, sondern die räumliche Entfernung zwischen eigener Wohnstätte und Wohnstätte des Partners die Gebundenheit beeinflusst.

In Bezug auf den Einfluss von Kindern bis 19 Jahre im Haushalt auf die Gebundenheit ist zunächst festzuhalten, dass quantitativ keine Beeinflussung statistisch signifikant bestimmt werden kann. Gleichwohl sind die Befunde der Fokusgruppen, dass speziell Kinder im Vorschul- und Schulalter die Gebundenheit determinieren, überzeugend. Vor diesem Hintergrund wird vermutet, dass eine quantitative Überprüfung dieses Effekts anhand einer Differenzierung von Kindern jünger und älter als 18 Jahre nicht adäquat ist. In den Fokusgruppen wird deutlich, dass Eltern eine starke Verantwortung für ihre Kinder in etwa bis zum Abschluss der ersten schulischen Ausbildung empfinden. Dieses Absenken des Verantwortungsgefühls scheint sich mit einer Altersgrenze nur unzureichend abbilden zu lassen. Daher wird der Standpunkt eingenommen, dass Kinder im Haushalt, die noch zur Schule gehen, sich positiv auf die Gebundenheit auswirken.

Schließlich sind die Befunde zu den Moderationseffekten der Sehnsucht nach Veränderung und der Risikobereitschaft auch im Kontext der Gebundenheit zu reflektieren. Eingeschränkt können Moderationseffekte quantitativ verifiziert werden. Da zudem analog zur Argumentation im Zusammenhang mit der Verbundenheit ein gewisses Maß des „Einpreisens" persönlicher Dispositionen während der Beantwortung von Einschätzungsfragen vermutet werden kann, wird die Auffassung vertreten, dass Sehnsucht nach Veränderung und Risikobereitschaft relevante Moderatoren sind. Die Sicherheit dieser Beurteilung wird allerdings, vor allem im Hinblick auf die Risikobereitschaft, als gering eingestuft.

Singuläre Befunde

Qualitative und quantitative Untersuchungsstufe haben auch singuläre Befunde zur Einwohnerbindung generiert. In diesem Zusammenhang zeigt die Analyse der Fokusgruppen, dass Migrationsentscheider im Allgemeinen ein extensives Entscheidungsverhalten an den Tag legen. Im Rahmen einer Migrationsentscheidung wird ein sequenzieller Entscheidungsprozess mit den Stufen Migrationsgedanke, -plan und -realisation durchlaufen – essenziell beeinflusst von der Stärke der Einwohnerbindung. Speziell die Relevanz emotionaler Aspekte im Kontext der Einwohnerbindung wird in der qualitativen Analyse deutlich. Positive Emotionen gegenüber dem Wohnort können zum Zustand der Verbundenheit mit dem Wohnort führen. Gleichsam kann aus faktischen Bindungen der Zustand der Gebundenheit an den Wohnort resultieren, wie die Fokusgruppenanalyse zeigt. In allen drei Stufen des Entscheidungsprozesses kann es wegen Verbundenheit oder Gebundenheit zu einer Bleibeentscheidung am Wohnort kommen und der Entscheidungsprozess wird beendet.

Die singulären Befunde der quantitativen Untersuchung betreffen im Kern die Wirkungsintensität der Einwohnerbindung und die Wichtigkeit der identifizierten Einflussfaktoren.

In Bezug auf die Wirkung der Einwohnerbindung kann festgehalten werden, dass der Erklärungsbeitrag der Einwohnerbindung am Bestehen von Migrationsgedanken 31,9 Prozent beträgt. Ein eingedenk der Vielzahl potenzieller Einflussfaktoren ebenso als hoch einzustufender Erklärungsbeitrag an der Existenz von Migrationsplänen in Höhe von 25,6 Prozent kann ebenfalls konstatiert werden. Insofern wird die in der qualitativen Analyse bestimmte Verhaltensrelevanz der Einwohnerbindung für Migrationsentscheidungen durch die quantitative Untersuchung bestätigt.

Wird der Fokus auf Einflussfaktoren der Einwohnerbindung gerichtet, kann ein differenziertes Bild gezeichnet werden. Zunächst bestätigt die quantitative Untersuchung, dass beide Bindungszustände die Einwohnerbindung essenziell determinieren und gemeinsam zu 70,7 Prozent erklären. Anhand der Beta-Werte lässt sich die Wichtigkeit der beiden Bindungszustände für die Einwohnerbindung beurteilen: Sie zeigen, dass die positive Wirkung der Verbundenheit (Beta-Wert = 0,741) stärker als der Einfluss der Gebundenheit (Beta-Wert = 0,161) ist. Wenngleich beide Bindungszustände von Relevanz sind, kommt der Verbundenheit daher eine größere Bedeutsamkeit zu.

Werden wiederum die Einflussfaktoren der beiden Bindungszustände betrachtet, lassen sich ebenfalls Wichtigkeiten der Einflussfaktoren anhand der quantitativen Untersuchung einschätzen. Im Hinblick auf statistisch signifikante Determinanten der Verbundenheit zeigt sich anhand der Beta-Werte folgende Rangreihung:

1. Mentalität (Beta-Wert = 0,387)

2. Gebäudeästhetik (Beta-Wert = 0,225)

3. Zufriedenheit Wohnstätte (Beta-Wert = 0,184)

4. Tatsache, am Wohnort aufgewachsen zu sein (Beta-Wert = 0,166)

5. Angebot an Freizeitaktivitäten (Beta-Wert = 0,098)

6. freiwilliges Engagement (Beta-Wert = 0,096)

7. öffentliche Verkehrsmittel (Beta-Wert = 0,079)

8. soziale Kohäsion (Beta-Wert = 0,060)

Ebenfalls konnten Aussagen zur Wichtigkeit der Einflussfaktoren der Gebundenheit generiert werden. Werden alle statistisch signifikanten Einflussfaktoren der Gebundenheit anhand der Beta-Werte absteigend sortiert, zeigt sich nachstehende Rangfolge:

1. Bedeutsamkeit emotionaler Nicht-Verkaufsgründe von Wohneigentum (Beta-Wert = 0,412)

2. persönliche Bindung des Partners (Beta-Wert = 0,344)

3. Bedeutsamkeit finanzieller Nicht-Verkaufsgründe von Wohneigentum (Beta-Wert = 0,330)

4. Angewiesenheit auf nicht transferierbare Unterstützungsleistungen (Beta-Wert = 0,289)

5. Intensität Bindung Berufstätigkeit (Beta-Wert = 0,276)

6. Zufriedenheit mit außerschulischer Betreuungssituation von Kindern, die zur Schule gehen (Beta-Wert = 0,184)

7. Besitz selbstgenutzten Wohneigentums (Beta-Wert = 0,163)

8. Arbeitsstätte liegt im Wohnort (Beta-Wert = 0,135)

9. gemeinsames Leben mit Partner in einem Haushalt (Beta-Wert = 0,122)

10. Kinder in haushaltlicher Gemeinschaft (Beta-Wert = 0,071)

Zu diesen singulären Befunden liegt in der jeweils anderen empirischen Untersuchung kein Ergebnis vor. Gleichwohl werden diese Resultate als realitätsgerecht beurteilt, da keine widersprechenden Ergebnisse bestehen. Allerdings ist festzuhalten, dass die Befunde nur einfach empirisch verifiziert werden konnten und somit im Vergleich zu den synergistischen Befunden in einem geringeren Maße empirisch abgesichert sind.

Fazit

Resümierend zeigen sich vor dem Hintergrund der empirischen Befunde und der kritischen Reflexion antagonistischer Resultate folgende Erkenntnisse zu Stellenwert und Einflussgrößen der Einwohnerbindung.

Sowohl die qualitative als auch die quantitative Untersuchungsstufe ermitteln, dass die Einwohnerbindung für interkommunale Migrationen erhebliche Verhaltensrelevanz besitzt. Dabei zeigen die quantitativen empirischen Erkenntnisse im Speziellen auf, dass Einwohnerbindung Migrationsgedanken und -pläne wesentlich beeinflusst. Somit ist das erste Teilziel des gesamten Forschungsvorhabens, den Stellenwert der Einwohnerbindung für interkommunale Migrationsentscheidungen zu analysieren, erreicht. Zusammenfassend kommt der Einwohnerbindung für interkommunale Migrationsentscheidungen große Bedeutsamkeit zu.

Darüber hinaus können wesentliche Einflussfaktoren der Einwohnerbindung unter Berücksichtigung der Bindungszustände bestimmt werden. Verbundenheit und Gebundenheit beeinflussen die Einwohnerbindung essenziell, der Verbundenheit kommt allerdings eine größere Relevanz zu (vgl. Abb. 23).

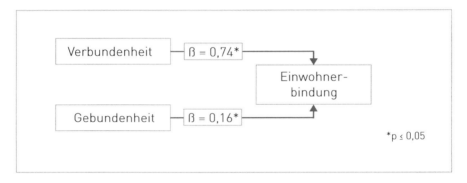

Abb. 23: Relevanz der Bindungszustände.

Die Bindungszustände werden durch eine Vielzahl unterschiedlicher persönlicher und kommunaler Faktoren determiniert. Verbundenheit wird durch individuelle Bewertungen materieller kommunaler Kontextfaktoren – vor allem Gebäudeästhetik, Wohnstätte und Freizeitangebote – beeinflusst (vgl. Abb. 24). Neben materiellen wirken sich auch immaterielle Kontextfaktoren wesentlich auf Verbundenheit aus. In diesem Zusammenhang sind primär Mentalität der Bewohner und das Aufwachsen am Wohnort relevante Determinanten.

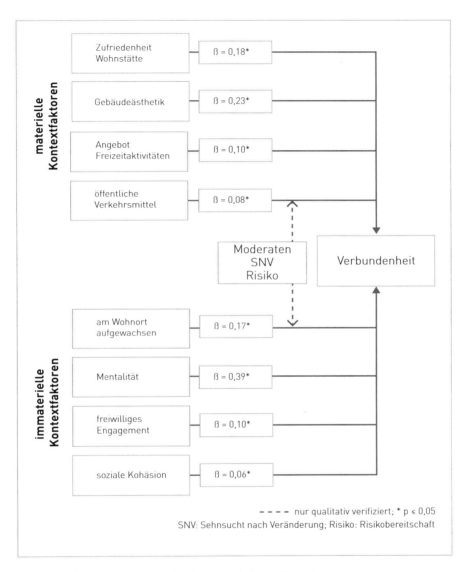

Abb. 24: Einflussfaktoren der Verbundenheit mit einem Wohnort.

Gebundenheit ist vorwiegend auf wirtschaftliche Spezifika im Kontext von Beruf und Immobilienbesitz sowie soziale Spezifika im Zusammenhang mit Partnerschaften und Unterstützung durch Angehörige zurückzuführen (vgl. Abb. 25). Darüber hinaus ist auch die Zufriedenheit mit der außerschulischen Betreuungssituation von Kindern bedeutsam.

Somit hat die zweite Zielsetzung des Forschungsvorhabens, Einflussfaktoren der Einwohnerbindung zu bestimmen, ebenfalls eine adäquate Beantwortung erfahren. Insofern sind die ersten beiden Teilziele erreicht. Ebenso wurde mit der mehrdimensionalen Konzeptualisierung der Einwohnerbindung (vgl. Kapitel B 1) und den darauf aufbauenden empirischen Analysestufen ein Beitrag zu einer interdisziplinären Untersuchung der Einwohnerbindung geleistet. Vor diesem Hintergrund verbleibt die dritte Zielsetzung des Forschungsvorhabens, Implikationen für Praxis und Forschung abzuleiten. Dieses Ziel wird im folgenden Kapitel, aufbauend auf einer Reflexion der Limitationen der Untersuchung sowie des Transferpotenzials der Erkenntnisse, adressiert.

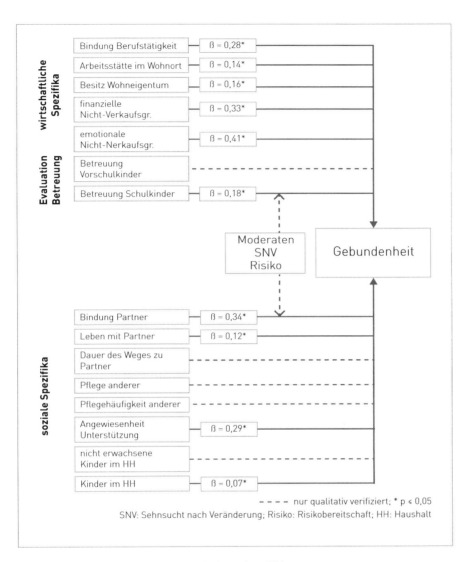

Abb. 25: Einflussfaktoren der Gebundenheit an einen Wohnort.

E   Reflexion und Implikationen

1   Reflexion der Untersuchungserkenntnisse

1.1   Limitationen der Untersuchungen

Mit der vorliegenden Arbeit konnten sowohl konzeptionell als auch empirisch neue Erkenntnisse zur kommunalen Einwohnerbindung generiert werden. Gleichwohl bestehen an verschiedenen Stellen des Forschungsvorhabens Limitationen. Nicht zuletzt vor dem Hintergrund, zum Abschluss der Arbeit das Transferpotenzial der gewonnenen Ergebnisse zu erörtern sowie Implikationen für Praxis und Forschung abzuleiten, ist daher eine Reflexion der Limitationen notwendig.

Erste Einschränkungen, vor allem im Zusammenhang mit antagonistischen Befunden der quantitativen und qualitativen Untersuchungsstufen, wurden bereits in Kapitel D 4 skizziert. Nachfolgend werden nicht alle, sondern zentrale Limitationen des Forschungsvorhabens anhand der Kriterien Untersuchungsmethode und Untersuchungsgegenstand diskutiert (vgl. Abb. 26).

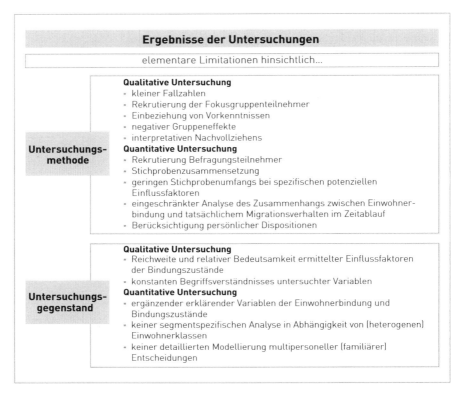

Abb. 26: Elementare Limitationen im Kontext der Analysen.

Untersuchungsmethode

Bezogen auf die Untersuchungsmethodik der qualitativen und quantitativen Analyse-stufen sind limitierende Einflüsse im Zusammenhang mit den Untersuchungsobjekten und der Analyseform zu konstatieren.

Die in der qualitativen Analyse gewonnenen Ergebnisse basieren auf einer vergleichs-weise kleinen Stichprobe von insgesamt 31 Teilnehmern. Zudem wurden die Proban-den bewusst nach theoretisch begründeten Merkmalen ausgewählt, um eine breite Variation der Perspektiven und relevanten Aspekte zu erreichen (vgl. Kapitel C 2.2). Einschränkend ist gleichwohl zu betonen, dass die Untersuchungsobjekte der qua-litativen Analyse die interessierende Grundgesamtheit nicht repräsentativ abbilden. Damit geht einher, dass lediglich eingeschränkt auf die Gültigkeit der qualitativen Ergebnisse für eine Grundgesamtheit geschlossen werden kann. Zwar wurde mit ei-ner aufbauenden großzahligen quantitativen Analyse der Einwohnerbindung diesem

Umstand begegnet. Allerdings konnten einige relevante Aspekte im Kern lediglich qualitativ analysiert werden und sind deshalb mit einer größeren Unsicherheit bezüglich ihrer Gültigkeit verknüpft.

In Bezug auf die Analyseform der qualitativen Untersuchung bestehen weitere wesentliche Limitationen. Vorkenntnisse des Verfassers zum Erkenntnisobjekt Einwohnerbindung wurden im Laufe der Umsetzung der qualitativen Untersuchung ausdrücklich berücksichtigt, da diese als gewinnbringend für den Forschungsprozess erachtet werden (vgl. Gläser / Laudel 2010, S. 77 f.; Miles / Huberman 1984; S. 37). Einschränkend ist dennoch zu betonen, dass es zu einer verengten Perspektive im Rahmen der Konzeption und Durchführung der qualitativen Analyse kommen kann, die dem Erfassen unvermuteter, aber relevanter Aspekte entgegensteht. Dieser Gefahr wurde durch Diskussionen getroffener Entscheidungen und abgeleiteter Ergebnisse in verschiedenen Stufen des Forschungsprozesses im Forschungsumfeld des Verfassers begegnet, jedoch kann eine Verzerrung der Ergebnisse durch eine verengte Perspektive des Verfassers nicht vollkommen ausgeschlossen werden. Da es sich um eine grundsätzliche Gefahr von Forschungsvorhaben handelt, trifft dies auch auf die quantitative Untersuchungsstufe zu. Um entsprechende Sachverhalte auszuschließen, erfolgte daher auch in dieser Phase eine intensive Reflexion des Vorgehens im Forschungsumfeld. Gleichsam verbleibt auch diesbezüglich die Gefahr verzerrter Resultate.

Wie bereits in Kapitel D 4 dargestellt, kann nicht ausgeschlossen werden, dass durch dominante Probanden ein Zerrbild der Realität in der qualitativen Analyse generiert wird. Als weiterer negativer Gruppeneffekt kann außerdem sozial erwünschtes Antwortverhalten auftreten. Auch wenn für beide negative Gruppeneffekte keine substanziellen Hinweise vorliegen, besteht die Möglichkeit eines verzerrten Abbilds der Realität.

Im Kontext der qualitativen Untersuchungsstufe ist außerdem einschränkend zu betonen, dass die Ergebnisse im Kern einem interpretativen Nachvollziehen entstammen. Die subjektive Perspektive des Forschenden ist ein konstitutives Element qualitativer Erkenntnisgenerierung. Insofern ist die Objektivität des Vorgehens limitiert. Es kann nicht ausgeschlossen werden, dass andere Forscher auf Basis der hier durchgeführten Fokusgruppen zu anderen Ergebnissen kommen. Offensichtlich ist diesbezüglich vorwiegend der Einfluss von Vorkenntnissen des Verfassers von Relevanz. Folglich wurde der eingeschränkten Objektivität des Vorgehens wie den Gefahren, die aus der Vorprägung des Forschenden resultieren, begegnet: Durch Erörterungen der Interpretationen im Forschungsumfeld, insbesondere im Rahmen einer kommunikativen Validierung mit der Moderatorin, wurde angestrebt, möglichst realitätsgerechte Ergebnisse zu generieren.

Auch die quantitative Analysestufe unterliegt untersuchungsmethodisch elementaren Limitationen. Die Untersuchungsobjekte wurden nicht uneingeschränkt zufällig aus der Grundgesamtheit gezogen, sondern zufällig aus dem Bestand eines gewerblichen Adressdaten-Dienstleisters rekrutiert. Da zudem ein Schneeballverfahren zur Steigerung der Teilnehmerzahl zum Einsatz kam, wurde keine vollständig randomisierte Stichprobenziehung vorgenommen. Vor diesem Hintergrund erfolgte eine Evaluation der Stichprobenqualität.

Ein Vergleich der Zusammensetzung der generierten Stichprobe mit der Grundgesamtheit zeigt, dass die Stichprobe in Bezug auf die Merkmale Geschlechtszugehörigkeit, junge und alte Altersklassen, regionale Verteilung nach alten und neuen Bundesländern, Ehestatus, Wohneigentümerquote, Haushaltsgröße und Haushaltsnettoeinkommen als repräsentativ im weiteren Sinn beurteilt werden kann. Allerdings bestehen signifikante Unterschiede hinsichtlich der Merkmale Bildungsniveau und derzeitige Tätigkeit. Die gewonnene Stichprobe stellt somit zwar eine gute Annäherung an die Grundgesamtheit dar, die Ergebnisse sind allerdings in Bezug auf die Grundgesamtheit als Tendenzaussagen aufzufassen und unter Einbeziehung der Generierungskonstellationen zu interpretieren.

Ferner konnten für einige hypothetische Einflussfaktoren der Gebundenheit (vorwiegend im Kontext der Betreuungssituation von Kindern, Entfernung zwischen Wohnstätten von Partnern und Pflegehäufigkeit anderer) nur vergleichsweise geringe analysierbare Fallzahlen im Rahmen der quantitativen Untersuchung generiert werden. Daher könnte das Sample zu klein sein, um Effekte mit hinreichender Sicherheit zu bestätigen. Quantitative Ergebnisse, die auf Analysen solcher geringen Fallzahlen basieren, sind mit potenziell größerer Unsicherheit hinsichtlich ihrer generellen Gültigkeit behaftet.

Wie bei der qualitativen Analyse bestehen auch bei der quantitativen Untersuchung elementare Limitationen im Kontext der Untersuchungsform. Nur eingeschränkt konnte der Wirkungszusammenhang zwischen Einwohnerbindung und tatsächlichem Migrationsverhalten im Zeitablauf untersucht werden (vgl. Kapitel D 3.4.1). Alternativ zu einer Beobachtung des Migrationsverhaltens im Zeitablauf wurden Migrationsgedanken in der Vergangenheit und zukünftige Migrationspläne erfasst. Auch wenn diese, wie andere Studien zeigen, angemessene Repräsentanten des Migrationsverhaltens sind (vgl. bspw. Kalter 1997, S. 193; Kley 2009, S. 227), konnte der Stellenwert der Einwohnerbindung quantitativ nur anhand dieser Größen belegt werden.

Außerdem haben die Ausführungen in Kapitel D 4 deutlich gemacht, dass es bei der Beantwortung von Einschätzungsfragen zu einer Berücksichtigung persönlicher Dispositionen der Befragten gekommen sein kann. Diese möglichen Störwirkungen bei der Beantwortung schränken die Sicherheit der gewonnenen quantitativen Ergebnisse vorwiegend in Bezug auf Moderationseffekte ein.

Untersuchungsgegenstand

Auch bezüglich des Untersuchungsgegenstands weisen beide Analysestufen elementare Limitationen auf. In Bezug auf die qualitative Untersuchung ist erstens festzuhalten, dass zwar im Laufe der Fokusgruppen verschiedene Einflussfaktoren der Einwohnerbindung erörtert wurden und Determinanten der Einwohnerbindung bestimmt werden konnten, eine Diskussion der Verbreitung dieser Einflussfaktoren in der Gesellschaft jedoch aufgrund häufiger Einzelfalldarstellung nur bedingt erfolgte. Ebenso wurden nur eingeschränkt Aussagen zur relativen Stärke der Einflussfaktoren getroffen. Vor diesem Hintergrund bestehen zwar qualitative Erkenntnisse über ein Set relevanter Einflussfaktoren, detaillierte Einsichten zu Reichweite und relativer Bedeutsamkeit dieser Faktoren liegen jedoch nicht vor. Für eine zielgerichtete Beeinflussung der Einwohnerbindung sind jedoch eben diese Informationen wesentlich und wurden weitgehend im Rahmen der quantitativen Analyse gewonnen. Einschränkend ist zu betonen, dass diese Ergebnisse lediglich quantitativ empirisch verifiziert sind und somit im Vergleich zu synergistischen Befunden in einem geringeren Maße empirisch abgesichert sind.

Zweitens kann nicht ausgeschlossen werden, dass die Probanden abweichende begriffliche Auffassungen der untersuchten Variablen besitzen. Hieraus würde eine eingeschränkte Güte gewonnener Ergebnisse resultieren. Zwar wurde durch Moderationshinweise angestrebt, ein gleiches Begriffsverständnis zwischen den Probanden zu erzeugen, jedoch zeigen sich vor allem in Bezug auf das Diskussionsthema Migration unterschiedlichste Ausprägungsformen, die von nahräumlicher Wanderung bis zu transnationaler Wanderung reichen.

Obgleich durch die Kombination qualitativer und quantitativer Untersuchungsstufen versucht wurde, einen möglichst großen Erkenntnisgewinn im Forschungsfeld der Einwohnerbindung zu erzielen, bleiben auch nach der Umsetzung der Untersuchung im Hinblick auf den Untersuchungsgegenstand essenzielle Limitationen bestehen. Es kann nicht ausgeschlossen werden, dass erklärende Faktoren der Einwohnerbindung und der Bindungszustände in der Tiefe fehlen. Dies gilt sowohl auf Ebene kommunaler Kontextfaktoren als auch für die Merkmale und Dispositionen der Einwohner. Vor allem die hohen Bestimmtheitsmaße der hypothetischen Modelle zur Erklärung der Einwohnerbindung respektive der Bindungszustände (vgl. Kapitel D 3.4.2) verdeutlichen, dass zwar wesentliche Einflussgrößen bestimmt, jedoch nicht alle Einflussfaktoren identifiziert wurden, da unerklärte Varianzanteile verbleiben.[86]

Zudem ist einschränkend zu betonen, dass in der quantitativen Untersuchung keine segmentspezifische Analyse verschiedener Einwohnertypen vorgenommen wurde. Allerdings liefert die Beschreibung idealer Wanderer bzw. Nicht-Wanderer im Rahmen der qualitativen Untersuchung Hinweise, die Anlass zur Vermutung geben, dass sich das Wanderungsverhalten zwischen heterogenen Einwohnerklassen wesentlich unterscheidet. Eine entsprechende Berücksichtigung heterogener Einwohnerklassen könnte erheblich zur Erklärung der Einwohnerbindung beitragen.

Außerdem wurden multipersonelle Entscheidungen im Rahmen der Analyse der Einwohnerbindung berücksichtigt, ohne ins Detail möglicher Verhandlungen zwischen Betroffenen und daraus folgender Entscheidungsfindung zu gehen. Die Ergebnisse sind insofern folglich beschränkt, als ihnen die Annahme einer handelnden Person zugrunde liegt, die Erwartungen anderer Betroffener im Rahmen einer möglichen Migrationsentscheidung berücksichtigt. Die Auswirkungen dynamischer Verhandlung zwischen Betroffenen auf die Einwohnerbindung wurden nicht analysiert.

Schließlich wurden im Rahmen der vorliegenden empirischen Untersuchungen andere Formen der Bindung an Bezugsobjekte respektive Wechselentscheidungen ausgeklammert. Untersucht wurde die Bindung von Einwohnern an ihre Wohnorte. Die empirische Analyse beschränkte sich zudem auf Deutschland. Angesichts dieser Limitationen wird nachfolgend erörtert, inwieweit die gewonnenen Erkenntnisse auf andere Fragestellungen übertragen werden können.

---

86   Aus den Erklärungsanteilen der Modelle mit Bezug auf die Gebundenheit kann nur sehr eingeschränkt die Tendenz ermittelt werden, dass weitere Einflussfaktoren der Gebundenheit bestehen, da die Wirkungszusammenhänge auf Hypothesenebene untersucht wurden und der gemeinsame Erklärungsgehalt nur abgeschätzt werden kann.

1.2   Transferpotenzial der Erkenntnisse

In den vorherigen Ausführungen wurde begründet, dass die in den Stichproben generierten Ergebnisse als Tendenzen auch in Bezug auf die Grundgesamtheit von Bedeutung sind. Die Ergebnisse der Analysen wurden allerdings in einem spezifischen Untersuchungskontext gewonnen. Im Rahmen einer Einschätzung des Transferpotenzials wird deshalb erstens erörtert, in welchem Maße die Resultate auf einen anderen Untersuchungskontext übertragen werden können, und zweitens diskutiert, inwieweit die Ergebnisse auf inhaltlich andere Untersuchungsgegenstände transferierbar sind.

Das Transferpotenzial der Resultate auf einen identischen Untersuchungsgegenstand in einem veränderten Untersuchungskontext wird angesichts der empirischen Analyse in Deutschland im Zeitraum 2012–2013 wesentlich durch die zeitliche Stabilität und räumliche Spezifität der Befunde determiniert.

Hinsichtlich der zeitlichen Stabilität kann eine differenzierte Entwicklung erwartet werden. Zum einen kann vor dem Hintergrund einer sich entfaltenden gesellschaftlichen Individualisierung eine Freisetzung aus bindenden Bezügen (vgl. Schneider / Limmer / Ruckdeschel 2002b, S. 88) und somit vor allem eine sinkende Gebundenheit an Wohnorte erwartet werden. Zum anderen wird ein Zukunftstrend der lokalen Rückbesinnung und regional geprägter Lebenskonzepte ausgemacht, der durch Folgen der Globalisierung forciert wird (vgl. King / Feltey / Susel O'Neill 1998). Angesichts dieser Erwartung kann eine Zunahme der allgemeinen Verbundenheit mit dem Wohnort prognostiziert werden. Da beide Entwicklungsszenarien im Kern auf gesellschaftlichem Wertewandel basieren, sind eher allmähliche Veränderungen als abrupte Umbrüche zu erwarten. Die Konsequenzen für die Wirkung der Einwohnerbindung auf Migrationsentscheidungen kann nur schwer abgeschätzt werden. Im Zuge eines Wandels der Arbeitsmärkte von Käufer- in Verkäufermärkte (vgl. Schneider, H. 2012, S. 54) ist jedoch zu erwarten, dass die Freiheitsgrade im Kontext beruflicher Migrationsentscheidungen zunehmen und Einwohnerbindung daher gestiegene relative Bedeutsamkeit zukommt. Da auch diesbezüglich von sich evolutionär vollziehenden Veränderungen auszugehen ist, wird die Aussagekraft der gewonnenen Ergebnisse zu Einwohnerbindung als mittelfristig stabil beurteilt.

Ein Transfer der Ergebnisse auf andere räumliche Untersuchungskontexte ist nur bedingt möglich, insbesondere wegen divergierender kultureller und wirtschaftlicher

Rahmenbedingungen. So kann z. B. für die USA von einer anderen Binnenwande-
rungskultur ausgegangen werden, die exemplarisch an einer erheblichen Ruhestands-
wanderung Älterer in Gebiete des Sunbelts zum Ausdruck kommt (vgl. Lichter / De
Jong 1990, S. 395 f.). Ferner sind zwischen Entwicklungsländern und Industrienati-
onen erheblich unterschiedliche Charakteristika im Binnenwanderungsverhalten zu
konstatieren, wobei insbesondere die Relevanz wirtschaftlicher Motive hervorzuheben ist (vgl. White / Lindstrom 2005, S. 320 f.). Soweit ein Transfer der Ergebnisse
auf andere Länder angestrebt wird, sollten deshalb die kulturellen und wirtschaftlichen Rahmenbedingungen des spezifischen Untersuchungskontexts der vorliegenden
Arbeit reflektiert werden.

Neben einem Transfer der Erkenntnisse auf einen identischen Untersuchungsgegenstand besteht auch die Option, die Erkenntnisse auf inhaltlich andere Untersuchungsgegenstände zu übertragen. Anhand der Vektoren Extensität des Bezugsobjekts
und Wechselentscheidung kann eine Ebene möglicher Transfers aufgezeigt werden
(vgl. Abb. 27).

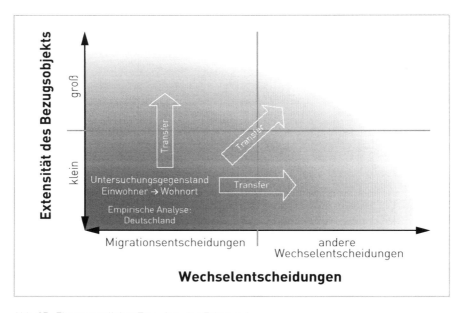

Abb. 27: Ebene möglicher Transfers der Erkenntnisse.

Erstens lassen sich die Erkenntnisse eingeschränkt auf residenzielle Bindungen an
physisch-räumliche Objekte übertragen, die eine andere Ausdehnung des Bezugsob-

jekts aufweisen. So können die Erkenntnisse zu Wirkung und Einflussfaktoren der Einwohnerbindung an Wohnorte auf Bindungen an größere physisch-räumliche Bezugsobjekte – von Regionen über Bundesländer, Staaten und Staatenverbünde bis zu Kontinenten – transferiert werden. Im Hinblick auf internationale Migrationsentscheidungen kann bspw. angenommen werden, dass wie bei interkommunalen Migrationsentscheidungen ebenfalls Verbundenheit mit und Gebundenheit an einen Staat bestehen. In Anbetracht der gewonnenen Ergebnisse scheinen diesbezüglich vor allem die Kongruenz der Mentalitäten der Bewohner sowie persönliche Bindungen des Partners und nahestehender Personen transferierbare Einflussfaktoren zu sein.

Ebenso ist ein Transfer auf kleinere physisch-räumliche Bezugsobjekte, wie Wohnviertel, Straßenzüge und Wohnstätten, möglich. Werden Migrationsentscheidungen in einem kleineren Radius fokussiert, der nicht mit einer Verlagerung des Lebensmittelpunkts einhergeht, kann erneut angenommen werden, dass Verbundenheit und Gebundenheit von Relevanz sind. Allerdings ist zu vermuten, dass einige Determinanten an Bedeutung verlieren. So sind Einflussfaktoren im Bereich der beruflichen Tätigkeit, im Kontext von Pflege und im Zusammenhang mit dem Erhalten von Unterstützung mutmaßlich weniger relevant, da entsprechende Aspekte auch nach einem kleinräumigen Umzug weiter bestehen können und somit kaum faktisch binden. Hingegen kann erwartet werden, dass bei kleinräumigen Migrationsentscheidungen die Faktoren Kongruenz der Mentalitäten der Bewohner, Gebäudeästhetik, Zufriedenheit mit Wohnstätte und die Tatsache, am Ort aufgewachsen zu sein, wesentlichen Einfluss auf die Verbundenheit ausüben. In Bezug auf faktische Gebundenheit werden vor allem die Faktoren selbstgenutztes Wohneigentum und entsprechende emotionale und finanzielle Nicht-Verkaufsgründe sowie persönliche Bindung anderer Haushaltsmitglieder als auf kleinräumige Migrationen übertragbar erachtet.

Zweitens besteht die Möglichkeit, die Erkenntnisse bedingt auf Bindungen im Kontext nicht residenzieller Wechselentscheidungen zu transferieren. Das Spektrum potenziell relevanter Themen schließt dabei u. a. Bindungen an Orte, an denen Individuen nicht dauerhaft verbleiben, partnerschaftliche Bindungen, Bindungen an Arbeitgeber sowie Zugehörigkeit zu nicht kommerziellen Organisationen und Kundenbindung ein. Vor dem Hintergrund einer die vorliegende Arbeit kennzeichnenden marketingwissenschaftlichen Perspektive ist primär das Wechselverhalten von Kunden von Interesse. Forschungsbeiträge zu Kundenverbundenheit und -gebundenheit, die sich bereits in der Marketingwissenschaft etabliert haben (vgl. Kapitel A 2.2.3), zeigen die Nähe zwischen Kunden- und Einwohnerbindung und deuten an, dass die gewonnenen Erkenntnisse auch für die Marketingwissenschaft fruchtbar sind. Wenngleich sich die Palette der Einflussfaktoren der Bindungszustände bei Fragen der Kundenbindung von den Determinanten der Einwohnerbindung unterscheiden wird, sind die erkenntnisgenerierende Trennung der Verbundenheit und Gebundenheit sowie die erhebliche Verhaltensrelevanz der Bindung hervorzuheben, wie im Kapitel E 2.2 erörtert wird.

Drittens kann analog zur beschriebenen Gegebenheit bei residenziellen Bindungen an physisch-räumliche Objekte auch im Zusammenhang mit anderen Wechselentscheidungen der Maßstab des Bezugsobjekts variieren. Wird der Fokus auf die Kundenbindung gerichtet, lassen sich die Erkenntnisse eingeschränkt auf die Bindung von Kunden an ein Produkt (z. B. Audi A4), an eine anbieterbezogene Marke (z. B. Audi) oder anbieterübergreifende Marken (z. B. Made in Germany) transferieren.

Das Ausmaß der Transferierbarkeit der Erkenntnisse auf inhaltlich andere Untersuchungsgegenstände entlang der beiden erörterten Vektoren wird dabei durch die Spezifität des Untersuchungsgegenstands Einwohnerbindung an Wohnorte beeinflusst. Fünf Begebenheiten sind prägend für den Untersuchungsgegenstand:

- Im Zusammenhang mit residenziellen Migrationen herrscht i. d. R. ein extensives Entscheidungsverhalten vor, währenddessen mit Gedanken, Plänen und Realisation ein sequenzieller Entscheidungsprozess durchlaufen wird.

- Emotionen haben im Kontext von Wohnortentscheidungen große Bedeutung und können zum Zustand der Verbundenheit führen.

- Im Rahmen von Wohnortentscheidung kann es aufgrund fehlender Verfügbarkeit angemessener Alternativen und Abwanderungsbarrieren zum Zustand der Gebundenheit kommen.

- Häufig sind nahestehende Personen in die Entscheidungsfindung eingebunden.

- Wohnortentscheidungen hängen mit einer Vielzahl relevanter Lebensparameter zusammen und weisen folglich geringe Freiheitsgrade auf.

Vor diesem Hintergrund bestehen Potenziale, die gewonnenen Erkenntnisse auf Bindungen im Kontext von Wechselentscheidungen zu übertragen, die durch extensives Entscheidungsverhalten, Emotionalität, eingeschränktes Alternativenspektrum oder Multipersonalität gekennzeichnet sind sowie geringe Freiheitsgrade aufweisen.

2   Implikationen

2.1   Schlussfolgerungen für die kommunale Praxis

Die qualitativen und quantitativen Ergebnisse zum Stellenwert der Einwohnerbindung für Migrationsentscheidungen weisen auf eine hohe Verhaltensrelevanz der Einwohnerbindung hin. Vor diesem Hintergrund wird die verbleibende dritte Zielsetzung des Forschungsvorhabens adressiert, indem Implikationen für die Praxis abgeleitet werden, wie Wohnorte die Einwohnerbindung steigern können.

Aufgrund der Verhaltensrelevanz und angesichts eines sich verschärfenden interkommunalen Wettbewerbs um Einwohner kann der kommunalen Praxis geraten werden, Maßnahmen zur Steigerung der Einwohnerbindung einzuleiten respektive auszubauen.

Mit dieser Empfehlung geht die Frage nach geeigneten Maßnahmen zur Steigerung der Einwohnerbindung einher. Zur Beantwortung wird zunächst Bezug auf die zentralen Ergebnisse des Forschungsvorhabens zu Einflussfaktoren der Einwohnerbindung genommen. Erstens hat Verbundenheit einen positiven Effekt auf die Einwohnerbindung an einen Wohnort und wird durch materielle und immaterielle kommunale Kontextfaktoren determiniert. Zweitens hat Gebundenheit ebenfalls einen positiven, allerdings geringeren Effekt auf die Einwohnerbindung an einen Wohnort und wird durch wirtschaftliche und soziale Spezifika sowie die Evaluation des Betreuungsangebots determiniert. Es wird deutlich, dass für Einwohner, die sowohl mit ihren Wohnorten verbunden als auch an diese gebunden sind, eine besonders fruchtbare und stabile Einwohnerbindung vorliegt.

Für die Praxis kann damit geschlussfolgert werden, dass zur Steigerung der Einwohnerbindung, wenngleich die Gebundenheit von Relevanz ist, vorwiegend die Verbundenheit fokussiert werden sollte. Bei der Konzeption von Maßnahmen sollte berücksichtigt werden, dass sowohl materielle als auch immaterielle Kontextfaktoren zu einer stärkeren Verbundenheit mit dem Wohnort führen und vor allem wirtschaftliche und soziale Spezifika eine Gebundenheit an den Wohnort bedingen können.

Die im Laufe des Forschungsvorhabens identifizierten Einflussfaktoren der beiden Bindungszustände bieten Wohnorten Handlungsoptionen, systematisch Maßnahmen zur Förderung der Einwohnerbindung zu implementieren. Es zeigt sich, dass die identifizierten Determinanten der Bindungszustände aus Perspektive der kommunalen Praxis unterschiedlich bedeutsam sind. Zum einen üben die Einflussfaktoren unterschiedlich starke Effekte auf die Bindungszustände aus, zum anderen sind sie in einem unterschiedlichen Maße durch die Kommunen beeinflussbar.

Vor diesem Hintergrund wird anhand der Wirksamkeit und der Beeinflussbarkeit eine Priorisierung der Einflussfaktoren aus Perspektive der Kommunen vorgenommen. Dieses Vorgehen erlaubt, wesentliche Einflussfaktoren und damit gezielte Maßnahmen zur Intensivierung der Einwohnerbindung aufzuzeigen.

Beim Vergleich der Wirksamkeit der Einflussfaktoren auf die Bindungszustände wird auf die Effektstärken zurückgegriffen.[87] Die Effektstärke eines Einflussfaktors gibt an, wie stark sich das auf den Bindungszustand bezogene Bestimmtheitsmaß ändert, wenn der betrachtete Einflussfaktor nicht zur Schätzung herangezogen wird (vgl. hier und im Folgenden Weiber / Mühlhaus 2010, S. 257). Eine hohe Effektstärke deutet darauf hin, dass der Ausschluss des entsprechenden Einflussfaktors eine deutliche Verschlechterung des Bestimmtheitsmaßes bewirkt, was im Umkehrschluss ein Beleg für dessen hohe Relevanz zur Erklärung des Bindungszustands ist.[88]

Die Einschätzung der Beeinflussbarkeit der Einflussfaktoren erfolgt auf Basis der qualitativen Analyse. Die Diskussion der Einflussfaktoren und insbesondere die Erörterungen zur Beschaffung relevanter Informationen erlauben, das Maß der Beeinflussung der Determinanten zu klassifizieren. Obwohl in diese Einschätzung eine subjektive Beurteilung des Verfassers eingeht, ist eine Einteilung der Einflussfaktoren in stark beeinflussbare und schwach beeinflussbare Faktoren legitim.

Abbildung 28 illustriert die Evaluation der Einflussfaktoren anhand der erörterten Dimensionen.[89]

---

87 In Bezug auf die Verbundenheit fand eine integrative Modellierung unter Einbeziehung mehrerer unabhängiger Variablen statt. Im Hinblick auf die Gebundenheit erfolgte aus genannten Gründen eine Modellierung auf Hypothesenebene. Daher wird von einem Vergleich der Beta-Werte der Einflussfaktoren der beiden Bindungszustände abgesehen. Stattdessen wird zur Bestimmung der relativen Wirksamkeit die Effektstärke herangezogen, die als einheitliches Maß ermöglicht, die Ergebnisse der beiden Untersuchungen mit unterschiedlichem Analysedesign miteinander zu vergleichen (vgl. Tischler 2009, S. 1). Das unterschiedliche Gewicht der Bindungszustände im Hinblick auf die Beeinflussung der Einwohnerbindung wird nicht berücksichtigt.

88 Da zur Beurteilung der Wirksamkeit mittels der Effektstärken auf das Bestimmtheitsmaß der statistischen Analyse zurückgegriffen wird, werden ausschließlich statistisch signifikante Einflussfaktoren betrachtet. Eine tabellarische Wiedergabe der Effektstärken findet sich im Anhang 8.

89 Einflussfaktoren mit einer sehr geringen Wirksamkeit ($f^2 < 0,01$) werden nicht abgebildet.

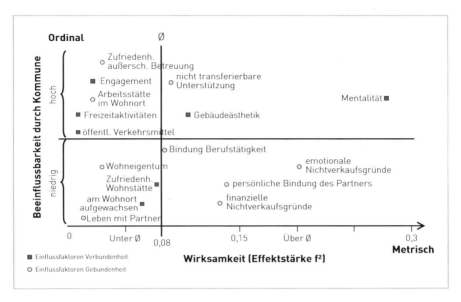

Abb. 28: Handlungsoptionen zur Steigerung der Einwohnerbindung.

Von primärer praktischer Relevanz sind Einflussfaktoren, die eine überdurchschnittliche Wirksamkeit aufweisen und stark beeinflussbar sind. In Bezug auf die praktische Relevanz folgen Determinanten, die als stark beeinflussbar jedoch unterdurchschnittlich wirksam bzw. als schwach beeinflussbar und überdurchschnittlich wirksam beurteilt werden. Einflussfaktoren, die kaum durch Kommunen zu beeinflussen sind und für die eine unterdurchschnittliche Wirksamkeit kennzeichnend ist, sind lediglich von geringer praktischer Bedeutung.[90]

Vor diesem Hintergrund kann für die Praxis geschlussfolgert werden, dass Maßnahmen zur Einwohnerbindung vorwiegend Mentalität, Gebäudeästhetik und nicht transferierbare Unterstützung aufgreifen sollten. Wenngleich grundsätzlich eine Individualprüfung möglicher Maßnahmen in Bezug auf Kontextfaktoren vorgenommen werden sollte, kann in Anbetracht einer besseren Beeinflussbarkeit zudem empfohlen werden, die Aspekte außerschulische Betreuung schulpflichtiger Kinder, freiwilliges Engagement, Arbeitsplätze am Wohnort, Freizeitaktivitäten sowie öffentlicher Verkehr zu berücksichtigen.

---

90 Hier erfolgt eine effektivitätsorientierte Betrachtung der Einflussfaktoren. Im Rahmen der Selektion von Maßnahmen zur Einwohnerbindung sollte diese um eine effizienzorientierte Perspektive ergänzt und somit insbesondere Kosten der Maßnahmen berücksichtigt werden.

Aus den Analyseergebnissen können ferner Aufgaben und erste Handlungsempfehlungen zu einer Einwohner bindenden Gestaltung dieser Aspekte abgeleitet werden. Sie sind als Orientierungen zu verstehen und sollen kommunale Entscheidungsträger bei der kommunenspezifischen Umsetzung konkreter Einwohnerbindungsmaßnahmen unterstützen.

* In Bezug auf die Mentalität ist von Bedeutung, kongruente Einwohner zu koordinieren. Hierzu kann geraten werden, Plattformen zum Zusammentreffen von Einwohnern zu schaffen. Diese Treffpunkte sollten so ausgestaltet werden, dass ein Zusammenkommen zueinander passender Einwohnerschichten gefördert wird. Zudem sollten die Einwohner über Optionen, kongruente Einwohner kennenzulernen, informiert werden.

* Die Gebäudeästhetik fokussierend sollte eine Modifikation der Stadtplanung in Erwägung gezogen werden. Im Kern kann empfohlen werden, die Zufriedenheit der Einwohner mit der städtebaulichen Gestaltung systematisch zu beobachten und die Einwohner verstärkt in Planungsmaßnahmen einzubinden.

* Bezüglich nicht transferierbarer Unterstützung, die zwischen Einwohnern geleistet wird, besteht für die Kommunen die Aufgabe, Angebot und Nachfrage zu koordinieren. Analog zu den Empfehlungen die Mentalität betreffend ist hierzu die Generierung von Plattformen, deren Individualisierung und die Information der Einwohner angezeigt.

* Hinsichtlich der Zufriedenheit mit der außerschulischen Betreuung schulpflichtiger Kinder sollten adäquate Angebote geschaffen werden. In diesem Kontext kann empfohlen werden, den Bedarf an Betreuung sowohl hinsichtlich Quantität als auch Qualität regelmäßig zu erfassen und vorauszuplanen. Auf Basis dieser Informationen sollte das Betreuungsangebot bedarfsgerecht ausgebaut und Eltern über das Angebot informiert werden.

* Freiwilliges Engagement betreffend ist es angesichts hoher Engagementbereitschaft (vgl. Bundesministerium für Familie, Senioren, Frauen und Jugend 2010, S. 5) wesentlich, engagementbereite Personen und Engagementmöglichkeiten zu koordinieren. Erneut kann ähnlich zur Empfehlung in Bezug auf Mentalität und nicht transferierbare Unterstützung geraten werden, Plattformen zu fördern, diese Plattformen sowie das Engagement selbst zu individualisieren und die Einwohner über entsprechende Engagementmöglichkeiten zu informieren.

- Im Hinblick auf die Lage des Arbeitsplatzes am Wohnort kann mit der Förderung von Beschäftigungsmöglichkeiten ein häufig in der Praxis vorgebrachtes Argument zur Steigerung der Einwohnerbindung aufgegriffen werden. Der Praxis kann empfohlen werden, den spezifischen Bedarf an Arbeitsplätzen zu beobachten. Dies ermöglicht, bedarfsgerechte Beschäftigungsmöglichkeiten zu fördern und somit zu den Einwohnern und ihren Bedürfnissen passende Arbeitsplätze auszubauen.

- Bezüglich des Angebots an Freizeitaktivitäten sollte eine Modifikation des Angebotsbündels am Wohnort erwogen werden. Es zeigt sich, dass primär die Vielfalt des Angebots an Freizeitaktivitäten relevant für die Bewertung der Qualität ist. Neben einer zu empfehlenden systematischen Beobachtung der Zufriedenheit der Einwohner mit den Optionen zur Freizeitgestaltung im Umfeld des Wohnorts sollte Wert darauf gelegt werden, die Vielfältigkeit des Freizeitangebots gezielt zu fördern bzw. auszubauen.

- Schließlich kann hinsichtlich des Einflussfaktors öffentliche Verkehrsmittel ebenfalls eine bedarfsgerechte Angebotsgestaltung angeraten werden. Hierzu sollte zunächst der Bedarf der Einwohner an Transportdienstleistungen erfasst und fortlaufend beobachtet werden, um das Angebot entsprechend auszurichten. Für eine einwohnergerechte Gestaltung kommunaler Verkehrsflüsse sind vor allem verkehrsträgerübergreifende Mobilitätskonzepte, die nicht motorisierte Nahmobilität, öffentlichen Personennahverkehr und motorisierten Individualverkehr variabel kombinieren, erfolgsversprechend.

2.2   Implikationen für die weiterführende Forschung

Neben Implikationen für die kommunale Praxis können auch Schlussfolgerungen für die weiterführende Forschung abgeleitet werden. Diese Implikationen gliedern sich einerseits in für kommende Forschungsvorhaben möglicherweise nützliche Erkenntnisgewinne und fortbestehenden Forschungsbedarf, der an die Limitationen dieser Arbeit anknüpft.

Zum einen wurden mit der vorliegenden Arbeit konzeptionelle, inhaltliche und methodische Fortschritte generiert. Eingedenk der vorangegangenen Erörterung des Transferpotenzials der Erkenntnisse bietet die Arbeit folgende zentrale wissenschaftliche Erkenntnisgewinne.

* Die Trennung der Bindungszustände Verbundenheit und Gebundenheit der Einwohnerbindung hat sich als fruchtbar erwiesen. Das Vorgehen erlaubt, den Einfluss freiwilliger Bindung im Sinne Nicht-Wechseln-Wollens und faktischer Gebundenheit im Sinne Nicht-Wechseln-Könnens differenziert zu betrachten. Da hieraus ein erheblicher Informationsgewinn resultiert, vor allem weil für die Bindungszustände Determinanten spezifisch bestimmt werden können, sollte in zukünftigen Forschungsvorhaben, die Bindung fokussieren, ein entsprechendes Vorgehen Berücksichtigung finden.

* Die Analysen belegen die erhebliche Relevanz der Einwohnerbindung für Wohnortwechselentscheidungen. Es zeigt sich, dass der Verbundenheit ein besonderes Gewicht zukommt. Deswegen sollten, auch aufgrund der inhaltlichen Bedeutsamkeit, Verbundenheit und Gebundenheit vermehrt Eingang in die Forschung zu Bindungen finden, wie bereits im Marketingkontext zu beobachten ist (vgl. bspw. Bliemel / Eggert 1998; Eggert 1999; Nießing 2006; Rams 2001).

* Angesichts der beachtlichen Verhaltensrelevanz sind Aspekte der Bindung auch bei der Forcierung von Wechselentscheidungen im Sinne des Gewinnens eines Transaktionspartners relevant. Speziell im Kontext des Marketing sollten in Anbetracht vieler Produktmärkte, in denen das Marktpotenzial fast vollständig ausgeschöpft ist, Aspekte der Bindung auch im Rahmen der Gewinnung von Transaktionspartnern verstärkt beachtet werden.

* Ein weiterer Erkenntnisbeitrag besteht in der Identifizierung zentraler Einflussfaktoren der Bindungszustände. Angesichts der ermittelten starken Wirksamkeit im Kontext der Einwohnerbindung sowie der vergleichsweise geringen Spezifität und des damit einhergehenden hohen Generalisierungspotenzials sollte die Berücksichtigung von drei der identifizierten Determinanten in zukünftigen Forschungsbemühungen, auch bei inhaltlich anderen Bezugsobjekten als Wohnorten, erwogen werden. Erstens zeigt sich, dass die Kongruenz der Mentalitäten der Bewohner eines Wohnorts respektive die Kongruenz der Mentalitäten anderer Nutzer eines Bezugsobjekts wesentlich für die Bindung sein kann. Zweitens kann die Bindung einer Person aus dem Umstand resultieren, dass nahestehende Personen verbunden bzw. gebunden sind. Drittens kann Bindung an ein Bezugsobjekt auf Leistungen basieren, die nur mittelbar daran geknüpft sind, ohne von ihm selbst auszugehen. Vor diesem Hintergrund sollte die Einbeziehung der drei Faktoren Mentalität der Nutzer, Bindung nahestehender Personen und Leistungen, deren Erhalt an die Zugehörigkeit zum Bezugsobjekt geknüpft ist, in Forschungsvorhaben, die Bindungen fokussieren, geprüft werden. Für den Marketingkontext kann

gefolgert werden, dass bei der Analyse von Kundenbindungen die Kongruenz von Produktnutzerimages intensiv beleuchtet werden sollte. Zudem sollten derivative Bindungswirkungen, denen die Bindung anderer Produktnutzer zugrunde liegt, und Supportcommunitys vermehrt in die Analyse einbezogen werden.

*   Für einen Großteil der in vorliegender Arbeit betrachteten Konstrukte war eine binnenmigrationsspezifische bzw. wohnortspezifische Operationalisierung erforderlich, die durch Adaption respektive Neuentwicklung der Messinstrumente erreicht wurde. Die konkreten Itemformulierungen der Konstrukte wurden auf Basis qualitativer Erkenntnisse in einem regelgeleiteten Prozess entwickelt. Systematische, vor allem statistisch gestützte Gütebeurteilungen zeigen, dass die Itemformulierungen sich als taugliche Operationalisierung der Konstrukte erweisen. Vor diesem Hintergrund kann das generierte Messinstrumentarium in zukünftigen binnenmigrationsspezifischen Studien bzw. wohnortspezifischen empirischen Erhebungen, die über das Thema Bindung hinausgehen, von Nutzen sein.

Zum anderen ergibt sich eine Reihe von Ansatzpunkten für weiterführende Forschungsbemühungen, wenn die Limitationen der Untersuchung reflektiert werden. Folgende Forschungsansätze, die Limitationen in Bezug auf die Untersuchungsmethode und den Untersuchungsgegenstand überwinden, ermöglichen ergänzende substanzielle Erkenntnisbeiträge. Mit einer systematischen Erweiterung des Datenmaterials können Einschränkungen im Hinblick auf die Untersuchungsmethode aufgegriffen werden.

*   Vor dem Hintergrund der vergleichsweise kleinen Stichprobe der qualitativen Analyse könnten eine Ausweitung der Teilnehmerzahl und eine Modifikation der Probandenselektion zur qualitativ empirischen Absicherung der Ergebnisse beitragen sowie diese erweitern.

*   Im Rahmen der Reflexion der quantitativen Analyse wurde erstens keine vollständig randomisierte Stichprobenziehung umgesetzt und zweitens wurde deutlich, dass diese die Grundgesamtheit hinsichtlich der Merkmale Bildungsniveau und derzeitige Tätigkeit unzureichend abbildet. Drittens konnten trotz umfangreicher Gesamtstichprobe für einige hypothetische Einflussfaktoren der Gebundenheit nur vergleichsweise kleine analysierbare Substichproben generiert werden. Durch weitere Befragungen könnte die quantitative Datenbasis ausgebaut, den dargestellten Einschränkungen begegnet und die Generalisierbarkeit und die Repräsentativität der Untersuchungsergebnisse gesteigert werden. Zudem bieten zusätz-

liche Befragungen die Möglichkeit, die Einwohnerbindung zeitraumbezogen zu analysieren.

■ Eine entsprechende zeitraumbezogene Analyse greift eine weitere substanzielle methodische Limitation der Arbeit auf. Der Wirkungszusammenhang zwischen Einwohnerbindung und Migrationsverhalten im Zeitablauf wurde lediglich mittels einer Analyse der Korrelation zwischen Einwohnerbindung und Migrationsgedanken bzw. Migrationsplänen quantitativ empirisch untersucht. Eine tatsächliche Erfassung des Migrationsverhaltens in Replikationsstudien über einen Zeitraum hinweg würde erheblich zur Validitätssicherung der Resultate beitragen.

Zudem können Limitationen in Bezug auf den Untersuchungsgegenstand durch weitere Forschungsansätze überwunden werden.

■ Die Auswahl der untersuchten Einflussparameter erhebt keinen Anspruch auf Vollständigkeit. Trotz der hohen Bestimmtheitsmaße der Modelle zur Erklärung der Einwohnerbindung respektive der Bindungszustände kann nicht ausgeschlossen werden, dass erklärende Faktoren in der Tiefe fehlen. Zur Aufklärung bisher nicht erklärter Varianzanteile wird insbesondere eine weitergehende segmentspezifische Analyse als sinnvoll erachtet (vgl. Meffert / Burmann / Kirchgeorg 2012, S. 186). Daher wird dem Einbeziehen intern homogener und extern heterogener Klassen sowohl im Hinblick auf Eigenschaften der Einwohner als auch in Bezug auf Merkmale von Wohnorten eine hohe Bedeutung für die Generierung weiterer substanzieller Erklärungsbeiträge eingeräumt.

■ Zur weiteren Erklärung der Einwohnerbindung kann zudem eine umfassende Einbeziehung indirekter Wirkungszusammenhänge zwischen erklärenden Faktoren nützlich sein. Anzudenken ist in diesem Zusammenhang die Anwendung explorativer Strukturgleichungsmodelle (vgl. Weiber / Mühlhaus 2010, S. 267 ff.), um Wechselwirkungen zwischen den erklärenden Faktoren in der Analyse berücksichtigen zu können und somit die Modellgüte wesentlich zu verbessern.

■ Überdies fokussiert die Arbeit individuelle Wohnortentscheidungen. Im Rahmen der Modellierung wurden zwar Einflüsse weiterer von einem möglichen Wohnortwechsel Betroffener berücksichtigt, dynamische Verhandlungen im Rahmen multipersoneller Entscheidungsfindungen (vgl. bspw. im Rahmen des Industriegütermarketing Backhaus / Voeth 2010, S. 106) jedoch nicht abgebildet. Vor diesem Hintergrund vermögen zukünftige Analysen, die die Multipersonalität des Wohnortentscheidungsprozesses detaillierter berücksichtigen, vor allem im Sinne von Haushaltsentscheidungen, erheblich zur Ausweitung der Erkenntnisse über Einwohnerbindung beizutragen.

▪ Schließlich ist zu konstatieren, dass die vorliegende Arbeit Einwohnerbindung aus Perspektive der Einwohner beleuchtet. Mit Ausnahme von Hinweisen zur Beeinflussbarkeit von Determinanten durch die Wohnorte im Rahmen der qualitativen Untersuchungsstufe bleibt die Arbeit empirische Antworten zur Sicht der Wohnorte auf die Einwohnerbindung weitgehend schuldig. Daher erscheint es zur weiteren Durchdringung des Untersuchungsgegenstands sinnvoll, in aufbauenden Forschungsbemühungen die Perspektive der Wohnorte auf die Einwohnerbindung zu erfassen und die Sichtweisen miteinander zu verbinden.

Resümierend kann festgehalten werden, dass mit vorliegender Arbeit Erkenntnisse zu Wirkung und zentralen Einflussfaktoren der Einwohnerbindung gewonnen werden konnten. Neben Schlussfolgerungen für die Wissenschaft wurden Implikationen für die kommunale Praxis im Hinblick auf den Stellenwert und Beeinflussungsoptionen der Einwohnerbindung abgeleitet, aus denen erste Denkanstöße für Maßnahmen zur Steigerung der Einwohnerbindung resultieren. Gleichwohl verdeutlichen die dargelegten Forschungsdesiderate, dass noch kein vollständiges Verständnis der Wirkung sowie der Determinanten der Einwohnerbindung besteht. Daher kann vor dem Hintergrund der zu Beginn der Arbeit beschriebenen Entwicklungslinien, die in einer Verschärfung des interkommunalen Wettbewerbs um Einwohner münden, für die Zukunft ein gewichtiger Forschungsbedarf im Kontext der Einwohnerbindung attestiert werden.

Anhangverzeichnis

Anhang

Anhang 1: Leitfaden der Fokusgruppen mit Zuwanderern

A)   Vorstellung und Warm-up [10 Min.]

Ziele

- Befragte mit dem Ablauf und den Rahmenbedingungen vertraut machen.
- Aufbau einer vertrauensvollen und offenen Gesprächsatmosphäre.

  Betrachtet werden soll nur die Wanderung über kommunale Grenzen, die mit einer wesentlichen räumlichen Veränderung des Lebensmittelpunktes verbunden ist. Das Umziehen innerhalb eines Ballungsgebietes ist nicht Erkenntnisgegenstand, auch nicht, wenn eine kommunale Grenze überschritten wird.

- Vorstellung der Moderatorin und des Lehrstuhls.
- Information zur Aufzeichnung und Erklärungen zum Datenschutz.
- Aufklärung über Verwendung der getätigten Aussagen:

  „Unser Institut begleitet ein Dissertationsvorhaben, welches sich mit dem Umzug von Bürgern über Gemeindegrenzen befasst. Ihre Diskussionsbeiträge werden für diese Arbeit anonym ausgewertet."

- „Ich möchte mit Ihnen darüber sprechen, warum manche Menschen in eine andere Kommune ziehen und ihren räumlichen Lebensmittelpunkt wechseln. Kommunen verwenden wir als Sammelbegriff für Städte und Gemeinden."

  Verdeutlichen, dass es um Wechsel des räumlichen Lebensmittelpunktes über kommunale Grenzen hinweg und nicht um Wechsel der Wohnung in einer Kommune bzw. einem Ballungsgebiet geht. Begriffsverständnis sicherstellen.

- Hinweis darauf, dass es keine richtigen oder falschen Antworten gibt, sondern grundsätzlich alles von Interesse ist.
- Vorstellung der Teilnehmer:
  - Vorname
  - Alter

– Beruf

– Familienstand

▪ Warm-up: „Bitte stellen Sie sich vor, Sie machen ein Foto um Ihre Verbindung mit Berlin festzuhalten. Was ist auf dem Foto zu sehen?"

▪ „Aus welchem Ort sind Sie nach Berlin zugewandert und was waren die Gründe für Ihren Zuzug?"

B) Einflussfaktoren der Umzugsentscheidung [35 Min.]

Ziele

▪ Abfrage von Motiven eines Umzugs.

▪ Verdichtung der Motive zu Lebensbereichen (z. B.: Hobbys, Gesundheit, materieller Lebensstandard, Freunde, Familie/Partner).

▪ Erfassung der Relevanz der Lebensbereiche für Wanderungsentscheidungen.

▪ Konkretisierung der Lebensbereiche (Bestimmung Subdimensionen, z. B. Zeit für Familie).

▪ Identifikation von Veränderungen der Lebensbereiche, die zu einer Wanderung führen.

▪ „Warum zieht man aus einer Gemeinde weg? Welche Ziele verfolgen Menschen mit dem Wandern in eine andere Stadt?"

   Sammeln der Migrationsmotive: auf Karten schreiben und an Board heften.

▪ „Bitte lassen Sie uns gemeinsam die Motive ordnen."

   Sortieren der Karten.

▪ „Bitte lassen Sie uns Oberbegriffe für die gruppierten Motive finden."

   Übernahme der Bezeichnung der Lebensbereiche der Probanden. Notieren der Oberbegriffe der Motive auf Board. Fotografieren.

▪ „In der Literatur werden verschiedene Lebensbereiche *(siehe oben)* diskutiert, die für eine Wanderung relevant sind. Finden sich diese Bereiche in unseren Oberbegriffen wieder? Welche Bereiche müssten wir ggf. noch ergänzen?"

- „Wie wichtig sind diese Lebensbereiche, wenn es um die Entscheidung einer Wanderung geht?"

Verteilen von individuellen Bewertungsbögen.

„Bitte verteilen Sie insgesamt 100 Punkte vollständig auf die einzelnen Lebensbereiche. Je wichtiger ein Lebensbereich für Sie ist, wenn es um eine Wanderungsentscheidung geht, desto mehr Punkte sollten Sie ihm geben."

Aufgabenverständnis sicherstellen. Einsammeln der Bewertungsbögen.

- „Jetzt möchte ich die Bereiche nochmals in der Gruppe bewerten und diskutieren. Sie erhalten nun jeder fünf Klebepunkte. Am Board finden Sie die Lebensbereiche. Bitte bewerten Sie die Wichtigkeit der Lebensbereiche, wenn es um die Entscheidung einer Wanderung geht, indem Sie Ihre Punkte an die Lebensbereiche an das Board kleben."

Verteilen der Klebepunkte. Mehrfach-Bepunktung möglich. Fotografieren.

- „Warum ist Lebensbereich A wichtig, wenn es um eine Wanderung geht?"

- „Woran denkt man, wenn der Lebensbereich als wichtig eingestuft wird? Nach welchen Kriterien wird die Wichtigkeit der Lebensbereiche bestimmt?"

Für alle Lebensbereiche durchgehen. Sammeln der Subdimensionen auf Board.

- „Welche Kriterien müssen in den Lebensbereichen in einer Kommune erfüllt werden?"

Sammeln und Markieren zentraler Subdimensionen auf Board. Eventuell durch Bsp. (verfügbare Zeit, Betreuungsangebot, verfügbares Einkommen, Karriere) anstoßen.

- „Ab wann ist eine Veränderung in den Lebensbereichen relevant? Was heißt konkret besser/schlechter in den *jeweiligen Subdimensionen der Lebensbereiche?"*

In welchen Einheiten wird gerechnet (Euro/Zeit)? Verdeutlichen, z. B.: Beeinflussen monatlich 100 € netto mehr die Entscheidung?

C) Elemente der Bindung [30 Min.]

Ziele

- Verstehen, inwieweit Menschen an Kommunen gebunden sind und sich mit Kommunen verbunden fühlen.
- Erfassung der Elemente der Bindung an Kommunen aus Sicht der Befragten.
- Identifikation von Einflussfaktoren der Bindung an Kommunen.
- Bestimmung der Stärke des Einflusses der einzelnen Faktoren auf die Bindungsintensität.

- „Angenommen, Sie hätten durch einen Wegzug aus Ihrer vorherigen Kommune Ihr Einkommen erheblich steigern können (*die zwei wichtigsten Lebensbereiche aus Teil B, jeweils relevante Veränderung eines Lebensbereiches*), was hätte gegen eine Wanderung gesprochen?"

- „Worauf hätten Sie auf keinen Fall verzichten wollen?
  Was hat Sie gebunden?
  Was hat eine Wanderung behindert bzw. gehemmt?"

  Diskussion faktische Gebundenheit. Notieren auf Board.

- „Was waren Gründe für Ihre Verbundenheit? Was machte Ihre Bindung an die Stadt aus?"

  Diskussion emotionale Verbundenheit. Notieren auf Board.

- „Lassen Sie uns die Gründe gegen eine Wanderung bzw. Bindungsgründe Oberkategorien zuordnen."

  Notieren von Oberkategorien am Board (z. B. harte/weiche Faktoren) und zusammengehörige Gründe farblich markieren. Fotografieren.

D) Bedeutung der Bindung für Migrationsentscheidung [15 Min.]

Ziele

* Erkennen der Bedeutung der Bindung im Verhältnis zu Veränderungen der Lebensbereiche.

* Identifikation von unterschiedlichen Bindungstypen.

---

* „Wenn Sie sich Ihre Bindung an Ihre alte Kommune vergegenwärtigen, was muss-te eine andere Kommune bzw. konkret Berlin mindestens bieten, um Ihre Bindung aufzuwiegen?"

Verteilen der Waagen-Abbildungen.

„Das Gewicht auf der linken Waagschale steht für Ihre Bindung an Ihre alte Kommune. Bitte schreiben Sie die für Sie wichtigsten Lebensbereiche für eine Wanderung in die rechte Schale. Notieren Sie nun bitte jeder für sich, wie sich diese Bereiche zusammen in einer anderen Kommune verändern müssten, damit Sie in diese Kommune wandern würden."

Zurückgreifen auf Gründe für Wanderung aus Teil B) und Bindungsgründe aus Teil C). Ggf. auf vier Bereiche reduzieren. Am Beispiel zeigen und erklären.

* „Bitte stellen Sie Ihre Waagschale der Gruppe vor. Erklären Sie bitte, warum sich die Bedingungen in den Lebensbereichen wie ändern müssten, damit eine Wanderung aus Ihrer alten Kommune attraktiv ist."

* „Können sich die Gründe für eine Wanderung ausgleichen?"

* „Es gibt verschiedene Typen von Personen, deren Bindung an eine Kommune sich von einander unterscheidet:"

    – „Einigen Personen fällt eine Wanderung leicht und Sie wandern oft." „Bitte beschreiben Sie einen solchen Menschen. Wie sieht eine solche Person aus? Wie alt ist die Person? Welche Charaktereigenschaften hat die Person?" *usw.*

    – „Anderen Personen fällt eine Wanderung relativ schwer." „Bitte beschreiben Sie einen solchen Menschen. Wie sieht eine solche Person aus? Wie alt ist die Person? Welche Charaktereigenschaften hat die Person? *usw.*

E) Prozess der Migrationsentscheidung [15 Min.]

Ziele

- Verständnis des Migrationsprozesses (Phasen und Dauer).
- Verständnis des Einflusses der Bindung in den verschiedenen Phasen.
- Bestimmung von Hindernissen bzw. Hemmnissen einer Wanderung (Bspw. Wohnungsmarkt in Zielkommune, Bindungsintensität Partner bzw. Familie, notwendiger Verkauf einer Immobilie).

- „Am Board sehen Sie einen Zeitstrahl. Nehmen Sie an, dass alle von Ihnen beim Bild der Waage genannten Aspekte von einer anderen Kommune heute erfüllt werden, sodass das Leben Ihnen dort attraktiv erscheint und Sie haben die Chance, in diese Kommune zu wandern."
  - „Was stößt eine Wanderung an? Was passiert bevor Sie sich entscheiden zu wandern?"
  - „Wie würden Sie weiter vorgehen? Was wären Ihre nächsten Schritte? Wann und wie treffen Sie die Entscheidung, ob Sie umziehen wollen? Was machen Sie als erstes, zweites usw.?"
  - „Welche Informationen holen Sie ein und bei wem (Freunde, Internet, Behörden, in Kommune fahren und kennenlernen)?"
  - „Welche ähnlichen Prozess bzw. Entscheidungsprobleme gibt es?"
    (z. B. Wechsel des Arbeitsplatzes oder Lebenspartners)

Kontinuierlich nach weiteren Schritten fragen.

F) Abschiedsrede an alte Kommune [10 Min.]

Ziele

- Aufdeckung und Verständnis unterschiedlicher emotionaler Folgen der Wanderung.
- Enthüllen von aufgrund sozialer Erwünschtheit nicht genannten Aspekten.

- *Verteilen der Abschiedsreden-Vorlagen.*

  „Bitte schreiben Sie eine kurze persönliche Abschiedsrede an Ihre alte Kommune. Wir möchten sie gerne im Anschluss einsammeln und einzeln auswerten."

  Aufgabenverständnis sicherstellen. Einsammeln der Abschiedsreden.

G) Abschließende Tischrunde und Debriefing [5 Min.]

Ziele

- Informieren der Probanden über Studienhintergrund und Verwendung der Aussagen.
- Möglichkeit für Rückfragen und Ausklingen der Diskussion.

- „Sie sind nach Berlin gezogen. Wenn Sie Berlin wieder verlassen würden, was würden Sie aus Ihrer heutigen Position anders machen?" *Betonung, dass es sich um vorletzte Frage handelt.*

- „Was ist Ihnen zu diesem Thema wichtig?" Möchten Sie noch etwas über diese Befragung oder die Verwendung Ihrer Aussagen wissen?"

- Bedanken und Verabschiedung.

Anhang 2: Leitfaden der Fokusgruppen mit Nicht-Wanderern

A) Vorstellung und Warm-up [10 Min.]

> **Ziele**
> - Befragte mit dem Ablauf und den Rahmenbedingungen vertraut machen.
> - Aufbau einer vertrauensvollen und offenen Gesprächsatmosphäre.
>
>   *Betrachtet werden soll nur die Wanderung über kommunale Grenzen, die mit einer wesentlichen räumlichen Veränderung des Lebensmittelpunktes verbunden ist. Das Umziehen innerhalb eines Ballungsgebietes ist nicht Erkenntnisgegenstand, auch nicht, wenn eine kommunale Grenze überschritten wird.*

- Vorstellung der Moderatorin und des Lehrstuhls.

- Information zur Aufzeichnung und Erklärungen zum Datenschutz.

- Aufklärung über Verwendung der getätigten Aussagen:

  „Unser Institut begleitet ein Dissertationsvorhaben, welches sich mit dem Umzug von Bürgern über Gemeindegrenzen befasst. Ihre Diskussionsbeiträge werden für diese Arbeit anonym ausgewertet."

- „Ich möchte mit Ihnen darüber sprechen, warum manche Menschen in eine andere Kommune ziehen und ihren räumlichen Lebensmittelpunkt wechseln. Kommunen verwenden wir als Sammelbegriff für Städte und Gemeinden."

  Verdeutlichen, dass es um Wechsel des räumlichen Lebensmittelpunktes über kommunale Grenzen hinweg und nicht um Wechsel der Wohnung in einer Kommune bzw. einem Ballungsgebiet geht. Begriffsverständnis sicherstellen.

- Hinweis darauf, dass es keine richtigen oder falschen Antworten gibt, sondern grundsätzlich alles von Interesse ist.

- Vorstellung der Teilnehmer:
  - Vorname
  - Alter
  - Beruf
  - Familienstand

- Warm-up: „Bitte stellen Sie sich vor, Sie machen ein Foto, um Ihre Verbindung mit Berlin festzuhalten. Was ist auf dem Foto zu sehen?"

- „Wie lange wohnen Sie schon in Berlin? Was gefällt Ihnen an Berlin? Haben Sie jemals überlegt, aus Berlin wegzuziehen?"

B) Einflussfaktoren der Umzugsentscheidung [35 Min.]

Ziele

- Abfrage von Motiven eines Umzugs.
- Verdichtung der Motive zu Lebensbereichen (z. B.: Hobbys, Gesundheit, materieller Lebensstandard, Freunde, Familie/Partner).
- Erfassung der Relevanz der Lebensbereiche für Wanderungsentscheidungen.
- Konkretisierung der Lebensbereiche (Bestimmung Subdimensionen, z. B. Zeit für Familie).
- Identifikation von Veränderungen der Lebensbereiche, die zu einer Wanderung führen.

- „Warum zieht man aus einer Gemeinde weg? Welche Ziele verfolgen Menschen mit dem Wandern in eine andere Stadt?"
  Sammeln der Migrationsmotive: auf Karten schreiben und an Board heften.

- „Bitte lassen Sie uns gemeinsam die Motive ordnen."
  Sortieren der Karten.

- „Bitte lassen Sie uns Oberbegriffe für die gruppierten Motive finden."
  Übernahme der Bezeichnung der Lebensbereiche der Probanden. Notieren der Oberbegriffe der Motive auf Board. Fotografieren.

- „In der Literatur werden verschiedene Lebensbereiche *(siehe oben)* diskutiert, die für eine Wanderung relevant sind. Finden sich diese Bereiche in unseren Oberbegriffen wieder? Welche Bereiche müssten wir ggf. noch ergänzen?"

- „Wie wichtig sind diese Lebensbereiche, wenn es um die Entscheidung einer Wanderung geht?"
  Verteilen von individuellen Bewertungsbögen. „Bitte verteilen Sie insgesamt 100

Punkte vollständig auf die einzelnen Lebensbereiche. Je wichtiger ein Lebensbereich für Sie ist, wenn es um eine Wanderungsentscheidung geht, desto mehr Punkte sollten Sie ihm geben."

Aufgabenverständnis sicherstellen. Einsammeln der Bewertungsbögen.

* „Jetzt möchte ich die Bereiche nochmals in der Gruppe bewerten und diskutieren. Sie erhalten nun jeder fünf Klebepunkte. Am Board finden Sie die Lebensbereiche. Bitte bewerten Sie die Wichtigkeit der Lebensbereiche, wenn es um die Entscheidung einer Wanderung geht, indem Sie Ihre Punkte an die Lebensbereiche an das Board kleben."

Verteilen der Klebepunkte. Mehrfach-Bepunktung möglich. Fotografieren.

* „Warum ist Lebensbereich A wichtig, wenn es um eine Wanderung geht?"

* „Woran denkt man, wenn der Lebensbereich als wichtig eingestuft wird? Nach welchen Kriterien wird die Wichtigkeit der Lebensbereiche bestimmt?"

Für alle Lebensbereiche durchgehen. Sammeln der Subdimensionen auf Board.

* „Welche Kriterien müssen in den Lebensbereichen in einer Kommune erfüllt werden?"

Sammeln und Markieren zentraler Subdimensionen auf Board. Eventuell durch Bsp. (verfügbare Zeit, Betreuungsangebot, verfügbares Einkommen, Karriere) anstoßen.

* „Ab wann ist eine Veränderung in den Lebensbereichen relevant? Was heißt konkret besser / schlechter in den *jeweiligen Subdimensionen der Lebensbereiche?"*

In welchen Einheiten wird gerechnet (Euro / Zeit)? Verdeutlichen, z. B.: Beeinflussen monatlich 100 € netto mehr die Entscheidung?

C) Elemente der Bindung [30 Min.]

Ziele

* Verstehen, inwieweit Menschen an Kommunen gebunden sind und sich mit Kommunen verbunden fühlen.
* Erfassung der Elemente der Bindung an Kommunen aus Sicht der Befragten.
* Identifikation von Einflussfaktoren der Bindung an Kommunen.
* Bestimmung der Stärke des Einflusses der einzelnen Faktoren auf die Bindungsintensität.

---

* „Angenommen, Sie könnten durch einen Wegzug aus Berlin Ihr Einkommen erheblich steigern (die *zwei wichtigsten Lebensbereiche aus Teil B, jeweils relevante Veränderung eines Lebensbereiches*), was spricht gegen eine Wanderung?"

* „Worauf würden Sie auf keinen Fall verzichten wollen?
  Was bindet Sie?
  Was behindert bzw. hemmt eine Wanderung?"
  Diskussion faktische Gebundenheit. Notieren auf Board.

* „Was sind Gründe für Ihre Verbundenheit?
  Was macht Ihre Bindung an Berlin aus?"
  Diskussion emotionale Verbundenheit. Notieren auf Board.

* „Lassen Sie uns die Gründe gegen eine Wanderung bzw. Bindungsgründe Oberkategorien zuordnen."

  Notieren von Oberkategorien am Board (z. B. harte / weiche Faktoren) und zusammengehörige Gründe farblich markieren. Fotografieren.

D) Bedeutung der Bindung für Migrationsentscheidung [15 Min.]

> **Ziele**
>
> ▪ Erkennen der Bedeutung der Bindung im Verhältnis zu Veränderungen der Lebensbereiche.
>
> ▪ Identifikation von unterschiedlichen Bindungstypen.

▪ „Wenn Sie sich Ihre Bindung an Berlin vergegenwärtigen. Was musste eine andere Kommune mindestens bieten, um Ihre Bindung aufzuwiegen?"

Verteilen der Waagen-Abbildungen.

„Das Gewicht auf der linken Waagschale steht für Ihre Bindung an Berlin. Bitte schreiben Sie die für Sie wichtigsten Lebensbereiche für eine Wanderung in die rechte Schale. Notieren Sie nun bitte jeder für sich, wie sich diese Bereiche zusammen in einer anderen Kommune verändern müssten, damit Sie in diese Kommune wandern würden."

Zurückgreifen auf Gründe für Wanderung aus Teil B) und Bindungsgründe aus Teil C). Ggf. auf vier Bereiche reduzieren. Am Beispiel zeigen und erklären.

▪ „Bitte stellen Sie Ihre Waagschale der Gruppe vor. Erklären Sie bitte, warum sich die Bedingungen in den Lebensbereichen wie ändern müssten, damit eine Wanderung aus Berlin attraktiv ist."

▪ „Können sich die Gründe für eine Wanderung ausgleichen?"

▪ „Es gibt verschiedene Typen von Personen, deren Bindung an eine Kommune sich voneinander unterscheidet:"

  – „Einigen Personen fällt eine Wanderung leicht und Sie wandern oft." „Bitte beschreiben Sie einen solchen Menschen. Wie sieht eine solche Person aus? Wie alt ist die Person? Welche Charaktereigenschaften hat die Person?" *usw.*

  – „Anderen Personen fällt eine Wanderung relativ schwer." „Bitte beschreiben Sie einen solchen Menschen. Wie sieht eine solche Person aus? Wie alt ist die Person? Welche Charaktereigenschaften hat die Person?" *usw.*

E) Prozess der Migrationsentscheidung [15 Min.]

Ziele

▪ Verständnis des Migrationsprozesses (Phasen und Dauer).

▪ Verständnis des Einflusses der Bindung in den verschiedenen Phasen.

▪ Bestimmung von Hindernissen bzw. Hemmnissen einer Wanderung (Bspw. Wohnungsmarkt in Zielkommune, Bindungsintensität Partner bzw. Familie, notwendiger Verkauf einer Immobilie).

▪ „Am Board sehen Sie einen Zeitstrahl. Nehmen Sie an, dass alle von Ihnen beim Bild der Waage genannten Aspekte heute von einer anderen Kommune erfüllt werden, sodass das Leben Ihnen dort attraktiv erscheint und Sie haben die Chance, in diese Kommune zu wandern."

  – „Was stößt eine Wanderung an? Was passiert bevor Sie sich entscheiden zu wandern?"

  – „Wie würden Sie weiter vorgehen? Was wären Ihre nächsten Schritte? Wann und wie treffen Sie die Entscheidung, ob Sie umziehen wollen? Was machen Sie als erstes, zweites usw.?"

  – „Welche Informationen holen Sie ein und bei wem (Freunde, Internet, Behörden, in Kommune fahren und kennenlernen)?"

  – „Welche ähnlichen Prozess bzw. Entscheidungsprobleme gibt es?"
    (z. B. Wechsel des Arbeitsplatzes oder Lebenspartners)

Kontinuierlich nach weiteren Schritten fragen.

F) Abschiedsrede an alte Kommune [10 Min.]

Ziele

- Aufdeckung und Verständnis unterschiedlicher emotionaler Folgen der Wanderung.
- Enthüllen von aufgrund sozialer Erwünschtheit nicht genannten Aspekten.

- *Verteilen der Abschiedsreden-Vorlagen.*
  „Bitte stellen Sie sich vor, Sie ziehen aus Berlin weg und müssen die Stadt verlassen. Bitte schreiben Sie eine kurze persönliche Abschiedsrede an Berlin. Wir möchten sie gerne im Anschluss einsammeln und einzeln auswerten."
  Aufgabenverständnis sicherstellen. Einsammeln der Abschiedsreden.

G) Abschließende Tischrunde und Debriefing [5 Min.]

Ziele

- Informieren der Probanden über Studienhintergrund und Verwendung der Aussagen.
- Möglichkeit für Rückfragen und Ausklingen der Diskussion.

- Vor mehr als fünf Jahren Zugewanderte: „Wenn Sie Berlin wieder verlassen würden, was wäre anders als bei Ihrer Wanderung nach Berlin?
  Nicht-Wanderer (Urberliner): „Nachdem, was Sie gehört haben, was könnte den Reiz einer Wanderung ausmachen? Wo bekommen Sie Zweifel?"
  Betonung, dass es sich um vorletzte Frage handelt.

- „Was ist Ihnen zu diesem Thema wichtig? Möchten Sie noch etwas über diese Befragung oder die Verwendung Ihrer Aussagen wissen?"

- Bedanken und Verabschiedung.

Anhang 3: Altersverteilung und regionale Verteilung der Datenbasis der qualitativen Untersuchung

	Datenbasis qualitative Untersuchung
	n = 1031
Alterskohorten (Angaben in Prozent)	
18 bis 27 Jahre	15,1
28 bis 37 Jahre	16,6
38 bis 47 Jahre	17,0
48 bis 57 Jahre	22,1
58 bis 67 Jahre	19,6
älter als 67 Jahre	9,6
Bundesland (Angaben in Prozent)	
Baden-Württemberg	12,3
Bayern	15,4
Berlin	7,4
Brandenburg	1,6
Bremen	0,6
Hamburg	2,8
Hessen	6,6
Mecklenburg-Vorpommern	1,9
Niedersachsen	7,2
Nordrhein-Westfalen	21,9
Rheinland-Pfalz	3,8
Saarland	0,7
Sachsen	6,2
Sachsen-Anhalt	2,5
Schleswig-Holstein	2,1
Thüringen	2,5

Anhang 4: Formeln zur Durchführung der biserialen Korrelationsanalyse und ausführliche Darstellung der Ergebnisermittlung

Formeln (vgl. hier und im Folgenden Field 2009, S. 185)

Biserialer Korrelationskoeffizient

$$r_b = \frac{r_{pb}\sqrt{pq}}{y}$$

Standardfehler

$$SE_{r_b} = \frac{\sqrt{pq}}{y\sqrt{n}}$$

Empirischer Z-Wert

$$Z_{r_b} = \frac{r_b}{SE_{r_b}}$$

mit:

r_{pb} *punktbiserialer Korrelationskoeffizient*

p *größerer Anteil der Ausprägung der dichotomen Variable*

q *kleinerer Anteil der Ausprägung der dichotomen Variable*

y *zugehörige Ordinate der Normalverteilung*

n *Sampleumfang*

Ergebnisermittlung

Korrelation zwischen Einwohnerbindung und Migrationsgedanken

$$r_b \approx \frac{-0{,}436\sqrt{0{,}668 \times 0{,}332}}{0{,}3637} \approx -0{,}565$$

$$SE_{r_b} \approx \frac{\sqrt{0{,}668 \times 0{,}332}}{0{,}3637\sqrt{1081}} \approx 0{,}039$$

$$Z_{r_b} \approx \frac{-0{,}565}{0{,}039} \approx -14{,}487$$

Da dieser Wert weit oberhalb des tabellierten kritischen Z-Werts für n = 1081 liegt, gilt Sign. 0,000 (vgl. Field 2009, S. 802).

Korrelation zwischen Einwohnerbindung und Migrationsplänen

$$r_b \approx \frac{-0{,}342\sqrt{0{,}842 \times 0{,}158}}{0{,}2420} \approx -0{,}506$$

$$SE_{r_b} \approx \frac{\sqrt{0{,}842 \times 0{,}158}}{0{,}2420\sqrt{1081}} \approx 0{,}045$$

$$Z_{r_b} \approx \frac{-0{,}506}{0{,}045} \approx -11{,}240$$

Da dieser Wert weit oberhalb des tabellierten kritischen Z-Werts für n = 1081 liegt, gilt Sign. 0,000 (vgl. Field 2009, S. 802).

Anhang 5: Ergebnisse der multiplen linearen Regressions-analyse zur Erklärung der Verbundenheit – mit Ausreißern

R²	Korr. R²	F-Wert	Sign.	Durbin/Watson	n
0,481	0,475	71,657	0,000	1,922	940

Einfluss-bereiche	unabhängige Variablen	Beta-Werte	t-Wert	Sign.	VIF
materielle kommunale Kontextfaktoren	Zufriedenheit Wohnstätte	0,174	6,697	0,000	1,209
	Gebäudeästhetik	0,209	7,243	0,000	1,491
	Gebäudedichte	-0,017	-0,688	0,492	1,141
	Schulinfrastruktur	0,038	1,204	0,229	1,780
	soziale Einrichtungen	-0,039	-1,023	0,306	2,553
	Angebot an Geschäften	-0,014	-0,394	0,694	2,104
	öffentliche Verkehrsmittel	0,072	2,323	0,020	1,701
	Angebot an Freizeitaktivitäten	0,062	1,863	0,063	1,959
immaterielle kommunale Kontextfaktoren	am Wohnort aufgewachsen	0,156	6,336	0,000	1,089
	Mentalität	0,320	11,474	0,000	1,390
	freiwilliges Engagement	0,087	3,396	0,001	1,177
	soziale Kohäsion	0,078	3,006	0,003	1,218

Anhang 6: Hypothesen zu den Determinanten der Verbundenheit

Bezeichnung	Inhalt
Evaluation materieller kommunaler Kontextfaktoren	
H_{V1}	Je höher die Zufriedenheit mit der eigenen Wohnstätte ist, desto stärker ist die Verbundenheit mit dem Wohnort.
H_{V1a}	Je stärker die Sehnsucht nach Veränderung ist, desto schwächer ist der Einfluss der Zufriedenheit mit der eigenen Wohnstätte auf die Verbundenheit mit dem Wohnort.
H_{V1b}	Je höher die Risikobereitschaft ist, desto schwächer ist der Einfluss der Zufriedenheit mit der eigenen Wohnstätte auf die Verbundenheit mit dem Wohnort.
H_{V2}	Je positiver die Bewertung der Gebäudeästhetik ist, desto stärker ist die Verbundenheit mit dem Wohnort.
H_{V2a}	Je stärker die Sehnsucht nach Veränderung ist, desto schwächer ist der Einfluss der Bewertung der Gebäudeästhetik auf die Verbundenheit mit dem Wohnort.
H_{V2b}	Je höher die Risikobereitschaft ist, desto schwächer ist der Einfluss der Bewertung der Gebäudeästhetik auf die Verbundenheit mit dem Wohnort.
H_{V3}	Je negativer die Bewertung der Gebäudedichte ist, desto schwächer ist die Verbundenheit mit dem Wohnort.
H_{V4}	Je positiver die Bewertung der Schulinfrastruktur ist, desto stärker ist die Verbundenheit mit dem Wohnort.
H_{V5}	Je positiver die Bewertung der sozialen Einrichtungen ist, desto stärker ist die Verbundenheit mit dem Wohnort.
H_{V6}	Je positiver die Bewertung des Angebots an Geschäften ist, desto stärker ist die Verbundenheit mit dem Wohnort.
H_{V7}	Je positiver die Bewertung der öffentlichen Verkehrsmittel ist, desto stärker ist die Verbundenheit mit dem Wohnort.
H_{V7a}	Je stärker die Sehnsucht nach Veränderung ist, desto schwächer ist der Einfluss der Bewertung öffentlicher Verkehrsmittel auf die Verbundenheit mit dem Wohnort.
H_{V7b}	Je höher die Risikobereitschaft ist, desto schwächer ist der Einfluss der Bewertung öffentlicher Verkehrsmittel auf die Verbundenheit mit dem Wohnort.
H_{V8}	Je positiver die Bewertung des Angebots an Freizeitaktivitäten ist, desto stärker ist die Verbundenheit mit dem Wohnort.
H_{V8a}	Je stärker die Sehnsucht nach Veränderung ist, desto schwächer ist der Einfluss der Bewertung des Angebots an Freizeitaktivitäten auf die Verbundenheit mit dem Wohnort.
H_{V8b}	Je höher die Risikobereitschaft ist, desto schwächer ist der Einfluss der Bewertung des Angebots an Freizeitaktivitäten auf die Verbundenheit mit dem Wohnort.

Bezeichnung	Inhalt
Evaluation immaterieller kommunaler Kontextfaktoren	
H_{V9}	Wenn Personen am Wohnort aufgewachsen sind, dann ist ihre Verbundenheit mit dem Wohnort stärker als bei Personen, die nicht am Wohnort aufgewachsen sind.
H_{V9a}	Je stärker die Sehnsucht nach Veränderung ist, desto schwächer ist der Einfluss der Tatsache, am Wohnort aufgewachsen zu sein, auf die Verbundenheit mit dem Wohnort.
H_{V9b}	Je höher die Risikobereitschaft ist, desto schwächer ist der Einfluss der Tatsache, am Wohnort aufgewachsen zu sein, auf die Verbundenheit mit dem Wohnort.
H_{V10}	Je stärker Personen mit den Bewohnern ihres Wohnorts übereinstimmen, desto stärker ist die Verbundenheit mit dem Wohnort.
H_{V10a}	Je stärker die Sehnsucht nach Veränderung ist, desto schwächer ist der Einfluss der Übereinstimmung mit den Bewohnern auf die Verbundenheit mit dem Wohnort.
H_{V10b}	Je höher die Risikobereitschaft ist, desto schwächer ist der Einfluss der Übereinstimmung mit den Bewohnern des Wohnorts auf die Verbundenheit mit dem Wohnort.
H_{V11}	Je stärker sich Personen im Wohnort freiwillig engagieren, desto stärker ist ihre Verbundenheit mit dem Wohnort.
H_{V11a}	Je stärker die Sehnsucht nach Veränderung ist, desto schwächer ist der Einfluss des persönlichen freiwilligen Engagements im Wohnort auf die Verbundenheit mit dem Wohnort.
H_{V11b}	Je höher die Risikobereitschaft ist, desto schwächer ist der Einfluss des persönlichen freiwilligen Engagements im Wohnort auf die Verbundenheit mit dem Wohnort.
H_{V12}	Je stärker die soziale Kohäsion von Personen im Wohnort ist, desto stärker ist die Verbundenheit mit dem Wohnort.
H_{V12a}	Je stärker die Sehnsucht nach Veränderung ist, desto schwächer ist der Einfluss der sozialen Kohäsion auf die Verbundenheit mit dem Wohnort.
H_{V12b}	Je höher die Risikobereitschaft ist, desto schwächer ist der Einfluss der sozialen Kohäsion auf die Verbundenheit mit dem Wohnort.

Anhang 7: Hypothesen zu den Determinanten der Gebundenheit

Bezeichnung	Inhalt
wirtschaftliche Spezifika	
$H_{G1.1}$	Je stärker die berufliche Bindung an den Wohnort ist, desto stärker ist die Gebundenheit an den Wohnort.
$H_{G1.1a}$	Je stärker die Sehnsucht nach Veränderung ist, desto schwächer ist der Einfluss der beruflichen Bindung an den Wohnort auf die Gebundenheit an den Wohnort.
$H_{G1.1b}$	Je höher die Risikobereitschaft ist, desto schwächer ist der Einfluss der beruflichen Bindung an den Wohnort auf die Gebundenheit an den Wohnort.
$H_{G1.2}$	Wenn die Arbeitsstätte im Wohnort liegt, dann ist die Gebundenheit an den Wohnort stärker, als wenn die Arbeitsstätte nicht im Wohnort liegt.
$H_{G1.2a}$	Je stärker die Sehnsucht nach Veränderung ist, desto schwächer ist der Einfluss der Tatsache, dass die Arbeitsstätte im Wohnort liegt, auf die Gebundenheit an den Wohnort.
$H_{G1.2b}$	Je höher die Risikobereitschaft ist, desto schwächer ist der Einfluss der Tatsache, dass die Arbeitsstätte im Wohnort liegt, auf die Gebundenheit an den Wohnort.
$H_{G2.1}$	Wenn Personen Eigentümer von selbstgenutztem Wohneigentum sind, dann ist ihre Gebundenheit an den Wohnort stärker als bei Personen, die nicht Eigentümer sind.
$H_{G2.1a}$	Je stärker die Sehnsucht nach Veränderung ist, desto schwächer ist der Einfluss selbstgenutzten Wohneigentums auf die Gebundenheit an den Wohnort.
$H_{G2.1b}$	Je höher die Risikobereitschaft ist, desto schwächer ist der Einfluss selbstgenutzten Wohneigentums auf die Gebundenheit an den Wohnort.
$H_{G2.2}$	Je bedeutsamer finanzielle Nichtverkaufsgründe bei Eigentümern selbstgenutzten Wohneigentums sind, desto stärker ist die Gebundenheit an den Wohnort.
$H_{G2.2a}$	Je stärker die Sehnsucht nach Veränderung ist, desto schwächer ist der Einfluss der Bedeutsamkeit finanzieller Nichtverkaufsgründe bei Eigentümern selbstgenutzten Wohneigentums auf die Gebundenheit an den Wohnort.
$H_{G2.2b}$	Je höher die Risikobereitschaft ist, desto schwächer ist der Einfluss der Bedeutsamkeit finanzieller Nichtverkaufsgründe bei Eigentümern selbstgenutzten Wohneigentums auf die Gebundenheit an den Wohnort.
$H_{G2.3}$	Je bedeutsamer emotionale Nichtverkaufsgründe bei Eigentümern selbstgenutzten Wohneigentums sind, desto stärker ist die Gebundenheit an den Wohnort.

Bezeichnung	Inhalt
$H_{G2.3a}$	Je stärker die Sehnsucht nach Veränderung ist, desto schwächer ist der Einfluss der Bedeutsamkeit emotionaler Nichtverkaufsgründe bei Eigentümern selbstgenutzten Wohneigentums auf die Gebundenheit an den Wohnort.
$H_{G2.3b}$	Je höher die Risikobereitschaft ist, desto schwächer ist der Einfluss der Bedeutsamkeit emotionaler Nichtverkaufsgründe bei Eigentümern selbstgenutzten Wohneigentums auf die Gebundenheit an den Wohnort.
Evaluation institutionelle Betreuung	
$H_{G3.1}$	Je höher die Zufriedenheit mit der Betreuungssituation von Kindern ist, die noch nicht zur Schule gehen, desto stärker ist die Gebundenheit an den Wohnort.
$H_{G3.1a}$	Je stärker die Sehnsucht nach Veränderung ist, desto schwächer ist der Einfluss der Zufriedenheit mit der Betreuungssituation von Kindern, die noch nicht zur Schule gehen, auf die Gebundenheit an den Wohnort.
$H_{G3.1b}$	Je höher die Risikobereitschaft ist, desto schwächer ist der Einfluss der Zufriedenheit mit der Betreuungssituation von Kindern, die noch nicht zur Schule gehen, auf die Gebundenheit an den Wohnort.
$H_{G3.2}$	Je höher die Zufriedenheit mit der außerschulischen Betreuungssituation von Kindern ist, die zur Schule gehen, desto stärker ist die Gebundenheit an den Wohnort.
$H_{G3.2a}$	Je stärker die Sehnsucht nach Veränderung ist, desto schwächer ist der Einfluss der Zufriedenheit mit der außerschulischen Betreuungssituation von Kindern, die zur Schule gehen, auf die Gebundenheit an den Wohnort.
$H_{G3.2b}$	Je höher die Risikobereitschaft ist, desto schwächer ist der Einfluss der Zufriedenheit mit der außerschulischen Betreuungssituation von Kindern, die zur Schule gehen, auf die Gebundenheit an den Wohnort.
soziale Spezifika	
$H_{G4.1}$	Wenn Personen in einer festen Partnerschaft leben oder einen Ehepartner bzw. einen eingetragenen Lebenspartner haben, dann ist ihre Gebundenheit an den Wohnort stärker als bei Personen, die einen anderen Familienstand haben.
$H_{G4.1a}$	Je stärker die Sehnsucht nach Veränderung ist, desto schwächer ist der Einfluss einer festen Partnerschaft oder eines Ehepartners bzw. eingetragenen Lebenspartners auf die Gebundenheit an den Wohnort.
$H_{G4.1b}$	Je höher die Risikobereitschaft ist, desto schwächer ist der Einfluss einer festen Partnerschaft oder eines Ehepartners bzw. eingetragenen Lebenspartners auf die Gebundenheit an den Wohnort.
$H_{G4.2}$	Je stärker die persönliche Bindung eines Partners ist, desto stärker ist die Gebundenheit an den Wohnort.
$H_{G4.2a}$	Je stärker die Sehnsucht nach Veränderung ist, desto schwächer ist der Einfluss der persönlichen Bindung eines Partners auf die Gebundenheit an den Wohnort.
$H_{G4.2b}$	Je höher die Risikobereitschaft ist, desto schwächer ist der Einfluss der persönlichen Bindung eines Partners auf die Gebundenheit an den Wohnort.

Bezeichnung	Inhalt
$H_{G4.3}$	Wenn Personen mit ihrem Partner in einem Haushalt leben, dann ist ihre Gebundenheit an den Wohnort stärker als bei Personen, die nicht mit dem Partner in einem Haushalt leben.
$H_{G4.3a}$	Je stärker die Sehnsucht nach Veränderung ist, desto schwächer ist der Einfluss der Tatsache, mit einem Partner in einem Haushalt zu leben, auf die Gebundenheit an den Wohnort.
$H_{G4.4b}$	Je höher die Risikobereitschaft ist, desto schwächer ist der Einfluss der Tatsache, mit einem Partner in einem Haushalt zu leben, auf die Gebundenheit an den Wohnort.
$H_{G4.4}$	Je länger der Weg zwischen eigener Wohnstätte und Wohnstätte des Partners bei Personen dauert, die nicht mit ihrem Partner in einem Haushalt leben, desto schwächer ist die Gebundenheit an den Wohnort.
$H_{G4.4a}$	Je stärker die Sehnsucht nach Veränderung ist, desto schwächer ist der Einfluss der Dauer des Weges zwischen eigener Wohnstätte und Wohnstätte des Partners bei Personen, die nicht mit ihrem Partner in einem Haushalt leben, auf die Gebundenheit an den Wohnort.
$H_{G4.4b}$	Je höher die Risikobereitschaft ist, desto schwächer ist der Einfluss der Dauer des Weges zwischen eigener Wohnstätte und Wohnstätte des Partners bei Personen, die nicht mit ihrem Partner in einem Haushalt leben, auf die Gebundenheit an den Wohnort.
$H_{G5.1}$	Wenn Personen Verwandte und Freunde, außer eigenen Kindern, nicht erwerbsmäßig in der Nähe des eigenen Wohnorts pflegen, dann ist ihre Gebundenheit an den Wohnort stärker als bei Personen, die keine solchen Personen pflegen.
$H_{G5.1a}$	Je stärker die Sehnsucht nach Veränderung ist, desto schwächer ist der Einfluss nicht erwerbsmäßigen Pflegens von Verwandten und Freunden auf die Gebundenheit an den Wohnort.
$H_{G5.1b}$	Je höher die Risikobereitschaft ist, desto schwächer ist der Einfluss nicht erwerbsmäßigen Pflegens von Verwandten und Freunden auf die Gebundenheit an den Wohnort.
$H_{G5.2}$	Je häufiger Verwandte oder Freunde, außer eigenen Kindern, nicht erwerbsmäßig in der Nähe des eigenen Wohnorts gepflegt werden, desto stärker ist die Gebundenheit an den Wohnort.
$H_{G5.2a}$	Je stärker die Sehnsucht nach Veränderung ist, desto schwächer ist der Einfluss der Häufigkeit des nicht erwerbsmäßigen Pflegens von Verwandten oder Freunden auf die Gebundenheit an den Wohnort.
$H_{G5.2b}$	Je höher die Risikobereitschaft ist, desto schwächer ist der Einfluss der Häufigkeit des nicht erwerbsmäßigen Pflegens von Verwandten oder Freunden auf die Gebundenheit an den Wohnort.
$H_{G6.1}$	Je stärker die Angewiesenheit auf Unterstützung durch Freunde und Familienangehörige ist, die an einem anderen Wohnort fehlen würde, desto stärker ist die Gebundenheit an den Wohnort.
$H_{G6.1a}$	Je stärker die Sehnsucht nach Veränderung ist, desto schwächer ist der Einfluss der Angewiesenheit auf Unterstützung durch Freunde und Familienangehörige auf die Gebundenheit an den Wohnort.

Bezeichnung	Inhalt
$H_{G6.1b}$	Je höher die Risikobereitschaft ist, desto schwächer ist der Einfluss der Angewiesenheit auf Unterstützung durch Freunde und Familienangehörige auf die Gebundenheit an den Wohnort.
$H_{G7.1}$	Wenn Kinder im Haushalt leben, dann ist die Gebundenheit an den Wohnort stärker, als wenn keine Kinder im Haushalt leben.
$H_{G7.1a}$	Je stärker die Sehnsucht nach Veränderung ist, desto schwächer ist der Einfluss der Tatsache, dass Kinder im Haushalt leben, auf die Gebundenheit an den Wohnort.
$H_{G7.1b}$	Je höher die Risikobereitschaft ist, desto schwächer ist der Einfluss der Tatsache, dass Kinder im Haushalt leben, auf die Gebundenheit an den Wohnort.
$H_{G7.2}$	Wenn Kinder im Alter bis 19 Jahre im Haushalt leben, dann ist die Gebundenheit an den Wohnort stärker, als wenn keine Kinder im Alter bis 19 Jahre im Haushalt leben.
$H_{G7.2a}$	Je stärker die Sehnsucht nach Veränderung ist, desto schwächer ist der Einfluss der Tatsache, dass Kinder im Alter bis 19 Jahre im Haushalt leben, auf die Gebundenheit an den Wohnort.
$H_{G7.2b}$	Je höher die Risikobereitschaft ist, desto schwächer ist der Einfluss der Tatsache, dass Kinder im Alter bis 19 Jahre im Haushalt leben, auf die Gebundenheit an den Wohnort.

Anhang 8: Effektstärken statistisch signifikanter Determinanten der Bindungszustände

		f^2
Verbundenheit	Zufriedenheit Wohnstätte	0,078
	Gebäudeästhetik	0,104
	öffentlicher Verkehr	0,010
	Freizeitaktivitäten	0,010
	am Wohnort aufgewachsen	0,065
	Mentalität	0,279
	Engagement	0,021
Gebundenheit	Bindung Berufstätigkeit	0,081
	Arbeitsstätte im Wohnort	0,017
	Wohneigentum	0,027
	finanzielle Nichtverkaufsgründe	0,120
	emotionale Nichtverkaufsgründe	0,202
	Zufriedenheit mit außerschulischer Betreuung	0,030
	persönliche Bindung des Partners	0,133
	Leben mit Partner	0,013
	nicht transferierbare Unterstützung	0,091
Einflussfaktoren mit sehr geringer Wirksamkeit ($f^2 < 0,01$) sind nicht abgebildet.		

Literaturverzeichnis

Abraham, Martin; Kopp, Johannes (2008): Methoden der Familiensoziologie. In: Schneider, Norbert F. (Hg.): *Lehrbuch der Familiensoziologie: Theorien, Methoden, empirische Befunde.* Stuttgart: UTB, S. 41–64.

Aghamanoukjan, Anahid; Buber, Renate; Meyer, Michael (2009): Qualitative Interviews. In: Buber, Renate; Holzmüller, Hartmut H. (Hg.): *Qualitative Marktforschung.* 2. Aufl. Wiesbaden: Gabler, S. 415–436.

Agustin, Clara; Singh, Jagdip (2005): Curvilinear Effects of Consumer Loyalty Determinants in Relational Exchanges. In: *Journal of Marketing Research, Jg.* 42, H. 1, S. 96–108.

Aiken, Leona S.; West, Stephen G. (1991): *Multiple Regression: Testing and Interpreting Interactions.* Newbury Park: SAGE.

Allbach, Horst (1993): Betriebswirtschaftslehre als Wissenschaft: Entwicklungstendenzen in der modernen Betriebswirtschaftslehre. In: *Zeitschrift für Betriebswirtschaft, Jg.* 63, H. Ergänzungsheft März, S. 7–26.

Allen, Natalie J.; Meyer, John P. (1990): The Measurement and Antecedents of Affective, Continuance and Normative Commitment to the Organization. In: *Journal of the Academy of Marketing Science, Jg.* 63, H. 1, S. 1–18.

Alreck, Pamela L.; Settle, Robert B. (1995): *The Survey Research Handbook.* 2. Aufl. Boston: Irwin/McGraw-Hill.

Anderson, Erin; Weitz, Barton (1992): The Use of Pledges to Build and Sustain Commitment in Distribution Channels. In: *Journal of Marketing Research, Jg.* 29, H. 1, S. 18–34.

Anderson, Eugene W.; Fornell, Claes; Lehmann, Donald R. (1994): Customer Satisfaction, Market Share, and Profitability: Findings from Sweden. In: *Journal of Marketing, Jg.* 58, H. 7, S. 53–66.

Anderson, Eugene W.; Sullivan, Mary W. (1993): The Antecedents and Consequences of Customer Satisfaction for Firms. In: *Marketing Science, Jg.* 12, H. 2, S. 125–143.

Anderson, Paul F. (1986): On Method in Consumer Research: A Critical Relativist Perspective. In: *Journal of Consumer Research, Jg.* 13, H. 2, S. 155–173.

Andreassen, Tor W.; Lanseng, Even (1997): The Principal's and Agents' Contribution to Customer Loyalty Within an Integrated Service Distribution Channel. In: *European Journal of Marketing, Jg.* 31, H. 7/8, S. 487–503.

Arnold, Hugh J. (1982): Moderator Variables: A Clarification of Conceptual, Analytic, and Psychometric Issues. In: *Organizational Behavior and Human Performance, Jg.* 29, H. 2, S. 143–174.

Aronson, Elliot; Wilson, Timothy D.; Akert, Robin M. (2008): *Sozialpsychologie.* 6. Aufl. München: Pearson Studium.

Auer, Ludwig von (2011): *Ökonometrie: Eine Einführung.* 5. Aufl. Heidelberg: Springer.

Auer-Srnka, Katarina J. (2009): Hypothesen und Vorwissen in der qualitativen Marktforschung. In: Buber, Renate; Holzmüller, Hartmut H. (Hg.): *Qualitative Marktforschung.* 2. Aufl. Wiesbaden: Gabler, S. 159–172.

Auh, Seigyoung; Johnson, Michael D. (1997): The Complex Relationship Between Customer Satisfaction and Loyalty for Automobiles. In: Johnson, Michael D.; Herrmann, Andreas; Huber, Frank; Gustafsson, Anders (Hg.): *Customer Retention in the Automotive Industry: Quality, Satisfaction and Loyalty.* Wiesbaden: Gabler, S. 141–166.

Austin, D. Mark; Baba, Yoko (1990): Social Determinants of Neighborhood Attachment. In: *Sociological Spectrum, Jg.* 10, H. 1, S. 59–78.

Backhaus, Klaus (1997): Relationship Marketing: Ein neues Paradigma im Marketing. In: Bruhn, Manfred; Steffenhagen, Hartwig (Hg.): *Marktorientierte Unternehmensführung.* Wiesbaden: Gabler, S. 19–35.

Backhaus, Klaus; Blechschmidt, Boris (2009): Fehlende Werte und Datenqualität: Eine Simulationsstudie am Beispiel der Kausalanalyse. In: *Die Betriebswirtschaft, Jg.* 69, H. 2, S. 265–287.

Backhaus, Klaus; Erichson, Bernd; Plinke, Wulff; Weiber, Rolf (2011): *Multivariate Analysemethoden: Eine anwendungsorientierte Einführung.* 13. Aufl. Berlin: Springer.

Backhaus, Klaus; Erichson, Bernd; Weiber, Rolf (2011): *Fortgeschrittene multivariate Analysemethoden: Eine anwendungsorientiere Einführung.* Berlin: Springer.

Backhaus, Klaus; Schneider, Helmut (2009): *Strategisches Marketing.* 2. Aufl. Stuttgart: Schäffer-Poeschel Verlag.

Backhaus, Klaus; Voeth, Markus (2010): *Industriegütermarketing.* 9. Aufl. München: Vahlen.

Bagozzi, Richard P. (1982): A Field Investigation of Causal Relations Among Cognitions, Affect, Intentions, and Behavior. In: *Journal of Marketing Research, Jg.* 19, H. 4, S. 562–583.

Bagozzi, Richard P.; Baumgartner, Hans (1994): The Evaluation of Structural Equation Models and Hypothesis Testing. In: Bagozzi, Richard P. (Hg.): *Principles of Marketing Research.* Cambridge: Blackwell, S. 386–422.

Bagozzi, Richard P.; Youjae Yi (1988): On the Evaluation of Structural Equation Models. In: *Journal of the Academy of Marketing Science, Jg.* 16, H. 1, S. 74–94.

Bakay, Zoltán (2003): *Kundenbindung von Haushaltsstromkunden: Entwicklung zentraler Determinanten.* Wiesbaden: Deutscher Universitäts-Verlag.

Bansal, Harvir S.; Irving, P. Gregory; Taylor, Shirley F. (2004): A Three-Component Model of Customer Commitment to Service Providers. In: *Journal of the Academy of Marketing Science, Jg.* 32, H. 3, S. 234–250.

Baron, Reuben M.; Kenny, David A. (1986): The Moderator-Mediator Variable Distinction in Social Psychological Research: Conceptual, Strategic, and Statistical Considerations. In: *Journal of Personality and Social Psychology, Jg.* 51, H. 6, S. 1173–1182.

Bauer, Hans H.; Herrmann, Andreas; Huber, Frank (1994): Die Erfassung der Markentreue im Automobilmarkt mit loglinearen Modellen. In: *Wirtschaftswissenschaftliches Studium, Jg.* 23, H. 9, S. 434–439.

Bauer, Hans H.; Huber, Frank; Betz, Jürgen (1998): Erfolgsgrößen im Automobilhandel: Ergebnisse einer kausalanalytischen Studie. In: *Zeitschrift für Betriebswirtschaft, Jg.* 68, H. 9, S. 979–1008.

Bauer, Hans H.; Huber, Frank; Bräutigam, Felix (1997): Method Supplied Investigation of Customer Loyalty in the Automotive Industry: Results of a Causal Analytical Study. In: Johnson, Michael D.; Herrmann, Andreas; Huber, Frank; Gustafsson, Anders (Hg.): *Customer Retention in the Automotive Industry: Quality, Satisfaction and Loyalty.* Wiesbaden: Gabler, S. 167–213.

Bauer, Hans H.; Sauer, Nicola E.; Merx, Kathrin (2002): Der Einfluss von Kundenemanzipation auf die Kundenzufriedenheit und Markentreue. In: *Die Betriebswirtschaft, Jg.* 62, H. 6, S. 644–663.

Bauer, Raymond A. (1960): Consumer Behavior as Risk Taking. In: Hancock, Robert S. (Hg.): *Dynamic Marketing for a Changing World: Proceedings of the 43rd Conference of the American Marketing Association, S.* 389–398.

Bausch, Thomas (1990): *Stichprobenverfahren in der Marktforschung.* München: Vahlen.

Bearden, William O.; Teel, Jesse E. (1983): Selected Determinants of Consumer Satisfaction and Complaint Reports. In: *Journal of Marketing Research, Jg.* 20, H. 1, S. 21–28.

Beckley, Thomas M. (2003): The Relative Importance of Sociocultural and Ecological Factors in Attachment to Place. In: Kruger, Linda E. (Hg.): *Understanding community-forest relations.* Portland: U.S. Department of Agriculture, Forest Service, Pacific Northwest Research Station, S. 105–126.

Behringer, Friederike (2002): *Berufswechsel und Qualifikationsverwertung: Dokumentation 4. BIBB-Fachkongress.*

Belk, Russell W.; Ger, Guliz; Askegaard, Soren (2003): The Fire of Desire: A Multisited Inquiry into Consumer Passion. In: *Journal of Consumer Research, Jg.* 30, H. 3, S. 326–351.

Berekoven, Ludwig; Eckert, Werner; Ellenrieder, Peter (2009): *Marktforschung: Methodische Grundlagen und praktische Anwendung.* 12. Aufl. Wiesbaden: Gabler.

Berent, Paul H. (1966): The Depth Interview. In: *Journal of Advertising Research, Jg.*6, H. 2, S. 32–39.

Berger, Hans; Peter, Sibylle I.; Herrmann, Andreas (1997): Customer Satisfaction and Customer Loyalty in the Automotive Industry: Results of an Empirical Study. In: Johnson, Michael D.; Herrmann, Andreas; Huber, Frank; Gustafsson, Anders (Hg.): *Customer Retention in the Automotive Industry: Quality, Satisfaction and Loyalty.* Wiesbaden: Gabler, S. 293–315.

Bergkvist, Lars; Rossiter, John R. (2007): The Predictive Validity of Multiple-Item Versus Single-Item Measures of the Same Constructs. In: *Journal of Marketing Research, Jg.* 44, H. 2, S. 175–184.

Bertelsmann Stiftung (2013): *Wegweiser Kommune.* Online verfügbar unter www.wegweiser-kommune.de, zuletzt geprüft am 18.06.2013.

Beutin, Nikolas (2008): Messung von Kundenzufriedenheit und Kundenbindung. In: Herrmann, Andreas; Homburg, Christian; Klarmann, Martin (Hg.): *Handbuch Marktforschung: Methoden, Anwendungen, Praxisbeispiele.* 3. Aufl. Wiesbaden: Gabler, S. 811–846.

Bhote, Keki R. (1996): *Beyond Customer Satisfaction to Customer Loyalty: The Key to Greater Profitability.* New York: Amacom.

Biong, Harald (1993): Satisfaction and Loyalty to Suppliers within the Grocery Trade. In: *European Journal of Marketing, Jg.* 27, H. 7, S. 21–38.

BITKOM Bundesverband Informationswirtschaft, Telekommunikation und neue Medien e. V. (2011): *Soziale Netzwerke: Eine repräsentative Untersuchung zur Nutzung sozialer Netzwerke im Internet.* Online verfügbar unter http://www.bitkom.org/files/documents/SozialeNetzwerke.pdf, zuletzt geprüft am 25.09.2013.

Blalock, Hubert M. (1964): *Causal Inferences in Nonexperimental Research.* Chapel Hill: University of North Carolina Press.

Blattberg, Robert C.; Deighton, John (1996): Manage Marketing by the Customer Equity Test. In: *Harvard Business Review, Jg.* 74, H. 4, S. 136–144.

Bliemel, Friedhelm W.; Eggert, Andreas (1998): Kundenbindung: die neue Sollstrategie? In: *Marketing: Zeitschrift für Forschung und Praxis, Jg.* 20, H. 1, S. 37–46.

Bloemer, José M. M.; Kasper, Hans D. P. (1995): The Complex Relationship Between Consumer Satisfaction and Brand Loyalty. In: *Journal of Economic Psychology, Jg.* 16, H. 2, S. 311–329.

Bloemer, José M. M.; Lemmink, Jos G. A. M. (1992): The Importance of Customer Satisfaction in Explaining Brand and Dealer Loyalty. In: *Journal of Marketing Management, Jg.* 8, H. 4, S. 351–363.

Bloemer, José M. M.; Odekerken-Schröder, Gaby (2002): Store Satisfaction and Store Loyalty Explained by Customer- and Store-Related Factors. In: *Journal of Consumer Satisfaction, Dissatisfaction and Complaining Behavior, Jg.* 15, S. 68–80.

Bloemer, José M. M.; Ruyter, Ko de (1999): Customer Loyalty in High and Low Involvement Service Settings: The Moderating Impact of Positive Emotions. In: *Journal of Marketing Management, Jg.* 15, H. 4, S. 315–330.

Boddy, Clive (2005): Projective Techniques in Market Research: Valueless Subjectivity or Insightful Reality: A Look at the Evidence for the Usefulness, Reliability and Validity of Projective Techniques in Market Research. In: *International Journal of Market Research, Jg.* 47, H. 3, S. 239–254.

Bogumil, Jörg; Holtkamp, Lars (2006): *Kommunalpolitik und Kommunalverwaltung: Eine policyorientierte Einführung.* Wiesbaden: VS Verlag für Sozialwissenschaften.

Bogumil, Jörg; Holtkamp, Lars; Schwarz, Gudrun (2003): *Das Reformmodell Bürgerkommune: Leistungen, Grenzen, Perspektiven.* Berlin: edition sigma.

Bohrnstedt, George W.; Carter, Micheal T. (1971): Robustness in Regression Analysis. In: Costner, Herbert L. (Hg.): *Sociological methodology.* San Francisco: Jossey Bass, S. 118–146.

Bolan, Marc (1997): The Mobility Experience and Neighborhood Attachment. In: *Demography, Jg.* 34, H. 2, S. 225–237.

Bollen, Kenneth A. (1989): *Structural Equations With Latent Variables.* New York: Wiley.

Bollen, Kenneth A.; Lennox, Richard (1991): Conventional Wisdom on Measurement: A Structural Equation Perspective. In: *Psychological Bulletin, Jg.* 110, H. 2, S. 305–314.

Bolton, Ruth N. (1998): A Dynamic Model of the Duration of the Customer's Relationship With a Continuous Service Provider: The Role of Satisfaction. In: *Marketing Science, Jg.* 17, H. 1, S. 45–65.

Bonaiuto, Marino; Aiello, Antonio; Perugini, Marco; Bonnes, Mirilia; Ercolani, Anna P. (1999): Multidimensional Perception of Residential Environment Quality and Neighbourhood Attachment in the Urban Environment. In: *Journal of Environmental Psychology, Jg.* 19, H. 4, S. 331–352.

Bonnet, Estelle; Collet, Beate (2010): Local Attachment and Familiy and Friendship Ties Put to the Mobility Test. In: Schneider, Norbert F.; Collet, Beate (Hg.): *Mobile Living Across Europe II: Causes and Consequences of Job-Related Spatial Mobility in Cross-National Comparison.* Opladen: Budrich, S. 237–261.

Bortz, Jürgen (2005): *Statistik für Human- und Sozialwissenschaftler.* 6. Aufl. Berlin: Springer.

Bortz, Jürgen; Döring, Nicola (2006): *Forschungsmethoden und Evaluation für Human- und Sozialwissenschaftler.* 4. Aufl. Berlin: Springer.

Bowers, John (1972): A Note on Comparing R-Biserial and R-Point Biserial. In: *Educational and Psychological Measurement, Jg.* 32, H. 3, S. 771–775.

Boyd, Richard N. (1984): The Current Status of Scientific Realism. In: Leplin, Jarrett (Hg.): *Scientific Realism.* Berkley: University of California Press, S. 41–82.

Boyle, Paul; Halfacree, Keith; Robinson, Vaughan (1998): *Exploring Contemporary Migration.* Harlow: Longman.

Braunstein, Christine (2001): *Einstellungsforschung und Kundenbindung: Zur Erklärung des Treueverhaltens von Konsumenten.* Wiesbaden: Deutscher Universitäts-Verlag.

Brettell, Caroline B.; Hollifield, James F. (Hg.) (2008): *Migration Theory: Talking Across Disciplines.* 2. Aufl. New York: Routledge.

Bristol, Terry; Fern, Edward F. (2003): The Effects of Interaction on Consumers' Attitudes in Focus Groups. In: *Psychology & Marketing, Jg.* 20, H. 5, S. 433–454.

Broadhead, W. Eugene; Gehlbach, Stephen H.; Gruy, Frank V. de; Kaplan, Berton H. (1988): The Duke-UNC Functional Social Support Questionnaire: Measurement of Social Support in Family Medicine Patients. In: *Medical care, Jg.* 26, H. 7, S. 709–723.

Brown, Barbara; Perkins, Douglas D.; Brown, Graham (2003): Place Attachment in a Revitalizing Neighborhood: Individual and Block Levels of Analysis. In: *Journal of Environmental Psychology, Jg.* 23, H. 3, S. 259–271.

Brown, Graham; Brown, Barbara; Perkins, Douglas D. (2004): New Housing as Neighborhood Revitalization Place Attachment and Confidence Among Residents. In: *Environment and Behavior, Jg.* 36, H. 6, S. 749–775.

Brown, Harold I. (1977): *Perception, Theory and Commitment: The New Philosophy of Science.* Chicago: University of Chicago Press.

Brown, Tom J.; Barry, Thomas E.; Dacin, Peter A.; Gunst, Richard F. (2005): Spreading The Word: Investigating Antecedents of Consumers' Positive Word-of-Mouth Intentions and Behaviors in a Retailing Context. In: *Journal of the Academy of Marketing Science, Jg.* 33, H. 2, S. 123–138.

Brüggen, Elisabeth; Willems, Pieter (2009): A Critical Comparison of Offline Focus Groups, Online Focus Groups and E-Delphi. In: *International Journal of Market Research, Jg.* 51, H. 3, S. 363–381.

Bruhn, Manfred (2013): *Relationship Marketing: Das Management von Kundenbeziehungen.* 3. Aufl. München: Vahlen.

Buber, Renate; Holzmüller, Hartmut H. (2009): Einleitung. In: Buber, Renate; Holzmüller, Hartmut H. (Hg.): *Qualitative Marktforschung.* 2. Aufl. Wiesbaden: Gabler, S. IX–XIII.

Buber, Renate; Holzmüller, Hartmut H. (Hg.) (2009): *Qualitative Marktforschung.* 2. Aufl. Wiesbaden: Gabler.

Bühlmann, Marc (2010): Kommunale Identität: Eine Mehrebenenanalyse der Determinanten individueller Verbundenheit mit der Gemeinde. In: *Zeitschrift für Vergleichende Politikwissenschaft, Jg.* 4, H. 2, S. 203–231.

Bühlmann, Marc (2013): Verbundenheit mit der Gemeinde. In: van Deth, Jan; Tausendpfund, Markus (Hg.): *Politik im Kontext: Ist alle Politik lokale Politik?: Individuelle und kontextuelle Determinanten politischer Orientierungen.* Wiesbaden: VS Verlag für Sozialwissenschaften, S. 329–358.

Bühner, Markus (2011): *Einführung in die Test- und Fragebogenkonstruktion.* 3. Aufl. München: Pearson Studium.

Bundesamt für Bauwesen und Raumordnung (2008): *Lokale Bindungen: Laufende Bevölkerungsumfrage 2008.*

Bundesministerium für Finanzen (2012): *Der Gemeindeanteil an der Einkommensteuer in der Gemeindefinanzreform.*

Bundesministerium für Familie, Senioren, Frauen und Jugend (2010): *Hauptbericht des Freiwilligensurveys 2009.* München.

Burmann, Christoph (1991): Konsumentenzufriedenheit als Determinate der Marken- und Händlerloyalität: Das Beispiel der Automobilindustrie. In: *Marketing: Zeitschrift für Forschung und Praxis, Jg.* 13, H. 4, S. 249–258.

Buttimer, Anne (1980): Home, Reach, and the Sence of Place. In: Buttimer, Anne; Seamon, David (Hg.): *The Human Experience of Space and Place.* London: Croom Helm, S. 289-230.

Buttler, Günter; Fickel, Norman (2002): *Statistik mit Stichproben.* Reinbek bei Hamburg: Rowohlt-Taschenbuch-Verlag.

Byers, Peggy Y.; Wilcox, James R. (1991): Focus Groups: A Qualitative Opportunity for Researchers. In: *Journal of Business Communication, Jg.* 28, H. 1, S. 63–78.

Calder, Bobby J. (1977): Focus Groups and the Nature of Qualitative Marketing Research. In: *Journal of Marketing Research, Jg.* 14, H. 3, S. 353–364.

Chandrashekaran, Murali; Rotte, Kristin; Tax, Stephen S.; Grewal, Rajdeep (2007): Satisfaction Strength and Customer Loyalty. In: *Journal of Marketing Research, Jg.* 44, H. 1, S. 153–163.

Chatterjee, Samprit; Price, Bertram (1977): *Regression Analysis by Example.* New York: Wiley.

Chemers, Martin M.; Ayman, Roya; Werner, Carol (1978): Expectancy Theory Analysis of Migration. In: *Population & Environment, Jg.* 1, H. 1, S. 42–56.

Chen, Shu C.; Quester, Pascale G. (2005): Developing a Value-Based Measure of Market Orientation in an Interactive Service Relationship. In: *Journal of Marketing Management, Jg.* 21, H. 7, S. 779–808.

Chevalier, Judith A.; Mayzlin, Dina (2006): The Effect of Word of Mouth on Sales: Online Book Reviews. In: *Journal of Marketing Research, Jg.* 43, H. 3, S. 345–354.

Chin, Wynne W. (1998): The Partial Least Squares Approach for Structural Equation Modeling. In: Marcoulides, George A. (Hg.): *Modern Methods for Business Research.* New Jersey: Lawrence Erlbaum Associates, S. 295–336.

Chiou, Jyh-Shen; Droge, Cornelia (2006): Service Quality, Trust, Specific Asset Investment, and Expertise: Direct and Indirect Effects in a Satisfaction-Loyalty Framework. In: *Journal of the Academy of Marketing Science, Jg.* 34, H. 4, S. 613–627.

Churchill, Gilbert A. (1979): A Paradigm for Developing Better Measures of Marketing Constructs. In: *Journal of Marketing Research, Jg.* 16, H. 1, S. 64–73.

Churchill, Gilbert A.; Surprenant, Carol (1982): An Investigation into the Determinants of Customer Satisfaction. In: *Journal of Marketing Research, Jg.* 19, H. 4, S. 491–504.

Churchman, Arza; Mitrani, Michal (1997): The Role of the Physical Environment in Culture Shock. In: *Environment and Behavior, Jg.* 29, H. 1, S. 64–86.

Clark, William A. V. (1986): *Human Migration.* Beverly Hills: SAGE.

Clark, William A. V.; Drever, A. I. (2000): Residential Mobility in a Constrained Housing Market: Implications for Ethnic Populations in Germany. In: *Environment and Planning A, Jg.* 32, H. 5, S. 833–846.

Clary, E. Gil; Snyder, Mark; Ridge, Robert D.; Copeland, John; Stukas, Arthur A.; Haugen, Julie; Miene, Peter (1998): Understanding and Assessing the Motivations of Volunteers: A Functional Approach. In: *Journal of Personality and Social Psychology, Jg.* 74, H. 6, S. 1516–1530.

Cleff, Thomas (2011): *Deskriptive Statistik und moderne Datenanalyse: Eine computergestützte Einführung mit Excel, PASW (SPSS) und STATA.* 2. Aufl. Wiesbaden: Gabler.

Coase, Ronald H. (1937): The Nature of the Firm. In: *Economica, Jg.* 4, H. 16, S. 386–405.

Cochran, William G. (1977): *Sampling Techniques.* 3. Aufl. New York: Wiley.

Cohen, Jacob; Cohen, Patricia; West, Stephen G.; Aiken, Leona S. (2003): *Applied Multiple Regression/Correlation Analysis for the Behavioral Sciences.* 3. Aufl. Mahwah: Lawrence Erlbaum Associates.

Cooil, Bruce; Keiningham, Timothy L.; Aksoy, Lerzan; Hsu, Michael (2007): A Longitudinal Analysis of Customer Satisfaction and Share of Wallet: Investigating the Moderating Effect of Customer Characteristics. In: *Journal of Marketing, Jg.* 71, H. 1, S. 67–83.

Cox, Keith K.; Higginbotham, James B.; Burton, John (1976): Applications of Focus Group Interviews in Marketing. In: *Journal of Marketing, Jg.* 40, H. 1, S. 77–80.

Crabtree, Benjamin F.; Miller, William F. (1999): Using Codes and Code Manunals: A Template Organizing Style of Interpration. In: Crabtree, Benjamin F.; Miller, William F. (Hg.): *Doing Qualitative Research.* Thousand Oaks: SAGE, S. 163–178.

Cronbach, Lee J. (1987): Statistical Tests for Moderator Variables: Flaws in Analyses Recently Proposed. In: *Psychological Bulletin, Jg.* 102, H. 3, S. 414–417.

Cronin, J. Joseph, Jr.; Taylor, Steven A. (1992): Measuring Service Quality: A Reexamination and Extension. In: *Journal of Marketing, Jg.* 56, H. 3, S. 55–68.

Crossley, Craig D.; Bennett, Rebecca J.; Jex, Steve M.; Burnfield, Jennifer L. (2007): Development of a Global Measure of Job Embeddedness and Integration into a Traditional Model of Voluntary Turnover. In: *Journal of Applied Psychology, Jg.* 92, H. 4, S. 1031–1042.

Cuba, Lee; Hummon, David M. (1993): A Place to Call Home: Identification with Dwelling, Community, and Region. In: *The Sociological Quarterly, Jg.* 34, H. 1, S. 111–131.

Cunningham, Scott M. (1967): The Major Dimensions of Perceived Risk. In: Cox, Donald F. (Hg.): *Risk Taking and Information Handling in Consumer Behaviour.* Boston: Harvard Business School Publication Corp., S. 82–108.

Darrow, Arthur L.; Kahl, Douglas R. (1982): A Comparison of Moderated Regression Techniques Considering Strength of Effect. In: *Journal of Management, Jg.* 8, H. 2, S. 35–47.

Davenport, Mae A.; Anderson, Dorothy H. (2005): Getting from Sense of Place to Place-Based Management: An Interpretive Investigation of Place Meanings and Perceptions of Landscape Change. In: *Society and Natural Resources, Jg.* 18, H. 7, S. 625–641.

Davis, Harry L.; Rigaux, Benny P. (1974): Perception of Marital Roles in Decision Processes. In: *Journal of Consumer Research, Jg.* 1, H. 1, S. 51–62.

De Haan, Arjan (1999): Livelihoods and Poverty: The Role of Migration-A Critical Review of the Migration Literature. In: *The Journal of Development Studies, Jg.* 36, H. 2, S. 1–47.

De Jong, Gordon F.; Fawcett, James T. (1981): Motivations for Migration: An Assessment and a Value-Expectancy Research Model. In: De Jong, Gordon F.; Gardner, Robert W. (Hg.): *Migration Decision Making: Multidisciplinary Approaches to Microlevel Studies in Developed and Developing Countries.* New York: Pergamon Press, S. 13–58.

320

De Jong, Gordon F.; Root, Brenda D.; Gardner, Robert W.; Fawcett, James T.; Abad, Ricardo G. (1985): Migration Intentions and Behavior: Decision Making in a Rural Philippine Province. In: *Population and Environment, Jg.* 8, H. 1-2, S. 41–62.

Dekimpe, Marnik G.; Steenkamp, Jan-Benedict E. M.; Mellens, Martin; Abeele, Piet V. (1997): Decline and Variability in Brand Loyalty. In: *International Journal of Research in Marketing, Jg.* 14, H. 5, S. 405–420.

Demiri, Argjent (2004): *Bestimmungsfaktoren der Kundenbindung im Bankensektor: Eine theoretische und empirische Untersuchung.* Aachen: Shaker.

Deshpande, Rohit (1983): "Paradigms Lost": On Theory and Method in Research in Marketing. In: *Journal of Marketing, Jg.* 47, H. 4, S. 101–110.

Dewey, John (1910): *How We Think.* Boston: D. C. Heath.

Dichter, Martin N.; Holle, Bernhard; Schmidt, Sascha G.; Hasselhorn, Hans M.; Schnepp, Wilfried; Simon, Michael (2012): Care As a Double Duty: A Secondary Data Analysis of Nurses with Care Responsibilities at Home. In: *Pflege & Gesellschaft, Jg.* 17, H. 4, S. 330–346.

Dick, Alan S.; Basu, Kunal (1994): Customer Loyalty: Toward an Integrated Conceptual Framework. In: *Journal of the Academy of Marketing Science, Jg.* 22, H. 2, S. 99–113.

Diehl, Nicola; Deffner, Jutta; Stieß, Immanuel (2009): *Partizipatives Quartiermarketing: Konzeptionelle Überlegungen für ein kommunikatives Instrument im Nutzungszyklusmanagement.* Hamburg.

Diekmann, Andreas (2006): *Empirische Sozialforschung: Grundlagen, Methoden, Anwendungen.* 16. Aufl. Reinbek bei Hamburg: Rowohlt-Taschenbuch-Verlag.

Diller, Hermann (1995): *Kundenbindung als Zielvorgabe im Beziehungs-Marketing: Arbeitspapier Nr. 40 des Lehrstuhl für Marketing, Universität Nürnberg-Erlangen.* Nürnberg.

Diller, Hermann (1996): Kundenbindung als Marketingziel. In: *Marketing: Zeitschrift für Forschung und Praxis, Jg.* 18, H. 2, S. 81–94.

Dodds, William B.; Monroe, Kent B.; Grewal, Dhruv (1991): Effects of Price, Brand, and Store Information on Buyers' Product Evaluations. In: *Journal of Marketing Research, Jg.* 28, H. 3, S. 307–319.

Doherty, Susan; Nelson, Roy (2010): Using Projective Techniques to Tap into Consumers' Feelings, Perceptions and Attitudes. Getting an Honest Opinion. In: *International Journal of Consumer Studies, Jg.* 34, H. 4, S. 400–404.

Dorbritz, Jürgen; Schneider, Norbert F. (2013): Familiendemografische Trends in Deutschland – Herausforderungen für zukünftiges politisches Handeln. In: Hüther, Michael; Naegele, Gerhard (Hg.): *Demografiepolitik: Herausforderungen und Handlungsfelder.* Wiesbaden: VS Verlag für Sozialwissenschaften, S. 142–163.

Dresel, Irene (2005): *Migration: Eine theoretische und ökonometrische Analyse der Wanderungsbewegungen in Deutschland und der Europäischen Union.* Frankfurt am Main: Lang.

Drinkmann, Elisabeth (1992): *Mobilität und Raumbewußtsein: Untersuchungen am Beispiel der Pfarrerschaft der Evangelisch-Lutherischen Kirche in Bayern.* Kallmünz/Regensburg: Laßleben.

Duffy, Bobby; Smith, Kate; Terhanian, George; Bremer, John (2005): Comparing Data from Online and Face-to-Face Surveys. In: *International Journal of Market Research, Jg.* 47, H. 6, S. 615–639.

Dwyer, F. Robert; Schurr, Paul H.; Oh, Sejo (1987): Developing Buyer-Seller Relationships. In: *Journal of Marketing, Jg.* 51, H. 2, S. 11–27.

Dyllick, Thomas; Tomczak, Torsten (2009): Erkenntnistheoretische Basis der Marketingwissenschaft. In: Buber, Renate; Holzmüller, Hartmut H. (Hg.): *Qualitative Marktforschung.* 2. Aufl. Wiesbaden: Gabler, S. 65–79.

Eberl, Markus (2004): *Formative und reflektive Indikatoren im Forschungsprozess: Entscheidungsregeln und die Dominanz des reflektiven Modells.* Arbeitspapier Nr. 19. München. Ludwigs-Maximilians-Universität, Institut für Unternehmensentwicklung und Organisation Seminar für Empirische Forschung und Unternehmensplanung.

Ebert, Christian (2004): *Identitätsorientiertes Stadtmarketing: Ein Beitrag zur Koordination und Steuerung des Stadtmarketing.* Frankfurt am Main: Lang.

Echambadi, Raj; Hess, James D. (2007): Mean-Centering Does Not Alleviate Collinearity Problems in Moderated Multiple Regression Models. In: *Marketing Science, Jg.* 26, H. 3, S. 438–445.

Eger, Thorsten (2009): *IT-Spezialisten in Frankfurt am Main: Eine Studie zur Ortsbindung von flexiblen Erwerbstätigen.* Aachen: Shaker.

Eggert, Andreas (1999): *Kundenbindung aus Kundensicht: Konzeptualisierung: Operationalisierung: Verhaltenswirksamkeit.* Wiesbaden: Deutscher Universitäts-Verlag.

Eggert, Andreas; Helm, Sabrina; Garnefeld, Ina (2007): Kundenbindung durch Weiterempfehlung. In: *Marketing: Zeitschrift für Forschung und Praxis, Jg.* 29, H. 4, S. 233–245.

Elder, Glen H., Jr.; King, Valarie; Conger, Rand D. (1996): Attachment to Place and Migration Prospects: A Developmental Perspective. In: *Journal of Research on Adolescence, Jg.* 6, H. 4, S. 397–425.

Engel, James F.; Blackwell, Roger D.; Kollat, David T. (1978): *Consumer Behavior.* 3. Aufl. Hinsdale: Dryden Press.

Esser, Hartmut (1987): Lokale Identifikation im Ruhrgebiet. Zur allgemeinen Erklärung einer speziellen Angelegenheit. In: *Informationen zur Raumentwicklung, Jg.* 3, S. 109–118.

Esser, Hartmut (1991): Die Rationalität des Alltagshandelns-Eine Rekonstruktion der Handlungstheorie von Alfred Schütz. In: *Zeitschrift für Soziologie, Jg.* 20, H. 6, S. 430–445.

Fahrmeir, Ludwig; Kneib, Thomas; Lang, Stefan (2009): *Regression: Modelle, Methoden und Anwendungen.* 2. Aufl. Berlin: Springer.

Fang, Yiping (2006): Residential Satisfaction, Moving Intention and Moving Behaviours: A Study of Redeveloped Neighbourhoods in Inner-City Beijing. In: *Housing Studies, Jg.* 21, H. 5, S. 671–694.

Fassmann, Heinz; Meusburger, Peter (1997): *Arbeitsmarktgeographie: Erwerbstätigkeit und Arbeitslosigkeit im räumlichen Kontext.* Stuttgart: Teubner.

Fassott, Georg; Eggert, Andreas (2005): Zur Verwendung formativer und reflektiver Indikatoren in Strukturgleichungsmodellen: Bestandsaufnahme und Anwendungsempfehlungen. In: Bliemel, Friedhelm; Eggert, Andreas; Fassott, Georg;
Henseler, Jörg (Hg.): *Handbuch PLS-Pfadmodellierung: Methode, Anwendung,
Praxisbeispiele.* Stuttgart: Schäffer-Poeschel Verlag, S. 31–47.

Faulbaum, Frank; Prüfer, Peter; Rexroth, Margrit (2009): *Was ist eine gute Frage?
Die systematische Evaluation der Fragenqualität.* Wiesbaden: VS Verlag für Sozialwissenschaften.

Feldman, Roberta M. (1996): Constancy and Change in Attachments to Types of
Settlements. In: *Environment and Behavior, Jg.* 28, H. 4, S. 419–445.

Félonneau, Marie-Line (2004): Love and Loathing of the City: Urbanophilia and
Urbanophobia, Topological Identity and Perceived Incivilities. In: *Journal of
Environmental Psychology, Jg.* 24, H. 1, S. 43–52.

Fend, Helmut (1991): *Identitätsentwicklung in der Adoleszenz: Lebensentwürfe,
Selbstfindung und Weltaneignung in beruflichen, familiären und politisch-weltan-
schaulichen Bereichen.* Bern: Huber.

Fern, Edward F. (1983): Focus Groups: A Review of Some Contradictory Evidence,
Implications, and Suggestions for Further Research. In: *Advances in Consumer
Research, Jg.* 10, S. 121–126.

Festge, Fabian (2006): *Kundenzufriedenheit und Kundenbindung im Investitionsgü-
terbereich: Ermittlung zentraler Einflussfaktoren.* Wiesbaden: Deutscher Universitäts-Verlag.

Feyerabend, Paul K. (1965): Problems of Empiricism. In: Colodny, Robert G.
(Hg.): *Beyond the Edge of Certainty.* Englewood Cliffs: Prentice Hall,
S. 145–260.

Field, Andy (2009): *Discovering Statistics Using SPSS.* 3. Aufl. Los Angeles: SAGE.

**Fischer, Peter A.; Holm, Einar; Malmberg, Gunnar; Straubhaar, Thomas
(2000):** *Why Do People Stay? Insider Advantages and Immobility.* HWWA Discussion Paper 112.

Fischer, Peter A.; Malmberg, Gunnar (2001): Settled People Don't Move: On Life Course and (Im-) Mobility in Sweden. In: *International Journal of Population Geography, Jg.* 7, H. 5, S. 357–371.

Fisher, Robert J. (1993): Social Desirability Bias and the Validity of Indirect Questioning. In: *Journal of Consumer Research, Jg.* 20, H. 2, S. 303–315.

Fishwick, Lesley; Vining, Joanne (1992): Toward a Phenomenology of Recreation Place. In: *Journal of Environmental Psychology, Jg.* 12, H. 1, S. 57–63.

Fleury-Bahi, Ghozlane; Félonneau, Marie-Line; Marchand, Dorothée (2008): Processes of Place Identification and Residential Satisfaction. In: *Environment and Behavior, Jg.* 40, H. 5, S. 669–682.

Flick, Uwe (2009): *Qualitative Sozialforschung: Eine Einführung.* 2. Aufl. Reinbek bei Hamburg: Rowohlt-Taschenbuch-Verlag.

Flick, Uwe (2011): *Triangulation: Eine Einführung.* 3. Aufl. Wiesbaden: VS Verlag für Sozialwissenschaften.

Floh, Arne (2004): *Kundenbindung im Internet: Messung der psychografischen Antezedenzbedingungen von Kundenbindung im Kontext elektronischer Geschäftsbeziehungen.* Hamburg: Kovac.

Fornara, Ferdinando; Bonaiuto, Marino; Bonnes, Mirilia (2010): Cross-Validation of Abbreviated Perceived Residential Environment Quality (PREQ) and Neighborhood Attachment (NA) Indicators. In: *Environment and Behavior, Jg.* 42, H. 2, S. 171–196.

Fornell, Claes (1992): A National Customer Satisfaction Barometer: The Swedish Experience. In: *Journal of Marketing, Jg.* 56, H. 1, S. 6–21.

Fornell, Claes; Johnson, Michael D.; Anderson, Eugene W.; Jaesung Cha; Bryant, Barbara E. (1996): The American Customer Satisfaction Index: Nature, Purpose, and Findings. In: *Journal of Marketing, Jg.* 60, H. 4, S. 7–18.

Fornell, Claes; Larcker, David F. (1981): Evaluating Structural Equation Models with Unobservable Variables and Measurement Error. In: *Journal of Marketing Research, Jg.* 18, H. 1, S. 39–50.

Foscht, Thomas; Angerer, Thomas; Swoboda, Bernhard (2009): Mixed Methods: Systematisierung von Untersuchungsdesigns. In: Buber, Renate; Holzmüller, Hartmut H. (Hg.): *Qualitative Marktforschung.* 2. Aufl. Wiesbaden: Gabler, S. 247–259.

Frank, Ulrich (2003): Einige Gründe für die Wiederbelebung der Wissenschaftstheorie. In: *Die Betriebswirtschaft, Jg.* 63, H. 3, S. 278–292.

Frenzen, Heiko; Krafft, Manfred (2008): Logistische Regression und Diskriminazanalyse. In: Herrmann, Andreas; Homburg, Christian; Klarmann, Martin (Hg.): *Handbuch Marktforschung: Methoden, Anwendungen, Praxisbeispiele.* 3. Aufl. Wiesbaden: Gabler, S. 607–649.

Freyland, Bettina; Herrmann, Andreas; Huber, Frank (1999): Warum sind zufriedene Kunden nicht treu? Ergebnisse einer empirischen Untersuchung zur Kundenloyalität in der Versicherungsbranche. In: *Die Versicherungswirtschaft, Jg.* 54, H. 23, S. 1744–1747.

Frick, Joachim (1996): *Lebenslagen im Wandel: Determinanten kleinräumlicher Mobilität in Westdeutschland.* Frankfurt am Main: Campus.

Fried, Marc (1963): Grieving for Lost of Home. In: Duhl, Leonard J. (Hg.): *The Urban Condition: People and Policy in the Metropolis.* New York: Basic Books, S. 151–171.

Fried, Marc (1982): Residential Attachment: Sources of Residential and Community Satisfaction. In: *Journal of Social Issues, Jg.* 38, H. 3, S. 107–119.

Fried, Marc (2000): Continuities and Discontinuities of Place. In: *Journal of Environmental Psychology, Jg.* 20, H. 3, S. 193–205.

Fritz, Wolfgang (1995): *Marketing-Management und Unternehmenserfolg: Grundlagen und Ergebnisse einer empirischen Untersuchung.* 2. Aufl. Stuttgart: Schäffer-Poeschel Verlag.

Fuhrer, Urs; Kaiser, Florian G. (1992): Bindung an das Zuhause: Die emotionalen Ursachen. In: *Zeitschrift für Sozialpsychologie, Jg.* 23, H. 2, S. 105–118.

Fullerton, Gordon (2005): The Impact of Brand Commitment on Loyalty to Retail Service Brands. In: *Canadian Journal of Administrative Sciences, Jg.* 22, H. 2, S. 97–110.

Furse, David H.; Punj, Girish N.; Stewart, David W. (1984): A Typology of Individual Search Strategies Among Purchasers of New Automobiles. In: *Journal of Consumer Research, Jg.* 10, H. 4, S. 417–431.

Gabler, Siegfried (1992): Schneeballverfahren und verwandte Stichprobendesigns. In: *ZUMA Nachrichten, Jg.* 16, H. 31, S. 47–69.

Ganesan, Shankar (1994): Determinants of Long-Term Orientation in Buyer-Seller Relationships. In: *Journal of Marketing, Jg.* 58, H. 2, S. 1–19.

Garbarino, Ellen; Johnson, Mark S. (1999): The Different Roles of Satisfaction, Trust, and Commitment in Customer Relationships. In: *Journal of Marketing, Jg.* 63, H. 2, S. 70–87.

Gardner, Robert W. (1981): Macrolevel Influences on the Migration Decision Process. In: De Jong, Gordon F.; Gardner, Robert W. (Hg.): *Migration Decision Making: Multidisciplinary Approaches to Microlevel Studies in Developed and Developing Countries.* New York: Pergamon Press, S. 59–89.

Gatignon, Hubert; Vosgerau, Joachim (2005): *Moderating Effects: The Myth of Mean Centering: Working Paper.* INSEAD Faculty and Research. Fontainebleau Cedex.

Gebhardt, Hans; Reuber, Paul; Schweizer, Günther; Stegmann, Bernd-Achim; Weiss, Günther; Zehner, Klaus (1995): Überblick: Ortsbindung im Verdichtungsraum: Theoretische Grundlagen, methodische Ansätze und ausgewählte Ergebnisse. In: Gebhardt, Hans; Schweizer, Günther (Hg.): *Zuhause in der Grossstadt. Ortsbindung und räumliche Identifikation im Verdichtungsraum.* Köln, S. 3–58.

Geis, Martin (2005): *Migration in Deutschland: Interregionale Migrationsmotivatoren.* Wiesbaden: Deutscher Universitäts-Verlag.

Genosko, Joachim (1978): *Ursachen und Auswirkungen räumlicher Mobilität: Eine empirische Untersuchung der Bevölkerungsbewegung innerhalb und über die Grenzen der bayerischen Planungsregion Donau-Wald.* Regensburg.

Gerbing, David W.; Anderson, James C. (1988): An Updated Paradigm for Scale Development Incorporating Unidimensionality and Its Assessment. In: *Journal of Marketing Research, Jg.* 25, H. 2, S. 186–192.

Gerpott, Torsten J.; Rams, Wolfgang (2000): Kundenbindung, -loyalität und -zufriedenheit im deutschen Mobilfunkmarkt. In: *Die Betriebswirtschaft, Jg.* 60, H. 6, S. 738–755.

Gerrig, Richard J.; Zimbardo, Philip G. (2008): *Psychologie.* 18. Aufl. München: Pearson Studium.

Ghatak, Subrata; Levine, Paul; Price, Stephen W. (1996): Migration Theories and Evidence: An Assessment. In: *Journal of Economic Surveys, Jg.* 10, H. 2, S. 159–198.

Giering, Annette (2000): *Der Zusammenhang zwischen Kundenzufriedenheit und Kundenloyalität: Eine Untersuchung moderierender Effekte.* Wiesbaden: Deutscher Universitäts-Verlag.

Gierl, Heribert; Bitz, Robert (2004): Markenpersönlichkeit und Kundenbindung. In: *Jahrbuch der Absatz- und Verbrauchsforschung, Jg.* 50, H. 2, S. 139–159.

Gierl, Heribert; Helm, Roland; Stumpp, Stefan (2002): Markentreue und Kaufintervalle bei langlebigen Konsumgütern. In: *Schmalenbachs Zeitschrift für betriebswirtschaftliche Forschung, Jg.* 54, H. 5, S. 215–232.

Gifford, Robert (2007): The Consequences of Living in High-Rise Buildings. In: *Architectural Science Review, Jg.* 50, H. 1, S. 2–17.

Giloth, Mathias (2003): *Kundenbindung in Mitgliedschaftssystemen: Ein Beitrag zum Kundenwertmanagement: dargestellt am Beispiel von Buchgemeinschaften.* Frankfurt am Main: Lang.

Glaser, Barney G.; Strauss, Anselm L. (1967): *The Discocery of Grounded Theory.* London: Weidenfeld and Nicolson.

Gläser, Jochen; Laudel, Grit (2010): *Experteninterviews und qualitative Inhaltsanalyse.* 4. Aufl. Wiesbaden: VS Verlag für Sozialwissenschaften.

Götz, Oliver; Liehr-Gobbers, Kerstin (2004): Analyse von Strukturgleichungsmodellen mit Hilfe der Partial-Least-Squares (PLS)-Methode. In: *Die Betriebswirtschaft, Jg.* 64, H. 6, S. 714–738.

Greenbaum, Thomas L. (1988): *The Practical Handbook and Guide to Focus Group Research.* Lexington: Lexington Books.

Greenbaum, Thomas L. (1998): *The Handbook for Focus Group Research.* 2. Aufl. Thousand Oaks: SAGE.

Greenslade, Jaimi H.; White, Katherine M. (2005): The Prediction of Above-Average Participation in Volunteerism: A Test of the Theory of Planned Behavior and the Volunteers Functions Inventory in Older Australian Adults. In: *The Journal of Social Psychology, Jg.* 145, H. 2, S. 155–172.

Greenwood, Michael J. (1975): Research on Internal Migration in the United States: A Survey. In: *Journal of Economic Literature, Jg.* 13, H. 2, S. 397–433.

Greenwood, Michael J. (1985): Human Migration: Theory, Models, and Empirical Studies. In: *Journal of Regional Science, Jg.* 25, H. 4, S. 521–544.

Greverus, Ina M. (1979): *Auf der Suche nach Heimat.* München: Beck.

Griffiths, Merlyn A. (2005): Product Involvement and Place Attachment: Insights from the Environmental Psychology Literature. In: *AMA Winter Educators' Conference Proceedings, Jg.* 16, S. 209–215.

Griggs, Steven (1987): Analysing Qualitative Data. In: *Journal of the Market Research Society, Jg.* 29, H. 1, S. 15–34.

Groot, Gerald de (1986): Qualitative Research: Deep, Dangerous or Just Plain Dotty. In: *European Research, Jg.* 14, H. 3, S. 136–141.

Gröppel-Klein, Andrea; Königstorfer, Jörg (2009): Projektive Verfahren in der Marktforschung. In: Buber, Renate; Holzmüller, Hartmut H. (Hg.): *Qualitative Marktforschung.* 2. Aufl. Wiesbaden: Gabler, S. 537–554.

Groves, Robert M. (2009): *Survey Methodology.* 2. Aufl. Hoboken: Wiley.

Grund, Michael A. (1998): *Interaktionsbeziehungen im Dienstleistungsmarketing: Zusammenhänge zwischen Zufriedenheit und Bindung von Kunden und Mitarbeitern.* Wiesbaden: Gabler.

Günther, Martin; Vossebein, Ulrich W.; Wildner, Raimund (2006): *Marktforschung mit Panels: Arten, Erhebung, Analyse, Anwendung.* 2. Aufl. Wiesbaden: Gabler.

Gustafson, Per (2006): Place Attachment and Mobility. In: McIntyre, Norman; Williams, Daniel; McHugh, Kevin (Hg.): *Multiple Dwelling and Tourism: Negotiating Place, Home, and Identity.* Wallingford: CABI Publishing, S. 17–31.

Gustafson, Per (2009): More Cosmopolitan, No Less Local: The Orientations of International Travellers. In: *European Societies, Jg.* 11, H. 1, S. 25–47.

Gustafsson, Anders; Johnson, Michael D.; Roos, Inger (2005): The Effects of Customer Satisfaction, Relationship Commitment Dimensions, and Triggers on Customer Retention. In: *Journal of Marketing, Jg.* 69, H. 4, S. 210–218.

Habermas, Tilmann (1996): *Geliebte Objekte: Symbole und Instrumente der Identitätsbildung.* Berlin: De Gruyter.

Häder, Michael (2010): *Empirische Sozialforschung.* 2. Aufl. Wiesbaden: VS Verlag für Sozialwissenschaften.

Hale, Chris (1996): Fear of Crime: A Review of The Literature. In: *International Review of Victimology, Jg.* 4, H. 2, S. 79–150.

Hallowell, Roger (1996): The Relationships of Customer Satisfaction, Customer Loyalty, and Profitability: An Empirical Study. In: *International Journal of Service Industry Management, Jg.* 7, H. 4, S. 24–42.

Hammar, Tomas; Bochmann, Grete; Tamas, Kristof; Faist, Thomas (Hg.) (1997): *International Migration, Immobility and Development: Multidisciplinary Perspectives.* Oxford: Berg.

Han, Petrus (2010): *Soziologie der Migration: Erklärungsmodelle, Fakten, politische Konsequenzen, Perspektiven.* 3. Aufl. Stuttgart: Lucius und Lucius.

Harré, Rom (1986): *Varieties of Realism: A Rationale for the Natural Sciences.* Oxford: Blackwell.

Hax, Herbert (1991): Theorie der Unternehmung: Information, Anreize und Vertragsgestaltung. In: Ordelheide, Dieter; Rudolph, Bernd; Büsselmann, Elke (Hg.): *Betriebswirtschaftslehre und ökonomische Theorie.* Stuttgart: Poeschel, S. 51–72.

Hay, Robert (1998): Sense of Place in Developmental Context. In: *Journal of Environmental Psychology, Jg.* 18, H. 1, S. 5–29.

Heckhausen, Heinz (1991): *Motivation and Action.* Berlin, New York: Springer.

Hedges, A. (1985): Group Interviewing. In: Walker, Robert (Hg.): *Applied Qualitative Research.* Vermount: Gower, S. 71–91.

Heinen, Edmund (1969): Zum Wissenschaftsprogramm der entscheidungsorientierten Betriebswirtschaftslehre. In: *Zeitschrift für Betriebswirtschaft, Jg.* 39, H. 4, S. 207–220.

Heinze, Jana; Schneider, Helmut; Ferié, Frederik (2013 (im Erscheinen)). Mapping the Consumption of Government Communication: a Qualitative Study in Germany. In: *Journal of Public Affairs.*

Helmig, Bernd (1997): *Variety-Seeking-Behavior im Konsumgüterbereich: Beeinflussungsmöglichkeiten durch Marketinginstrumente.* Wiesbaden: Gabler.

Hennig-Thurau, Thorsten (2000): Relationship Quality and Customer Retention through Strategic Communication of Customer Skills. In: *Journal of Marketing Management, Jg.* 16, H. 1-3, S. 55–79.

Hennig-Thurau, Thorsten; Klee, Alexander (1997): The Impact of Customer Satisfaction and Relationship Quality on Customer Retention: A Critical Reassessment and Model Development. In: *Psychology & Marketing, Jg.* 14, H. 8, S. 737–764.

Herrmann, Andreas; Huber, Frank; Braunstein, Christine (2000): Ein Erklärungsansatz der Kundenbindung unter Berücksichtigung der wahrgenommenen Handlungskontrolle. In: *Die Betriebswirtschaft, Jg.* 60, H. 3, S. 293–313.

Herrmann, Andreas; Huber, Frank; Kressmann, Frank (2006): Varianz- und kovarianzbasierte Strukturgleichungsmodelle – ein Leitfaden zu deren Spezifikation, Schätzung und Beurteilung. In: *Schmalenbachs Zeitschrift für betriebswirtschaftliche Forschung, Jg.* 58, H. 2, S. 34–66.

Herrmann, Andreas; Johnson, Michael D. (1999): Die Kundenzufriedenheit als Bestimmungsfaktor der Kundenbindung. In: *Schmalenbachs Zeitschrift für betriebswirtschaftliche Forschung, Jg.* 51, H. 6, S. 579–598.

Herzog, Henry W., Jr.; Schlottmann, Alan M.; Boehm, Thomas P. (1993): Migration as Spatial Job–search: A Survey of Empirical Findings. In: *Regional Studies, Jg.* 27, H. 4, S. 327–340.

Hickey, Anthony A. (2002): Community Attachment an Migration. In: Geisen, Thomas (Hg.): *Mobilität und Mentalitäten: Beiträge zu Migration, Identität und regionaler Entwicklung.* Frankfurt am Main: IKO-Verlag für Interkulturelle Kommunikation, S. 65–76.

Hidalgo, M. Carmen; Hernandez, Bernardo (2001): Place Attachment: Conceptual and Empirical Questions. In: *Journal of Environmental Psychology, Jg.* 21, H. 3, S. 273–281.

Hildebrandt, Lutz (1984): Kausalanalytische Validierung in der Marketingforschung. In: *Marketing: Zeitschrift für Forschung und Praxis, Jg.* 6, H. 1, S. 41–51.

Hildebrandt, Lutz; Temme, Dirk (2006): Probleme der Validierung mit Strukturgleichungsmodellen. In: *Die Betriebswirtschaft, Jg.* 66, H. 6, S. 618–639.

Himme, Alexander (2009): Gütekriterien der Messung: Reliabilität, Validität und Generalisierbarkeit. In: Albers, Sönke; Klapper, Daniel; Konradt, Udo; Walter, Achim; Wolf, Joachim (Hg.): *Methodik der empirischen Forschung.* 3. Aufl. Wiesbaden: Gabler, S. 485–500.

Hinkin, Timothy R. (1995): A Review of Scale Development Practices in the Study of Organizations. In: *Journal of Management, Jg.* 21, H. 5, S. 967–988.

Hirschman, Albert O. (1970): *Exit, Voice, and Loyalty: Responses to Decline in Firms, Organizations, and States.* Cambridge: Harvard Press.

Holzkamp, Klaus (1981): *Theorie und Experiment in der Psychologie: Eine grundlagenkritische Untersuchung.* 2. Aufl. Berlin: De Gruyter.

Holzmüller, Hartmut H.; Buber, Renate (2009): Optionen für die Marketingforschung durch die Nutzung qualitativer Methodologie und Methodik. In: Buber, Renate; Holzmüller, Hartmut H. (Hg.): *Qualitative Marktforschung.* 2. Aufl. Wiesbaden: Gabler, S. 3–20.

Homburg, C.; Giering, A. (1996): Konzeptualisierung und Operationalisierung komplexer Konstrukte. Ein Leitfaden für die Marketingforschung. In: *Marketing: Zeitschrift für Forschung und Praxis, Jg.* 18, S. 5–24.

Homburg, Christian (2000): *Kundennähe von Industriegüterunternehmen: Konzeption, Erfolgsauswirkungen, Determinanten.* 3. Aufl. Wiesbaden: Gabler.

Homburg, Christian (2012): *Marketingmanagement: Strategie, Instrumente, Umsetzung, Unternehmensführung.* 4. Aufl. Wiesbaden: Gabler.

Homburg, Christian; Becker, Annette; Henschel, Frederike (2008): Der Zusammenhang zwischen Kundenzufriedenheit und Kundenbindung. In: Bruhn, Manfred; Homburg, Christian (Hg.): *Handbuch Kundenbindungsmanagement: Strategien und Instrumente für ein erfolgreiches CRM.* 6. Aufl. Wiesbaden: Gabler, S. 103–134.

Homburg, Christian; Bruhn, Manfred (2010): Kundenbindungsmanagement: Eine Einführung die theoretischen und praktischen Problemstellungen. In: Bruhn, Manfred; Homburg, Christian (Hg.): *Handbuch Kundenbindungsmanagement: Strategien und Instrumente für ein erfolgreiches CRM.* 7. Aufl. Wiesbaden: Gabler, S. 3–39.

Homburg, Christian; Giering, Annette (2001): Personal Characteristics as Moderators of the Relationship Between Customer Satisfaction and Loyalty: An Empirical Analysis. In: *Psychology & Marketing, Jg.* 18, H. 1, S. 43–66.

Homburg, Christian; Giering, Annette; Menon, Ajay (2003): Relationship Characteristics as Moderators of the Satisfaction-Loyalty-Link: Findings in a Business-to-Business Context. In: *Journal of Business-to-Business Marketing, Jg.* 10, H. 3, S. 35–62.

Homburg, Christian; Klarmann, Martin (2006): Die Kausalanalyse in der empirischen betriebswirtschaftlichen Forschung: Problemfelder und Anwendungsempfehlungen. In: *Die Betriebswirtschaft, Jg.* 66, H. 6, S. 727–748.

Hopf, Christel; Rieker, Peter; Sanden-Marcus, Martina; Schmidt, Christiane (1995): *Familie und Rechtsextremismus: Familiale Sozialisation und rechtsextreme Orientierung junger Männer.* Weinheim: Juventa-Verlag.

Hopf, Christel; Schmidt, Christiane (1993): *Zum Verhältnis von innerfamilialen sozialen Erfahrungen, Persönlichkeitsentwicklung und politischen Orientierungen: Forschungsbericht des Instituts für Sozialwissenschaften der Universität Hildesheim.* Hildesheim.

Hoyer, Wayne D.; MacInnis, Deborah J. (2007): *Consumer Behavior.* 4. Aufl. Boston: Houghton Mifflin.

Huinink, Johannes; Brüderl, Josef; Nauck, Bernhard; Walper, Sabine; Castiglioni, Laura; Feldhaus, Michael (2011): Panel Analysis of Intimate Relationships and Family Dynamics (Pairfam): Conceptual Framework and Design. In: *Zeitschrift für Familienforschung, Jg.* 23, H. 1, S. 77–101.

Huinink, Johannes; Kley, Stefanie (2011): *Migration Decisions in the Course of Life.* GESIS Data Archive. Online verfügbar unter http://info1.gesis.org/dbksearch/sdesc2.asp?no=5228&db=e&doi=10.4232/1.11063, zuletzt geprüft am 15.05.2013.

Hülshoff, Thomas (2012): *Emotionen: Eine Einführung für beratende, therapeutische, pädagogische und soziale Berufe.* 4. Aufl. München: Reinhardt.

Hunt, Shelby D. (1990): Truth in Marketing Theory and Research. In: *Journal of Marketing, Jg.* 54, H. 3, S. 1–15.

Hunt, Shelby D. (1991): *Modern Marketing Theory: Critical Issues in the Philosophy of Marketing Science.* Cincinnati: South-Western.

Hunt, Shelby D. (1992): Marketing is.. In: *Journal of the Academy of Marketing Science, Jg.* 20, H. 4, S. 301–311.

Hunt, Shelby D. (2003): *Controversy in Marketing Theory: For Reason, Realism, Truth, and Objectivity.* Armonk: Sharpe.

Hunt, Shelby D. (2011): Theory Status, Inductive Realism and Approximate Truth: No Miracles, No Charades. In: *International Studies in the Philosophy of Sciences, Jg.* 25, H. 2, S. 159–178.

Hupp, Oliver (1998): *Das Involvement als Erklärungsvariable für das Entscheidungs- und Informationsverhalten von Konsumenten.* Institut für Konsum- und Verhaltensforschung. Saarbrücken.

Hussy, Walter; Schreier, Margrit; Echterhoff, Gerald (2010): *Forschungsmethoden in Psychologie und Sozialwissenschaften für Bachelor.* Berlin: Springer.

Huynen, Philippe; Montulet, Bertrand; Hubert, Michel; Lück, Detlev; Orain, Renaud (2008): Survey Design and Methods. In: Schneider, Norbert F.; Meil, Gerardo (Hg.): *Mobile Living Across Europe I: Relevance and Diversity of Job-Related Spatial Mobility in Six European Countries.* Opladen: Budrich, S. 49–63.

Ilieva, Janet; Baron, Steve; Healey, Nigel M. (2002): Online Surveys in Marketing Research: Pros and Cons. In: *International Journal of Market Research, Jg.* 44, H. 3, S. 361–376.

Institut für Psychologie Stiftung Universität Hildesheim (2006): *„Mein Selbst und ich: darf ich vorstellen?": Identitätsentwicklung im Jugendalter.* Hildesheim: Universitäts-Verlag.

Jaccard, James; Wan, Choi K.; Turrisi, Robert (1990): The Detection and Interpretation of Interaction Effects Between Continuous Variables in Multiple Regression. In: *Multivariate Behavioral Research, Jg.* 25, H. 4, S. 467–478.

Janssen, Jürgen; Laatz, Wilfried (2010): *Statistische Datenanalyse mit SPSS: Eine anwendungsorientierte Einführung in das Basissystem und das Modul Exakte Tests.* 7. Aufl. Berlin: Springer.

Janssens, Wim; Wijnen, Katrien; van Kenhove, Patrick; Pelsmacker, Patrick de (2008): *Marketing Research With SPSS.* Harlow: Financial Times/Prentice Hall.

Jaritz, Sabine (2008): *Kundenbindung und Involvement: Eine empirische Analyse unter besonderer Berücksichtigung von Low Involvement.* Wiesbaden: Gabler.

Jarvis, Cheryl B.; Mackenzie, Scott B.; Podsakoff, Philip M. (2003): A Critical Review of Construct Indicators and Measurement Model Misspecification in Marketing and Consumer Research. In: *Journal of Consumer Research, Jg.* 30, H. 2, S. 199–218.

Jeschke, Kurt (1995): *Nachkaufmarketing: Kundenzufriedenheit und Kundenbindung auf Konsumgütermärkten.* Frankfurt am Main: Lang.

Johnson, Michael D.; Herrmann, Andreas; Huber, Frank (2006): The Evolution of Loyalty Intentions. In: *Journal of Marketing, Jg.* 70, H. 2, S. 122–132.

Jones, Thomas O.; Sasser, W. Earl (1995): Why Satisfied Customers Defect. In: *Harvard Business Review, Jg.* 73, H. 6, S. 88–99.

Jordan, Thomas (1996): Recent German Research on Space-Related Attachments and Regional Identities. In: *Geografiska Annaler. Series B. Human Geography, Jg.* 78, H. 2, S. 99–111.

Jorgensen, Bradley S.; Stedman, Richard C. (2001): Sense of Place as an Attitude: Lakeshore Owners Attitudes Toward Their Properties. In: *Journal of Environmental Psychology, Jg.* 21, H. 3, S. 233–248.

Jorgensen, Bradley S.; Stedman, Richard C. (2006): A Comparative Analysis of Predictors of Sense of Place Dimensions: Attachment to, Dependence on, and Identification with Lakeshore Properties. In: *Journal of Environmental Management, Jg.* 79, H. 3, S. 316–327.

Kaiser, Henry F. (1974): An Index of Factorial Simplicity. In: *Psychometrika, Jg.* 39, H. 1, S. 31–36.

Kaltenborn, Bjørn P.; Bjerke, Tore (2002): Associations Between Landscape Preferences and Place Attachment: A Study in Røros, Southern Norway. In: *Landscape Research, Jg.* 27, H. 4, S. 381–396.

Kalter, Frank (1994): Pendeln statt Migration? Die Wahl und Stabilität von Wohnort-Arbeitsort-Kombinationen. In: *Zeitschrift für Soziologie, Jg.* 23, H. 1, S. 460–476.

Kalter, Frank (1997): *Wohnortwechsel in Deutschland: Ein Beitrag zur Migrationstheorie und zur empirischen Anwendung von Rational-Choice-Modellen.* Opladen: Leske und Budrich.

Kalter, Frank (2000): Theorien der Migration. In: Mueller, Ulrich; Nauck, Bernhard; Diekmann, Andreas (Hg.): *Handbuch der Demographie 1: Modell und Methoden.* Berlin: Springer, S. 438–475.

Kalter, Frank (2003): Stand und Perspektiven der Migrationssoziologie. In: Orth, Barbara; Schwietring, Thomas; Weiß, Johannes (Hg.): *Soziologische Forschung: Stand und Perspektiven. Ein Handbuch.* Opladen: Leske und Budrich, S. 439–475.

Kalwani, Manohar U.; Narayandas, Narakesari (1995): Long-Term Manufacturer-Supplier Relationships: Do They Pay Off for Supplier Firms? In: *Journal of Marketing, Jg.* 59, H. 1, S. 1–16.

Kasarda, John D.; Janowitz, Morris (1974): Community Attachment in Mass Society. In: *American Sociological Review, Jg.* 39, S. 328–339.

Kasper, Hans (1988): On Problem Perception, Dissatisfaction and Brand Loyalty. In: *Journal of Economic Psychology,* Jg. 9, H. 3, S. 387–397.

Kassner, Karsten; Wassermann, Petra (2005): Nicht überall, wo Methode draufsteht ist auch Methode drin: Zur Problematik der Fundierung von ExpertInneninterviews. In: Bogner, Alexander; Littig, Beate; Menz, Wolfgang (Hg.): *Das Experteninterview: Theorie, Methode, Anwendung.* 2. Aufl. Wiesbaden: VS Verlag für Sozialwissenschaften, S. 95–111.

Kaufmann, Vincent (2002): *Re-Thinking Mobility: Contemporary Sociology.* Aldershot: Ashgate.

Keaveney, Susan M. (1995): Customer Switching Behavior in Service Industries: An Exploratory Study. In: *Journal of Marketing,* Jg. 59, H. 2, S. 71–82.

Kehoe, William; Lindgren, John (2003): Focus Groups in Global Marketing: Concept, Methodology and Implications. In: *Marketing Management Journal,* Jg. 13, H. 2, S. 14–28.

Kelle, Udo; Kluge, Susann (1999): *Vom Einzelfall zum Typus: Fallvergleich und Fallkontrastierung in der qualitativen Sozialforschung.* Opladen: Leske und Budrich.

Kenning, Peter (2002): *Customer Trust Management: Ein Beitrag zum Vertrauensmanagement im Lebensmitteleinzelhandel.* Wiesbaden: Deutscher Universitäts-Verlag.

Kepper, Gaby (2008): Methoden der qualitativen Marktforschung. In: Herrmann, Andreas; Homburg, Christian; Klarmann, Martin (Hg.): *Handbuch Marktforschung: Methoden, Anwendungen, Praxisbeispiele.* 3. Aufl. Wiesbaden: Gabler, S. 175–212.

Kim, Joongsub; Kaplan, Rachel (2004): Physical and Psychological Factors in Sense of Community New Urbanist Kentlands and Nearby Orchard Village. In: *Environment and Behavior,* Jg. 36, H. 3, S. 313–340.

King, Cheryl Simrell; Feltey, Kathryn M.; Susel O'Neill, Bridget (1998): The Question of Participation: Toward Authentic Public Participation in Public Administration. In: *Public Administration Review,* S. 317–326.

Kirchhoff, Sabine; Kuhnt, Sonja; Lippmann, Peter; Schlawin, Siegfried (2008): *Der Fragebogen: Datenbasis, Konstruktion und Auswertung.* 4. Aufl. Wiesbaden: VS Verlag für Sozialwissenschaften.

Klee, Alexander; Hennig, Thorsten (1996): *Customer Satisfaction and Relationship Quality as Key Variables in Relationship Marketing: Developing a Behavioral Model of the Customer Retention Process.* Universität Hannover, ABWL u. Marketing [II]. Hannover.

Klein, Thomas; Lauterbach, Wolfgang (1996): Wohnungswechsel und Wohnzufriedenheit. In: Zapf, Wolfgang; Schupp, Jürgen; Habich, Roland (Hg.): *Lebenslagen im Wandel: Sozialberichterstattung im Längsschnitt.* Frankfurt am Main: Campus, S. 147–161.

Kleine, Susan S.; Baker, Stacey S. (2004): An Integrative Review of Material Possession Attachment. In: *Academy of Marketing Science Review, Jg.* 1, H. 1, S. 1–39.

Kley, Stefanie (2009): *Migration im Lebensverlauf: Der Einfluss von Lebensbedingungen und Lebenslaufereignissen auf den Wohnortwechsel.* Wiesbaden: VS Verlag für Sozialwissenschaften.

Knoll, Nina; Kienle, Rolf (2007): Fragebogenverfahren zur Messung verschiedener Komponenten sozialer Unterstützung: ein Überblick. In: *Zeitschrift für Medizinische Psychologie, Jg.* 16, H. 1, S. 57–71.

Konopaske, Robert; Robie, Chet; Ivancevich, John M. (2005): A Preliminary Model of Spouse Influence on Managerial Global Assignment Willingness. In: *The International Journal of Human Resource Management, Jg.* 16, H. 3, S. 405–426.

Koot, Christian (2005): *Kundenloyalität, Kundenbindung und Kundenbindungspotential: Modellgenese und empirische Überprüfung im Retail-Banking.* München: Verlag Dr. Hut.

Korte, Christian (1995): *Customer Satisfaction Measurement: Kundenzufriedenheitsmessung als Informationsgrundlage des Hersteller- und Handelsmarketing am Beispiel der Automobilwirtschaft.* Frankfurt am Main: Lang.

Koschate, Nicole (2008): Experimentelle Marktforschung. In: Herrmann, Andreas; Homburg, Christian; Klarmann, Martin (Hg.): *Handbuch Marktforschung: Methoden, Anwendungen, Praxisbeispiele.* 3. Aufl. Wiesbaden: Gabler, S. 108–121.

Kotler, Philip; Bliemel, Friedhelm (2001): *Marketing-Management: Analyse, Planung und Verwirklichung.* 10. Aufl. Stuttgart: Schäffer-Poeschel Verlag.

Kotler, Philip; Levy, Sidney J. (1969): Broadening the Concept of Marketing. In: *Journal of Marketing, Jg.* 33, H. 1, S. 10–15.

Krafft, Manfred (1995): *Außendienstentlohnung im Licht der Neuen Institutionenlehre.* Wiesbaden: Gabler.

Krafft, Manfred (2007): *Kundenbindung und Kundenwert.* 2. Aufl. Heidelberg: Physica-Verlag.

Kretschmann, Jürgen (1990): *Die Diffusion des kritischen Rationalismus in der Betriebswirtschaftslehre.* Stuttgart: Poeschel.

Kroeber-Riel, Werner; Gröppel-Klein, Andrea (2013): *Konsumentenverhalten.* 10. Aufl. München: Vahlen.

Kromrey, Helmut (2005): „Qualitativ" versus „quantitativ": Ideologie oder Realität? Symposium: Qualitative und quantitative Methoden in der Sozialforschung: Differenz und/oder Einheit? In: *1. Berliner Methodentreffen Qualitative Forschung 24.–25. Juni 2005.*

Krueger, Richard A.; Casey, Mary A. (2009): *Focus Groups: A Practical Guide for Applied Research.* 4. Aufl. Los Angeles: SAGE.

Krüger-Strohmeyer, Sabine Maria (1997): *Profitabilitätsorientierte Kundenbindung durch Zufriedenheitsmanagement: Kundenzufriedenheit und Kundenwert als Steuerungsgröße für die Kundenbindung in marktorientierten Dienstleistungsunternehmen.* München: FGM-Verlag.

Kuckartz, Udo (2010): *Einführung in die computergestützte Analyse qualitativer Daten.* 3. Aufl. Wiesbaden: VS Verlag für Sozialwissenschaften.

Kurz, Andrea; Stockhammer, Constanze; Fuchs, Susanne; Meinhard, Dieter (2009): Das problemzentrierte Interview. In: Buber, Renate; Holzmüller, Hartmut H. (Hg.): *Qualitative Marktforschung*. 2. Aufl. Wiesbaden: Gabler, S. 463–475.

Kuß, Alfred (2013): *Marketing-Theorie: Eine Einführung*. 3. Aufl. Wiesbaden: Gabler.

Kvale, Steinar (1995): The Social Construction of Validity. In: *Qualitative Inquiry*, *Jg*. 1, H. 1, S. 19–40.

Kyle, Gerard; Graefe, Alan; Manning, Robert; Bacon, James (2003): An Examination of the Relationship Between Leisure Activity Involvement and Place Attachment Among Hikers Along the Appalachian Trail. In: *Journal of Leisure Research*, *Jg*. 35, H. 3, S. 249–273.

LaBarbera, Priscilla A.; Mazursky, David (1983): A Longitudinal Assessment of Consumer Satisfaction/Dissatisfaction: The Dynamic Aspect of the Cognitive Process. In: *Journal of Marketing Research*, *Jg*. 20, H. 4, S. 393–404.

Lakatos, Imre (1982): *Die Methodologie der wissenschaftlichen Forschungsprogramme*. Braunschweig: Vieweg.

Lalli, Marco (1989): *Stadtbezogene Identität: theoretische Präzisierung und empirische Operationalisierung*. Institut für Psychologie der Technischen Hochschule Darmstadt. Darmstadt.

Lalli, Marco (1992): Urban-Related Identity: Theory, Measurement, and Empirical Findings. In: *Journal of Environmental Psychology*, *Jg*. 12, H. 4, S. 285–303.

Lamnek, Siegfried (2005a): *Gruppendiskussion: Theorie und Praxis*. 2. Aufl. Weinheim: Beltz.

Lamnek, Siegfried (2005b): *Qualitative Sozialforschung*. 4. Aufl. Weinheim: Beltz.

Landale, Nancy S.; Guest, Avery M. (1985): Constraints, Satisfaction and Residential Mobility: Speare's Model Reconsidered. In: *Demography*, *Jg*. 22, H. 2, S. 199–222.

Lassarre, Dominique (1986): Moving into Home Ownership. In: *Journal of Economic Psychology*, *Jg*. 7, H. 2, S. 161–178.

Lee, Everett S. (1966): A Theory of Migration. In: *Demography, Jg.* 3, H. 1, S. 47–57.

Lehr, Daniela (2006): *Kundenbindungsmanagement und Sanierungserfolg: Explorative Analyse der Wirkungszusammenhänge.* Wiesbaden: Deutscher Universitäts-Verlag.

Lemon, Katherine N.; White, Tiffany B.; Winer, Russell S. (2002): Dynamic Customer Relationship Management: Incorporating Future Considerations into the Service Retention Decision. In: *Journal of Marketing, Jg.* 66, H. 1, S. 1–14.

Leonhart, Rainer; Lichtenberg, Stephanie (2009): *Lehrbuch Statistik: Einstieg und Vertiefung.* 2. Aufl. Bern: Huber.

Leplin, Jarrett (1986): Methodological Realism and Scientific Rationality. In: *Philosophy of Science, Jg.* 53, H. 1, S. 31–51.

Lewicka, Maria (2010): What Makes Neighborhood Different from Home and City? Effects of Place Scale on Place Attachment. In: *Journal of Environmental Psychology, Jg.* 30, H. 1, S. 35–51.

Lewicka, Maria (2011): Place Attachment: How Far Have We Come in the Last 40 Years? In: *Journal of Environmental Psychology, Jg.* 31, H. 3, S. 207–230.

Lichter, Daniel T.; De Jong, Gordon F. (1990): The United States. In: Nam, Charles B.; Serow, William J.; Sly, David F. (Hg.): *International Handbook on Internal Migration.* New York: Greenwood, S. 391–417.

Limmer, Ruth; Schneider, Norbert F. (2008): Studying Job-Related Spatial Mobility in Europe. In: Schneider, Norbert F.; Meil, Gerardo (Hg.): *Mobile Living Across Europe I: Relevance and Diversity of Job-Related Spatial Mobility in Six European Countries.* Opladen: Budrich.

Lingnau, Volker (1995): Kritischer Rationalismus und Betriebswirtschaftslehre. In: *Wirtschaftswissenschaftliches Studium, Jg.* 24, H. 3, S. 124–129.

Lohmann, Florian (1997): *Loyalität von Bankkunden: Bestimmungsgrößen und Gestaltungsmöglichkeiten.* Wiesbaden: Deutscher Universitäts-Verlag.

Long, Larry (1988): *Migration and Residential Mobility in the United States.* New York: Russell Sage Foundation.

Lopez, Juan P. M.; Redondo, Yolanda P.; Olivan, Javier S. (2006): The Impact of Customer Relationship Characteristics on Customer Switching Behavior: Differences Between Switchers and Stayers. In: *Managing Service Quality, Jg.* 16, H. 6, S. 556–574.

Lu, Max (1998): Analyzing Migration Decisionmaking: Relationships Between Residential Satisfaction, Mobility Intentions, and Moving Behavior. In: *Environment and Planning A, Jg.* 30, H. 8, S. 1473–1495.

Lüdemann, Christian (2006): Kriminalitätsfurcht im urbanen Raum. In: *Kölner Zeitschrift für Soziologie und Sozialpsychologie, Jg.* 58, H. 2, S. 285–306.

Lundholm, Emma; Garvill, Jörgen; Malmberg, Gunnar; Westin, Kerstin (2004): Forced or Free Movers? The Motives, Voluntariness and Selectivity of Interregional Migration in the Nordic Countries. In: *Population, Space and Place, Jg.* 10, H. 1, S. 59–72.

Lyons, Morgan (1971): Techniques for Using Ordinal Measures in Regression and Path Anlaysis. In: Costner, Herbert L. (Hg.): *Sociological Methodology.* San Francisco: Jossey Bass, S. 147–171.

MacFarlane, Jean W.; Tuddenham, Reid D. (1951): Problems in the Validation of Projective Techniques. In: Anderson, Harold H. (Hg.): *An Introduction to Projectives Techniques.* New York: Prentice Hall, S. 26–54.

MacKinnon, Edward (1979): Scientific Realism: The New Debates. In: *Philosophy of Science, Jg.* 46, H. 4, S. 501–532.

Madriz, Esther (2000): Focus Groups in Feminist Research. In: Denzin, Norma K.; Lincoln, Yvonna S. (Hg.): *Handbook of Qualitative Research.* 2. Aufl. Thousand Oaks: SAGE, S. 835–850.

Mai, Ralf (2004): *Abwanderung aus Ostdeutschland: Strukturen und Milieus der Altersselektivität und ihre regionalpolitische Bedeutung.* Frankfurt am Main: Lang.

Mai, Ralf; Roloff, Juliane; Micheel, Frank (2007): *Regionale Alterung in Deutschland unter besonderer Berücksichtigung der Binnenwanderungen.* Wiesbaden: Bundesinstitut für Bevölkerungsforschung.

Malhotra, Naresh K.; Birks, David F. (2000): *Marketing Research: An Applied Approach.* Harlow: Financial Times/Prentice Hall.

Mann, Andreas (2004): *Dialogmarketing: Konzeption und empirische Befunde.* Wiesbaden: Deutscher Universitäts-Verlag.

Marshall, Alfred (1961 (Nachdruck von 1890)). Principles of Economics: An Introductory Volume. In: *Principles of Economics, Jg.* 1.

Martin, Albert (1989): *Die empirische Forschung in der Betriebswirtschaftslehre: Eine Untersuchung über die Logik der Hypothesenprüfung, die empirische Forschungspraxis und die Möglichkeit einer theoretischen Fundierung realwissenschaftlicher Untersuchungen.* Stuttgart: Poeschel.

Martin, Isabel (2009): *Kundenbindung im beratungsintensiven Einzelhandel: Eine empirische Untersuchung unter besonderer Berücksichtigung von Konsumentenheterogenität.* Wiesbaden: Gabler.

Massey, Douglas S.; Arango, Joaquin; Hugo, Graeme; Kouaouci, Ali; Pellegrino, Adela (1998): *Worlds in Motion: Understanding International Migration at the End of the Millennium.* Oxford: Oxford University Press.

Massey, Douglas S.; Arango, Joaquin; Hugo, Graeme; Kouaouci, Ali; Pellegrino, Adela; Taylor, J. Edward (1993): Theories of International Migration: A Review and Appraisal. In: *Population and Development Review, Jg.* 19, H. 3, S. 431–466.

Maxham III, James G.; Netemeyer, Richard G. (2003): Firms Reap What They Sow: The Effects of Shared Values and Perceived Organizational Justice on Customers' Evaluations of Complaint Handling. In: *Journal of Marketing, Jg.* 67, H. 1, S. 46–62.

Mayer, Dorith (2009): *Wechselverhalten von industriellen Nachfragern: Empirische Untersuchung der Markenbindung im Industriegüterbereich.* Wiesbaden: Gabler.

Mayerhofer, Wolfgang (2009): Das Fokusgruppeninterview. In: Buber, Renate; Holzmüller, Hartmut H. (Hg.): *Qualitative Marktforschung.* 2. Aufl. Wiesbaden: Gabler, S. 477–490.

Mayerl, Jochen; Urban, Dieter (2008): *Antwortreaktionszeiten in Survey-Analysen: Messung, Auswertung und Anwendungen.* Wiesbaden: VS Verlag für Sozialwissenschaften.

Mayring, Philipp (2010): *Qualitative Inhaltsanalyse: Grundlagen und Techniken.* 11. Aufl. Weinheim: Beltz.

McAndrew, Francis T. (1998): The Measurement of "Rooteness" and the Prediction of Attachment to Home-Towns in College Students. In: *Journal of Environmental Psychology, Jg.* 18, H. 4, S. 409–417.

McHugh, Kevin E.; Mings, Robert C. (1996): The Circle of Migration: Attachment to Place in Aging. In: *Annals of the Association of American Geographers, Jg.* 86, H. 3, S. 530–550.

McMullin, Ernan (1984): A Case of Scientific Realism. In: Leplin, Jarrett (Hg.): *Scientific Realism.* Berkley: University of California Press, S. 8–40.

McQuarrie, Edward F. (1989): New books in Review. In: *Journal of Marketing Research, Jg.* 26, H. 1, S. 121–125.

Meffert, Heribert (1992): *Marketingforschung und Käuferverhalten.* 2. Aufl. Wiesbaden: Gabler.

Meffert, Heribert; Burmann, Christoph; Kirchgeorg, Manfred (2012): *Marketing: Grundlagen marktorientierter Unternehmensführung.* 11. Aufl. Wiesbaden: Gabler.

Mesch, Gustavo S.; Manor, Orit (1998): Social Ties, Environmental Perception, and Local Attachment. In: *Environment and Behavior, Jg.* 30, H. 4, S. 504–519.

Meusburger, Peter (2008): Arbeitsangebot, Bildungsverhalten und Mobilität von Hochqualifizierten. In: Friedrich, Klaus; Schultz, Andrea (Hg.): *Brain Drain oder Brain Circulation?: Konsequenzen und Perspektiven der Ost-West-Migration.* Leipzig: Leibniz-Institut für Länderkunde, S. 31–41.

Meyer, Anton; Dornach, Frank (1998): *Das deutsche Kundenbarometer 1998: Qualität und Zufriedenheit: Jahrbuch der Kundenzufriedenheit in Deutschland 1998.* München: FGM-Verlag.

Meyer, Anton; Oevermann, Dirk (1995): Kundenbindung. In: Tietz, Bruno; Köhler, Richard; Zentes, Joachim (Hg.): *Handwörterbuch des Marketing.* Stuttgart: Schäffer-Poeschel Verlag, Sp. 1340–1351.

Milbradt, Georg (2007): Der demografische Wandel als politische Herausforderung: Das Beispiel des Freistaats Sachsen. In: Feng, Xiao; Popescu, Alina M. (Hg.): *Infrastrukturprobleme bei Bevölkerungsrückgang.* Berlin: BWV Berliner Wissenschafts-Verlag, S. 75–89.

Miles, Matthew B.; Huberman, A. Michael (1984): *Qualitative Data Analysis: A Sourcebook of New Methods.* Beverly Hills: SAGE.

Mittal, Vikas; Kamakura, Wagner A. (2001): Satisfaction, Repurchase Intent, and Repurchase Behavior: Investigating the Moderating Effect of Customer Characteristics. In: *Journal of Marketing Research, Jg.* 38, H. 1, S. 131–142.

Mittal, Vikas; Kumar, Pankaj; Tsiros, Michael (1999): Attribute-Level Performance, Satisfaction, and Behavioral Intentions Over Time: A Consumption-System Approach. In: *Journal of Marketing, Jg.* 63, H. 2, S. 88–101.

Mittal, Vikas; Ross Jr., William T.; Baldasare, Patrick M. (1998): The Asymmetric Impact of Negative and Positive Attribute-Level Performance on Overall Satisfaction and Repurchase Intentions. In: *Journal of Marketing, Jg.* 62, H. 1, S. 33–47.

Molho, Ian (1986): Theories of Migration: A Review. In: *Scottish Journal of Political Economy, Jg.* 33, H. 4, S. 396–419.

Mönnich, Ernst (2005): Ruinöse Einwohnerkonkurrenz. In: *Raumforschung und Raumordnung, Jg.* 63, H. 1, S. 32–46.

Mooradian, Todd A.; Olver, James M. (1997): "I Can't Get No Satisfaction": The Impact of Personality and Emotion on Postpurchase Processes. In: *Psychology & Marketing, Jg.* 14, H. 4, S. 379–393.

Moore, William L.; Lehmann, Donald R. (1980): Individual Differences in Search Behavior for a Nondurable. In: *Journal of Consumer Research, Jg.* 7, H. 3, S. 296–307.

Moorman, Christine; Zaltman, Gerald; Deshpande, Rohit (1992): Relationships Between Providers and Users of Market Research: The Dynamics of Trust. In: *Journal of Marketing Research, Jg.* 29, H. 3, S. 314–28.

Morgan, David L. (1996): Focus Groups: Annual Review of Sociology. In: *Annual Review of Sociology, Jg.* 22, S. 129–152.

Morgan, David L. (1997): *Focus Groups as Qualitative Research.* 2. Aufl. Thousand Oaks: SAGE.

Morgan, David L. (1998): *Planning Focus Groups.* Thousand Oaks: SAGE.

Morgan, Robert M.; Hunt, Shelby D. (1994): The Commitment-Trust Theory of Relationship Marketing. In: *Journal of Marketing, Jg.* 58, H. 3, S. 20–38.

Moser, Gabriel; Ratiu, Eugénia; Fleury-Bahi, Ghozlane (2002): Appropriation and Interpersonal Relationships from Dwelling to City Through the Neighborhood. In: *Environment and Behavior, Jg.* 34, H. 1, S. 122–136.

Mowen, John C.; Minor, Michael (1998): *Consumer Behavior.* 5. Aufl. Upper Saddle River: Prentice Hall.

Mühler, Kurt; Opp, Karl-Dieter (2004): *Region und Nation: Zu den Ursachen und Wirkungen regionaler und überregionaler Identifikation.* Wiesbaden: VS Verlag für Sozialwissenschaften.

Mühler, Kurt; Opp, Karl-Dieter (2006): *Region, Nation, Europa: Die Dynamik regionaler und überregionaler Identifikation.* Wiesbaden: VS Verlag für Sozialwissenschaften.

Mulder, Clara H. (1993): *Migration Dynamics: A Life Course Approach.* Amsterdam: Thesis Publishers.

Müller, Dirk (2007): Moderatoren und Mediatoren in Regressionen. In: Albers, Sönke; Klapper, Daniel; Konradt, Udo; Walter, Achim; Wolf, Achim (Hg.): *Methodik der empirischen Forschung.* 2. Aufl. Wiesbaden: Gabler, S. 245–260.

Müller, Wolfgang (1996): Angewandte Kundenzufriedenheitsforschung. In: *Marktforschung & Management, Jg.* 40, H. 4, S. 149–159.

Müller, Wolfgang; Riesenbeck, Hans-Joachim (1991): Wie aus zufriedenen auch anhängliche Kunden werden. In: *Harvard Business Manager, Jg.* 13, H. 3, S. 67–79.

Narayandas, Das (1998): Measuring and Managing the Benefits of Customer Retention an Empirical Investigation. In: *Journal of Service Research, Jg.* 1, H. 2, S. 108–128.

Neus, Werner (1998): *Einführung in die Betriebswirtschaftslehre aus institutionenökonomischer Sicht.* Tübingen: Mohr Siebeck.

Niefert, Michaela (2003): *Räumliche Mobilität und Wohnungsnachfrage: Eine empirische Analyse des Umzugsverhaltens in Westdeutschland.* Münster: Lit.

Nieschlag, Robert; Dichtl, Erwin; Hörschgen, Hans (2002): *Marketing.* 19. Aufl. Berlin: Duncker & Humblot.

Nießing, Jörg (2006): *Kundenbindung im Verkehrsdienstleistungsbereich: Ein Beitrag zum Verkehrsmittelwahlverhalten von Bahnreisenden.* Wiesbaden: Gabler.

Nunnally, Jum C. (1978): *Psychometric Theory.* 2. Aufl. New York: McGraw Hill.

Odekerken-Schroder, Gaby; Wulf, Kristof de; Kasper, Hans; Kleijnen, Mirella; Hoekstra, Janny; Commandeur, Harry (2001): The Impact of Quality on Store Loyalty: A Contingency Approach. In: *Total Quality Management, Jg.* 12, H. 3, S. 307–322.

Oksenberg, Lois; Cannell, Charles; Kalton, Graham (1991): New Strategies for Pretesting Survey Questions. In: *Journal of Official Statistics, Jg.* 7, H. 3, S. 349–365.

Oliva, Terence A.; Oliver, Richard L.; MacMillan, Ian C. (1992): A Catastrophe Model for Developing Service Satisfaction Strategies. In: *Journal of Marketing, Jg.* 56, H. 3, S. 83–95.

Oliver, Richard L. (1980): A Cognitive Model of the Antecedents and Consequences of Satisfaction Decisions. In: *Journal of Marketing Research, Jg.* 17, H. 4, S. 460–469.

Oliver, Richard L.; Rust, Roland T. (1997): Customer Delight: Foundations, Findings, and Managerial Insight. In: *Journal of Retailing, Jg.* 73, H. 3, S. 311–336.

Oliver, Richard L.; Swan, John E. (1989): Consumer Perceptions of Interpersonal Equity and Satisfaction in Transactions: A Field Survey Approach. In: *Journal of Marketing, Jg.* 53, H. 2, S. 21–35.

Olsen, Svein O. (2002): Comparative Evaluation and the Relationship Between Quality, Satisfaction, and Repurchase Loyalty. In: *Journal of the Academy of Marketing Science, Jg.* 30, H. 3, S. 240–249.

Oswald, Ingrid (2007): *Migrationssoziologie.* Konstanz: UTB.

Ott, Kerstin (2008): *Lokale Zukunftspolitik: Den demografischen Wandel im Bürgerdialog gestalten.* Bonn: KommunalAkademie.

Pairfam (2013): *Das Beziehungs- und Familienpanel (Pairfam): Codebuch Ankerperson Welle 3 2010/2011.*

Patterson, Paul G.; Johnson, Lester W.; Spreng, Richard A. (1996): Modeling the determinants of customer satisfaction for business-to-business professional services. In: *Journal of the Academy of Marketing Science, Jg.* 25, H. 1, S. 4–17.

Patterson, Paul G.; Smith, Tasman (2003): A Cross-Cultural Study of Switching Barriers and Propensity to Stay With Service Providers. In: *Journal of Retailing, Jg.* 79, H. 2, S. 107–120.

Patton, Michael Q. (2009): *Qualitative Research & Evaluation Methods.* 3. Aufl. Thousand Oaks: SAGE.

Pedraza, Silvia (1991): Women and Migration: The Social Consequences of Gender. In: *Annual Review of Sociology, Jg.* 17, S. 303–325.

Peter, J. Paul; Churchill, Gilbert A. (1986): Relationships Among Research Design Choices and Psychometric Properties of Rating Scales: A Meta-Analysis. In: *Journal of Marketing Research, Jg.* 23, H. 1, S. 1–10.

Peter, Sibylle I. (1999): *Kundenbindung als Marketingziel: Identifikation und Analyse zentraler Determinanten.* 2. Aufl. Wiesbaden: Gabler.

Pfaff, Simon (2012): Pendeln oder umziehen? Mobilitätsentscheidungen in Deutschland zwischen 2000 und 2009. In: *Zeitschrift für Soziologie, Jg.* 41, H. 6, S. 458–477.

Pfohl, Hans-Christian (1977): *Problemorientierte Entscheidungsfindung in Organisationen.* Berlin: De Gruyter.

Picot, Arnold (1991): Ökonomische Theorien der Organisation: Ein Überblick über neuere Ansätze und deren betriebswirtschaftliches Anwendungspotential. In: Ordelheide, Dieter; Rudolph, Bernd; Büsselmann, Elke (Hg.): *Betriebswirtschaftslehre und ökonomische Theorie*. Stuttgart: Poeschel, S. 143–170.

Ping Jr., Robert A. (1993): The Effects of Satisfaction and Structural Constraints on Retailer Exiting, Voice, Loyalty, Opportunism, and Neglect. In: *Journal of Retailing, Jg.* 69, H. 3, S. 320–352.

Plinke, Wulff (1989): Die Geschäftsbeziehung als Investition. In: Specht, Günter; Silberer, Günter; Engelhardt, Werner H.; Raffée, Hans; Abel, Bodo (Hg.): *Marketing-Schnittstellen: Herausforderungen für das Management.* Stuttgart: Poeschel, S. 305–325.

Plinke, Wulff; Söllner, Albrecht (2008): Kundenbindung und Abhängigkeitsbeziehungen. In: Bruhn, Manfred; Homburg, Christian (Hg.): *Handbuch Kundenbindungsmanagement: Strategien und Instrumente für ein erfolgreiches CRM.* 6. Aufl. Wiesbaden: Gabler, S. 77–102.

Ponzetti, James (2003): Growing Old in Rural Communities: A Visual Methodology for Studying Place Attachment. In: *Journal of Rural Community Psychology, Jg.* 6, H. 1, S. 1–11.

Popper, Karl R. (1935): *Logik der Forschung.* Wien: Springer.

Popper, Karl R. (1989): *Logik der Forschung.* 9. Aufl. Tübingen (erstmals publiziert 1935): Mohr.

Priester, Tom; Haug, Werner (1995): Migration and Marital Status. The Case of Switzerland. In: *Swiss Journal of Economics and Statistics, Jg.* 131, H. 2, S. 179–202.

Prim, Rolf; Tilmann, Heribert (2000): *Grundlagen einer kritisch-rationalen Sozialwissenschaft: Studienbuch zur Wissenschaftstheorie Karl R. Poppers.* 8. Aufl. Wiebelsheim: Quelle & Meyer.

Proshansky, Harold M. (1978): The City and Self-Identity. In: *Environment and Behavior, Jg.* 10, H. 2, S. 147–169.

Proshansky, Harold M.; Fabian, Abbe K.; Kaminoff, Robert (1983): Place-Identity: Physical World Socialization of the Self. In: *Journal of Environmental Psychology, Jg.* 3, H. 1, S. 57–83.

Prüfer, Peter; Rexroth, Margrit (1996): *Verfahren zur Evaluation von Survey-Fragen: Ein Überblick.* Mannheim.

Raab-Steiner, Elisabeth; Benesch, Michael (2012): *Der Fragebogen: Von der Forschungsidee zur SPSS-Auswertung.* 3. Aufl. Wien: Facultas.

Raffée, Hans (1974): *Grundprobleme der Betriebswirtschaftslehre.* Göttingen: Vandenhoeck und Ruprecht.

Rams, Wolfgang (2001): *Kundenbindung im deutschen Mobilfunkmarkt: Determinanten und Erfolgsfaktoren in einem dynamischen Marktumfeld.* Wiesbaden: Deutscher Universitäts-Verlag.

Reichheld, Frederick F. (2003): The One Number You Need to Grow. In: *Harvard Business Review, Jg.* 81, H. 12, S. 46–54.

Reichheld, Frederick F.; Sasser, W. Earl (1990): Zero Defections: Quality Comes to Services. In: *Harvard Business Review, Jg.* 68, H. 5, S. 105–111.

Reichheld, Frederick F.; Sasser, W. Earl (1991): Zero-Migration: Dienstleister im Sog der Qualitätsrevolution. In: *Harvard Business Manager, Jg.* 13, H. 4, S. 108–116.

Reinhardt, Christina (1999): *Die Richardstraße gibt es nicht: Ein konstruktivistischer Versuch über lokale Identität und Ortsbindung.* Frankfurt am Main: Campus.

Reuber, Paul (1993): *Heimat in der Großstadt. Eine sozialgeographische Studie zu Raumbezug und Entstehung von Ortsverbindungen am Beispiel Kölns und seiner Stadtviertel.* Köln.

Reynolds, Kristy E.; Arnold, Mark J. (2000): Customer Loyalty to the Salesperson and the Store: Examining Relationship Customers in an Upscale Retail Context. In: *Journal of Personal Selling & Sales Management, Jg.* 20, H. 2, S. 89–98.

Rieker, Stephen A. (1995): *Bedeutende Kunden: Ansätze zur Analyse und Gestaltung von langfristigen Anbieter-Nachfrager-Beziehungen auf industriellen Märkten.* Wiesbaden: Deutscher Universitäts-Verlag.

Riesenhuber, Felix (2009): Großzahlige empirische Untersuchungen. In: Albers, Sönke; Klapper, Daniel; Konradt, Udo; Walter, Achim; Wolf, Joachim (Hg.): *Methodik der empirischen Forschung.* 3. Aufl. Wiesbaden: Gabler, S. 1–16.

Rossi, Peter H. (1980): *Why Families Move.* 2. Aufl. Beverly Hills: SAGE.

Rubinstein, Robert L.; Parmelee, Patricia A. (1992): Attachment to Place and the Representation of the Life Course by the Elderly. In: Altman, Irwin (Hg.): *Place Attachment.* New York: Plenum Press, S. 139–163.

Russell, Craig J.; Bobko, Philip (1992): Moderated Regression Analysis and Likert Scales: Too Coarse for Comfort. In: *Journal of Applied Psychology, Jg.* 77, H. 3, S. 336–342.

Rust, Roland T.; Inman, J. Jeffrey; Jia, Jianmin; Zahorik, Anthony (1999): What You Don't Know About Customer-Perceived Quality: The Role of Customer Expectation Distributions. In: *Marketing Science, Jg.* 18, H. 1, S. 77–92.

Rust, Roland T.; Zahorik, Anthony J. (1993): Customer Satisfaction, Customer Retention, and Market Share. In: *Journal of Retailing, Jg.* 69, H. 2, S. 193–215.

Ruyter, Ko de; Bloemer, José M. M. (1999): Customer Loyalty in Extended Service Settings: The Interaction Between Satisfaction, Value Attainment and Positive Mood. In: *International Journal of Service Industry Management, Jg.* 10, H. 3, S. 320–336.

Ryan, Maria (2009): Mixed Methodology Approach to Place Attachment and Consumption Behaviour: a Rural Town Perspective. In: *The Electronic Journal of Business Research Methods, Jg.* 7, H. 1, S. 107–116.

Sánchez, Aida C.; Andrews, Dan (2011): Residential Mobility and Public Policy in OECD Countries. In: *OECD Journal: Economic Studies, H.* 1, S. 185–206.

Sandefur, Gary D.; Scott, Wilbur J. (1981): A Dynamic Analysis of Migration: An Assessment of the Effects of Age, Family and Career Variables. In: *Demography, Jg.* 18, H. 3, S. 355–368.

Santini, Sara; Lamura, Giovanni; Principi, Andrea (2011): *Carers@Work: Carers Between Work and Care. Conflict or Chance?* Italian National Research Centre on Ageing.

Sarason, Seymour B. (1974): *The Psychological Sense of Community. Prospects for a Community Psychology.* San Francisco: Jossey Bass.

Sauer, Nicola (2003): *Consumer Sophistication: Messung, Determinanten und Wirkungen auf Kundenzufriedenheit und Kundenloyalität.* Wiesbaden: Deutscher Universitäts-Verlag.

Scannell, Leila; Gifford, Robert (2010): The Relations Between Natural and Civic Place Attachment and Pro-Environmental Behavior. In: *Journal of Environmental Psychology, Jg.* 30, H. 3, S. 289–297.

Schanz, Günther (1988): *Methodologie für Betriebswirte.* 2. Aufl. Stuttgart: Poeschel.

Schimke, Robert (2012): *Liebes Leipzig!: Ein Brief an meine Stadt.* Zeit Online. Online verfügbar unter http://www.zeit.de/2012/27/S-Briefwechsel-Leipzig/seite-1, zuletzt geprüft am 26.07.2013.

Schmidt, Christiane (2010): Auswertungstechniken für Leitfadeninterviews. In: Friebertshäuser, Barbara; Boller, Heike; Richter, Sophia (Hg.): *Handbuch qualitative Forschungsmethoden in der Erziehungswissenschaft.* 3. Aufl. Weinheim: Juventa-Verlag, S. 473–486.

Schneider, Helmut (2012): Ökonomische Rahmenbedingungen betrieblicher Familienpolitik. In: Gerlach, Irene; Schneider, Helmut (Hg.): *Betriebliche Familienpolitik: Kontexte, Messungen und Effekte.* Wiesbaden: VS Verlag für Sozialwissenschaften, S. 45–65.

Schneider, Helmut (2013): Kommunale Bürgerkommunikation als essentielle Vertiefung des Stadtmarketing. In: Schneider, Helmut; Herbers, Heinz-Hermann (Hg.): *Kommunale Bürgerkommunikation: Konzeptionelle Grundlagen, empirische Befunde, kommunale Praxis.* Glückstadt: Hülsbusch, S. 13–31.

Schneider, Helmut; Schlicht, Julia; Windhaus, Sebastian (2013): Die Bürgerperspektive – empirische Befunde zur Rezeptionsseite der Kommunalen Bürgerkommunikation. In: Schneider, Helmut; Herbers, Heinz-Hermann (Hg.): *Kommunale Bürgerkommunikation: Konzeptionelle Grundlagen, empirische Befunde, kommunale Praxis.* Glückstadt: Hülsbusch, S. 103–135.

Schneider, Holger (2007): Nachweis und Behandlung von Multikollinearität. In: Albers, Sönke; Klapper, Daniel; Konradt, Udo; Walter, Achim; Wolf, Achim (Hg.): *Methodik der empirischen Forschung.* 2. Aufl. Wiesbaden: Gabler, S. 183–198.

Schneider, Norbert F. (2012): *Bevölkerungsentwicklung und Bevölkerungspolitik.* Berliner Demografie Forum.

Schneider, Norbert F.; Limmer, Ruth; Ruckdeschel, Kerstin (2002a): *Berufsmobilität und Lebensform: Sind berufliche Mobilitätserfordernisse in Zeiten der Globalisierung noch mit Familie vereinbar?* Stuttgart, Berlin, Köln: Kohlhammer.

Schneider, Norbert F.; Limmer, Ruth; Ruckdeschel, Kerstin (2002b): *Mobil, flexibel, gebunden: Familie und Beruf in der mobilen Gesellschaft.* Frankfurt am Main: Campus.

Schneider, Norbert F.; Meil, Gerardo (Hg.) (2008a): *Mobile Living Across Europe I: Relevance and Diversity of Job-Related Spatial Mobility in Six European Countries.* Opladen: Budrich.

Schneider, Norbert F.; Ruppenthal, Silvia; Lück, Detlev; Rüger, Heiko; Dauber, Andrea (2008b). Germany: a Country of Locally Attached but Highly Mobile People. In: Schneider, Norbert F.; Meil, Gerardo (Hg.): *Mobile Living Across Europe I: Relevance and Diversity of Job-Related Spatial Mobility in Six European Countries.* Opladen: Budrich, S. 105–147.

Schnell, Rainer (1993): Die Homogenität sozialer Kategorien als Voraussetzung für „Repräsentativität" und Gewichtungsverfahren. In: *Zeitschrift für Soziologie, Jg.* 22, H. 1, S. 16–32.

Schnell, Rainer; Hill, Paul B.; Esser, Elke (2011): *Methoden der empirischen Sozialforschung.* 9. Aufl. München: Oldenbourg.

Scholl, Armin (2009): *Die Befragung.* 2. Aufl. Konstanz: UTB.

Schumann, Siegfried (2012): *Repräsentative Umfrage: Praxisorientierte Einführung in empirische Methoden und statistische Analyseverfahren.* 6. Aufl. München: Oldenbourg.

Sedlmeier, Peter; Renkewitz, Frank (2008): *Forschungsmethoden und Statistik in der Psychologie.* München: Pearson Studium.

Seiders, Kathleen; Voss, Glenn B.; Grewal, Dhruv; Godfrey, Andrea L. (2005): Do Satisfied Customers Buy More? Examining Moderating Influences in a Retailing Context. In: *Journal of Marketing, Jg.* 69, H. 4, S. 26–43.

Seipel, Christian; Rieker, Peter (2003): *Integrative Sozialforschung: Konzepte und Methoden der qualitativen und quantitativen empirischen Forschung.* Weinheim: Juventa-Verlag.

Sharma, Subhash; Durand, Richard M.; Gur-Arie, Oded (1981): Identification and Analysis of Moderator Variables. In: *Journal of Marketing Research, Jg.* 18, H. 3, S. 291–300.

Shaw, Richard P. (1975): *Migration Theory and Fact: A Review and Bibliography of Current Literature.* Philadelphia: Regional Science Research Institute Philadelphia.

Shields, Gail M.; Shields, Michael P. (1989): The Emergence of Migration Theory and a Suggested New Direction. In: *Journal of Economic Surveys, Jg.* 3, H. 4, S. 277–304.

Shimp, Terence A.; Sharma, Subhash (1987): Consumer Ethnocentrism: Construction and Validation of the CETSCALE. In: *Journal of Marketing Research, Jg.* 24, H. 3, S. 280–289.

Shively, JoEllen (1992): Cowboys and Indians: Perceptions of Western Films Among American Indians and Anglos. In: *American Sociological Review, Jg.* 57, H. 6, S. 725–734.

Shoemaker, Stowe; Lewis, Robert C. (1999): Customer Loyalty: The Future of Hospitality Marketing. In: *International Journal of Hospitality Management, Jg.* 18, H. 4, S. 345–370.

Simon, Herbert A. (1956): Rational Choice and the Structure of the Environment. In: *Psychological Review, Jg.* 63, H. 2, S. 129–138.

Simon, Herbert A. (1990): Invariants of Human Behavior. In: *Annual Review of Psychology, Jg.* 41, H. 1, S. 1–19.

Sinkovics, Rudolph R.; Penz, Elfriede; Ghauri, Pervez N. (2005): Analysing Textual Data in International Marketing Research. In: *Qualitative Market Research, Jg.* 8, H. 1, S. 9–38.

Sirdeshmukh, Deepak; Singh, Jagdip; Sabol, Barry (2002): Consumer Trust, Value, and Loyalty in Relational Exchanges. In: *Journal of Marketing, Jg.* 66, H. 1, S. 15–37.

Sirgy, M. Joseph (1986): *Self-Congruity: Toward a Theory of Personality and Cybernetics.* New York: Praeger.

Sirgy, M. Joseph; Grewal, Dhruv; Mangleburg, Tamara F.; Park, Jae-Ok; Kye-Sung Chon; Claiborne, C. B. et al. (1997): Assessing the Predictive Validity of Two Methods of Measuring Self-Image Congruence. In: *Journal of the Academy of Marketing Science, Jg.* 25, H. 3, S. 229.

Sjaastad, Larry A. (1962): The Costs and Returns of Human Migration. In: *The Journal of Political Economy, Jg.* 70, H. 5, S. 80–93.

Skiera, Bernd; Albers, Sönke (2008): Regressionsanalyse. In: Herrmann, Andreas; Homburg, Christian; Klarmann, Martin (Hg.): *Handbuch Marktforschung: Methoden, Anwendungen, Praxisbeispiele.* 3. Aufl. Wiesbaden: Gabler, S. 467–497.

Skogan, Wesley G. (1990): *Disorder and Decline: Crime and the Spiral of Decay in American Neighborhoods.* Toronto: Free Press.

Skora, Thomas; Rüger, Heiko; Schneider, Norbert F. (2012): *Dokumentation der deutschen Stichprobe des Surveys Job Mobilities and Family Lives in Europe: Zweite Welle.* Job Mobilities Working Paper 2012-01.

Sly, David F.; Wrigley, J. Michael (1985): Migration Decision Making and Migration Behavior in Rural Kenya. In: *Population and Environment, Jg.* 8, H. 1-2, S. 78–97.

Smaldone, David (2006): The Role of Time in Place Attachment. In: Burns, Robert; Robinson, Karen (Hg.): *Proceedings of the 2006 Northeastern Recreation Research Symposium, S.* 47–56.

Sozio-oekonomisches Panel (SOEP) (2012): *Leben in Deutschland: Befragung 2012 zur sozialen Lage der Haushalte.* TNS Infratest Sozialforschung.

Spars, Guido; Jacob, Patricia; Müller, Anja (2010): *Kommunale Haushaltsnotlagen: Bestandsaufnahme und Möglichkeiten der Reaktion im Rahmen der Städtebauförderung des Bundes und der Länder: Endbericht.* Bundesinstituts für Bau-, Stadt- und Raumforschung.

Speare, Alden (1971): A Cost-Benefit Model of Rural to Urban Migration in Taiwan. In: *Population Studies, Jg.* 25, H. 1, S. 117–130.

Speare, Alden (1974): Residential Satisfaction as an Intervening Variable in Residential Mobility. In: *Demography, Jg.* 11, H. 2, S. 173–188.

Speare, Alden; Goldstein, Sidney; Frey, William H. (1975): *Residential Mobility, Migration and Metropolitan Change.* Cambridge: Ballinger.

Spieß, Martin (2008): *Missing-Data Techniken: Analyse von Daten mit fehlenden Werten.* Münster: Lit.

Sriram, Ven; Mummalaneni, Venkatapparao (1990): Determinants of Source Loyalty in Buyer-Seller Relationships. In: *Journal of Purchasing & Materials Management, Jg.* 26, H. 4, S. 21–26.

Staack, Yvonne (2004): *Kundenbindung im eBusiness: Eine kausalanalytische Untersuchung der Determinanten, Dimensionen und Verhaltenskonsequenzen der Kundenbindung im Online-Shopping und Online-Brokerage.* Frankfurt am Main: Lang.

Statistisches Bundesamt (2009): *Bevölkerungsvorausberechnung: Ergebnisse der 12. koordinierten Bevölkerungsvorausberechnung.* Online verfügbar unter https://www.destatis.de/DE/ZahlenFakten/GesellschaftStaat/Bevoelkerung/Bevoelkerungsvorausberechnung/Bevoelkerungsvorausberechnung.html, zuletzt geprüft am 17.08.2013.

Statistisches Bundesamt (2012): *Bevölkerung, Erwerbstätige, Erwerbslose, Erwerbspersonen, Nichterwerbspersonen: Deutschland, Jahre, Altersgruppen.* Online verfügbar unter https://www-genesis.destatis.de/genesis/online/data;jsessionid=F1AA4B5500C8B90D997285F9F5B94A45.tomcat_GO_2_1?operation=abruftabelleBearbeiten&levelindex=2&levelid=1377260785894&auswahloperation=abruftabelleAuspraegungAuswaehlen&auswahlverzeichnis=ordnungsstruktur&auswahlziel=werteabruf&selectionname=12211-0002&auswahltext=&werteabruf=Werteabruf, zuletzt geprüft am 17.07.2013.

Statistisches Bundesamt (2013a): *Bevölkerung und Erwerbstätigkeit: Wanderungen.* Online verfügbar unter https://www.destatis.de/DE/Publikationen/Thematisch/Bevoelkerung/Wanderungen/Wanderungen2010120117004.pdf?__blob=publicationFile, zuletzt geprüft am 25.07.2013.

Statistisches Bundesamt (2013b): *Fachserie 14 Reihe 10.1, Realsteuervergleich, Realsteuern, kommunale Einkommen- und Umsatzsteuerbeteiligungen.* Online verfügbar unter https://www.destatis.de/DE/Publikationen/Thematisch/Finanzen Steuern/Steuern/Realsteuer/Realsteuervergleich.html, zuletzt geprüft am 26.10.2013.

Statistisches Bundesamt (2013c): *Fortschreibung des Bevölkerungsstandes: Bevölkerung: Deutschland, Stichtag, Familienstand.* Online verfügbar unter https://www-genesis.destatis.de/genesis/online/data;jsessionid=4AE7C576CBDFEE3D 9A2D3 3B14B08BE0D.tomcat_GO_2_1?operation=abruftabelleBearbeiten&le velindex=2&levelid=1377597609940&auswahloperation=abruftabelleAuspraeg ungAuswaehlen&auswahlverzeichnis=ordnungsstruktur&auswahlziel=werteabru f&selectionname=12411-0004&auswahltext=&werteabruf=Werteabruf, zuletzt geprüft am 18.05.2013.

Statistisches Bundesamt (2013d): *Fortschreibung des Bevölkerungsstandes: Bevölkerung: Deutschland, Stichtag, Altersjahre.* Online verfügbar unter https://www-genesis.destatis.de/genesis/online;jsessionid=4AE7C576CBDFEE3D9A2D33B14 B08BE0D.tomcat_GO_2_1?operation=previous&levelindex=3&levelid=13775 91854296&step=3, zuletzt geprüft am 18.05.2013.

Statistisches Bundesamt (2013e): *Laufende Wirtschaftrechnungen.* Online verfügbar unter https://www-genesis.destatis.de/genesis/online;jsessionid=A65078F59F3E 96759390DB57FE28B4C6.tomcat_GO_1_1?operation=previous&levelindex= 2&levelid=1366208274082&step=2, zuletzt geprüft am 18.05.2013.

Statistisches Bundesamt (2013f): *Mikrozensus: Bevölkerung: Bundesländer, Jahre, Geschlecht, Allgemeine Schulausbildung.* Online verfügbar unter https://www-genesis.destatis.de/genesis/online;jsessionid=C94FE82585E12CBF74679F813 B96F2B6.tomcat_GO_1_1?operation=previous&levelindex=1&levelid=137761 2956115&step=1, zuletzt geprüft am 18.05.2013.

Statistisches Bundesamt (2013g): *Mikrozensus: Privathaushalte: Deutschland, Jahre, Haushaltsgröße.* Online verfügbar unter https://www-genesis.destatis.de/ genesis/ online/data;jsessionid=9A12FA936AC85518E7FB47CB0F9672DF.tomcat_GO _2_2?operation=abruftabelleAbrufen&selectionname=12211-0102&levelindex= 1&levelid=1377604789998&index=1, zuletzt geprüft am 18.05.2013.

Statistisches Bundesamt (2013h): *Mikrozensus: Bevölkerung: Bundesländer, Jahre, Geschlecht, Beruflicher Bildungsabschluss.* Online verfügbar unter https://www-genesis.destatis.de/genesis/online;jsessionid=C94FE82585E12CBF74679F813B 96F2B6.tomcat_GO_1_1?operation=previous&levelindex=1&levelid=1377612 956115&step=1, zuletzt geprüft am 18.05.2013.

Statistisches Bundesamt (2013i): *Regionaldatenbank Deutschland: Wanderungsstatistik.* Online verfügbar unter https://www.regionalstatistik.de/genesis/online/ data ;jsessionid=746F891F7EC51703D2201854A6E91FCC?operation=previo us&levelindex=2&levelid=1377708507652&levelid=1377708499060&step=1, zuletzt geprüft am 15.05.2013.

Statistisches Bundesamt (2013j): *Wohnen: Eigentümerquote nach Bundesland im Zeitvergleich.* Online verfügbar unter https://www.destatis.de/DE/ZahlenFakten/ Ge sellschaftStaat/EinkommenKonsumLebensbedingungen/Wohnen/Tabellen/ EntwicklungEigentuemerquote.html, zuletzt geprüft am 18.05.2013.

Stedman, Richard C. (2006): Understanding Place Attachment Among Second Home Owners. In: *American Behavioral Scientist, Jg.* 50, H. 2, S. 187–205.

Steinke, Ines (2009): Die Güte qualitativer Marktforschung. In: Buber, Renate; Holzmüller, Hartmut H. (Hg.): *Qualitative Marktforschung.* 2. Aufl. Wiesbaden: Gabler, S. 261–283.

Stewart, Kate (1998): The Customer Exit Process: A Review and Research Agenda. In: *Journal of Marketing Management, Jg.* 14, H. 4/5, S. 235–250.

Stokols, Daniel; Shumaker, Sally A. (1982): The Psychological Context of Residential Mobility and Well-Being. In: *Journal of Social Issues, Jg.* 38, H. 3, S. 149–171.

Swain, Scott D.; Weathers, Danny; Niedrich, Ronald W. (2008): Assessing Three Sources of Misresponse to Reversed Likert Items. In: *Journal of Marketing Research, Jg.* 45, H. 1, S. 116–131.

Tajfel, Henri (1981): *Human Groups and Social Categories: Studies in Social Psychology.* Cambridge: University Press.

Tajfel, Henri; Turner, John C. (1986): The Social Identity Theory of Intergroup Behaviors. In: Worchel, Stephen; Austin, William G. (Hg.): *Psychology of Intergroup Relations.* 2. Aufl. Chicago: Nelson-Hall, S. 7–24.

Tan, Teck H. (2009): Home Owning Motivation in Malaysia. In: *Journal of Accounting: Business & Management, Jg.* 16, H. 1, S. 93–112.

Tashakkori, Abbas; Teddlie, Charles (1998): *Mixed Methodology: Combining Qualitative and Quantitative Approaches.* Thousand Oaks: SAGE.

Taylor, Humphrey (2000): Does Internet Research Work? In: *International Journal of Market Research, Jg.* 42, H. 1, S. 51–63.

Taylor, James W. (1974): The Role of Risk in Consumer Behavior. In: *Journal of Marketing, Jg.* 38, H. 2, S. 54–60.

Taylor, Ralph B. (1999): The Incivilities Thesis: Theory, Measurement, and Policy. In: Langworthy, Robert H. (Hg.): *Measuring What Matters: Proceedings From the Policing Research Institute Meetings.* Washington, S. 65–88.

Ter Hofte-Fankhauser, Kathrin; Wälty, Hans F. (2009): *Marktforschung: Grundlagen mit zahlreichen Beispielen, Repetitionsfragen mit Lösungen und Glossar.* 2. Aufl. Zürich: Compendio Bildungsmedien.

Thomas, Dirk (2009): *Akteure der Gentrification und ihre Ortsbindung: eine empirische Untersuchung in einem ostdeutschen Sanierungsgebiet.* Magdeburg: Otto-von-Guericke-Universität Magdeburg.

Thomas, Dirk; Fuhrer, Urs; Quaiser-Pohl, Claudia (2006): Einfluss wahrgenommener Wohnqualität auf die Ortsbindung-Besonderheiten in einem ostdeutschen Sanierungsgebiet. In: *Zeitschrift für Umweltpsychologie, Jg.* 10, H. 2, S. 10–31.

Tischler, Joachim (2009): Erstellung von Meta-Analysen. In: Albers, Sönke; Klapper, Daniel; Konradt, Udo; Walter, Achim; Wolf Joachim (Hg.): *Zusätzliche Beiträge zum Buch „Methodik der empirischen Forschung".* 3. Aufl. Wiesbaden.

Tomczak, Torsten (1992): Forschungsmethoden in der Marketingwissenschaft: Ein Plädoyer für den qualitativen Forschungsansatz. In: *Marketing: Zeitschrift für Forschung und Praxis, Jg.* 14, H. 2, S. 77–87.

Tomczak, Torsten; Dittrich, Sabine (1997): Strategien zur Steigerung von Kundenbindung. In: Haedrich, Günter (Hg.): *Der loyale Kunde: Ist Kundenbindung bezahlbar.* Mainz: SFV Verlag, S. 12–28.

Too, Leanne H. Y.; Souchon, Anne L.; Thirkell, Peter C. (2001): Relationship Marketing and Customer Loyalty in a Retail Setting: A Dyadic Exploration. In: *Journal of Marketing Management, Jg.* 17, H. 3/4, S. 287–319.

Treibel, Annette (2011): *Migration in modernen Gesellschaften: Soziale Folgen von Einwanderung, Gastarbeit und Flucht.* 5. Aufl. Weinheim: Juventa-Verlag.

Trommsdorff, Volker; Teichert, Thorsten (2011): *Konsumentenverhalten.* 8. Aufl. Stuttgart: Kohlhammer.

Tuan, Yi-Fu (1975): Place: An Experiential Perspective. In: *Geographical Review, Jg.* 65, H. 2, S. 151–165.

van Eimeren, Birgit; Frees, Beate (2012): 76 Prozent der Deutschen online – neue Nutzungssituationen durch mobile Endgeräte. In: *Media Perspektiven, H.* 7-8, S. 362–379.

Van Patten, Susan R.; Williams, Daniel R. (2008): Problems in Place: Using Discursive Social Psychology to Investigate the Meanings of Seasonal Homes. In: *Leisure Sciences, Jg.* 30, H. 5, S. 448–464.

Vogel, Verena (2006): *Kundenbindung und Kundenwert: Der Einfluss von Einstellungen auf das Kaufverhalten.* Wiesbaden: Deutscher Universitäts-Verlag.

Wagner, Michael (1989): *Räumliche Mobilität im Lebensverlauf: Eine empirische Untersuchung sozialer Bedingungen der Migration.* Stuttgart: Enke.

Wallace, David W.; Giese, Joan L.; Johnson, Jean L. (2004): Customer Retailer Loyalty in the Context of Multiple Channel Strategies. In: *Journal of Retailing, Jg.* 80, H. 4, S. 249–263.

Wangenheim, Florian von; Bayón, Tomas (2007): The Chain from Customer Satisfaction Via Word-of-Mouth Referrals to New Customer Acquisition. In: *Journal of the Academy of Marketing Science, Jg.* 35, H. 2, S. 233–249.

Wangenheim, Florian von; Bayón, Tomás; Weber, Lars (2002): Der Einfluss von persönlicher Kommunikation auf Kundenzufriedenheit, Kundenbindung und Weiterempfehlungsverhalten: Design und Ergebnisse einer empirischen Studie im deutschen Strommarkt. In: *Marketing: Zeitschrift für Forschung und Praxis, Jg.* 24, H. 3, S. 181–194.

Watt, Susan E.; Badger, Alison J. (2009): Effects of Social Belonging on Homesickness: An Application of the Belongingness Hypothesis. In: *Personality and Social Psychology Bulletin, Jg.* 35, H. 4, S. 516–530.

Weiber, Rolf; Mühlhaus, Daniel (2010): *Strukturgleichungsmodellierung: Eine anwendungsorientierte Einführung in die Kausalanalyse mit Hilfe von AMOS, SmartPLS und SPSS.* Berlin: Springer.

Weichhart, Peter (1990): *Raumbezogene Identität: Bausteine zu einer Theorie räumlich-sozialer Kognition und Identifikation.* Stuttgart: Steiner.

Weichhart, Peter; Weiske, Christine; Werlen, Benno; Ainz, Gerhard (2006): *Place Identity und Images: Das Beispiel Eisenhüttenstadt.* Wien: Inst. für Geogr. und Regionalforschung der Univ.

Weinberg, Peter; Terlutter, Ralf (2005): Verhaltenswissenschaftliche Aspekte der Kundenbindung. In: Bruhn, Manfred; Homburg, Christian (Hg.): *Handbuch Kundenbindungsmanagement: Strategien und Instrumente für ein erfolgreiches CRM.* 5. Aufl. Wiesbaden: Gabler, S. 36–65.

Weiss, Günther (1993): *Heimat vor den Toren der Großstadt: Eine sozialgeographische Studie zu raumbezogener Bildung und Bewertung in Randgebieten des Verdichtungsraums am Beispiel des Umlandes von Köln.* Kölner Geographische Arbeiten 59. Köln.

Werthmöller, Ewald (1995): *Räumliche Identität als Aufgabenfeld des Städte- und Regionenmarketing: Ein Beitrag zur Fundierung des Placemarketing.* Frankfurt am Main: Lang.

Wessel, Helmut (2012): *Ich ziehe um!* In: *Westfälische Nachrichten, Jg.* 2012, 19.05.2012.

Westermann, Rainer (2000): *Wissenschaftstheorie und Experimentalmethodik: Ein Lehrbuch zur psychologischen Methodenlehre.* Göttingen: Hogrefe.

Weston, Cynthia; Gandell, Terry; Beauchamp, Jacinthe; McAlpine, Lynn; Wiseman, Carol; Beauchamp, Cathy (2001): Analyzing Interview Data: The Development and Evolution of a Coding System. In: *Qualitative Sociology, Jg.* 24, H. 3, S. 381–400.

White, Michael J.; Lindstrom, David P. (2005): Internal Migration. In: Poston, Dudley L.; Micklin, Michael (Hg.): *Handbook of Population.* New York: Springer, S. 311–346.

Williams, Daniel R.; Patterson, Michael E.; Roggenbuck, Joseph W.; Watson, Alan E. (1992): Beyond the Commodity Metaphor: Examining Emotional and Symbolic Attachment to Place. In: *Leisure Sciences, Jg.* 14, H. 1, S. 29–46.

Williams, Daniel R.; Vaske, Jerry J. (2003): The Measurement of Place Attachment: Validity and Generalizability of a Psychometric Approach. In: *Forest Science, Jg.* 49, H. 6, S. 830–840.

Williamson, Oliver E. (1975): *Markets and Hierarchies: Analysis and Antitrust Implications: A Study in the Economics of Internal Organization.* New York: Free Press.

Williamson, Oliver E. (1981): The Economics of Organization: The Transaction Cost Approach. In: *American Journal of Sociology, Jg.* 87, H. 3, S. 548–577.

Wilson, James Q.; Kelling, George L. (1982): Broken Windows. In: *Atlantic Monthly, Jg.* 249, H. 3, S. 29–38.

Wind, Yoram (1970): Industrial Source Loyalty. In: *Journal of Marketing Research, Jg.* 7, H. 4, S. 450–457.

Windhaus, Sebastian (2011): *Kommunale Bürgerkommunikation: unveröffentlichte Studie.* Berlin.

Witzel, Andreas (2000): Das problemzentrierte Interview. In: *Forum Qualitative Sozialforschung, Jg.* 1, H. 1.

Woisetschläger, David M.; Lentz, Patrick (2008): Eine empirische Analyse von Determinanten der Kundenbindung im Kontext regionaler Tageszeitungen. In: *Die Betriebswirtschaft, Jg.* 68, H. 2, S. 217–238.

Wolf, Christof (1995): Sozio-ökonomischer Status und berufliches Prestige: Ein kleines Kompendium sozialwissenschaftlicher Skalen auf Basis der beruflichen Stellung und Tätigkeit. In: *ZUMA Nachrichten, Jg.* 19, H. 37, S. 102–136.

Wolff, Sascha (2010): *Ost-West-Wanderung im wiedervereinten Deutschland: Erfahrungen und Perspektiven.* Göttingen: Optimus-Verlag.

Wooten, David B.; Reed, Americus (2000): A Conceptual Overview of the Self-Presentational Concerns and Response Tendencies of Focus Group Participants. In: *Journal of Consumer Psychology*, Jg. 9, H. 3, S. 141–153.

Yoell, William A. (1974): The Fallacy of Projective Techniques. In: *Journal of Advertising*, Jg. 3, H. 1, S. 33–36.

Zaichkowsky, Judith L. (1985): Measuring the Involvement Construct. In: *Journal of Consumer Research*, Jg. 12, H. 3, S. 341–352.

Zedeck, Sheldon (1971): Problems with the Use of "Moderator" Variables. In: *Psychological Bulletin*, Jg. 76, H. 4, S. 295–310.

Zeithaml, Valarie A.; Berry, Leonard L.; Parasuraman, A. (1996): The Behavioral Consequences of Service Quality. In: *Journal of Marketing*, Jg. 60, H. 2, S. 31–46.

Zipfel, Frank (2010): *Kommunalfinanzen – zukunftssicher aufgestellt?* Herausgegeben von Deutsche Bank Research.

Zuba, Reinhard (1998): *Messung und Modellierung von Kundenzufriedenheit.* Wien: Service-Fachverlag.